상상력을 키우는 3D모델링

매지카복셀로 만드는
나만의 3D 월드

초판 발행일 | 2025년 11월 30일
지은이 | 김민정
발행인 | 최용섭
책임편집 | 이준우
기획진행 | 송지효

㈜해람북스　**주소** | 서울시 용산구 한남대로 11길 12, 6층
문의전화 | 02-6337-5419
팩스 | 02-6337-5429
홈페이지 | https://class.edupartner.co.kr

발행처 | (주)미래엔에듀파트너
출판등록번호 | 제2020-000101호

ISBN 979-11-6571-245-7 (13000)

이 책은 저작권법에 따라 보호받는 저작물이므로 무단전재와 무단복제를 금지하며,
이 책 내용의 전부 또는 일부를 이용하려면 반드시 저작권자와 (주)미래엔에듀파트너의 서면동의를 받아야 합니다.

※ 잘못된 책은 바꾸어 드립니다.
※ 책 가격은 뒷면에 있습니다.

이 책의 구성

미리보기 오늘 배울 내용을 이미지로 미리 볼 수 있어요.

함께 배워볼까요? 단원별로 학습할 내용을 요약 정리하여 어떤 내용을 중심으로 배우는지 알 수 있어요.

따라하기 STEP 매지카복셀을 이용하여 3D 작품을 만드는 방법을 차근차근 배워보며 쉽고 재미있게 따라하도록 하였어요.

알아두기 매지카복셀을 이용하며 3D 작품을 만들 때 반드시 알아두어야 할 점이나 주의할 점에 대해 설명해요.

Tip 따라하기 STEP을 따라 매지카복셀을 이용하여 오늘의 3D 작품을 만들 때 참고하면 좋을 점에 대해 설명해요.

차곡차곡~3D 상상력 쌓기 따라하기 STEP 과정을 통해 학습한 내용을 바탕으로 더욱 다양한 3D 작품을 만들어볼 수 있도록 해요.

이렇게 해봐요 미션을 해결하기 위해 필요한 정보나 힌트를 확인할 수 있어요.

목차 Contents

PART 1 매지카복셀 월드

01 3D를 만드는 매지카복셀 • 006

02 쓰레기를 청소해요 • 014

03 부서진 공원을 고쳐요 • 022

04 아이스크림이 하늘에서 떨어진다면 • 030

05 데칼코마니 아파트 • 037

06 텅 빈 도로 위 자동차들 • 044

PART 2 네모네모 마크 월드

07 네모네모 꽃이 피는 산 • 052

08 네모난 나무 그늘 • 059

09 마스코트 네모돼지 • 067

10 마크 월드 레스토랑 • 074

11 마크 월드 주민을 만나다 • 082

12 마크 월드 꾸미기 • 090

PART 3 번쩍번쩍 네온 월드

13 간판 불빛이 반짝! • 098

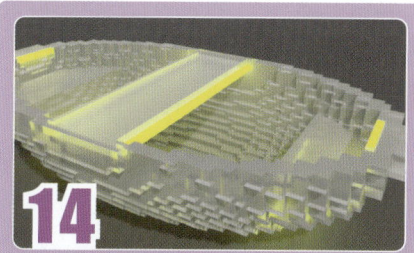

14 다 보이는 투명 카약 • 106

15 반질반질 금속 자동차 • 113

16 눈부셔! 가로등 • 121

17 웅덩이 속 불빛들 • 129

18 네온 월드 꾸미기 • 136

PART 4 애니메이션 월드

19 김밥 준비 중 • 144

20 김밥을 썰어보자 • 153

21 장난감 팩토리 • 162

22 꾸벅~ 인사하는 로봇 • 170

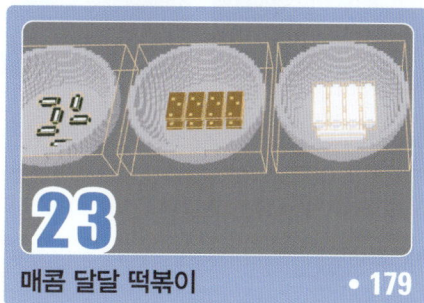

23 매콤 달달 떡볶이 • 179

24 보글보글 떡볶이 • 186

CHAPTER 01

탐험 월드 매지카복셀 월드

3D를 만드는 매지카복셀

까만 고양이를 따라 상상하는대로 3D를 만드는 매지카복셀 월드에 도착했어요!
그런데 화면은 어떻게 줄이고, 색깔은 어디서 바꾸는 건지 하나도 모르겠어요.
누가 좀 알려주세요~!

▽ 예제 파일 : 없음　▽ 완성 파일 : 01강_완성.vox

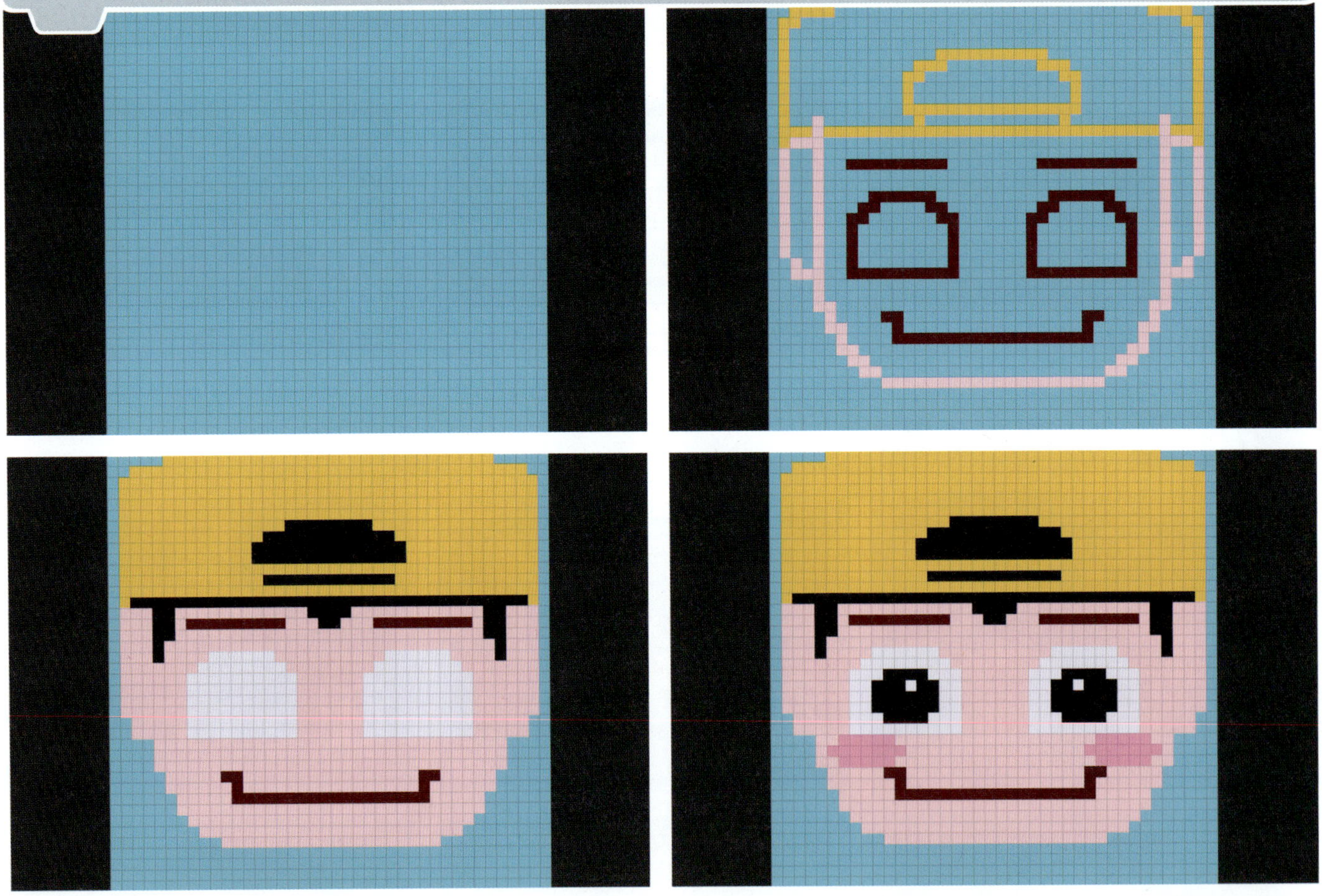

함께 배워볼까요?

- 매지카복셀의 화면 구성을 이해할 수 있어요.
- 매지카복셀의 페인트를 활용하여 캐릭터 액자를 만들 수 있어요.

매지카복셀 화면 구성 이해하기

>>> 매지카복셀 월드에 도착했어요. 매지카복셀의 화면은 어떻게 생겼는지 구경해 봐요.

❶ 바탕화면에서 매지카복셀(MagicaVoxel) 아이콘( )을 더블클릭하여 실행한 후 화면이 어떻게 구성되어 있는지 확인해 봅니다.

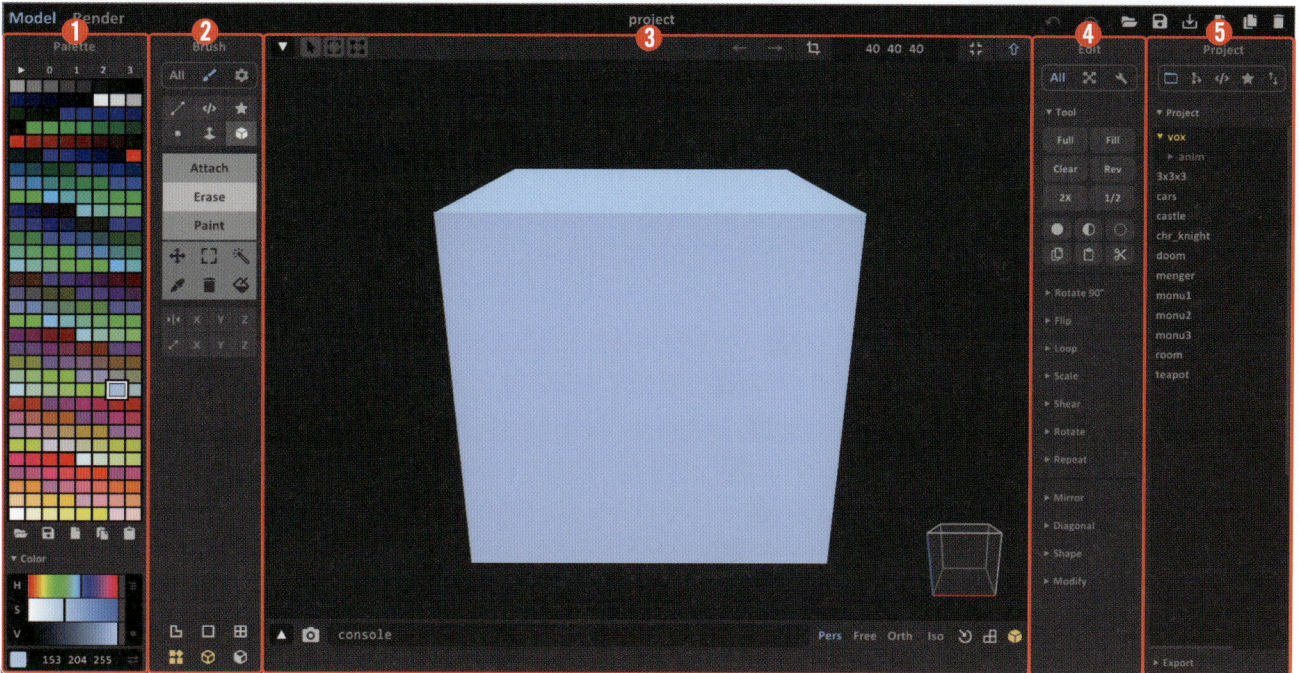

❶ **팔레트(Palette) 탭** : 3D 모델을 제작할 때 사용할 색상이 모여 있는 곳으로, 자주 사용하는 색상들로 팔레트를 직접 만들어 저장할 수도 있습니다.

① 기본으로 팔레트가 설정되어 있습니다.
- 0 : 기본 색상 팔레트
- 1 : 파스텔 톤 팔레트
- 2 : 흑백 음영 팔레트
- 3 : 사용자 지정 팔레트

② 사용자가 팔레트를 설정하고 저장할 수 있습니다.
- 열기( ) : 사용자가 저장한 팔레트 가져오기
- 저장( ) : 설정한 팔레트 저장하기
- 새 파일( ) : 사용자 팔레트를 새로 열기
- 복사( ) : 팔레트에서 색을 복사하기
- 붙여넣기( ) : 사용자 지정 팔레트(3)에 붙여넣기

③ 팔레트의 색상을 변경할 수 있습니다.

Chapter 01 3D를 만드는 매지카복셀

❷ **브러시(Brush) 탭** : 작업 탭에 복셀을 추가, 삭제하거나 색을 칠할 수 있는 도구가 모여 있는 탭입니다.

① 모드
- 도형(✎) : 선, 원, 사각형을 선택하여 복셀을 변경할 수 있습니다.
- 변형(</>): 복셀(원)을 추가한 후 크기와 위치를 자유롭게 변경할 수 있습니다.
- 패턴(★) : 패턴을 이용하여 복셀을 변경할 수 있습니다.
- 복셀(■) : 그림을 그리듯 복셀을 변경할 수 있습니다.
- 연장(↕) : 복셀을 상하좌우로 연장할 수 있습니다.
- 박스(⬢) : 박스(사각형) 형태로 복셀을 변경할 수 있습니다.

② 변경
- Attach : 복셀을 추가합니다.
- Erase : 복셀을 지웁니다.
- Paint : 복셀의 색을 변경합니다.

③ 편집
- 이동(✥) : 선택된 복셀을 드래그하여 이동합니다.
- 영역 선택(⌗) : 복셀에서 필요한 영역을 드래그하여 선택할 수 있습니다.
- 마술봉(✨) : 색상이나 복셀 단위로 영역을 선택할 수 있습니다.
- 스포이드(✒) : 복셀의 색상을 찾을 수 있습니다.
- 휴지통(🗑) : 색상이나 복셀 단위로 선택한 복셀을 지울 수 있습니다.
- 페인트 통(🪣) : 색상이나 복셀 단위로 색을 칠할 수 있습니다.

④ Mirror(▶|) : X, Y, Z축을 선택한 후 복셀을 변경하면 축을 기준으로 대칭하여 효과가 적용됩니다.

⑤ Axis(⤢) : X, Y, Z축을 선택한 후 작업 창의 벽면을 클릭하면 반대쪽 벽까지 기둥이 만들어집니다.

❸ **작업(Model) 탭** : 3D 모델을 제작할 수 있는 공간입니다.

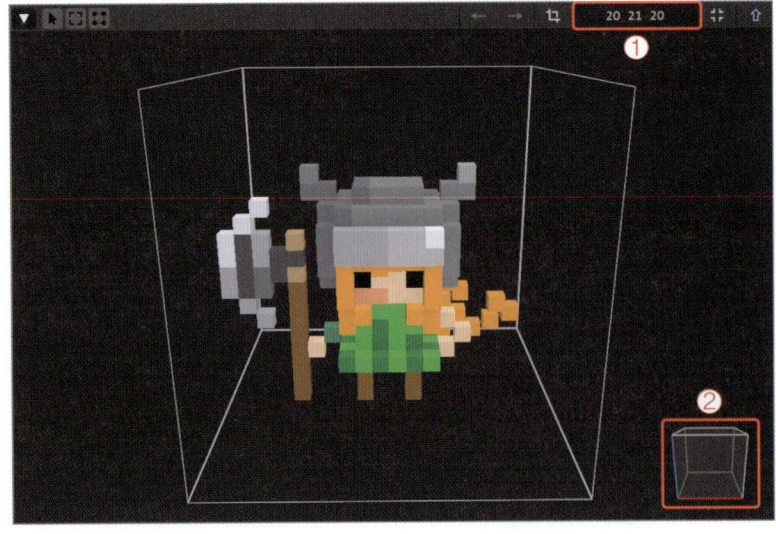

① 크기 : 제작하는 공간의 크기를 설정할 수 있습니다. 순서대로 X, Y, Z의 크기를 나타냅니다.

② 3D 뷰어 : 장면의 방향을 확인할 수 있습니다.
- X축 : 빨간색
- Y축 : 초록색
- Z축 : 파란색

❹ **편집(Edit) 탭** : 되돌리기, 다시 실행, 회전, 대칭, 크기 변경 등을 할 수 있는 탭입니다.

❺ **프로젝트(Project) 탭** : 파일 열기, 저장, 패턴 생성 등을 설정할 수 있습니다.

캐릭터 액자 만들기

>>> 내 모습이나 친구의 모습을 닮은 캐릭터 액자를 만들어봐요.

❶ 액자를 만들기 위해 [작업] 탭에서 크기를 X: '40', Y: '1', Z: '40'로 설정합니다.

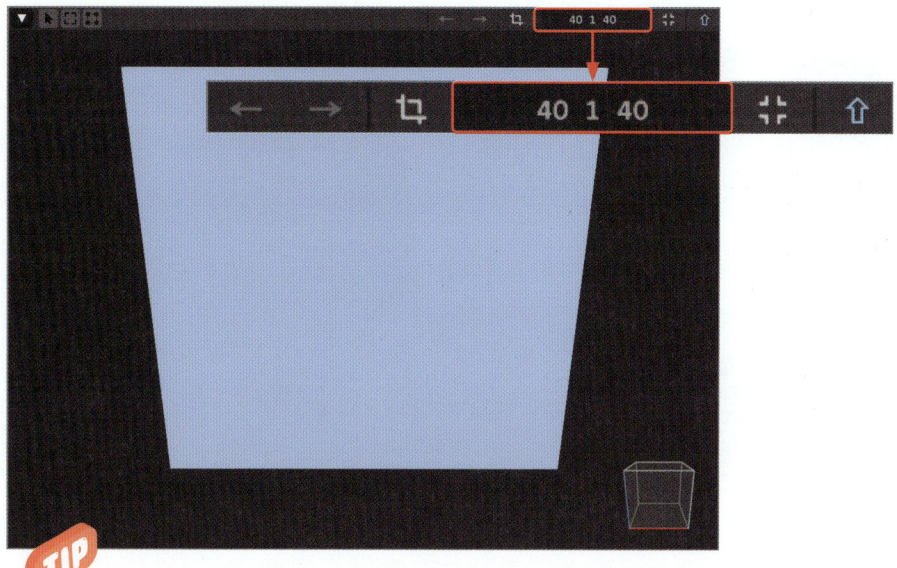

TIP Y 값을 '1'로 설정하면 두께가 얇아져 액자를 색칠할 때 편리해요.

❷ [Palette] 탭에서 액자의 배경 색을 선택한 후 [Brush] 탭에서 '페인트 통'을 클릭합니다. 이어서 [작업] 탭의 복셀을 클릭하여 색을 변경합니다.

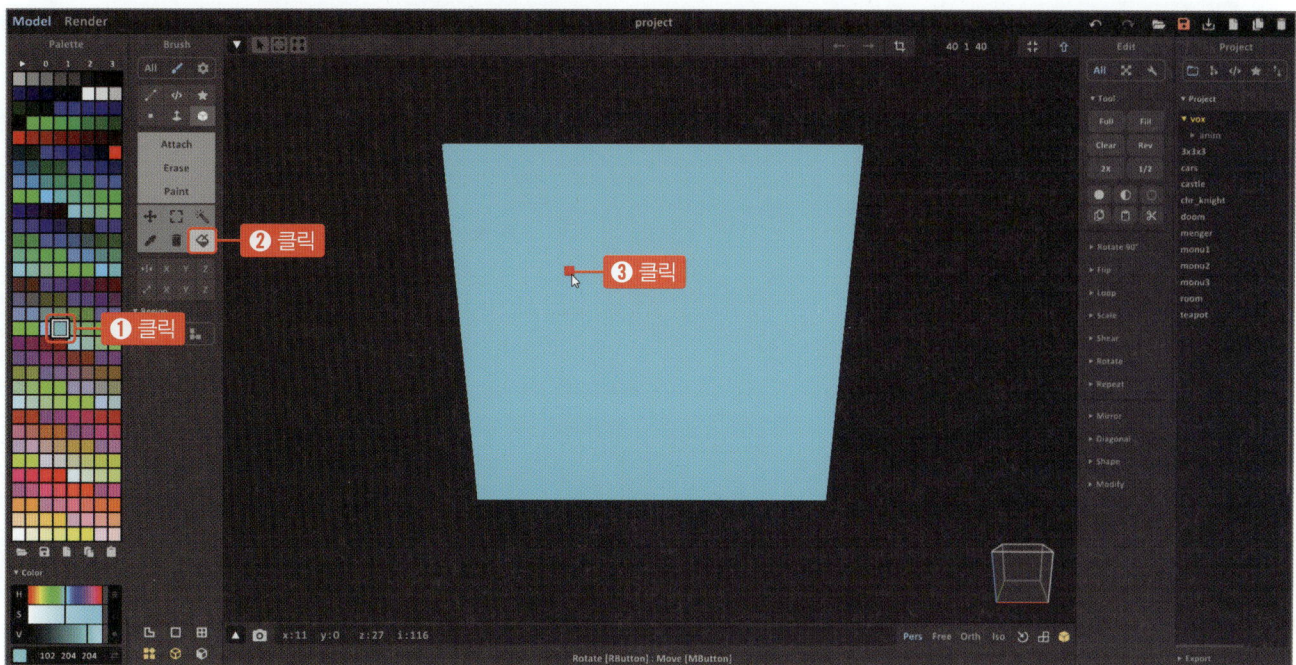

알아두기

액자의 배경 색은 자유롭게 선택해요.

Chapter 01 3D를 만드는 매지카복셀 • **009**

❸ 복셀의 위치를 확인하기 위해 [Brush] 탭 하단에서 'Grids(⊞)'를 클릭합니다.

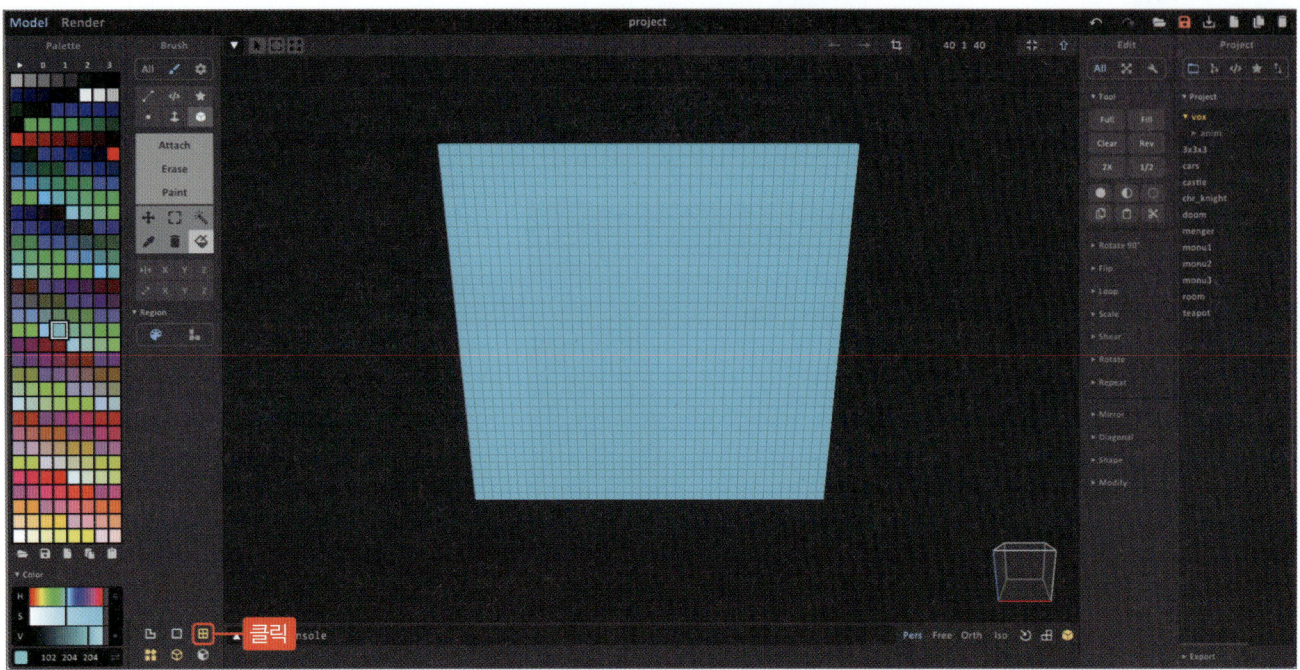

TIP 'Grids'를 클릭하면 복셀에 선이 나타나기 때문에 추가 또는 삭제하려는 복셀의 위치를 쉽게 확인할 수 있어요.

❹ 이어서 [작업] 탭의 '3D 뷰어'에서 정면을 클릭하고 마우스 휠을 밀어 복셀이 잘 보이도록 확대합니다.

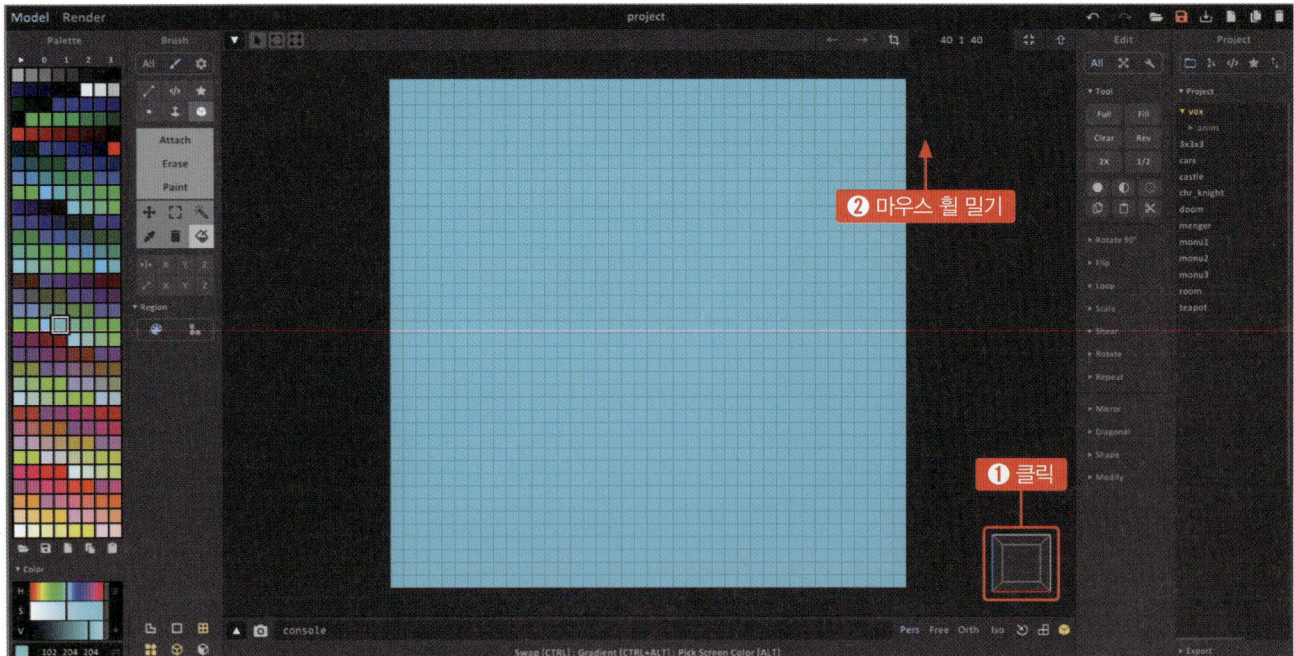

알아두기

[작업] 탭에서 마우스 휠을 위쪽으로 밀면 '확대', 아래쪽으로 당기면 '축소'가 돼요.

❺ [Brush] 탭-'복셀( )'을 선택하고, 색을 칠하기 위해 'Paint'를 선택합니다. 이어서 색을 대칭으로 칠하기 위해 'Mirror( )'에서 'X'축을 선택합니다.

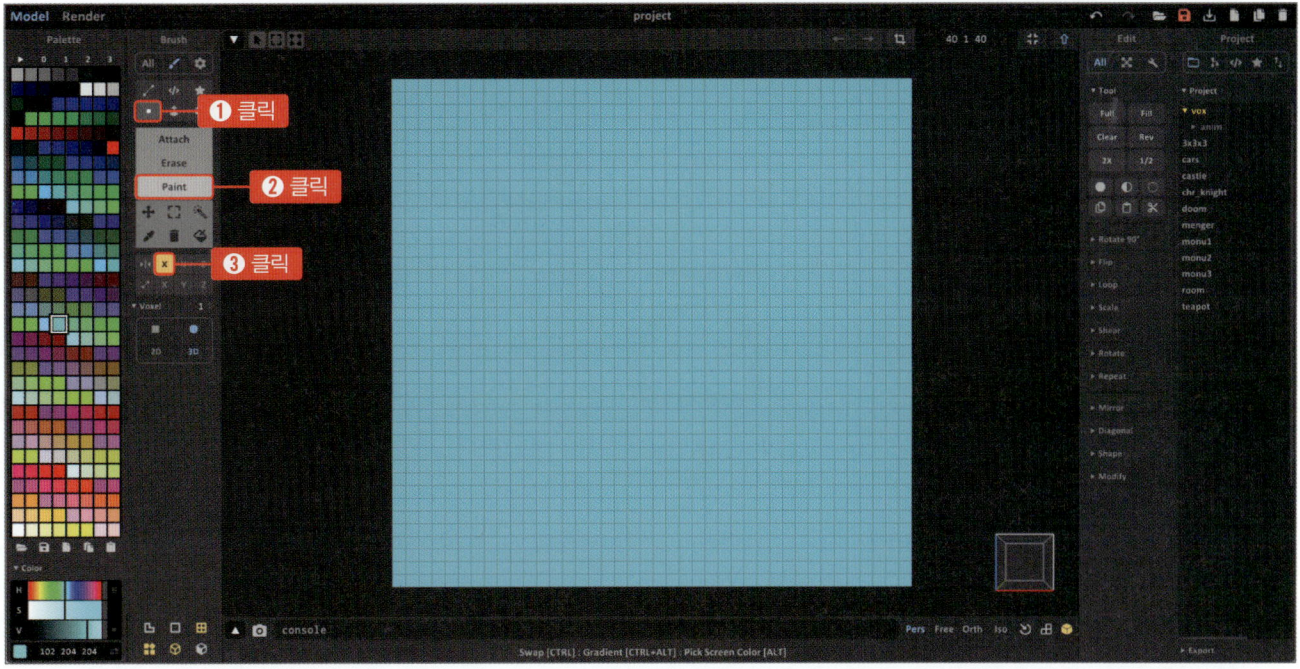

❻ [Palette] 탭에서 원하는 색을 선택하여 캐릭터의 모습을 그립니다.

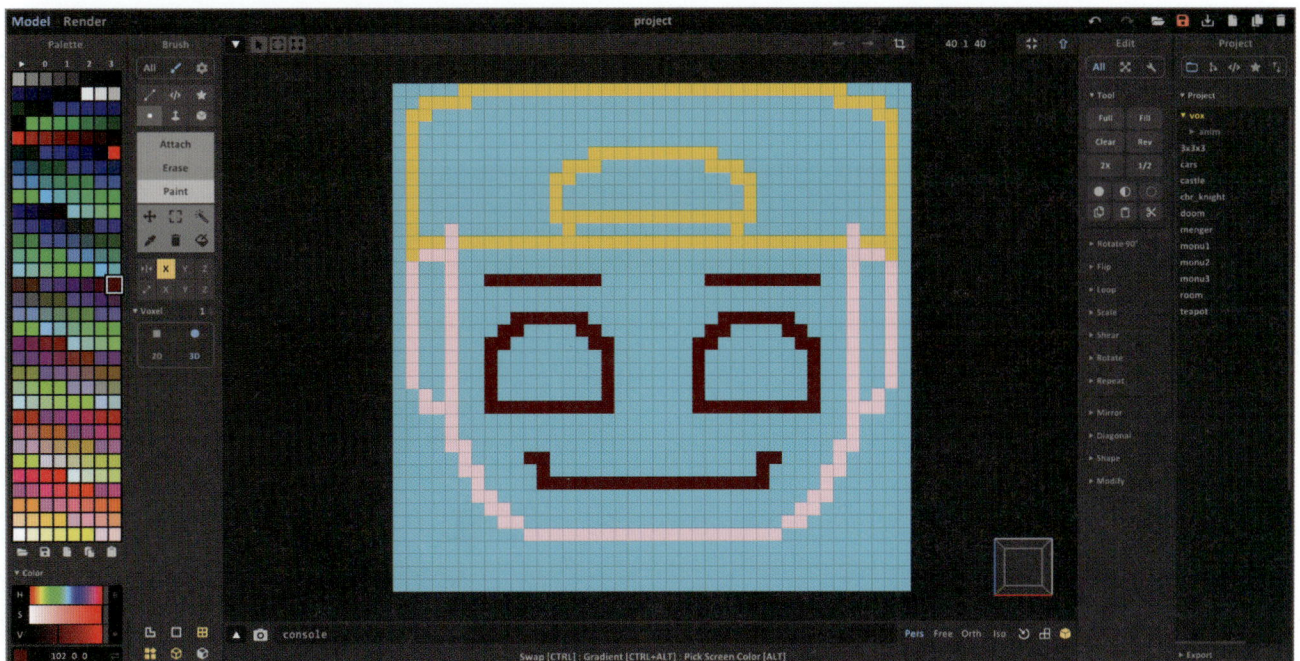

픽셀아트를 그리듯이 점을 찍으며 캐릭터의 모습을 자유롭게 그려봐요.

❼ '스포이드( )'를 선택하고 미리 그린 그림에서 색을 클릭합니다. 색이 선택되면 '페인트 통( )'을 선택하고 'Region'에서 '연결된 영역( )'을 클릭한 후 칠할 위치를 클릭합니다.

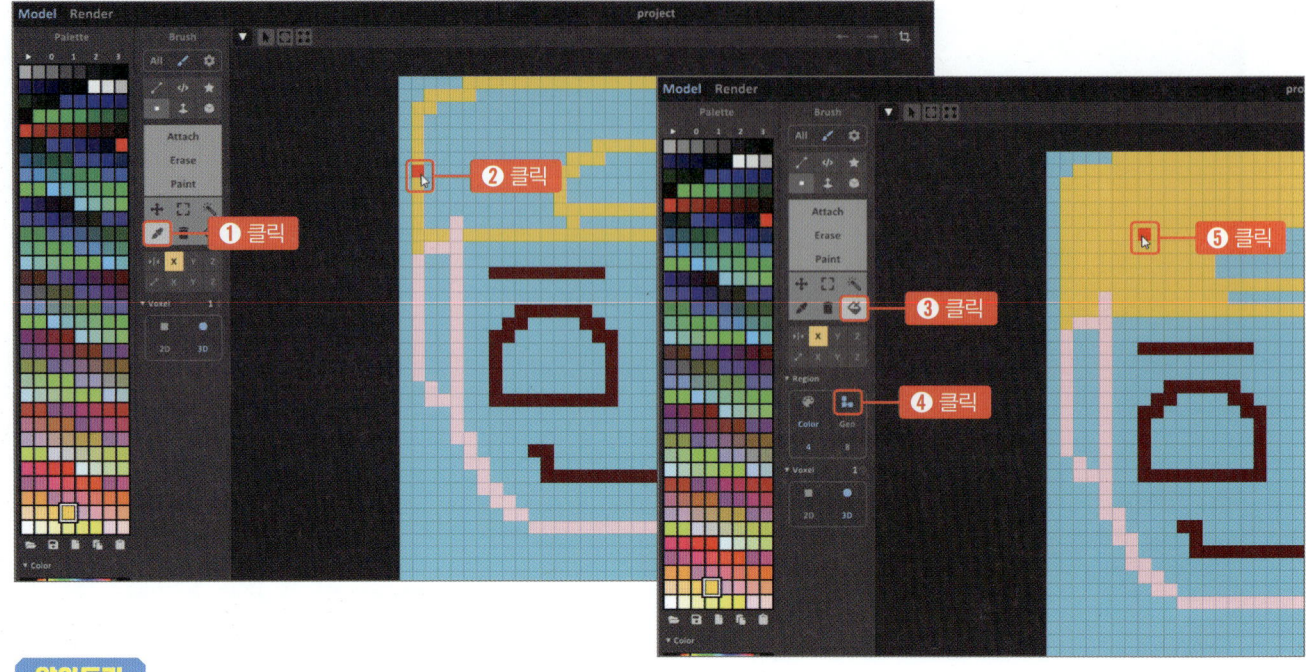

알아두기

영역에 색이 칠해지지 않고 배경 색이 변경될 경우, 'Region'에서 '연결된 영역( )'에 체크되어 있는지 확인해요.

❽ ❺~❼과 같은 방법으로 그림을 완성한 후 [Project] 탭-'Export'에서 'vox'를 클릭하여 편집 가능한 형태로 파일을 저장합니다.

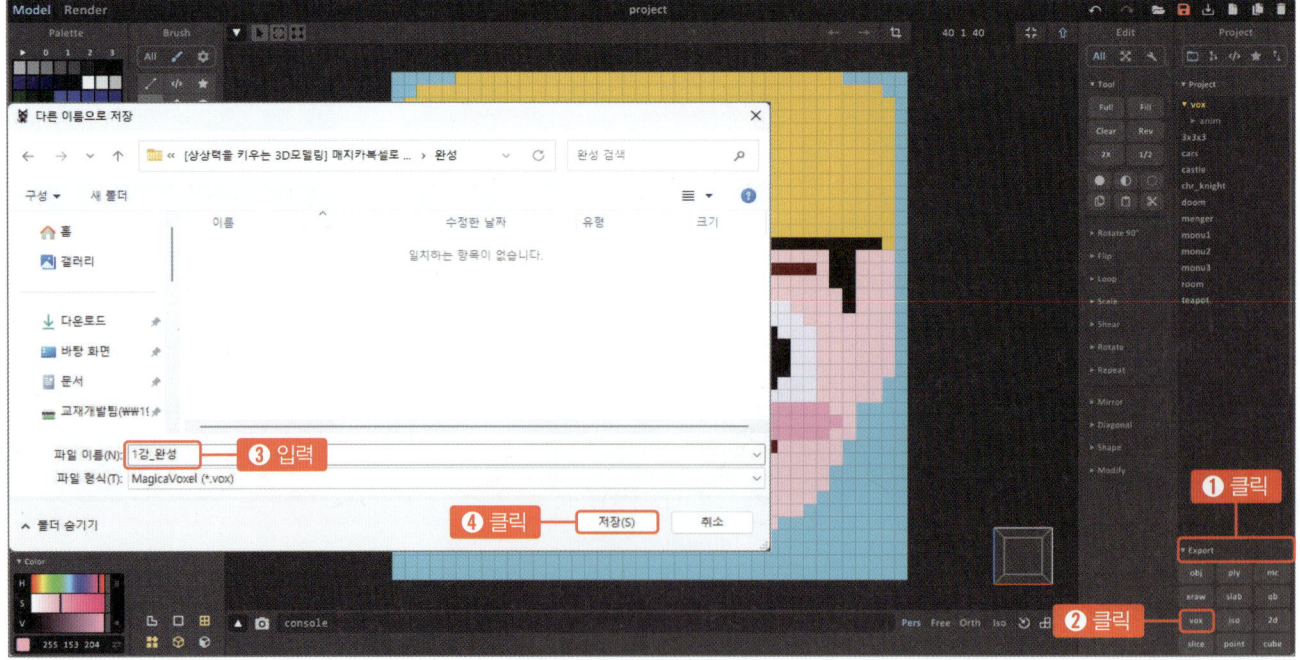

TIP 작업한 파일을 'vox'로 저장하면 파일을 다시 열어 수정할 수 있어요.

▶ 예제 파일 : 01강_미션_예제.vox   ▶ 완성 파일 : 01강_미션_완성.vox

미션 01 매지카복셀(MagicaVoxel)을 실행한 후 [작업] 탭의 크기(X : '40', Y : '1', Z : '40')를 변경하고 자연 풍경 액자를 만들어 봅니다.

미션 02 자연 풍경 액자가 완성되면 [Project] 탭-'Export'에서 'vox' 파일로 저장해 봅니다.

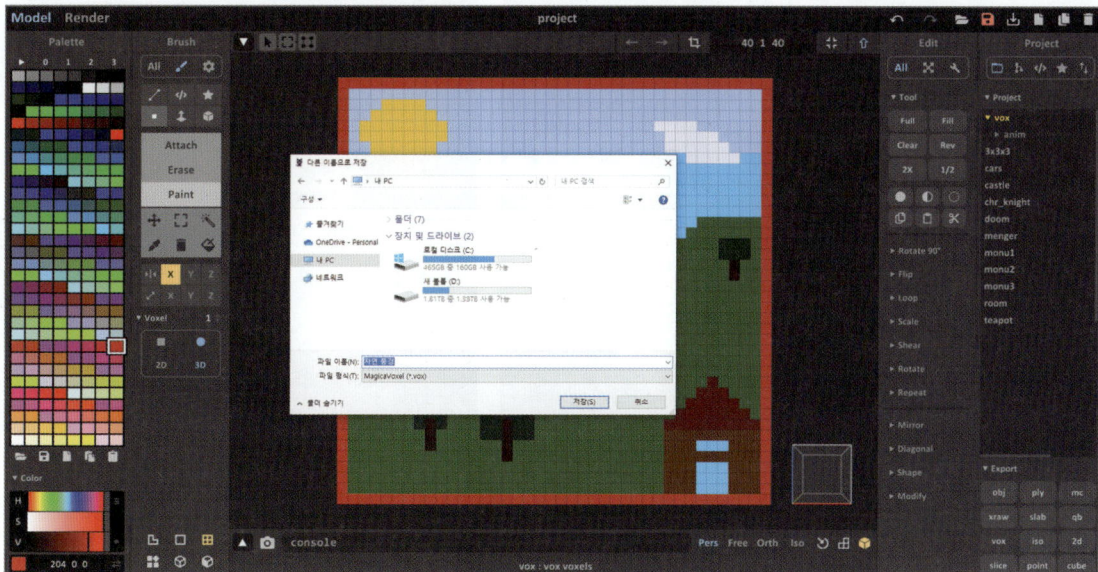

CHAPTER 02 쓰레기를 청소해요

탐험 월드 매지카복셀 월드

매지카복셀 월드를 본격적으로 탐험해 봐요! 어라? 그런데 저 멀리 보이는 건물 여기저기 쓰레기가 떨어져 있네요. 깨끗한 매지카복셀 월드를 만들기 위해 쓰레기를 치워봐요.

▼ 예제 파일 : 02강_예제.vox   ▼ 완성 파일 : 02강_완성.vox

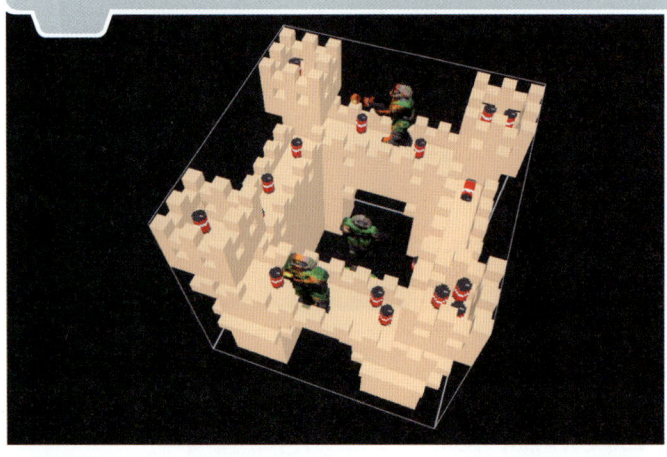

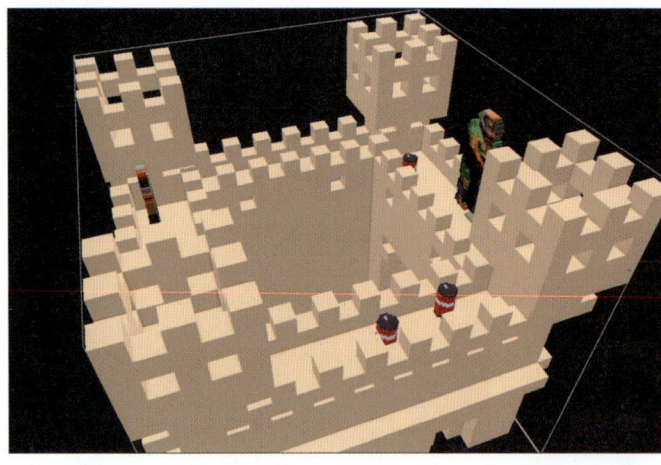

함께 배워볼까요?

- 매지카복셀의 화면 제어 방법을 이해할 수 있어요.
- 삭제 기능을 이용하여 쓰레기를 치울 수 있어요.

매지카복셀 화면 제어 방법 이해하기

>>> 월드를 이곳 저곳 탐험하기 위해 화면을 제어하는 방법을 알아봐요.

❶ 매지카복셀(MagicaVoxel) 아이콘(🐱)을 더블클릭하여 실행한 후 [열기(📂)]를 클릭하여 '02강_예제.vox'파일을 불러옵니다.

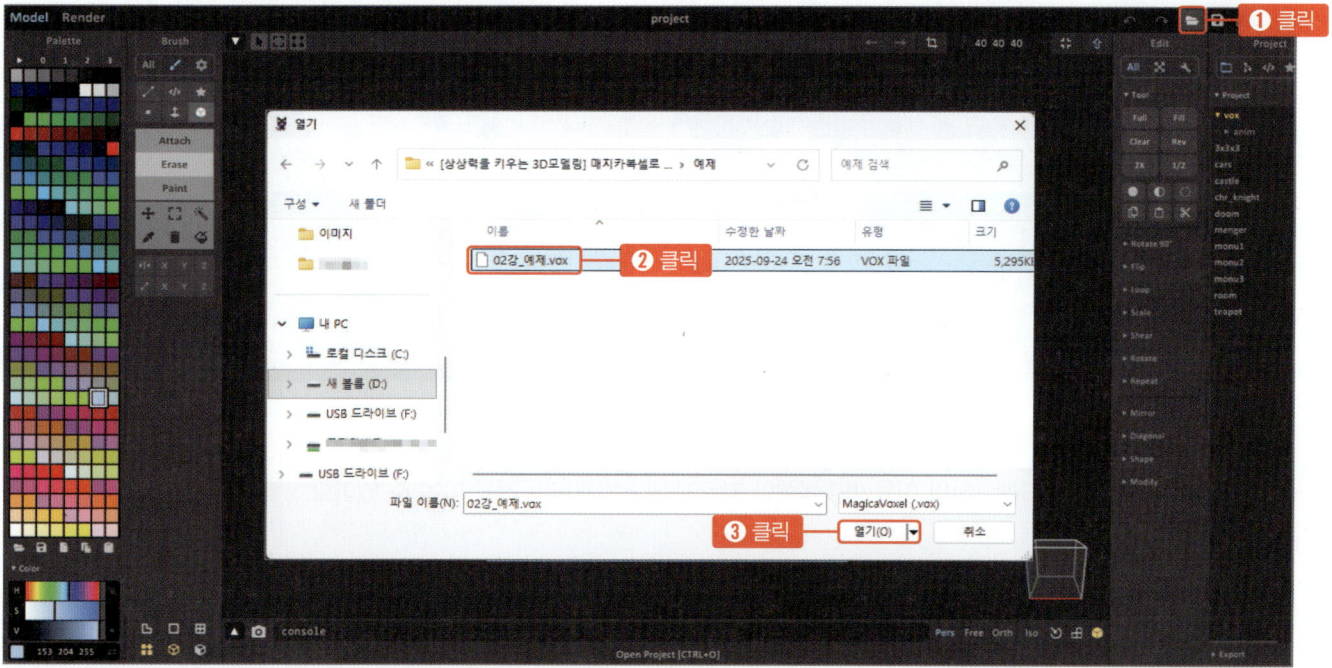

❷ 예제파일이 나타나면 [작업] 탭에서 마우스 휠을 밀거나 당겨 화면을 확대하거나 축소해 봅니다.

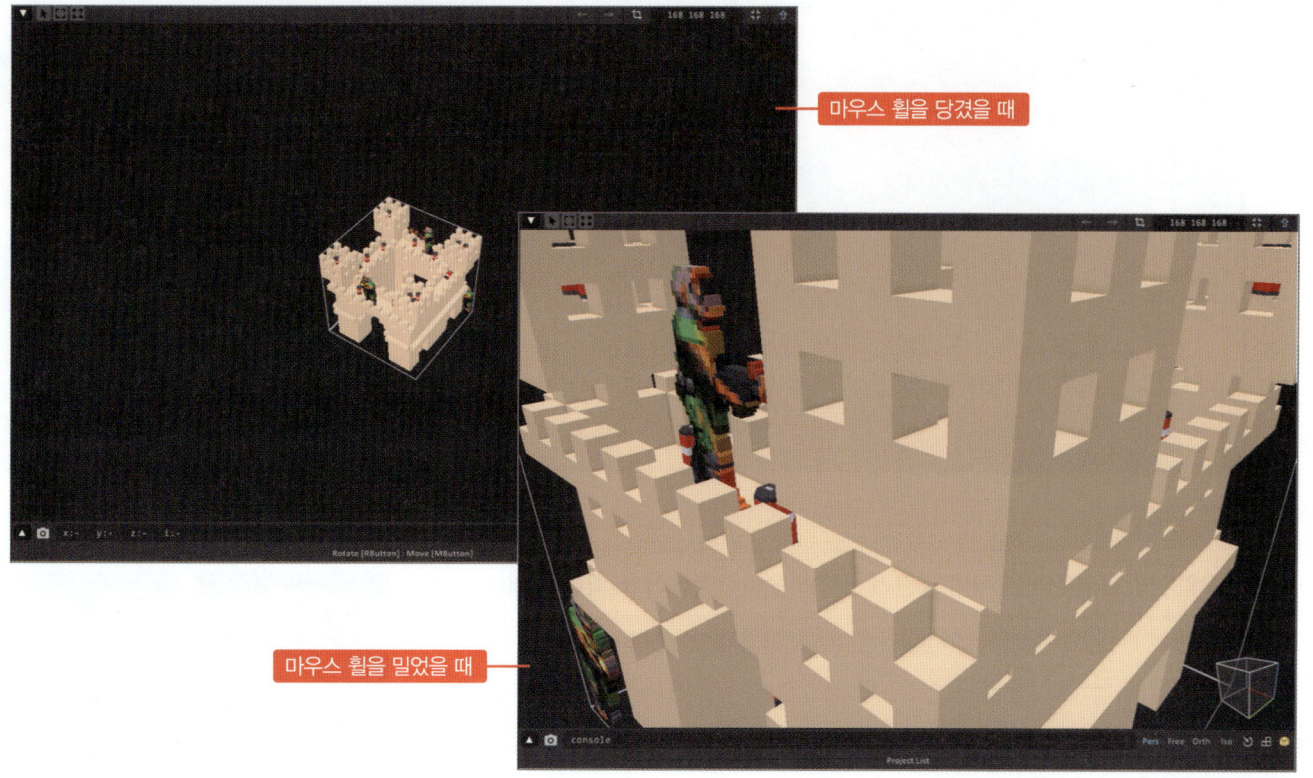

Chapter 02 쓰레기를 청소해요

❸ 마우스 휠을 클릭한 채 드래그하여 화면을 이동해 봅니다.

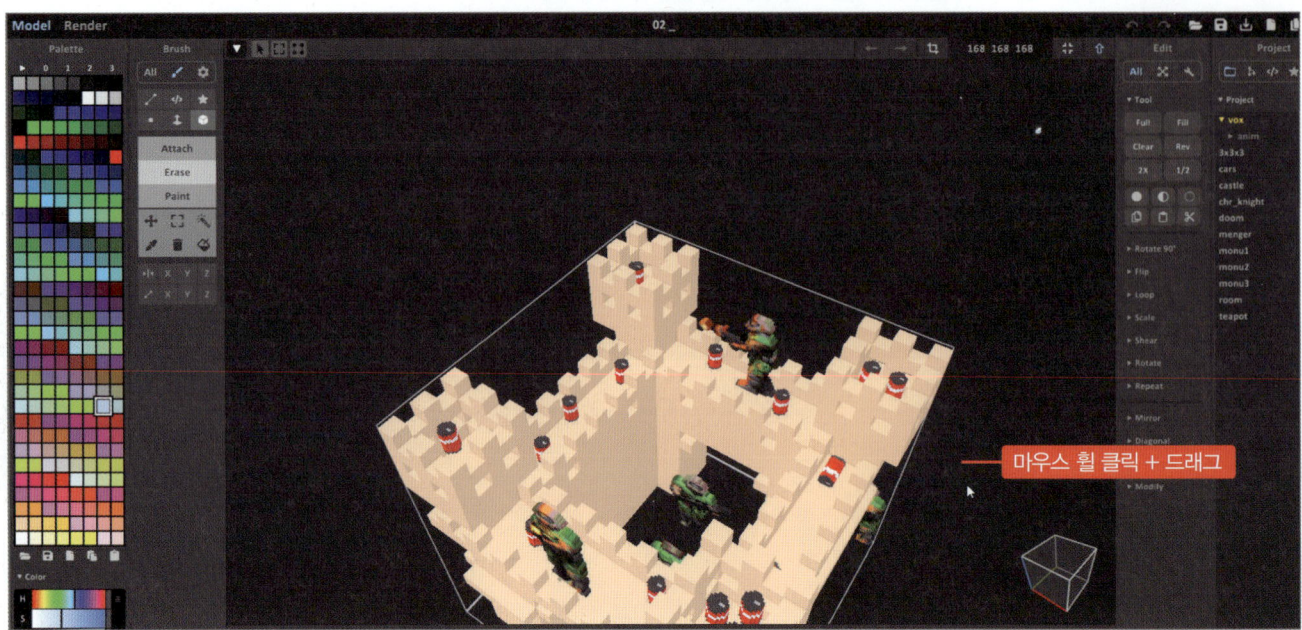

 빈 공간을 드래그하여 이동하면 복셀이 지워지거나 변경되는 것을 막을 수 있어요.

❹ 마우스 오른쪽 버튼을 클릭한 채 드래그하여 화면을 회전해 봅니다.

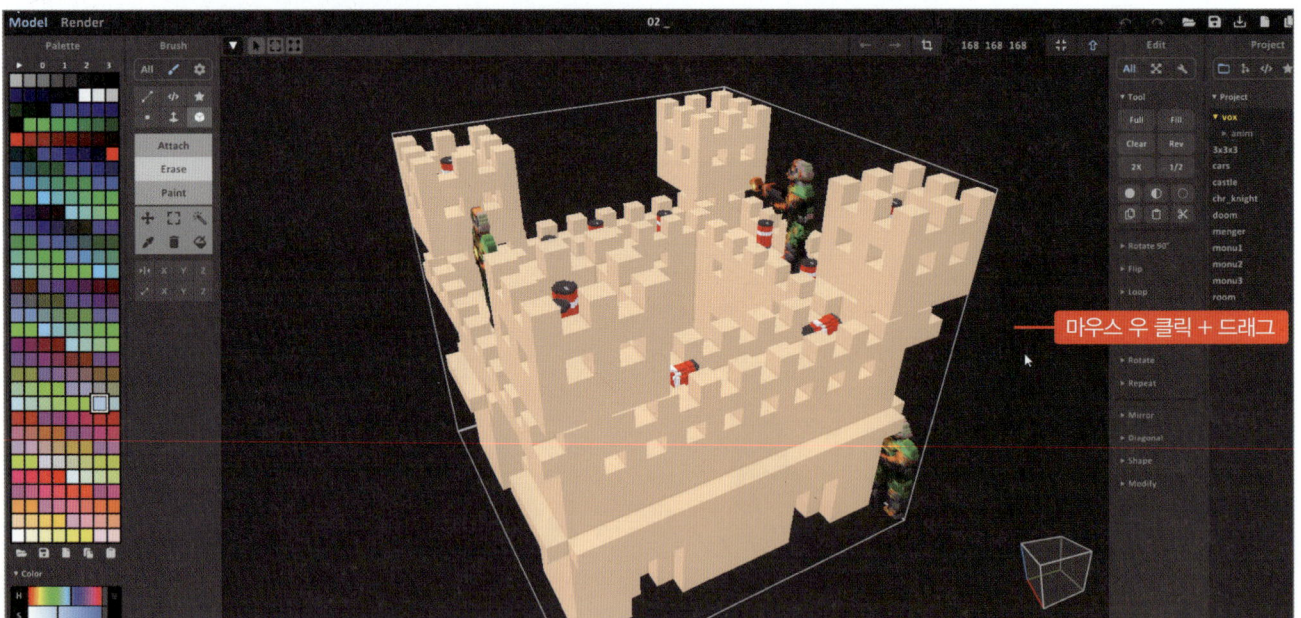

알아두기

작업 공간을 회전하면 작업 공간 오른쪽 하단의 '3D 뷰어'도 따라 변해요.

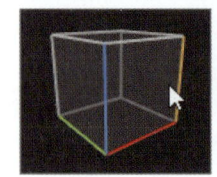 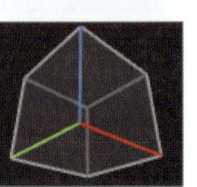

삭제 기능으로 쓰레기 치우기

>>> 삭제 기능을 사용해서 이곳 저곳 떨어져 있는 쓰레기를 치워봐요.

❶ 화면을 이동, 회전, 확대하며 숨겨져 있는 쓰레기를 찾아 봅니다.

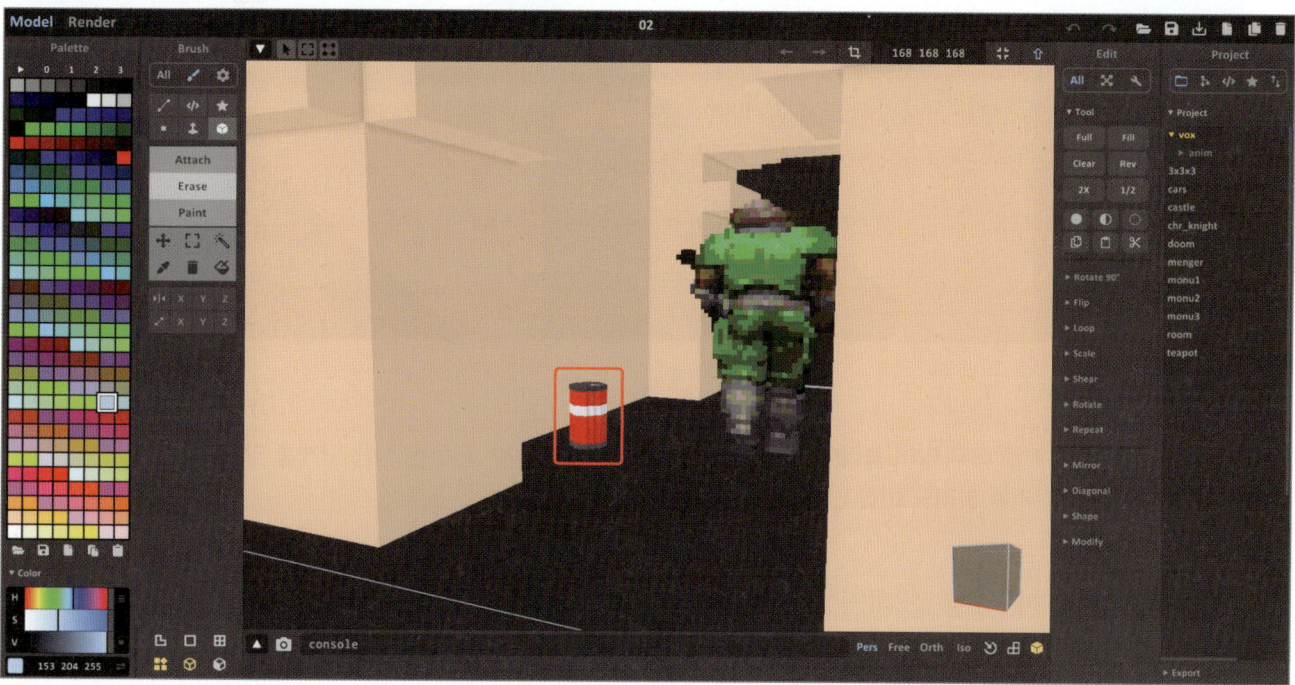

❷ [Brush] 탭-'박스(■)'를 선택한 후 'Erase'를 선택하여 쓰레기를 지워봅니다.

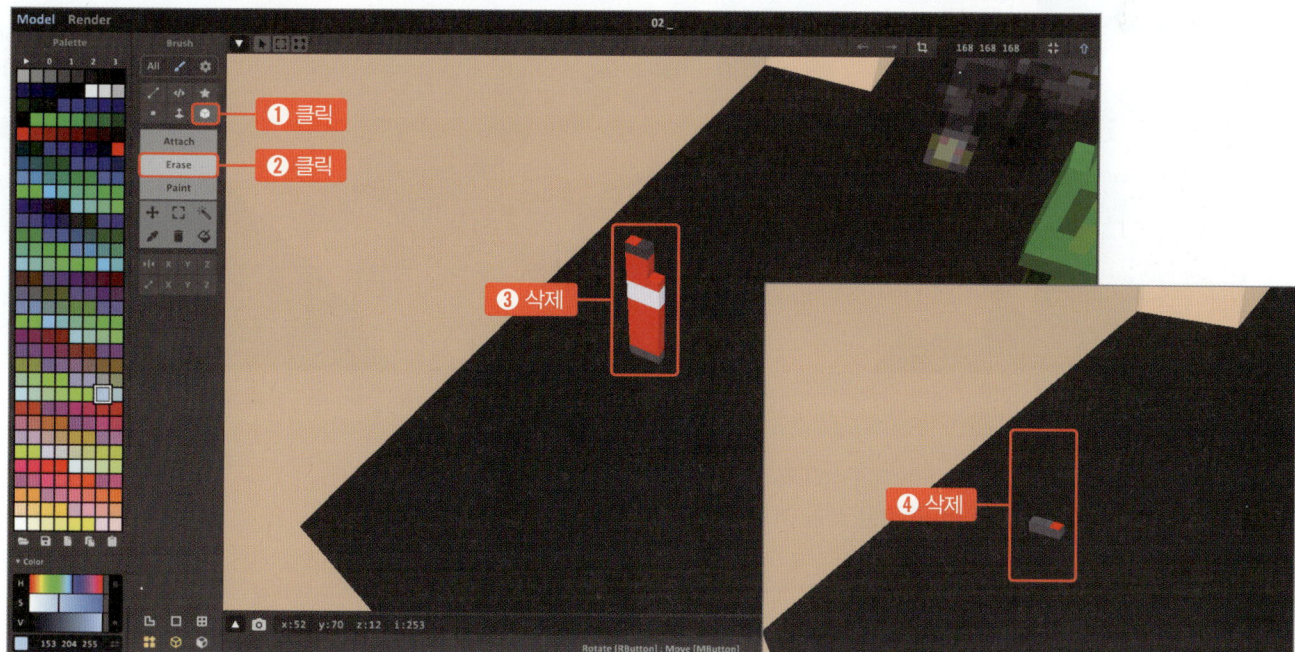

> **알아두기**
>
> '박스' 모드를 선택한 후 복셀을 드래그하면 선택된 영역이 삭제돼요.

Chapter 02 쓰레기를 청소해요 ● **017**

❸ 쓰레기가 아닌 다른 공간을 삭제하였다면 '되돌리기()'를 클릭하여 복셀을 이전 모습으로 되돌립니다.

TIP
- 되돌리기를 너무 많이 클릭했다면 다시 실행(⌒)을 클릭하여 원하는 진행 단계를 맞춰요.
- Ctrl + Z 키를 눌러도 이전 단계로 되돌릴 수 있어요.

❹ 화면을 회전하여 다른 쓰레기를 찾은 후 [Brush] 탭-'연장(⬇)'-'Erase'에서 'Face'를 '복셀의 색상(▣)'과 'Geo'로 선택하고 쓰레기를 클릭하여 지워봅니다.

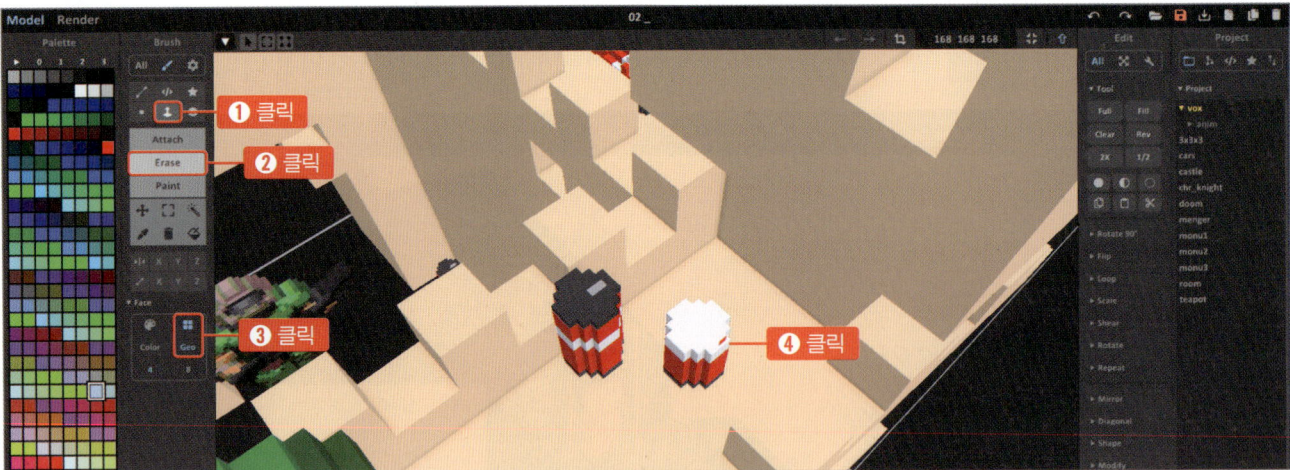

알아두기

- 'Geo'로 설정하면 한 면의 복셀이 삭제돼요.
- 'Color'로 설정하면 한 면 중 같은 색을 가진 복셀이 삭제돼요.

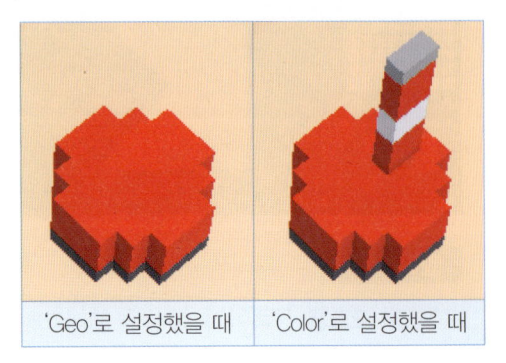

'Geo'로 설정했을 때   'Color'로 설정했을 때

❺ [Brush] 탭–'마술봉( )'에서 'Region'를 '연결된 영역( )', 'Geo'로 선택한 후 쓰레기를 클릭합니다.

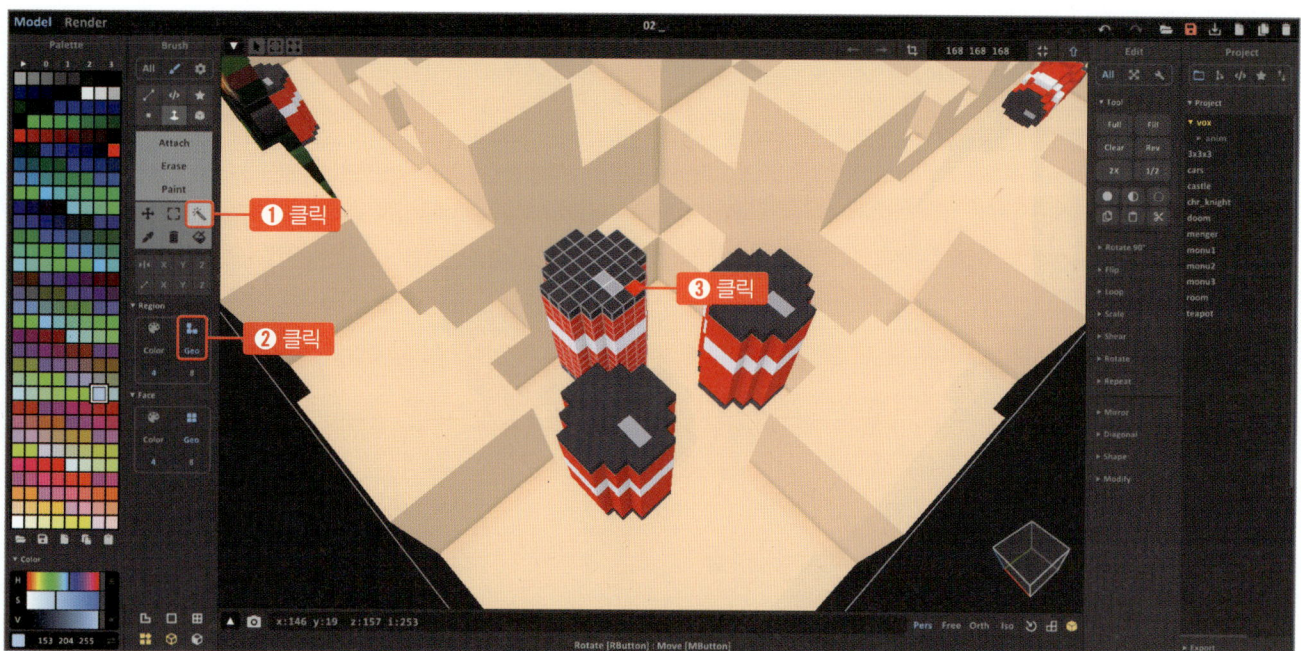

> **알아두기**
>
> 'Region'에서 'Geo'를 선택하면 쓰레기를 한 번에 선택할 수 있어요.

❻ 키보드에서 Delete 키를 눌러 쓰레기를 지워봅니다.

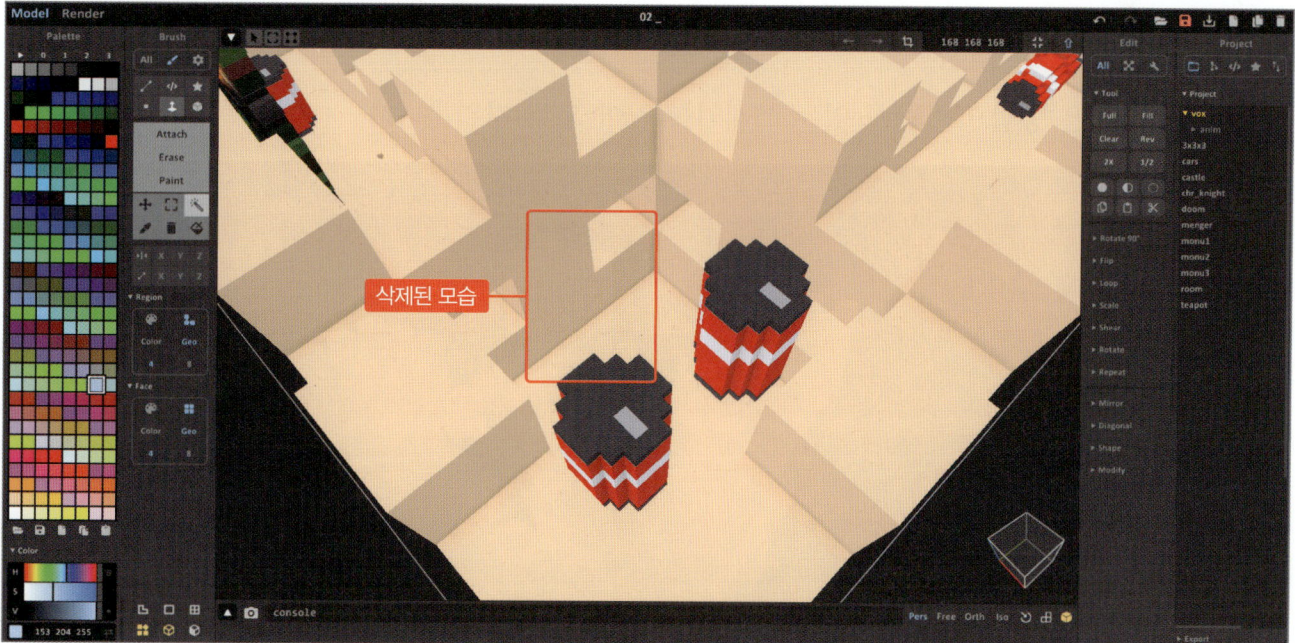

❼ [Brush] 탭–'휴지통(　)'에서 'Region'를 '연결된 영역(　)', 'Geo'로 선택한 후 쓰레기를 클릭하여 지워봅니다.

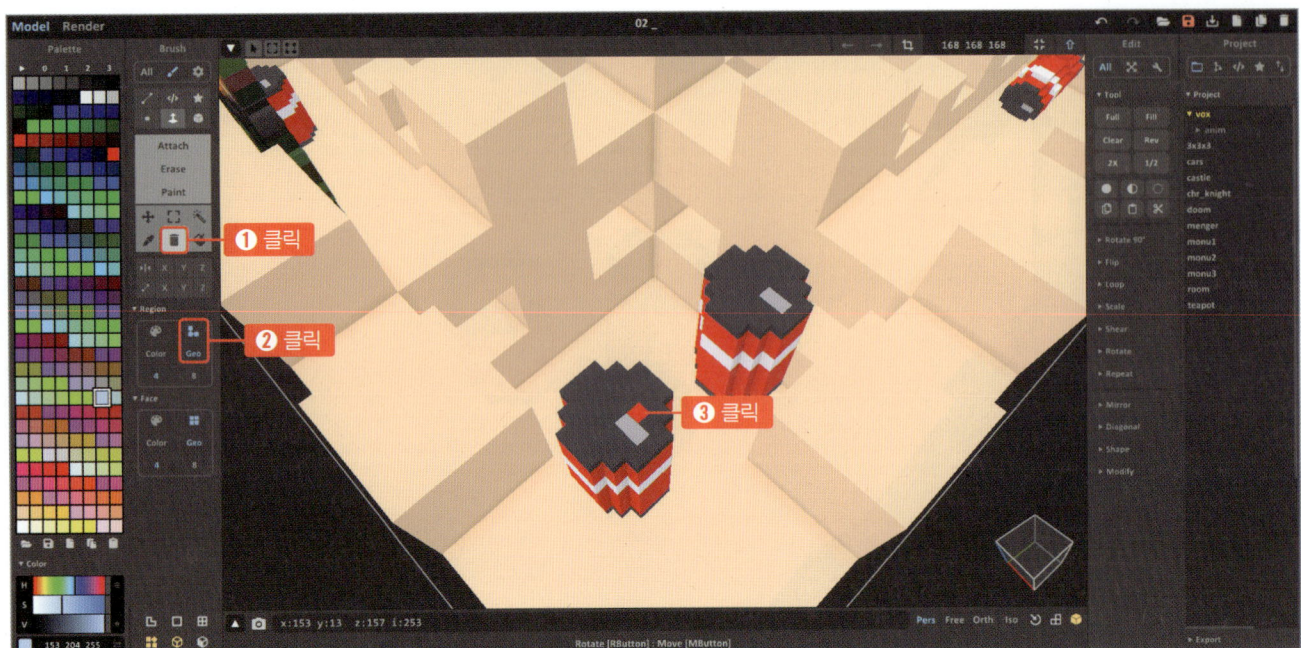

> **알아두기**
>
> 'Color'를 선택한 후 쓰레기를 클릭하면, 클릭한 위치의 복셀과 같은 색의 복셀이 전부 지워져요.

❽ ❷~❼과 같은 방법으로 남아 있는 쓰레기를 찾아 모두 지워봅니다.

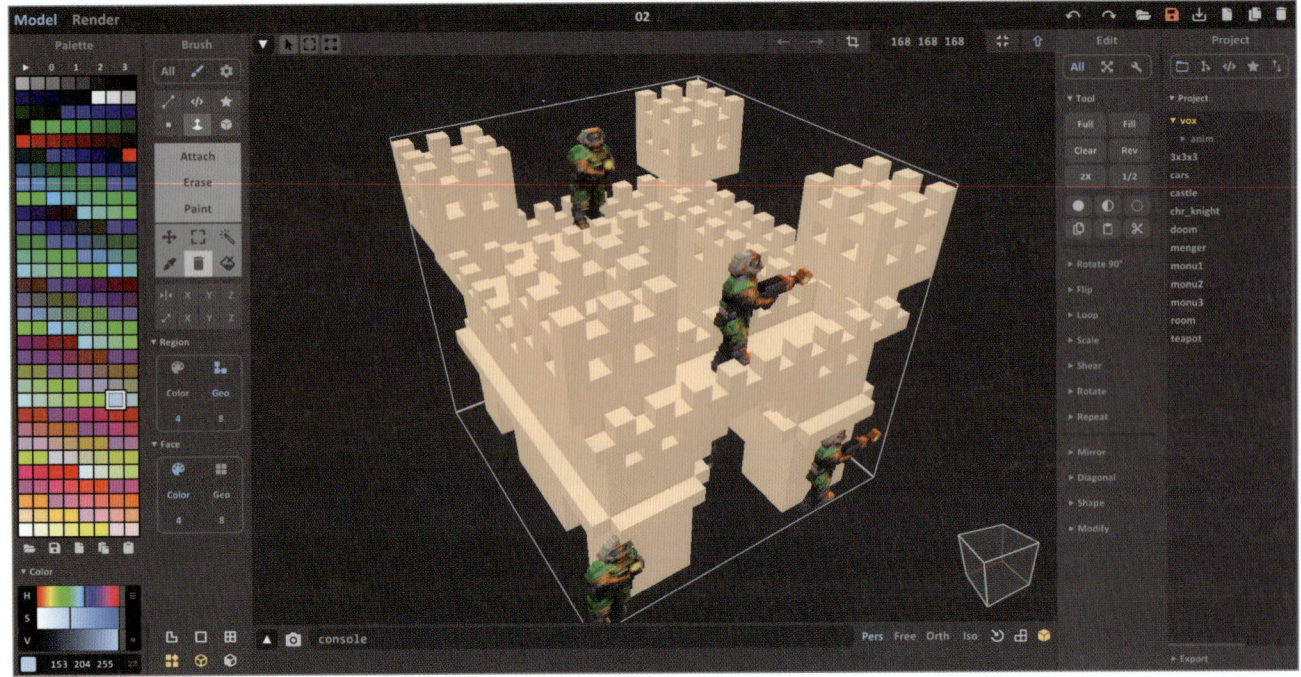

차곡차곡~ 3D 상상력 쌓기

▶ 예제 파일 : 02강_미션_예제.vox   ▶ 완성 파일 : 02강_미션_완성.vox

미션 01 '02강_미션_예제.vox' 파일을 불러와 화면을 확대, 이동, 회전시켜 섬을 둘러봅니다.

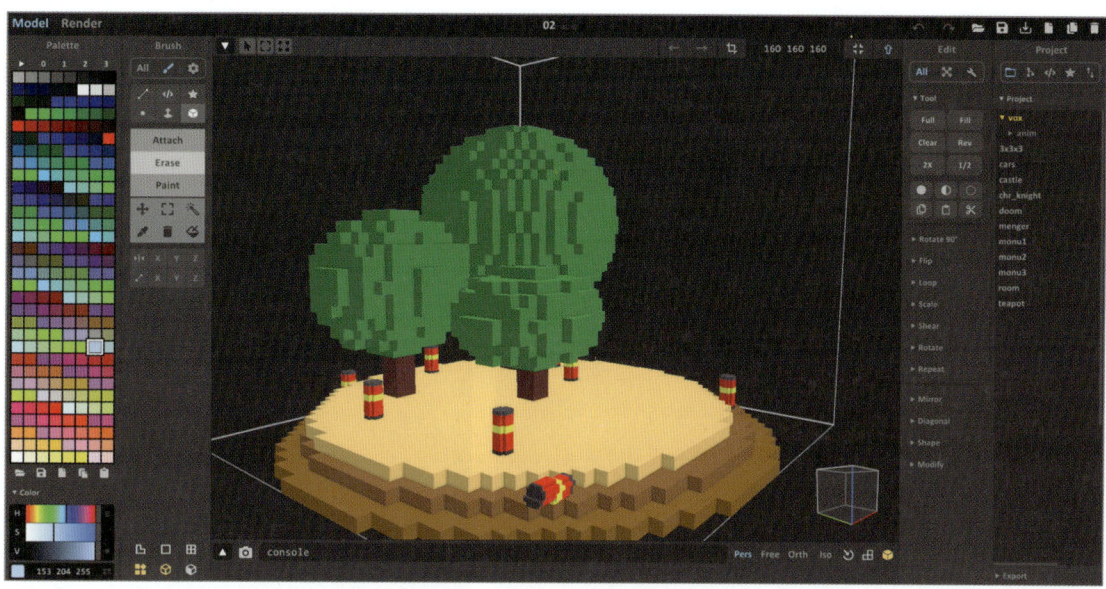

미션 02 섬에 떨어져 있는 쓰레기를 전부 치워봅니다.

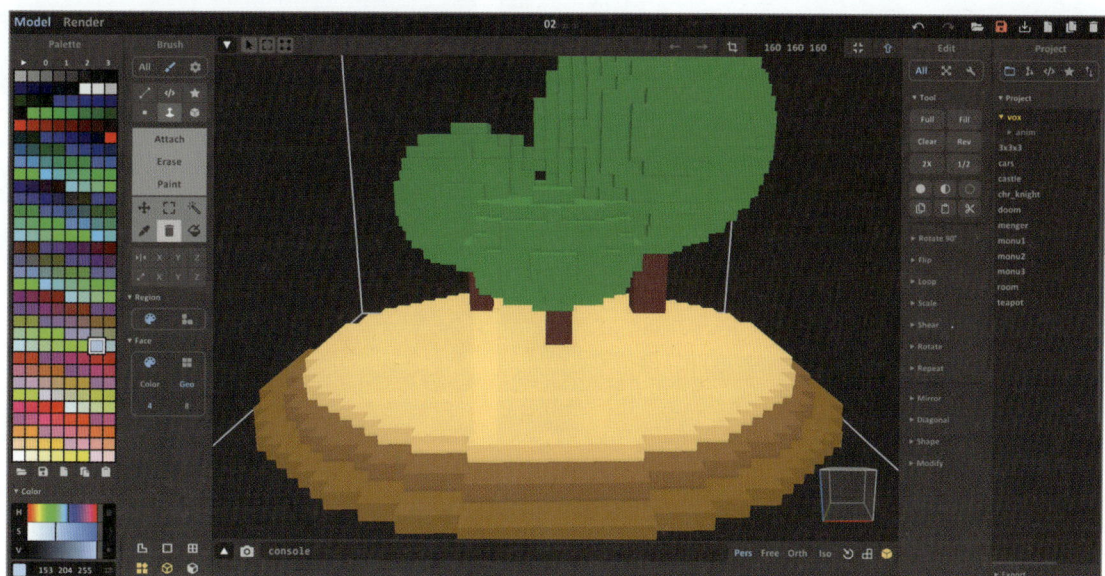

Chapter 02 쓰레기를 청소해요 ● **021**

CHAPTER 03

탐험 월드 매지카복셀 월드

부서진 공원을 고쳐요

오늘은 매지카복셀 공원으로 산책을 가려고 해요. 그런데 도착해보니 공원 여기 저기 망가진 부분이 있네요. 벤치는 부서져 있고 가로등도 고장난 채로 서있어요. 망가진 공원을 함께 고쳐 볼까요?

▼ 예제 파일 : 03강_예제.vox   ▼ 완성 파일 : 03강_완성.vox

함께 배워볼까요?

- Attach 도구로 끊어진 복셀 사이를 채울 수 있어요.
- 복셀의 크기와 모양을 변경할 수 있어요.

Step 01 부서진 벤치 고치기

>>> 공원을 둘러보고 군데군데 부서진 벤치의 복셀을 연결하여 고쳐봐요.

❶ 매지카복셀(MagicaVoxel) 아이콘(🐱)을 더블클릭하여 실행한 후 [열기(📁)]를 클릭하여 '03강_예제.vox' 파일을 불러옵니다.

❷ 마우스를 이용하여 [작업] 탭의 화면을 회전하고 마우스 휠을 밀어 부서진 벤치를 확대합니다.

TIP 벤치가 가로등에 가려 잘 보이지 않을 경우, 마우스 휠을 클릭한 채로 드래그하여 화면을 이동해 보세요.

❸ [Brush] 탭-'복셀( )'-'스포이드( )'를 클릭한 후 벤치의 의자 부분을 클릭합니다.

❹ 이어서 'Attach'를 클릭하고 부서진 벤치의 빈 부분을 클릭하여 채워봅니다.

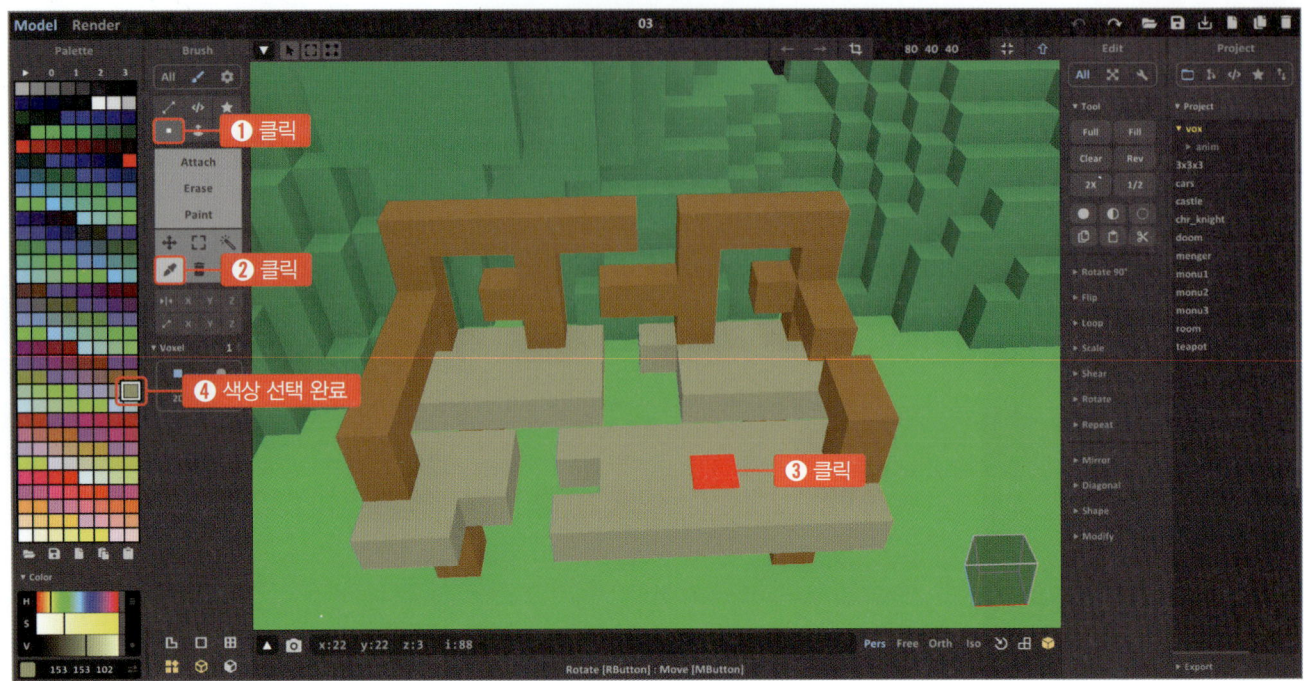

알아두기

'Mirror( )', 'Axis( )' 도구의 X, Y, Z축에 체크가 되어 있지 않은 상태에서 작업해요.

❺ 다시 '스포이드( )'를 클릭한 후 벤치의 등받이를 클릭하여 색을 선택합니다. 이어서 'Attach'를 클릭한 후 부서진 벤치의 등받이와 손잡이를 고쳐봅니다.

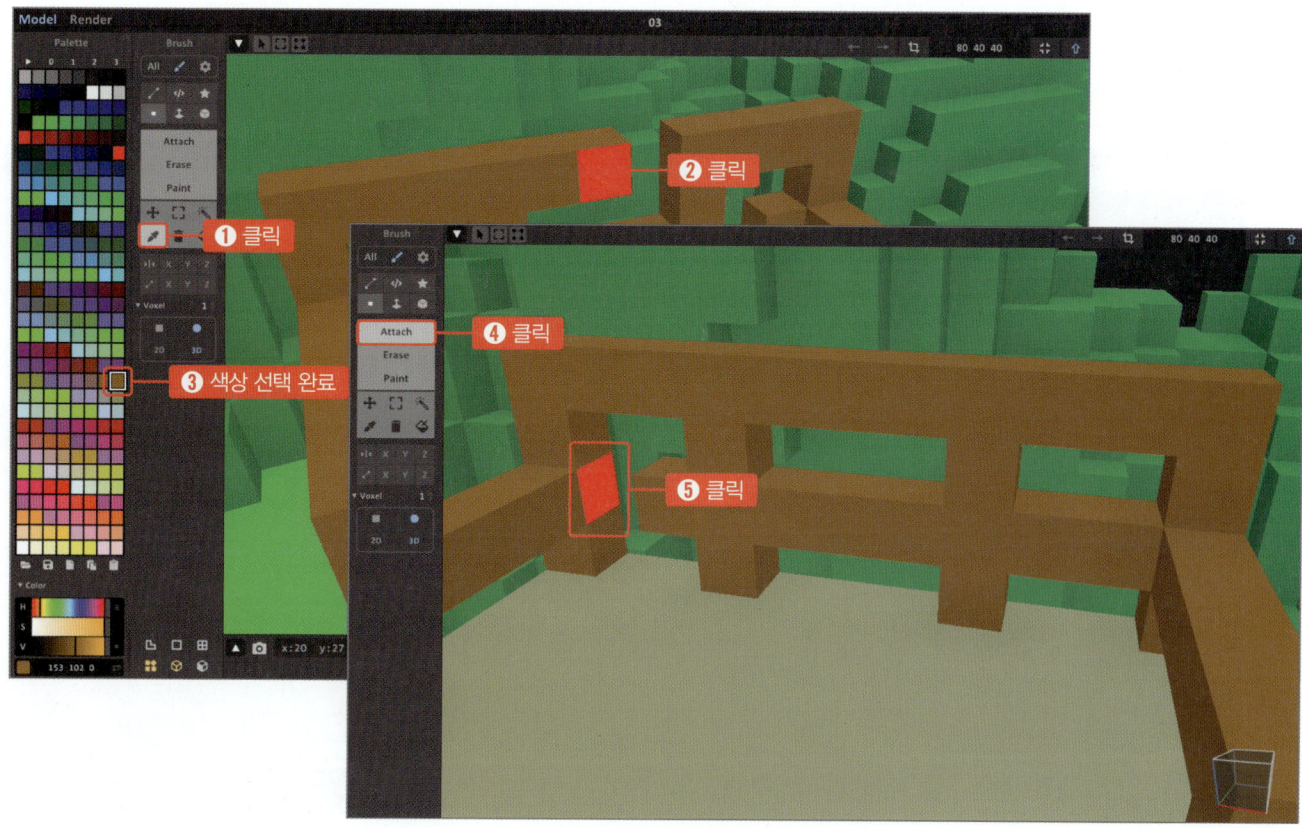

❻ 'Paint'를 클릭하고 [Palette] 탭에서 색상을 선택하여 벤치의 색을 변경해 봅니다.

'Attach' 혹은 'Erase' 도구를 사용하여 벤치의 모양을 자유롭게 변경해도 좋아요.

Chapter 03 부서진 공원을 고쳐요 • **025**

고장난 가로등 고치기

>>> 고장난 가로등을 고치기 위해 복셀의 크기와 모양을 변경해 보요.

❶ 화면을 이동, 회전하여 고장난 가로등을 확인합니다.

❷ 'Attach'를 클릭하고 부서진 가로등을 고쳐봅니다.

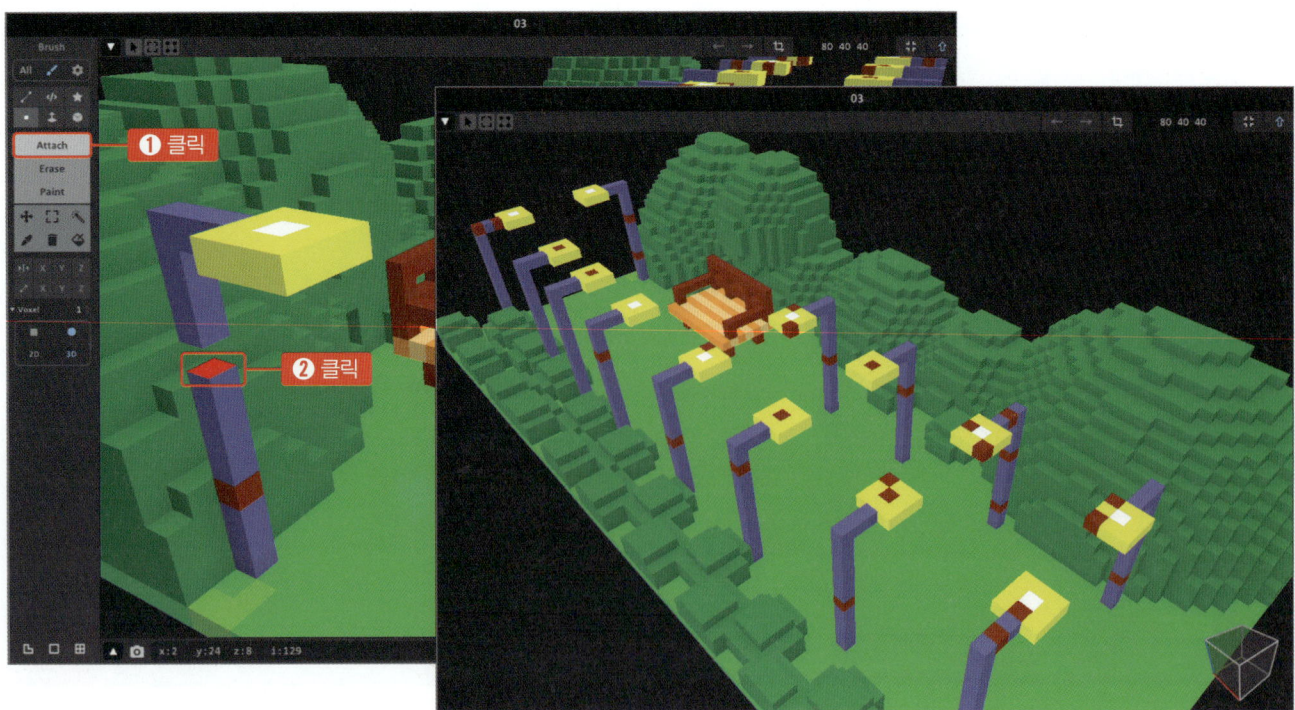

> **TIP** 가로등을 고치기 위한 복셀의 색은 자유롭게 설정해요.

❸ 이어서 'Paint'를 클릭한 후 [Palette] 탭에서 색상을 선택하여 가로등의 색을 변경해 봅니다.

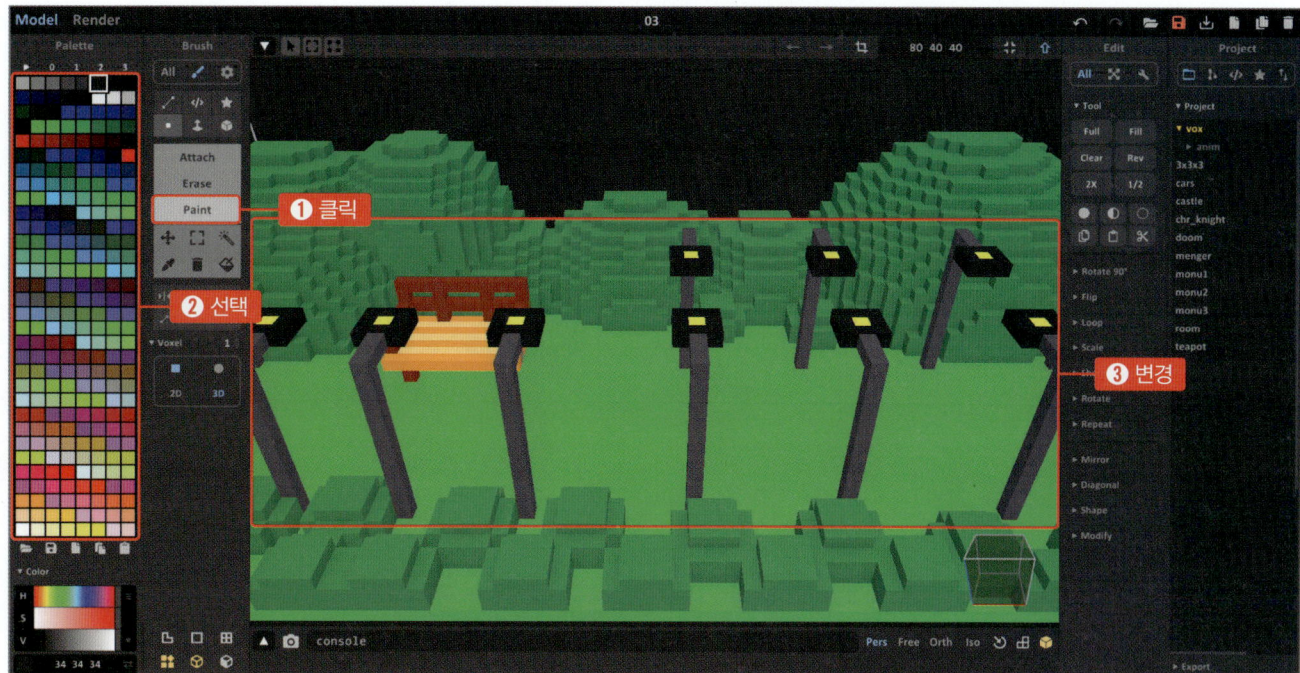

❹ 가로등의 불빛을 표현하기 위해 [Brush] 탭에서 'Voxel'의 크기('10')와 모양('원'), 형태('2D')를 선택합니다.

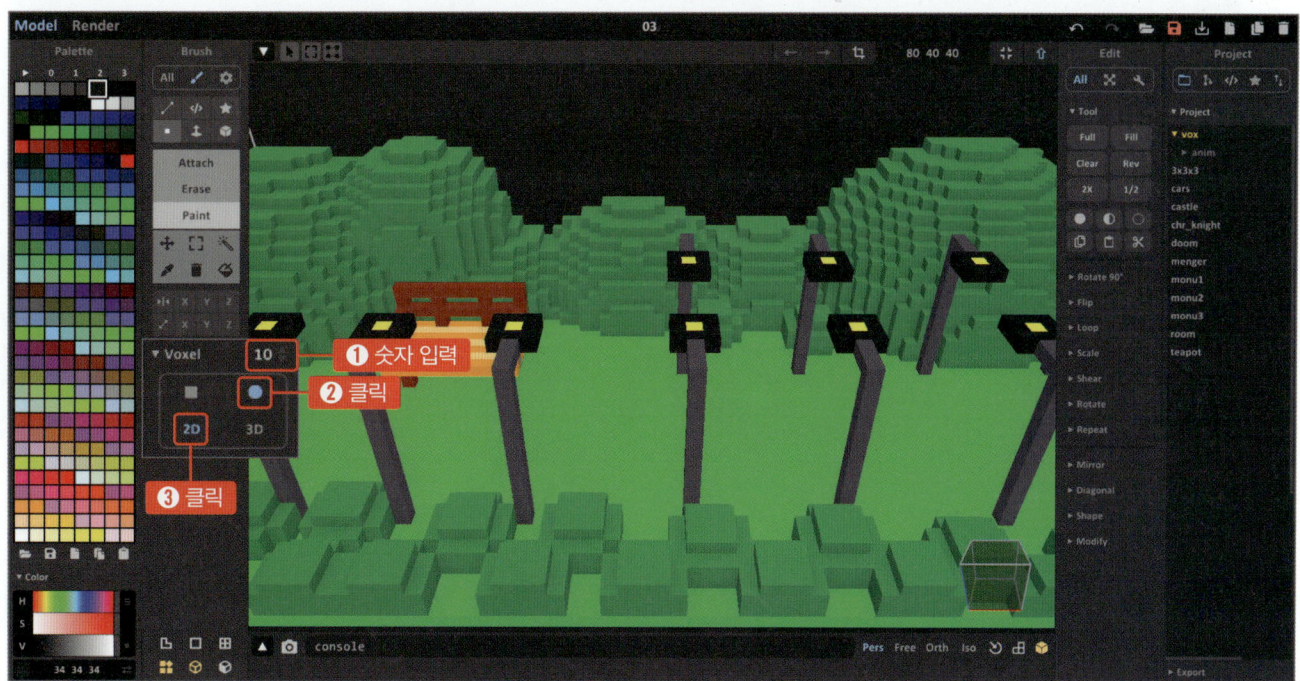

> 알아두기
> - 복셀의 크기가 '1'일 때는 작업 공간에서 사각형으로 나타나고, '1'보다 크면 설정한 모양(■/●)에 따라 나타나요.
> - '2D'는 평면으로, '3D'는 둥근 구나 박스로 표현할 때 선택해요.

❺ [Palette] 탭에서 색상을 선택한 후 가로등 아래쪽 바닥을 클릭하여 불빛을 표현해 봅니다.

TIP 가로등 불빛의 색상을 떠올려보며 어울리는 색상을 골라보세요.

❻ 이어서 원하는 색상을 선택하고 공원 나무와 풀의 색상을 변경해 봅니다.

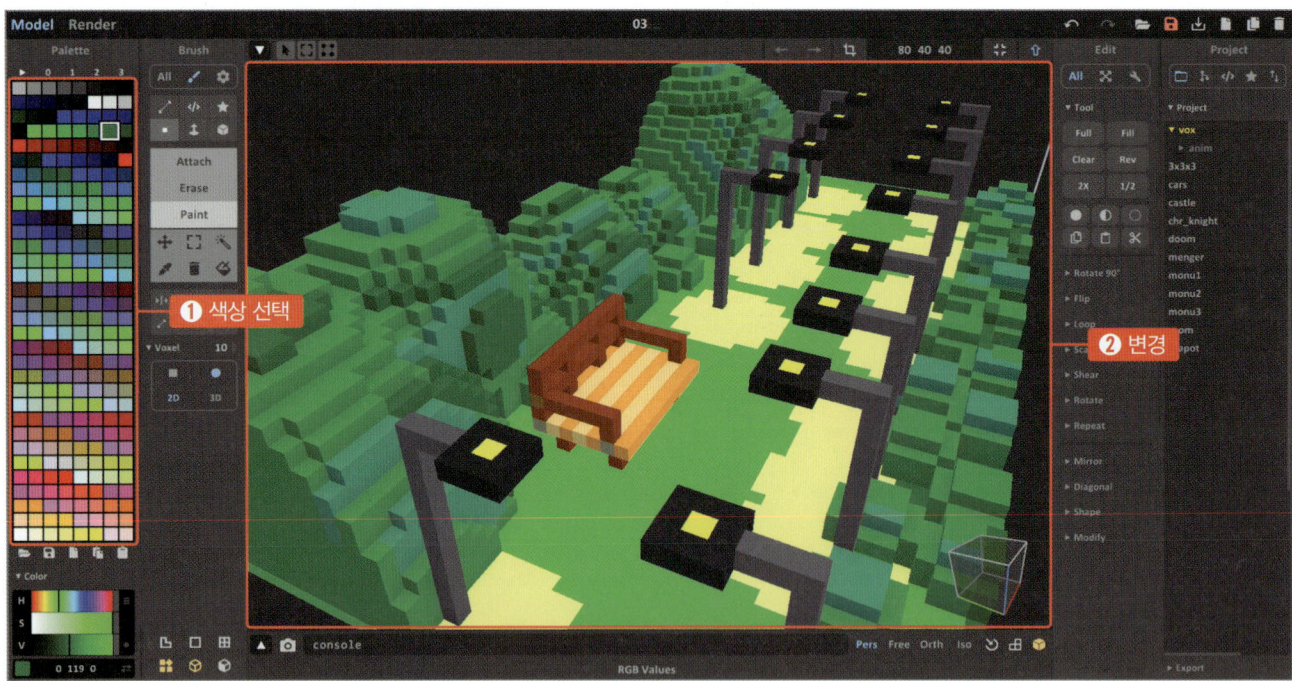

❼ 공원이 완성되면 [Project] 탭의 'Export'에서 'vox'를 클릭하여 저장합니다.

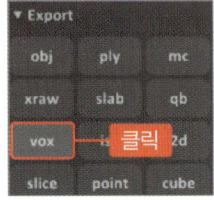

차곡차곡~ 3D 상상력 쌓기

▶ 예제 파일 : 03강_미션_예제.vox   ▶ 완성 파일 : 03강_미션_완성.vox

미션 01 '03강_미션_예제.vox' 파일을 불러와 부서진 집을 고쳐봅니다.

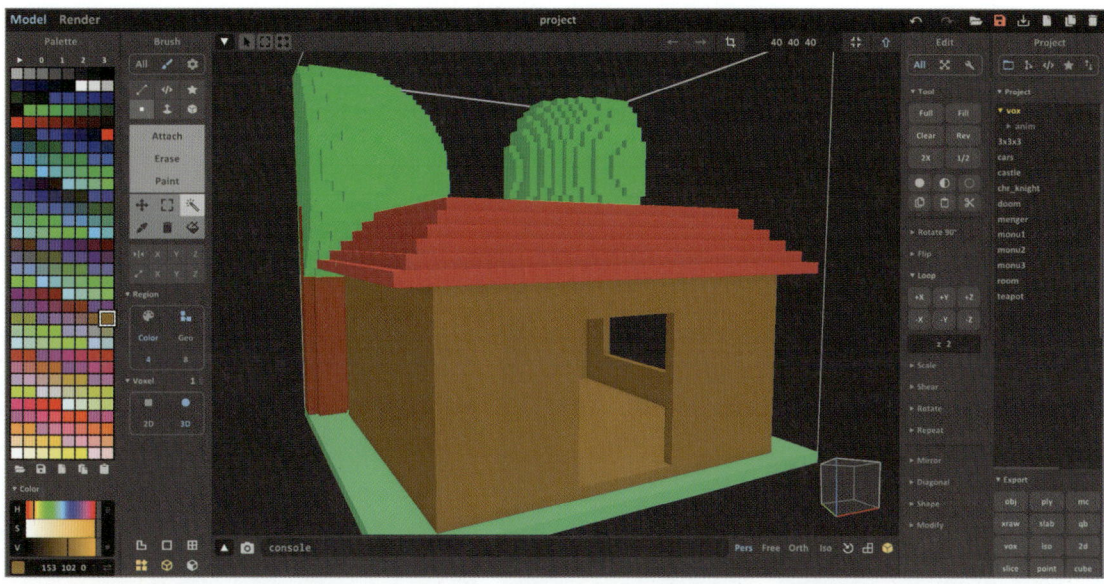

이렇게 해봐요 'Attach' 혹은 'Erase' 도구를 이용해 선택하여 집의 모양을 변경해 봐요.

미션 02 'Paint' 도구를 사용하여 집을 예쁘게 칠해 봅니다.

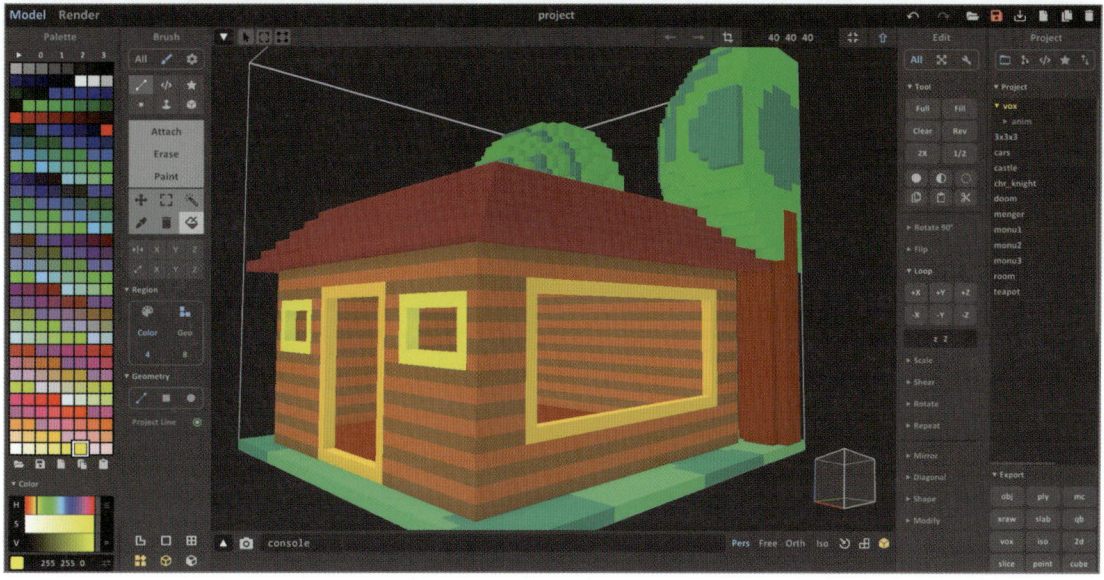

Chapter 03 부서진 공원을 고쳐요 • **029**

CHAPTER 04

아이스크림이 하늘에서 떨어진다면

탐험 월드 매지카복셀 월드

(으으~ 추워..) 주위를 둘러보니 알록달록 달콤한 아이스크림이 하늘에 나타나 있네요. 매지카복셀 월드가 아이스크림으로 가득해지기 전에 콘 위로 움직여서 3단 아이스크림을 쌓아봐요!

▼ 예제 파일 : 04강_예제.vox ▼ 완성 파일 : 04강_완성.vox

함께 배워볼까요?

- 마술봉을 이용하여 복셀을 선택할 수 있어요.
- Loop 기능으로 복셀의 위치를 이동할 수 있어요.

아이스크림 쌓기

>>> 떨어지고 있는 아이스크림을 한 곳으로 모아봐요.

❶ 매지카복셀(MagicaVoxel) 아이콘( )을 더블클릭하여 실행한 후 [열기( )]를 클릭하여 '04강_예제.vox' 파일을 불러옵니다.

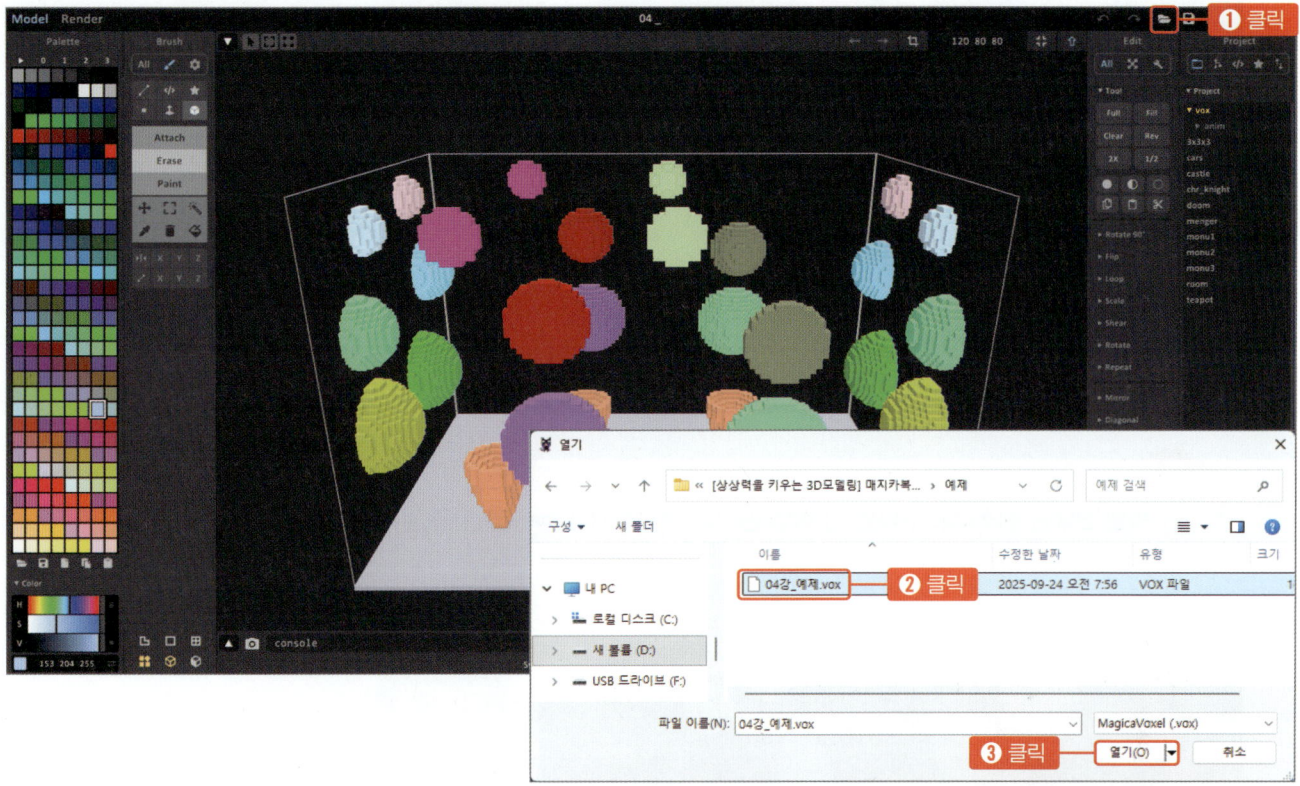

❷ [Brush] 탭-'마술봉( )'을 선택한 후 'Region'에서 '연결된 영역( )', 'Geo'를 선택합니다.

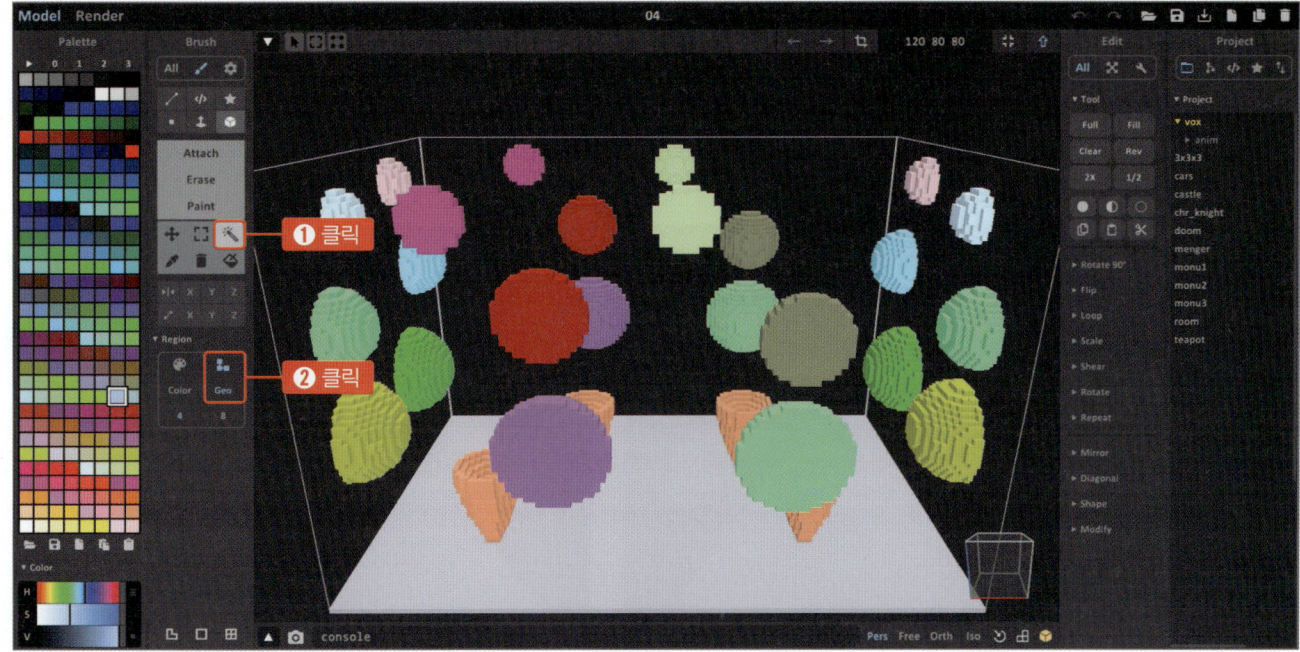

Chapter 04 아이스크림이 하늘에서 떨어진다면 • 031

❸ Shift 키를 누른 채 나누어져 있는 같은 색의 아이스크림 조각을 선택합니다.

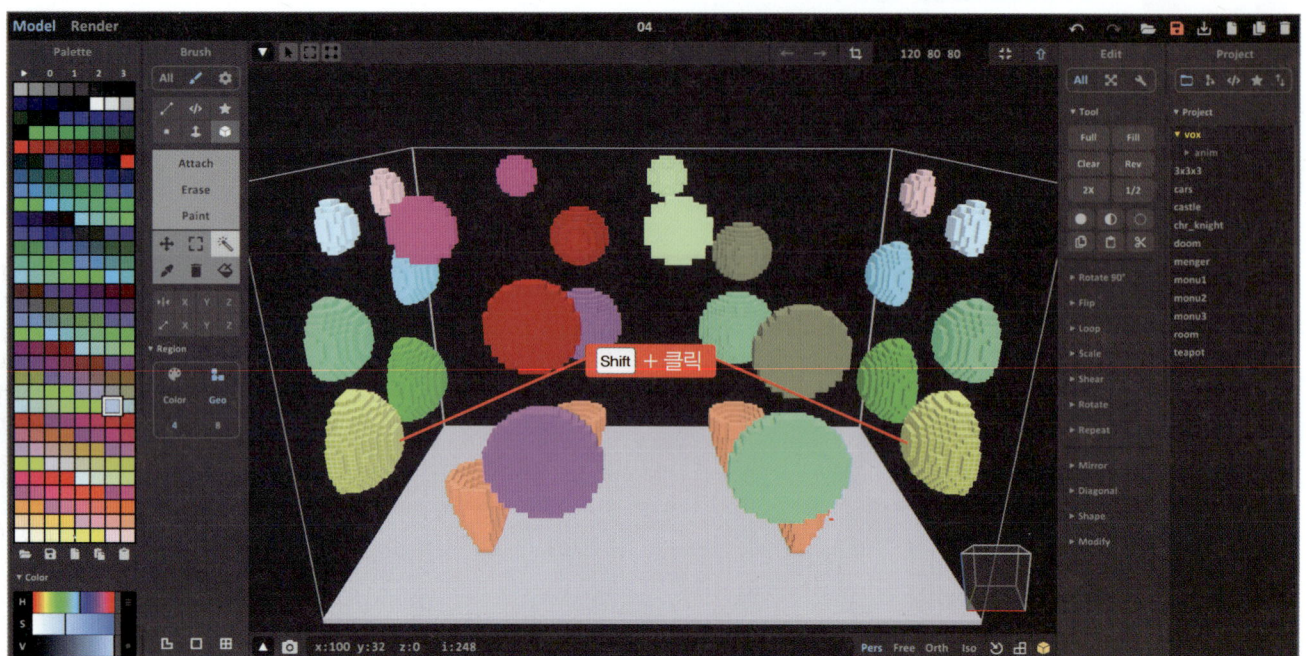

 복셀 선택을 취소하고 싶다면 빈 작업 공간을 클릭하거나 Ctrl + D 키를 눌러요.

❹ [Edit] 탭에서 'Loop'의 '+X'를 반복해 클릭하며 하나의 아이스크림으로 만듭니다.

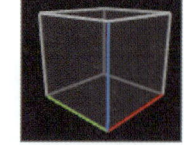

알아두기

Loop의 좌표 버튼은 3D 뷰어의 색깔 선이 위치한 방향으로 이동해요.

- '+X'/'-X' : 빨간색 선의 방향에서 이동
- '+Y'/'-Y' : 초록색 선의 방향에서 이동
- '+Z'/'-Z' : 파란색 선의 방향에서 이동

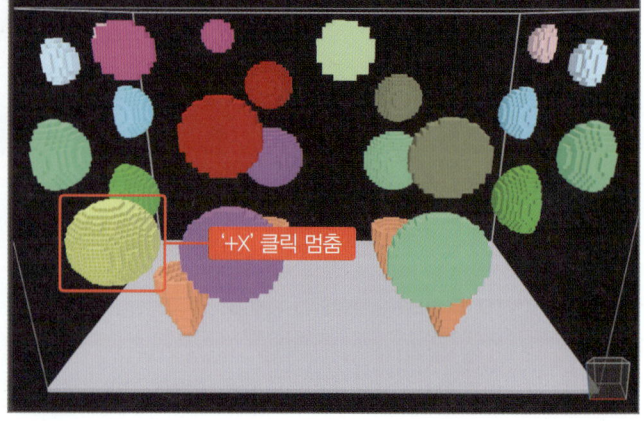

❺ 화면을 회전한 후 'Loop'의 좌표 버튼을 클릭하며 아이스크림을 콘 위쪽으로 이동시킵니다.

❻ [Palette] 탭에서 변경할 아이스크림 색상을 선택한 후 [Brush] 탭-'페인트 통( )'을 클릭하고 복셀을 클릭하여 색상을 변경합니다.

> TIP
> '페인트 통'으로 색상을 변경할 때, 색상을 변경할 복셀이 잘 선택되어 있는지 확인해요.

Chapter 04 아이스크림이 하늘에서 떨어진다면 ● 033

❼ ❷~❻과 같은 방법으로 다른 아이스크림도 하나의 덩어리로 만든 후 콘 위로 올려 색상을 변경하여 3단 아이스크림을 완성해 봅니다.

  'Loop'에서 '-Z'를 클릭하여 아래로 이동시켜 아이스크림 덩어리들을 겹치게 놓으면 더욱 자연스러운 아이스크림을 만들 수 있어요.

❽ 남은 아이스크림 덩어리도 콘 위로 옮기고 아이스크림 덩어리의 색상을 자유롭게 변경합니다.

아이스크림 꾸미기
>>> 복셀을 사용하여 3단 아이스크림을 알록달록하게 꾸며봐요.

❶ [Brush] 탭–'복셀(■)'을 클릭한 후 'Paint'를 선택합니다. 이어서 [Palette] 탭에서 마음에 드는 색상을 선택하여 아이스크림에 시럽과 토핑을 그려봅니다.

TIP
• 토핑을 나타낼 'Voxel'의 크기나 모양을 바꾸어 자유롭게 그려봐요.
• '마술봉'을 클릭하고 선택된 개체를 선택 해제한 후 토핑을 그려요.

❷ 아이스크림을 완성한 후 [Project] 탭–'Export'에서 'vox'를 클릭하여 저장합니다.

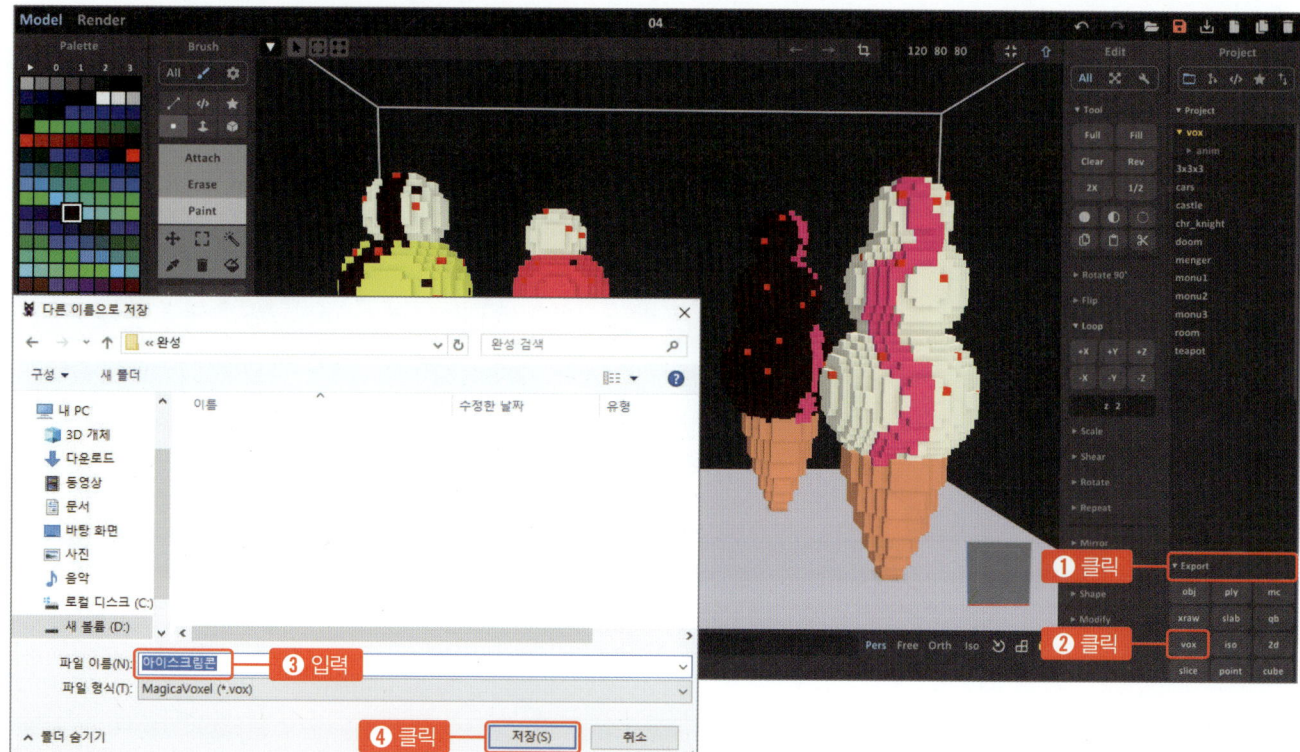

Chapter 04 아이스크림이 하늘에서 떨어진다면 • **035**

차곡차곡~ 3D 상상력 쌓기

▶ 예제 파일 : 04강_미션_예제.vox   ▶ 완성 파일 : 04강_미션_완성.vox

미션 01 '04강_미션_예제.vox' 파일을 불러와 흩어져 있는 나뭇잎을 나무에 붙여봅니다.

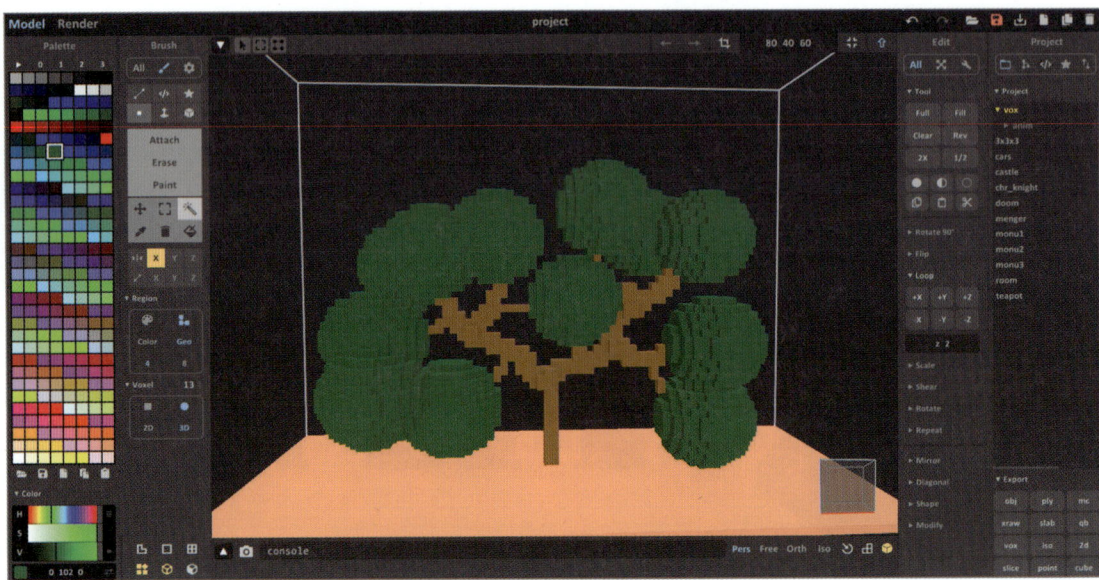

미션 02 [Brush] 탭-'복셀(■)'-'Paint'를 클릭하여 나뭇잎을 꾸며봅니다.

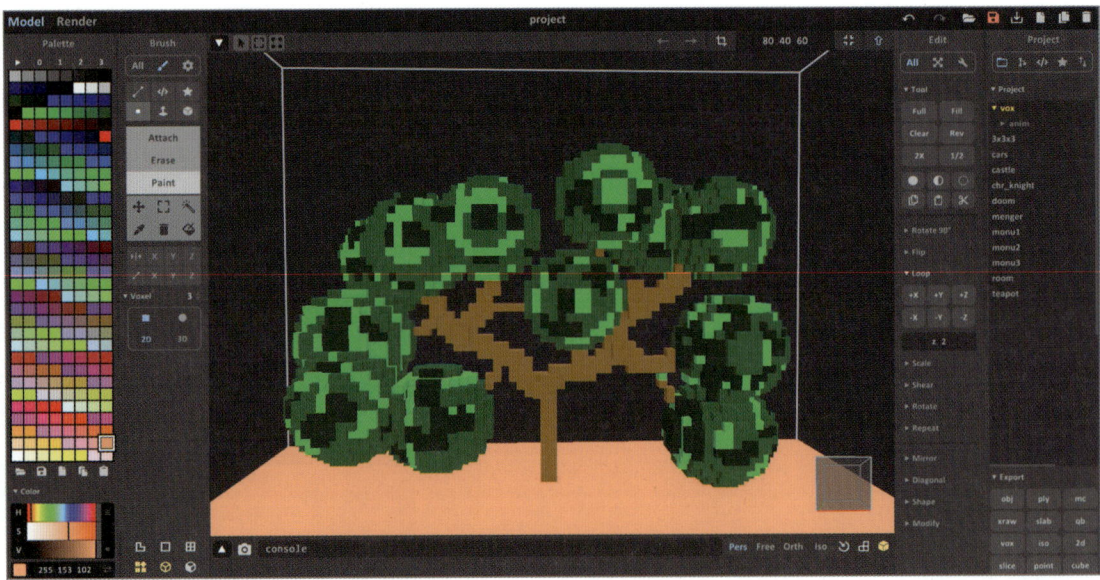

036 • PART 1 매지카복셀 월드

탐험 월드 매지카복셀 월드

CHAPTER 05 데칼코마니 아파트

매지카복셀 월드에도 친구들과 모여 살 수 있는 아파트가 있으면 좋겠어요. 흠.. 주변에서 보았던 아파트 단지를 생각하니 양쪽이 똑같은 데칼코마니가 떠오르네요. 좋았어! 데칼코마니 아파트를 만들어봐요!

▼ 예제 파일 : 05강_예제.vox   ▼ 완성 파일 : 05강_완성.vox

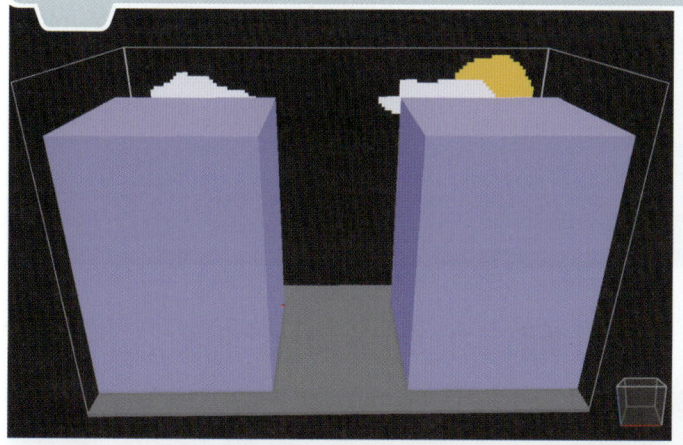

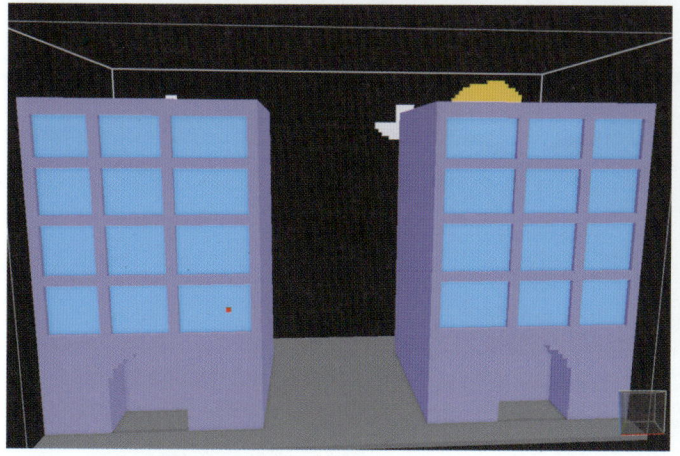
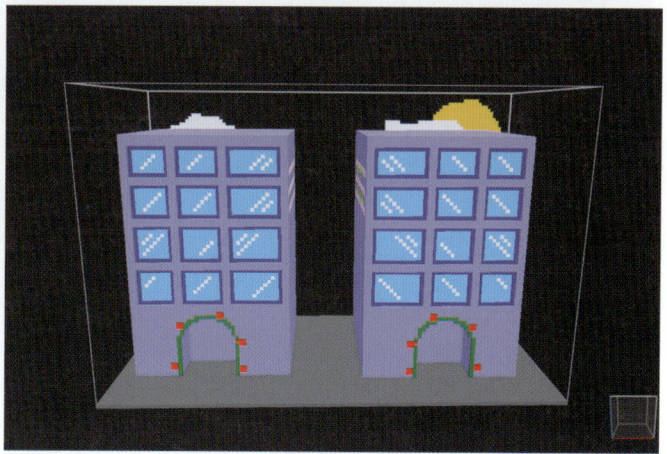

함께 배워볼까요?

- 미러 기능에 대해 이해할 수 있어요.
- 미러 기능을 활용하여 아파트를 만들 수 있어요.

미러 기능으로 건축하기

>>> 미러 기능을 사용하여 똑같이 생긴 건물을 만들어봐요.

❶ 매지카복셀(MagicaVoxel) 아이콘( )을 더블클릭하여 실행한 후 [열기( )]를 클릭하여 '05강_예제.vox' 파일을 불러옵니다.

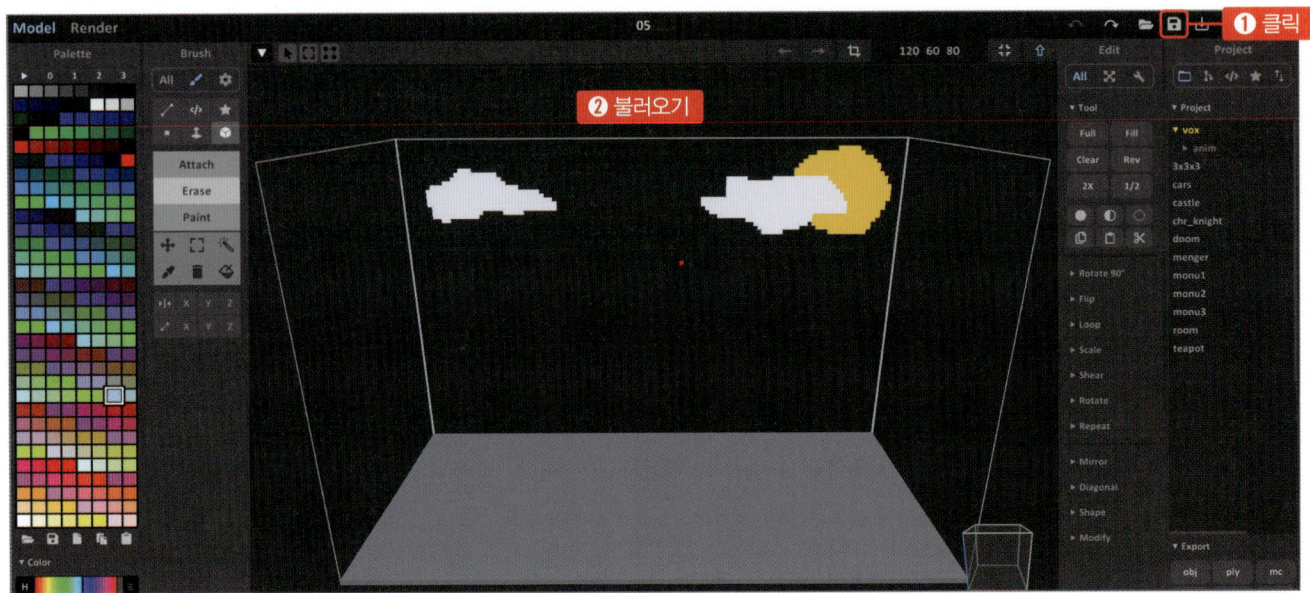

❷ [Brush] 탭-'박스( )'에서 'Attach'를 선택한 후 미러( )에서 'X'축을 선택합니다.

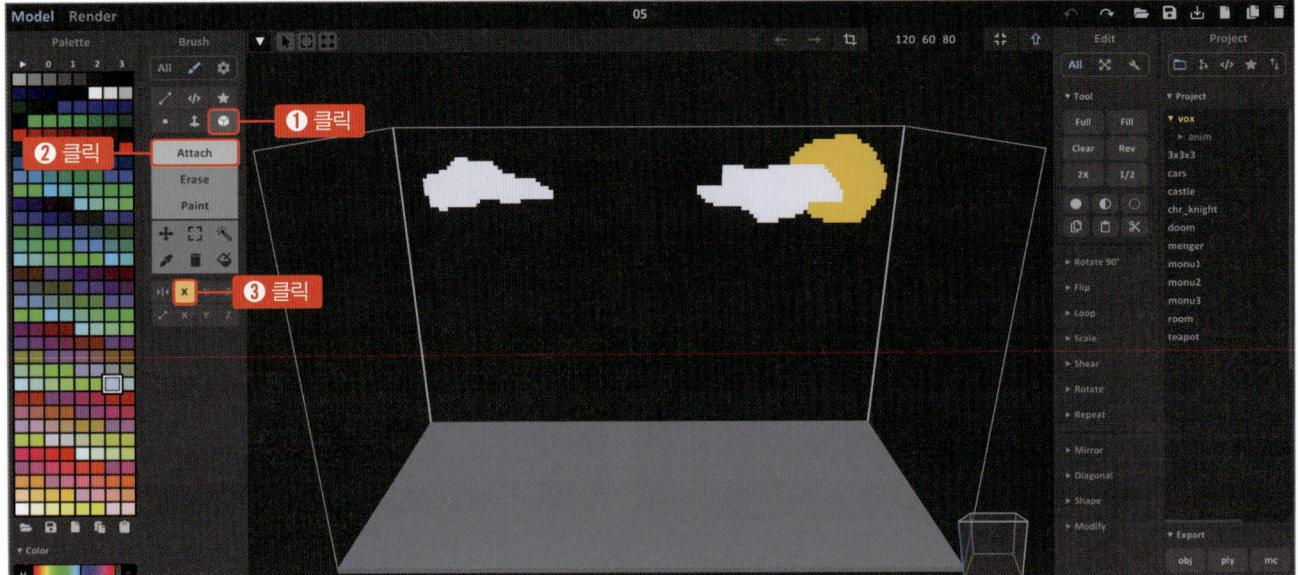

> **알아두기**
>
>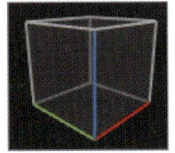
>
> 미러의 축이 나타내는 위치는 3D 뷰어의 색깔 선에서 확인할 수 있어요.
> - 'X' : 빨간색 선의 중앙을 기준으로 똑같은 모양이 생겨요.
> - 'Y' : 초록색 선의 중앙을 기준으로 똑같은 모양이 생겨요.
> - 'Z' : 파란색 선의 중앙을 기준으로 똑같은 모양이 생겨요.

❸ [Palette] 탭에서 색상을 선택한 후 작업 공간 벽면에 만들고자 하는 높이로 드래그합니다. 계속해서 마우스를 클릭한 채 바닥쪽을 드래그하여 아파트를 만듭니다.

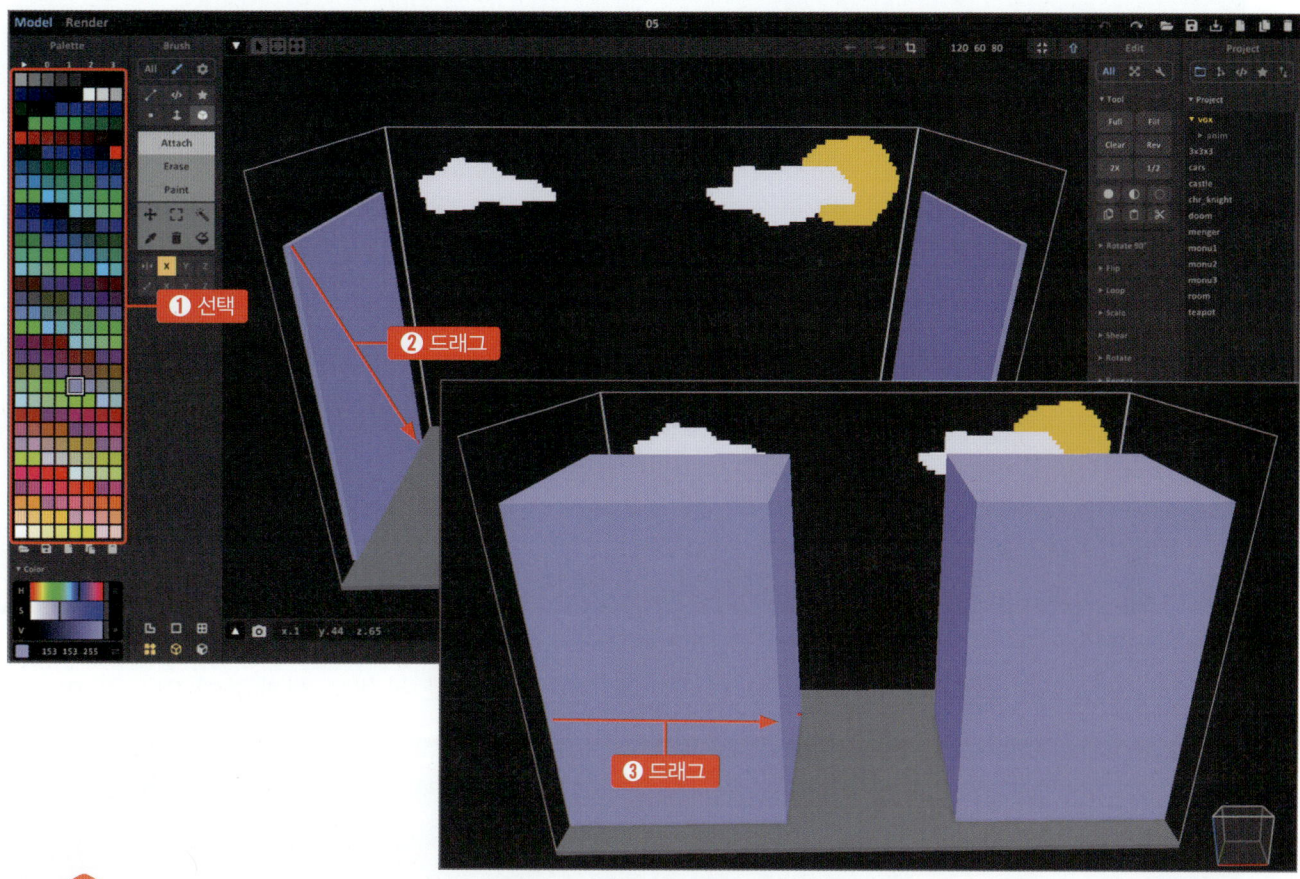

TIP 계속해서 마우스를 클릭한 상태로 작업해요.

❹ 'Erase'를 선택한 후 복셀을 삭제하여 아파트 창문을 표현해 봅니다.

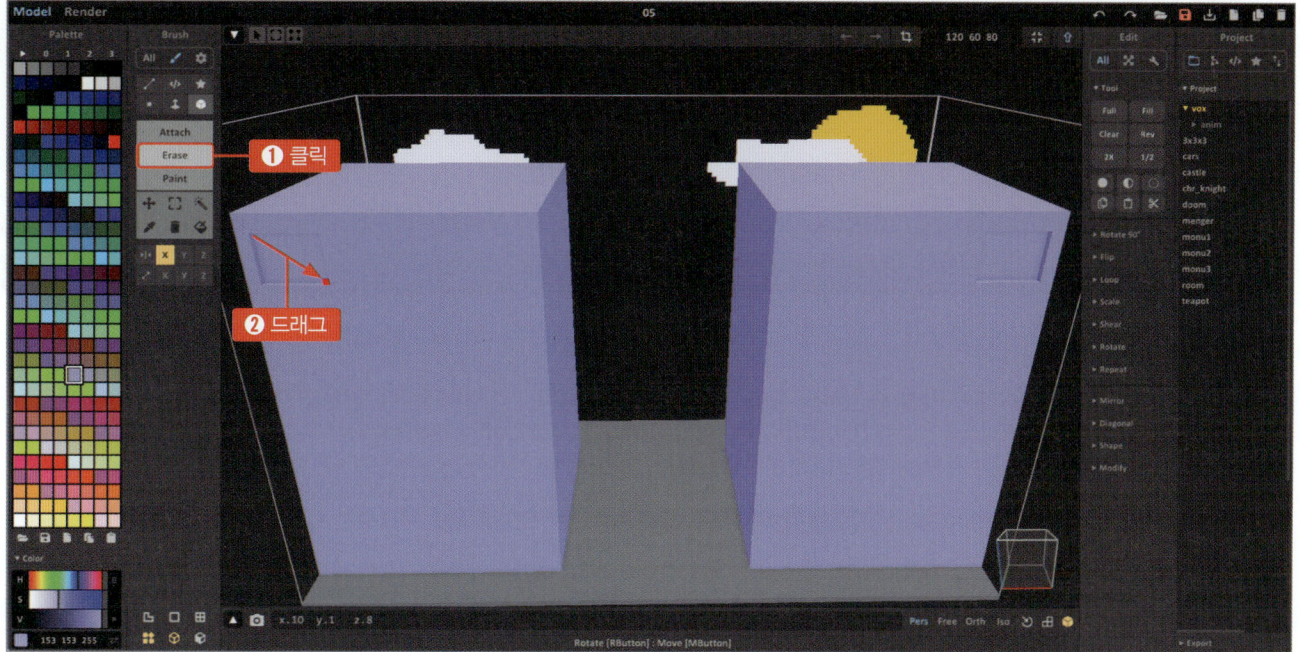

❺ ❹와 같은 방법으로 'Erase'로 복셀을 삭제하여 여러 개의 창문을 만듭니다.

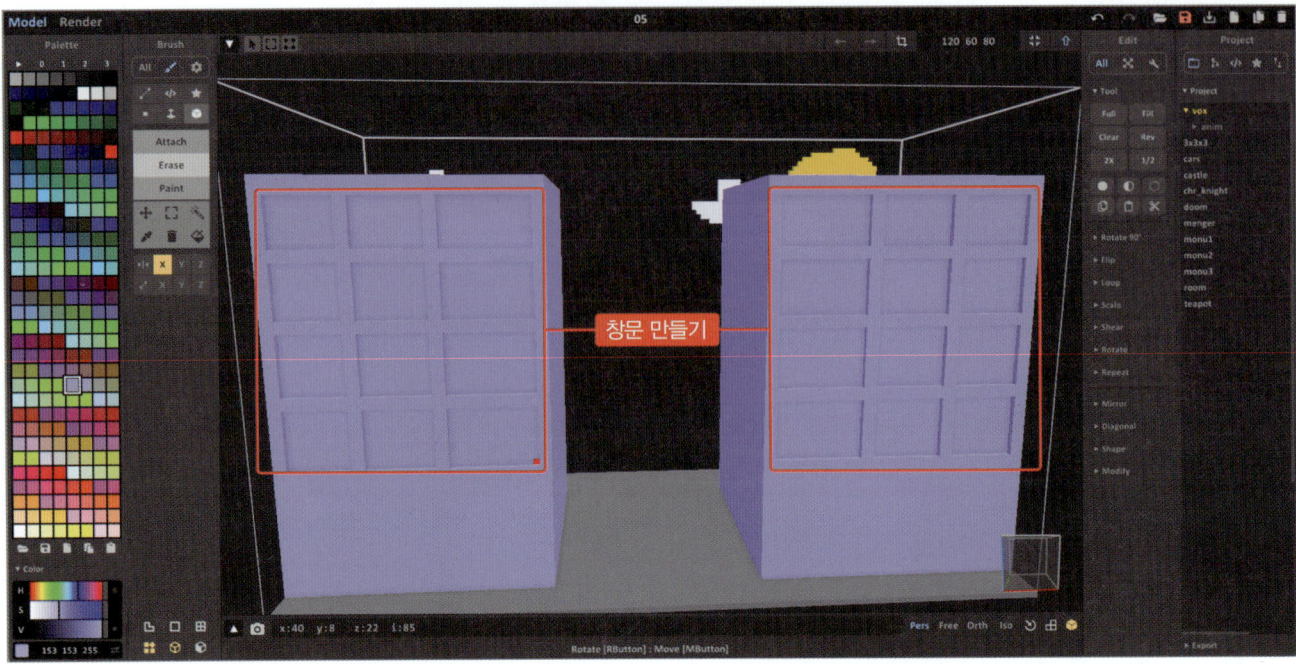

❻ [Brush] 탭–'도형( )'에서 'Erase'를 선택한 후 '원' 모양으로 복셀을 삭제하여 입구를 만듭니다.

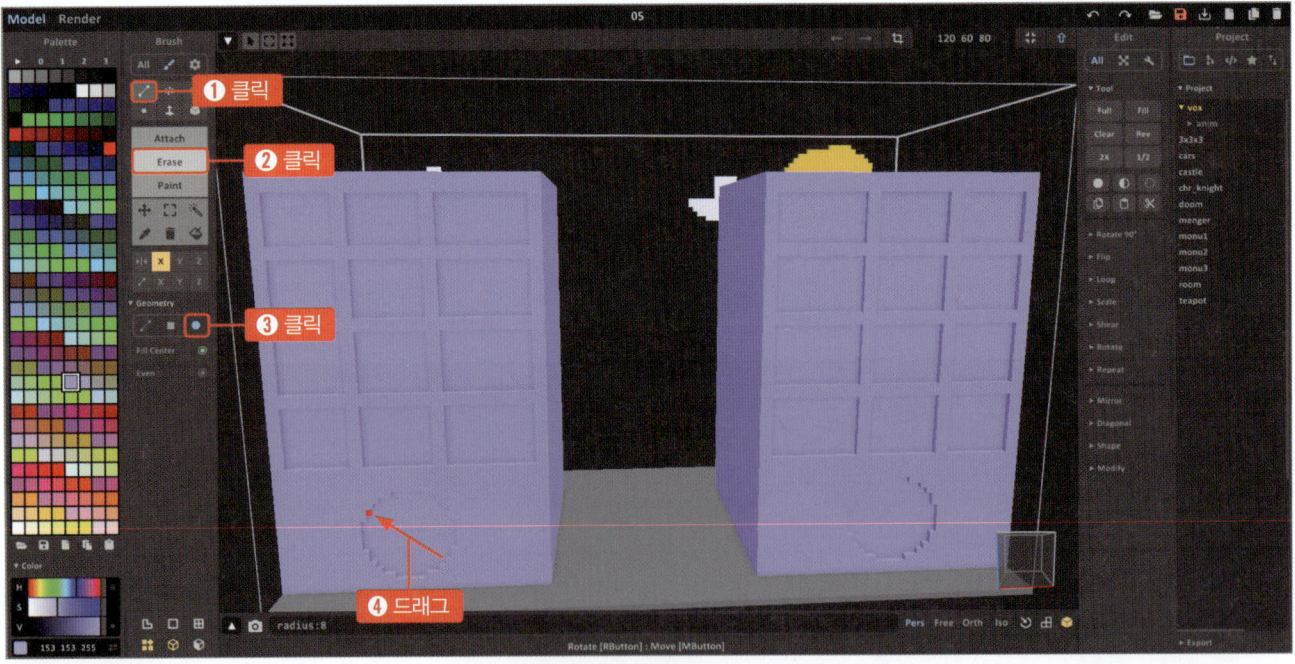

> **알아두기**
>
> 도형 기능을 사용할 때 도형의 중심부터 드래그하는 만큼 도형이 커지기 때문에 만들고자 하는 입구의 위치와 크기를 생각하며 사용해요.

❼ 이어서 도형의 모양을 '사각형'으로 변경한 후 먼저 그린 '원' 모양과 연결되는 위치에서 드래그하여 복셀을 삭제합니다.

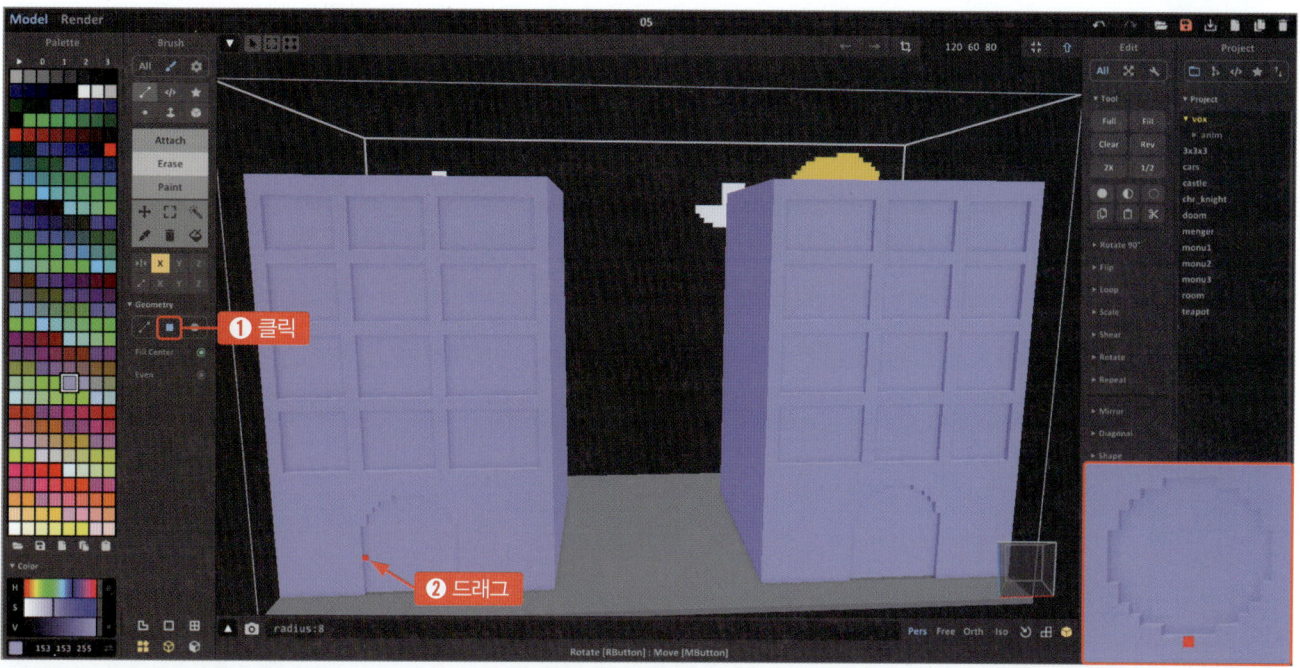

❽ [Brush] 탭-'연장( )'을 클릭하고 'Erase'를 선택한 후 문 모양으로 만든 면을 클릭하여 공간을 만듭니다.

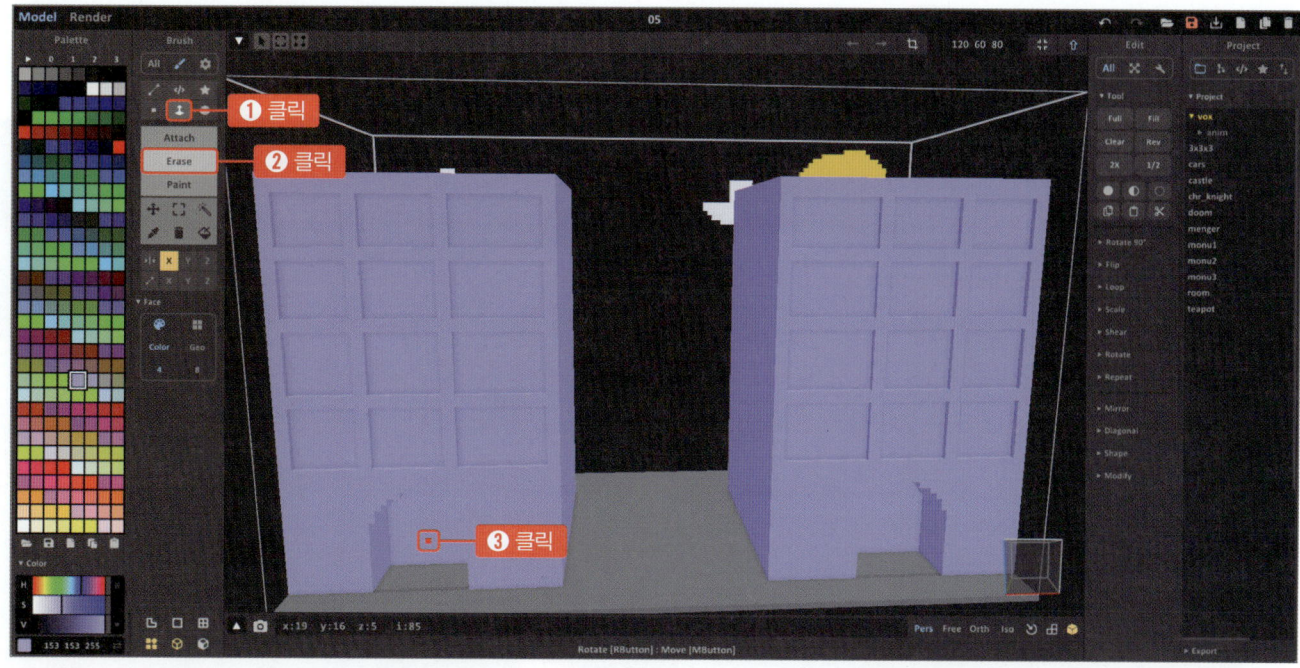

TIP
'연장( )'은 연결된 면에 적용되는 모드로, 원+사각형 도형으로 만든 문 모양에 따라 해당 부분만 삭제돼요.

쌍둥이 건물 꾸미기

>>> 미러 기능으로 만든 건물을 꾸며 보아요.

❶ 'Paint'를 선택한 후 [Palette] 탭에서 창문에 어울리는 색상을 골라 창문을 클릭합니다.

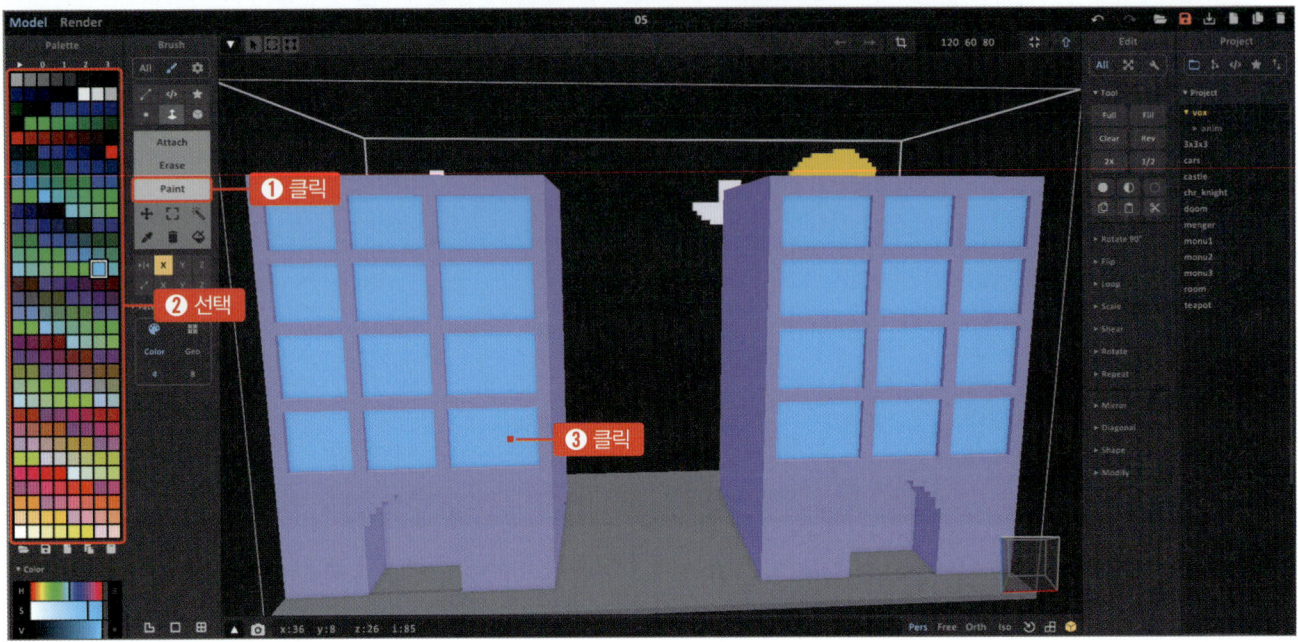

❷ [Brush] 탭에서 '복셀(■)'을 클릭하고 'Paint'를 선택한 후 [Palette] 탭에서 마음에 드는 색상을 골라 아파트를 꾸며 봅니다.

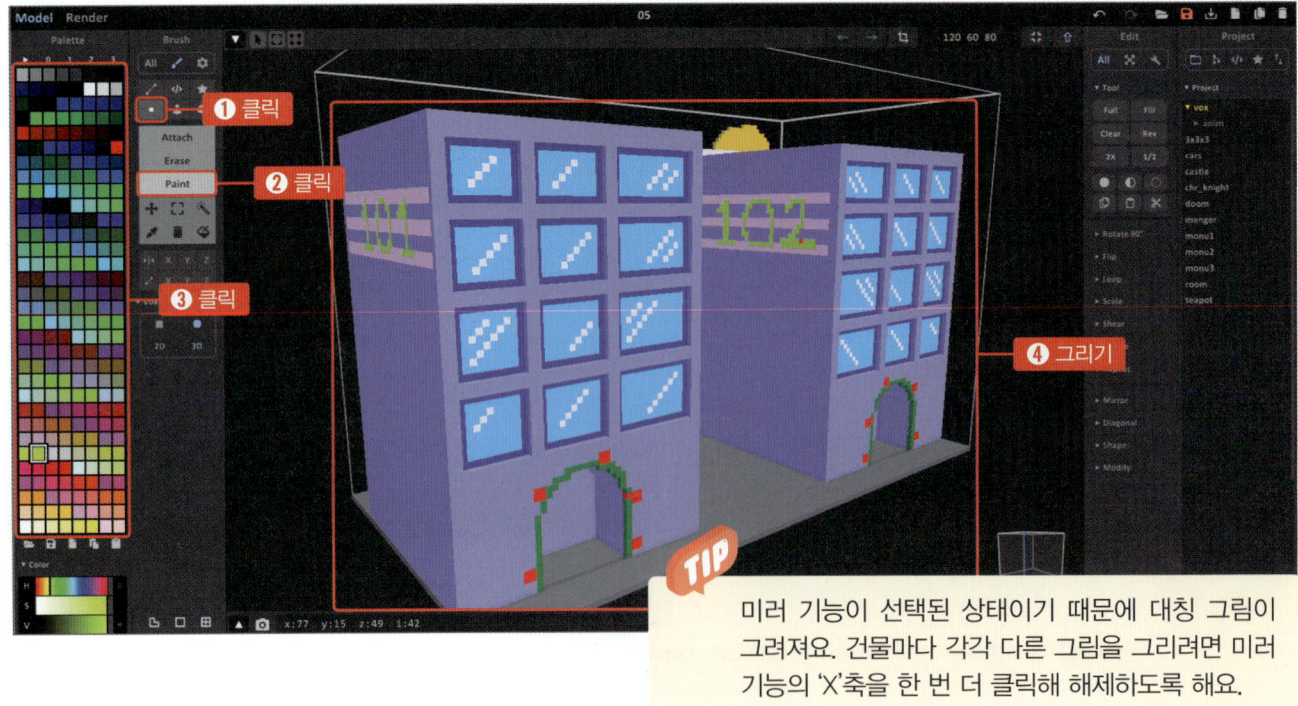

> **TIP** 미러 기능이 선택된 상태이기 때문에 대칭 그림이 그려져요. 건물마다 각각 다른 그림을 그리려면 미러 기능의 'X'축을 한 번 더 클릭해 해제하도록 해요.

❸ 아파트가 완성되면 [Project] 탭-'Export'에서 'vox'를 클릭하여 저장합니다.

▶ 예제 파일 : 05강_미션_예제.vox   ▶ 완성 파일 : 05강_미션_완성.vox

미션 01 '05강_미션_예제.vox' 파일을 불러와 떨어져 있는 두 섬 사이에 다리를 연결해 봅니다.

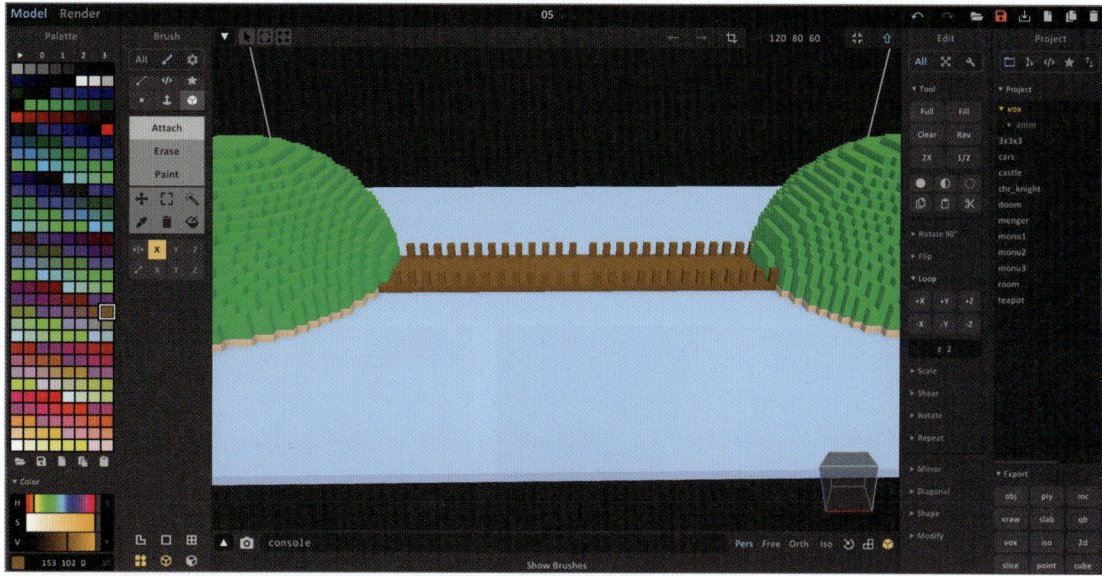

이렇게 해봐요 미러 기능을 사용하여 'X'축을 대칭한 상태로 다리를 만들어봐요.

미션 02 'Paint' 기능으로 섬과 다리를 자유롭게 색칠해 봅니다.

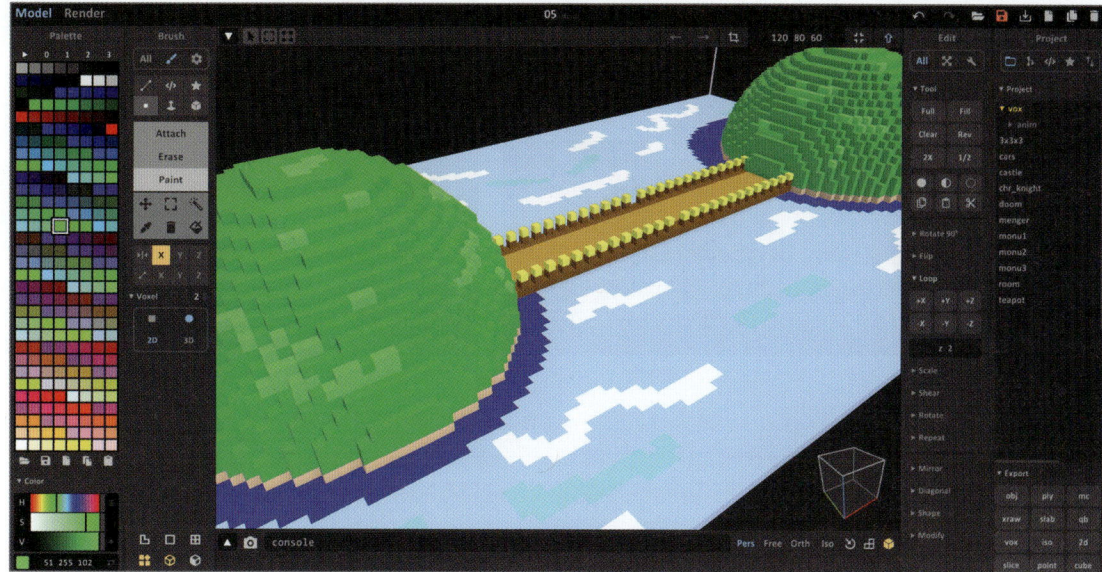

Chapter 05 데칼코마니 아파트

CHAPTER 06 텅 빈 도로 위 자동차들

탐험 월드 매지카복셀 월드

흐음.. 분명히 여기서 자동차 소리가 들렸는데..? 아파트를 짓고 나니 멀리서 자동차 엔진 소리가 들려서 따라 왔는데 도로가 텅 비었어요. 자동차를 찾아 텅 빈 도로를 달릴 수 있도록 도와줘요.

▼ 예제 파일 : 06강_예제.vox   ▼ 완성 파일 : 06강_완성.vox

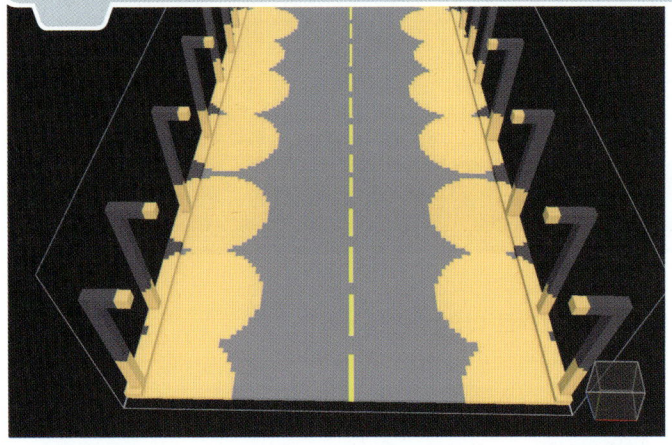
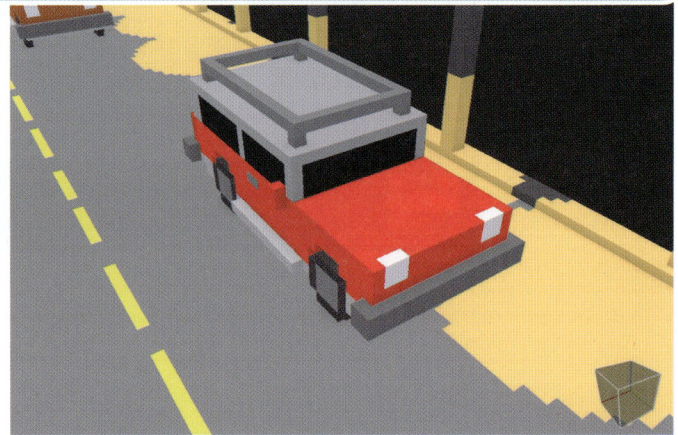

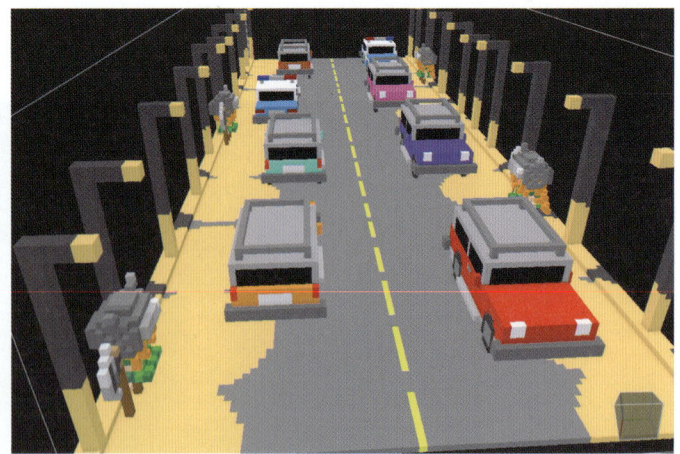

함께 배워볼까요?

- 패턴 기능을 이해하고 사용할 수 있어요.
- 복셀의 위치를 변경할 수 있어요.

빈 도로에 자동차 추가하기

>>> 패턴 기능을 사용하여 자동차를 추가해요.

① 매지카복셀(MagicaVoxel) 아이콘( )을 더블클릭하여 실행한 후 [열기( )]를 클릭하여 '06강_예제.vox' 파일을 불러옵니다.

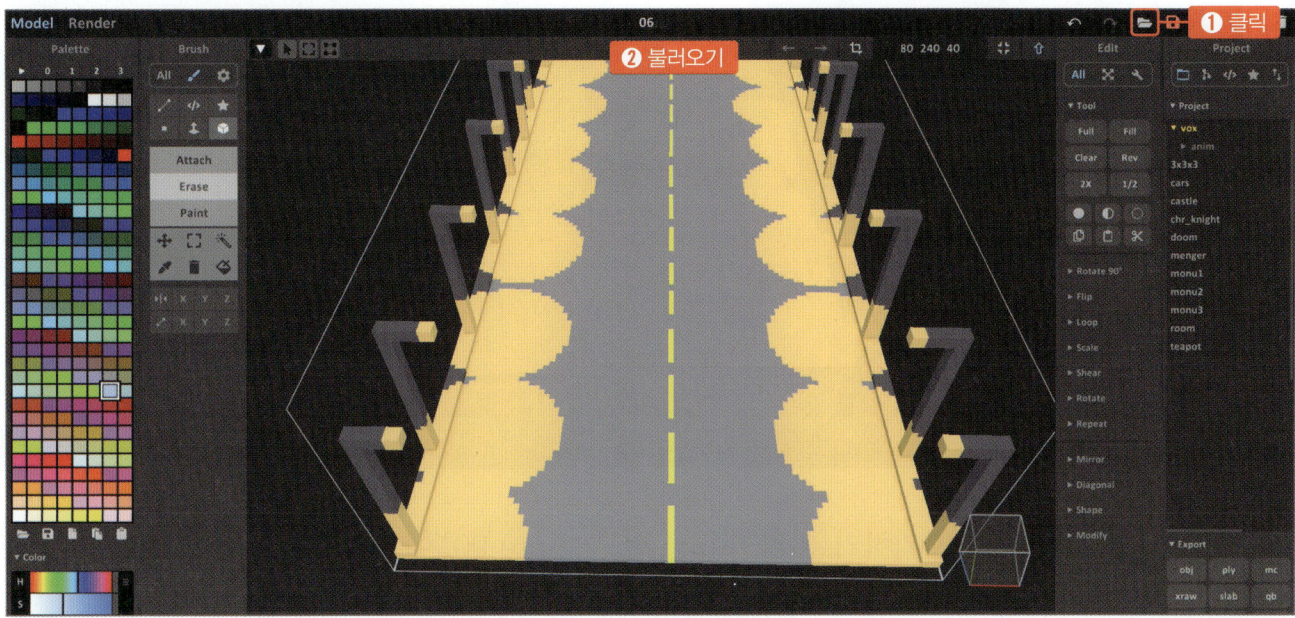

② 패턴 모드를 활용하기 위해 [Brush] 탭-'패턴( )'에서 'Attach'를 선택한 후 [Project] 탭에서 패턴( )을 클릭합니다. 이어서 'Library'에서 'cars'를 선택합니다.

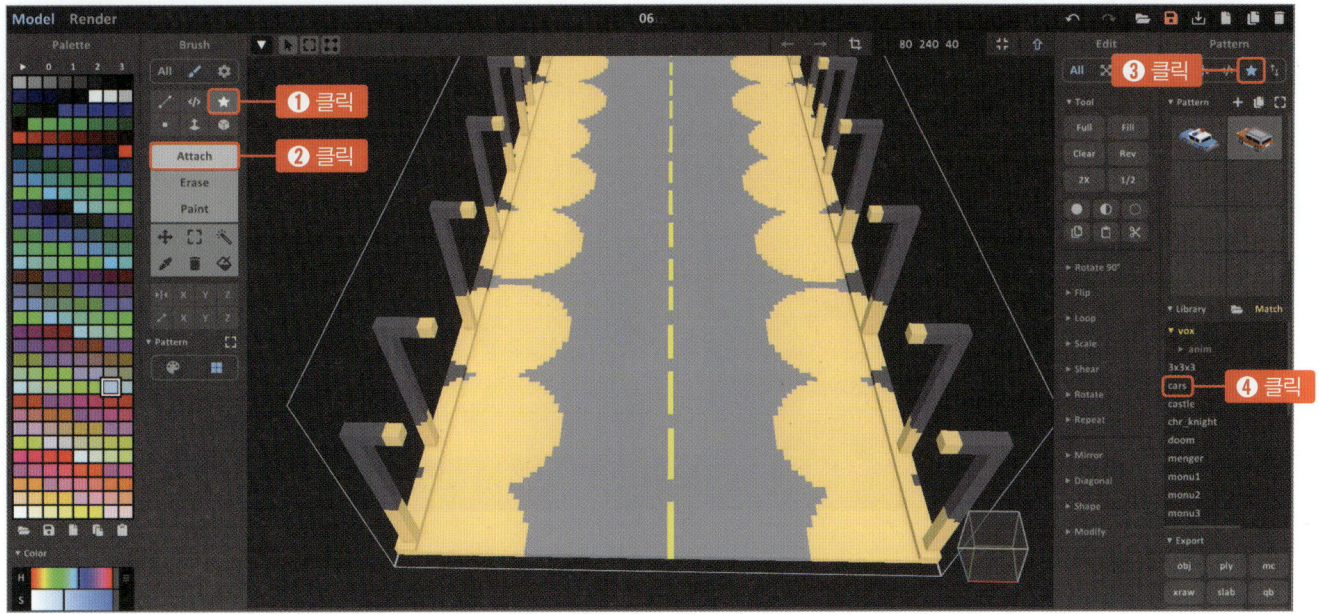

알아두기

패턴 기능을 이용하면 이미 모델링된 샘플 개체를 불러와 작업할 수 있어요.

❸ 2개의 자동차 중에 마음에 드는 패턴을 선택한 후 비어 있는 도로를 클릭하여 자동차를 추가해 봅니다.

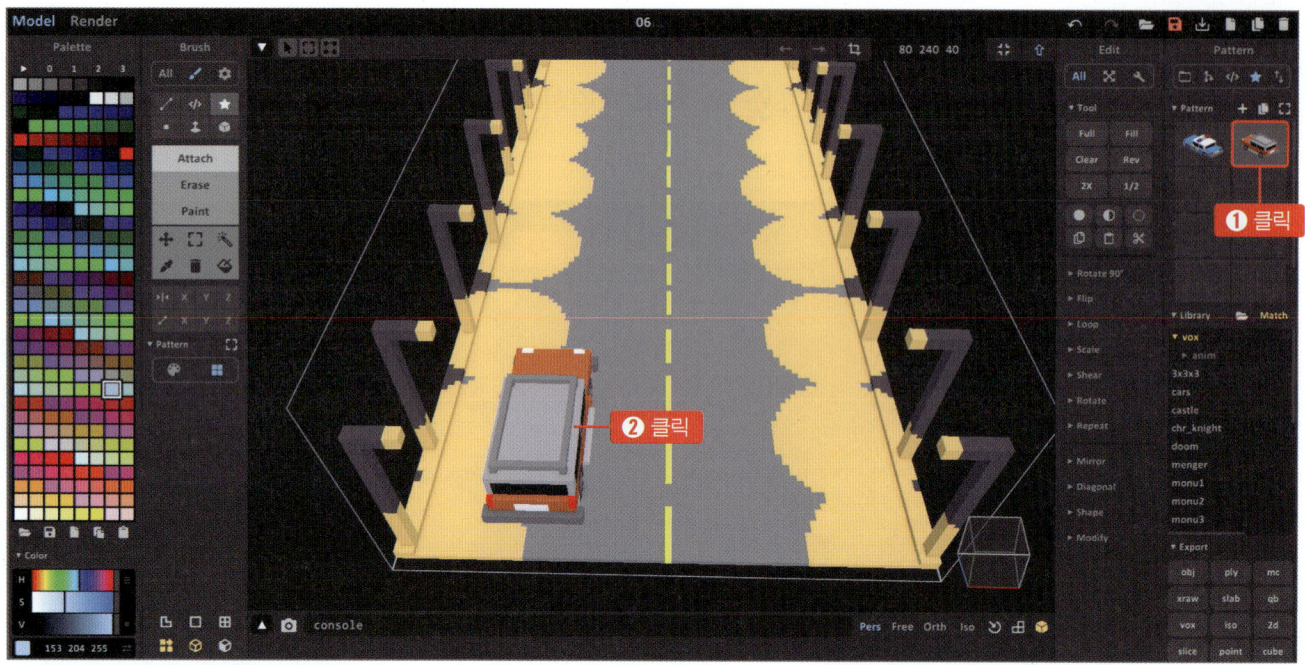

❹ 반대쪽에도 자동차를 추가하기 위해 [Edit] 탭-'Rotate 90°'에서 'Z'축을 두 번 클릭하여 도로의 방향을 반대로 변경합니다.

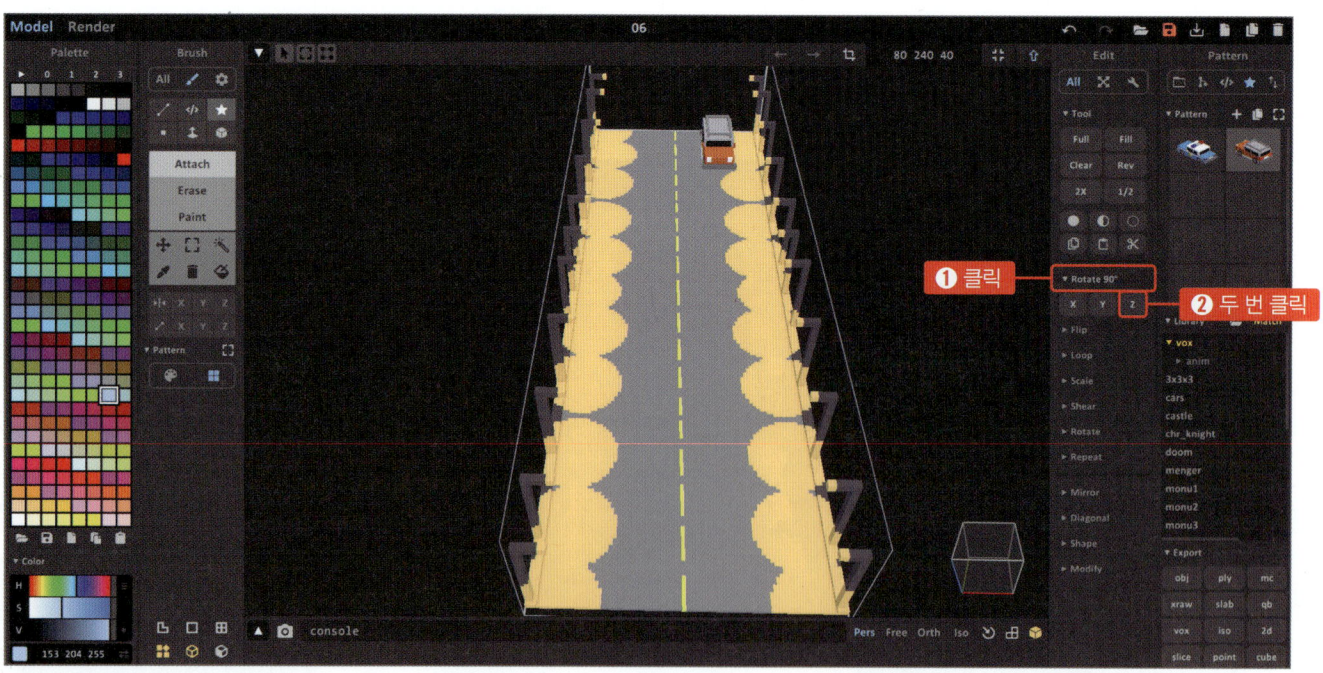

> **알아두기**
>
> 'Rotate 90°'의 'X', 'Y', 'Z'축을 클릭하면 화면이 해당 축으로 90도씩 회전해요. 총 4번 클릭하면 원래 위치로 돌아갈 수 있어요.

❺ 마음에 드는 자동차 패턴을 선택한 후 반대쪽 도로에 자동차를 추가해 봅니다.

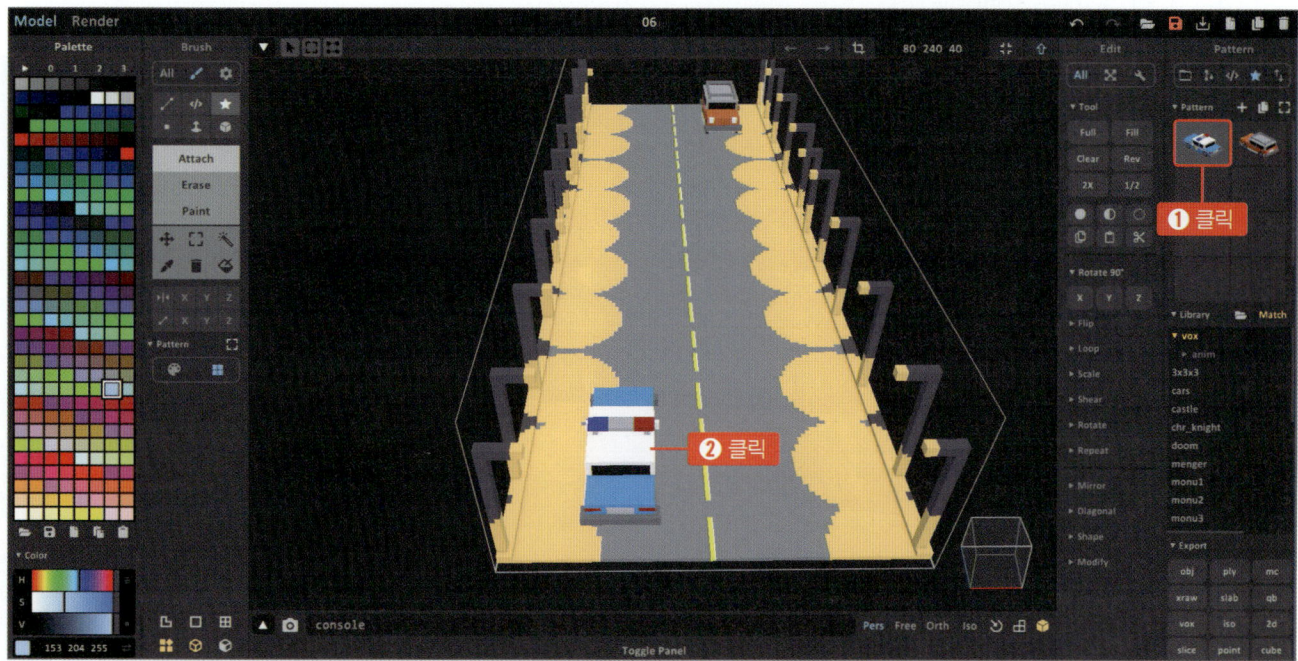

❻ ❸~❺와 같은 방법으로 자동차를 추가한 후 [Brush] 탭-'연장( )'에서 'Paint'를 선택하고 'Face'를 'Color'로 설정한 후 [Palette] 탭에서 색상을 골라 자동차를 클릭합니다.

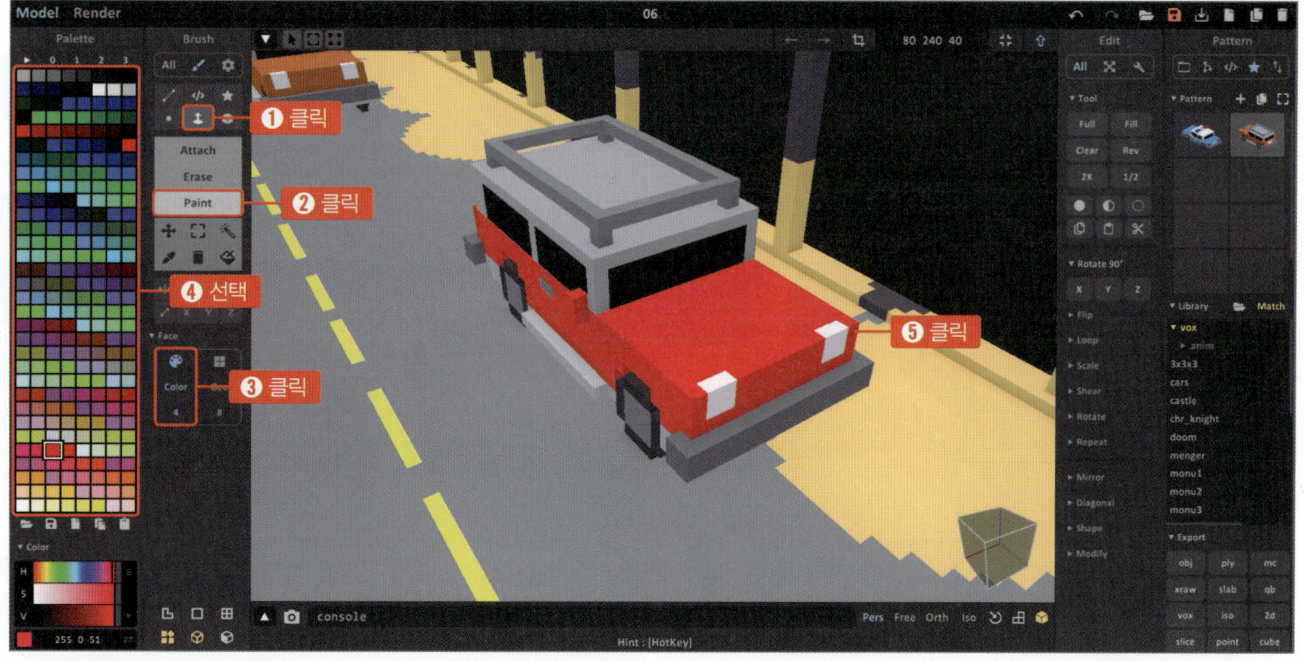

> **TIP** 자동차는 서로 연결된 복셀로 구성되어 있기 때문에 같은 색상의 복셀에만 색상이 적용되도록 'Color'로 선택해요.

❼ ❻과 같은 방법으로 도로에 추가한 다른 자동차들의 색상도 변경해 봅니다.

Chapter 06 텅 빈 도로 위 자동차들 • **047**

❽ 캐릭터를 추가하기 위해 [Brush] 탭-'패턴(★)'에서 'Attach'를 선택한 후 [Pattern] 탭에서 'chr_knight'를 선택합니다.

❾ 이어서 [Edit] 탭-'Rotate 90°'에서 'Z'축을 클릭하여 도로를 회전한 후 벽면에 캐릭터를 추가해 봅니다.

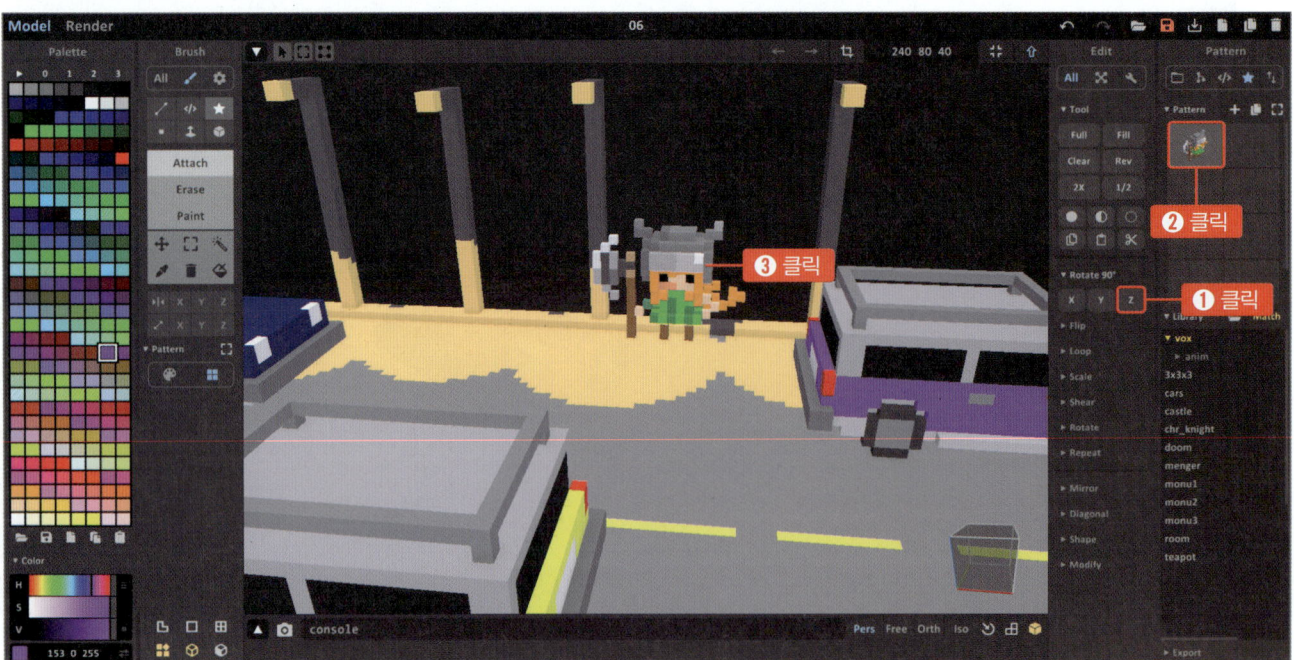

알아두기

작업 공간을 회전시켜 원하는 방향과 위치에 캐릭터를 추가해요.

자동차 이동시키기

>>> 배치한 자동차의 위치를 변경해 봐요.

❶ 자동차의 위치를 변경하기 위해 [Brush] 탭에서 '복셀(■)'을 선택한 후 '영역 선택(□)'을 클릭합니다. 3D(⬡)를 클릭한 후 위치를 옮길 자동차의 일부를 드래그하여 선택합니다.

TIP 옮기려는 자동차가 잘 보이는 위치로 화면을 회전해 보세요.

❷ 3개의 축을 나타내는 화살표가 나타나면 자동차의 남은 부분을 선택하기 위해 화살표와 사각점을 드래그하여 선택 영역을 넓힙니다.

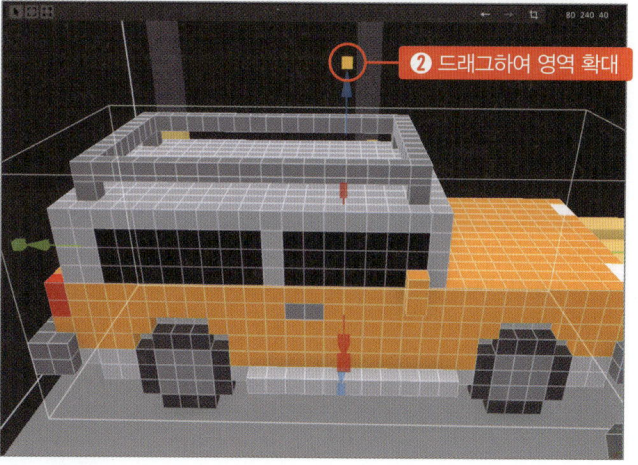

알아두기

'영역 선택' 시 나타나는 화살표와 사각점은 각각 기능이 달라요.
- 화살표 : 해당 방향으로 영역이 이동해요.
- 사각점 : 해당 방향으로 영역의 크기를 키워요.

❸ 자동차가 선택된 상태에서 [Brush] 탭-'이동(✥)'을 선택하고 'Transform'에서 'Scale(⛶)'을 클릭합니다.

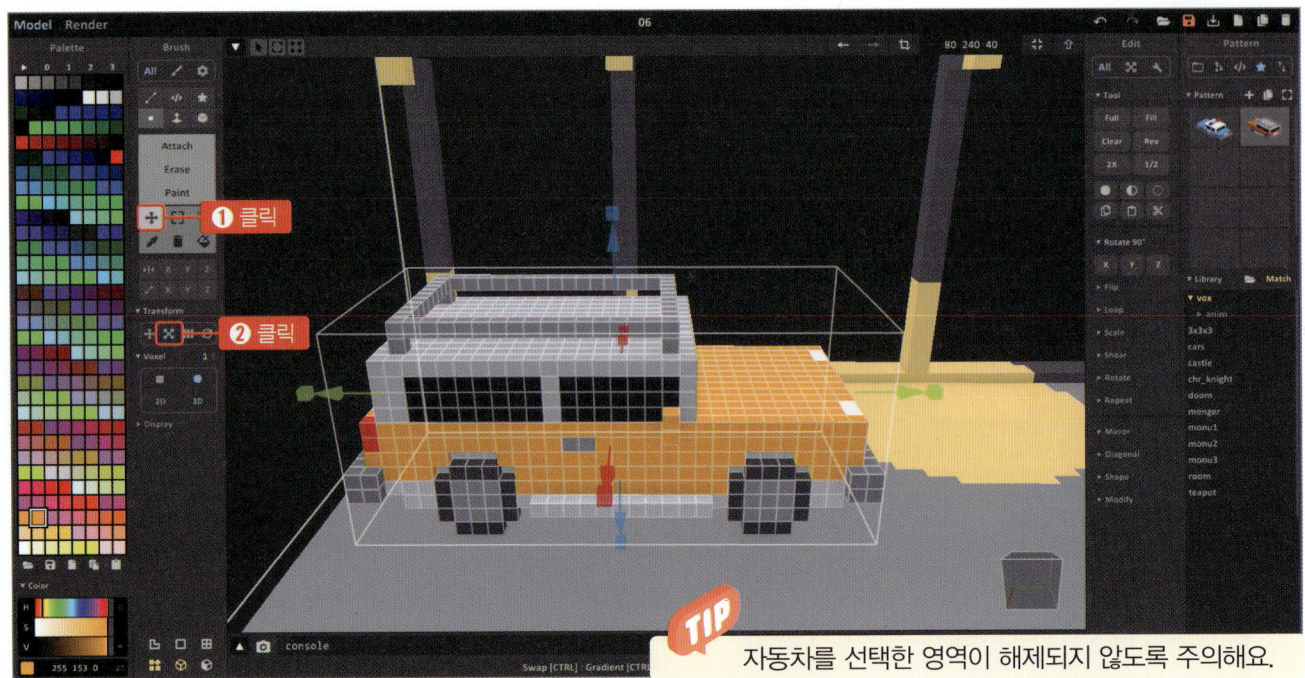

자동차를 선택한 영역이 해제되지 않도록 주의해요.

❹ 화살표를 드래그하여 원하는 방향으로 자동차를 이동시킵니다.

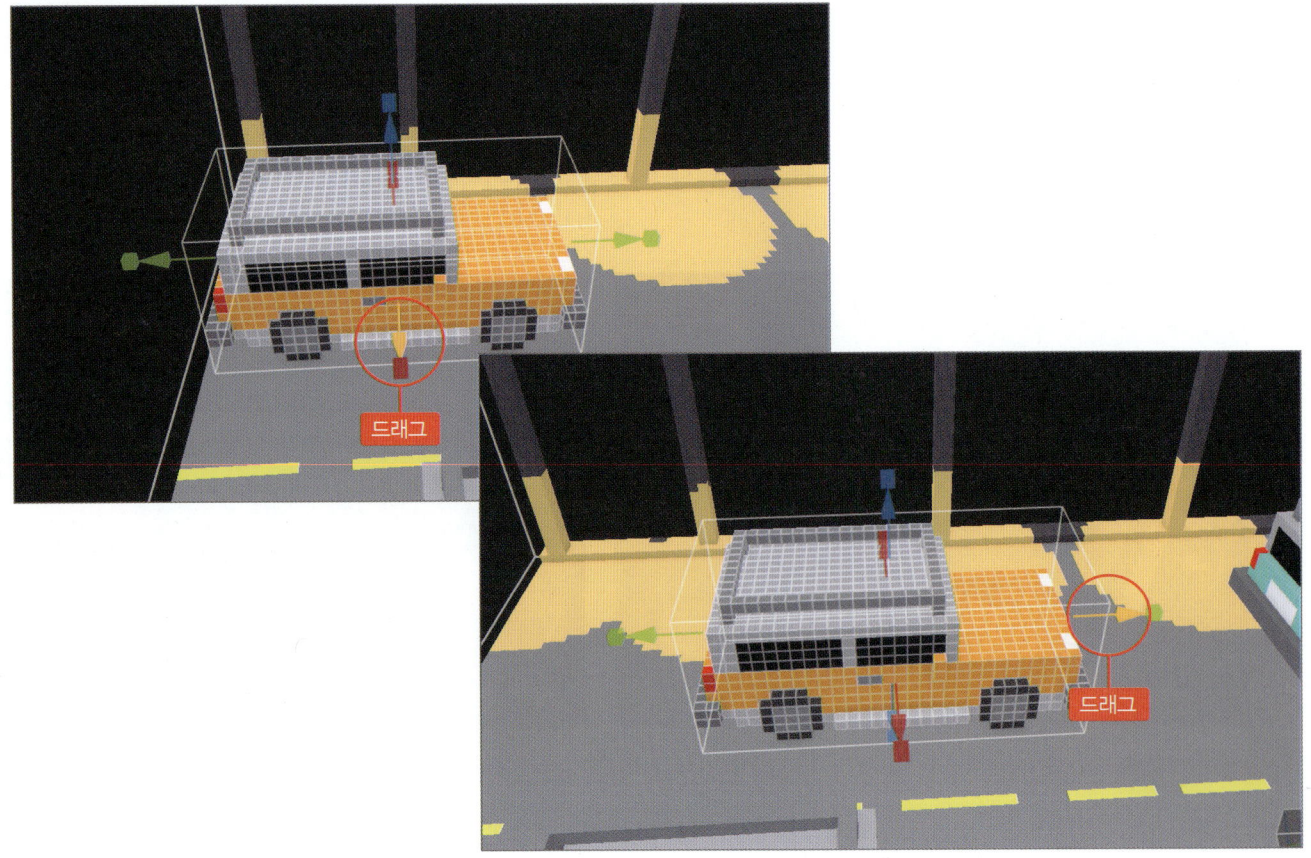

❺ 도로를 완성하면 [Project] 탭-'Export'에서 'vox' 파일을 클릭하여 저장합니다.

차곡차곡~ 3D 상상력 쌓기

▶ 예제 파일 : 06강_미션_예제.vox   ▶ 완성 파일 : 06강_미션_완성.vox

미션 01 '06강_미션_예제.vox' 파일을 불러와 다양한 패턴을 추가하여 마을을 꾸며봅니다.

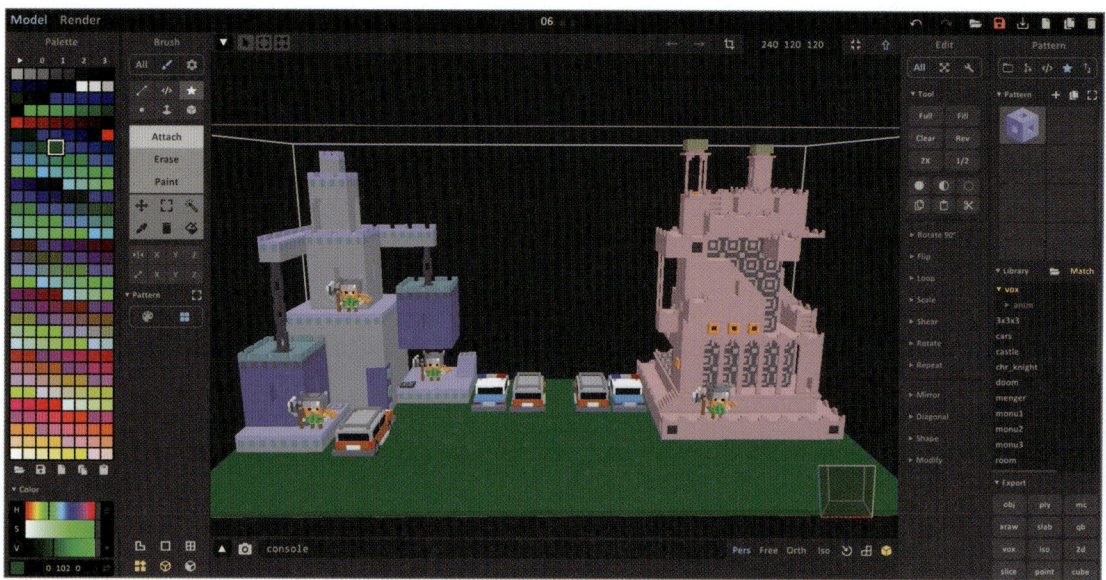

이렇게 해봐요 [Pattern] 탭-'Library'-'vox' 카테고리를 클릭하여 활용해 보세요.

미션 02 작업 공간을 회전하며 'T-Rex'와 'deer' 패턴을 추가해 봅니다.

이렇게 해봐요 [Pattern] 탭-'Library'-'anim' 카테고리에서 해당 패턴을 찾아보세요.

Chapter 06 텅 빈 도로 위 자동차들 • **051**

CHAPTER 07

탐험 월드 네모네모 마크 월드

네모네모 꽃이 피는 산

매지카복셀 월드에서 3D와 친해졌으니 이제는 탐험을 시작해요! 첫 번째 탐험지는 바로~바로~ 네모로 가득한 마크 월드예요. 그런데 도착하자마자 텅 빈 작업 공간뿐.. 일단 꽃과 풀들로 가득한 마크 산부터 만들어봐요!

▼ 예제 파일 : 없음 ▼ 완성 파일 : 07강_완성.vox

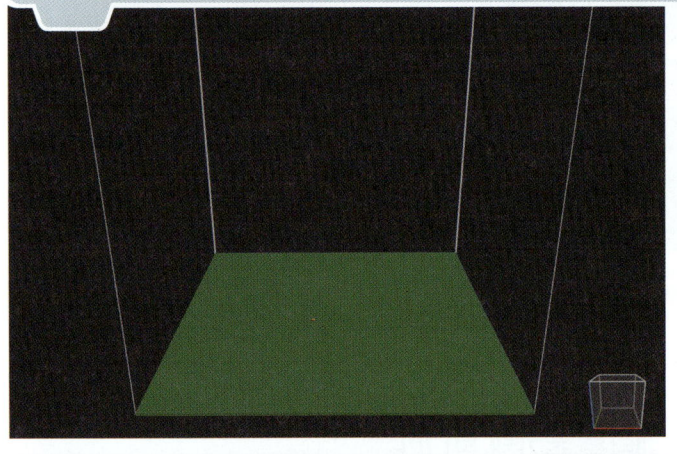

함께 배워볼까요?

- 작업 공간의 크기를 변경할 수 있어요.
- 복셀의 위치 및 크기를 조절하여 산과 꽃을 표현할 수 있어요.

작업 공간 크기 변경하기

>>> 산을 만들 수 있도록 작업 공간 크기를 변경해 봐요.

❶ 매지카복셀(MagicaVoxel)을 실행한 후 작업 공간의 크기를 '120', '120', '120'으로 설정합니다.

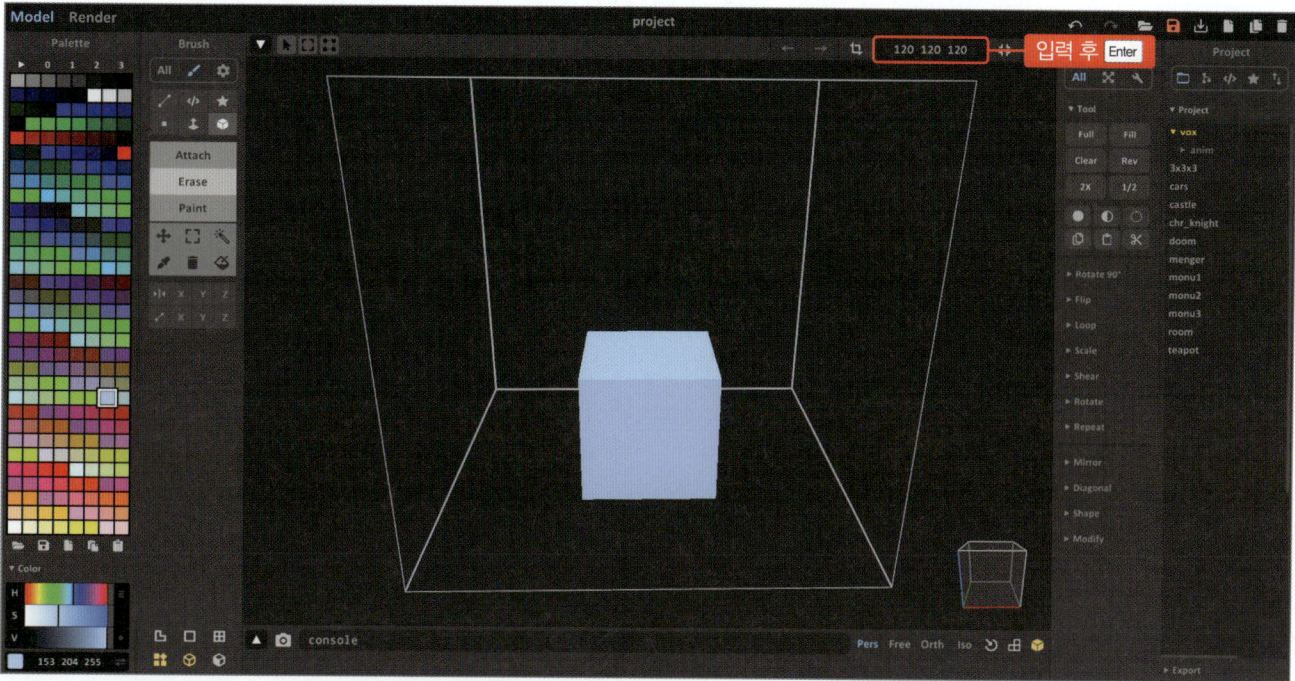

❷ [Edit] 탭에서 'Tool'-'Clear'를 클릭하여 기존의 복셀을 삭제합니다. 이어서 [Brush] 탭-'연장 ( )' -'Attach'를 선택하고 [Palette] 탭에서 '초록색'을 선택하여 작업 공간의 바닥을 클릭합니다.

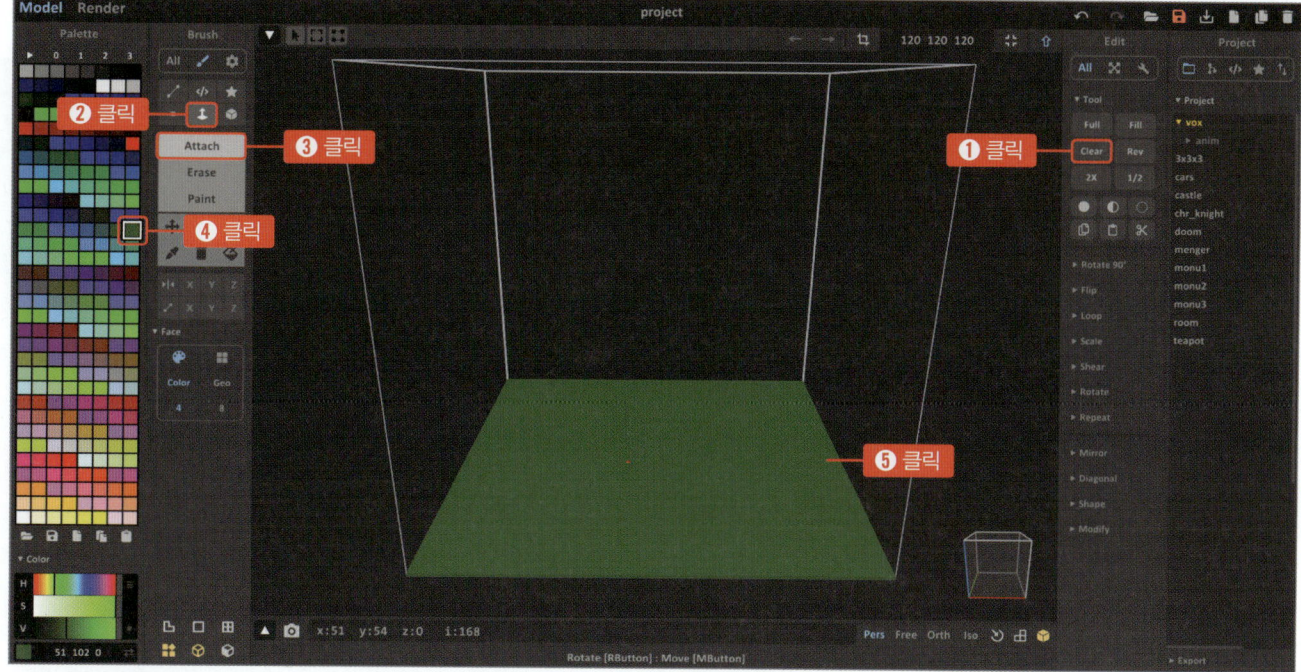

Chapter 07 네모네모 꽃이 피는 산 • **053**

산 봉우리 만들기

>>> 복셀 크기를 조절하여 여러 개의 산 봉우리를 표현해 봐요.

❶ [Brush] 탭-'복셀(■)'을 클릭한 후 'Attach'를 선택하고 'Voxel'에서 '원'과 '3D'를 선택합니다. 이어서 크기('64')를 변경하고 작업 공간에 산 봉우리를 추가해 봅니다.

TIP 복셀의 크기를 변경하며 산 봉우리를 그리면 산의 모습을 자연스럽게 표현할 수 있어요.

❷ 'Paint'를 클릭한 후 [Palette] 탭에서 색상을 선택하고 복셀의 크기를 변경해 가며 산과 잔디에 음영을 표현해 봅니다.

TIP 음영은 '빛과 그림자를 표현하는 것'으로 초록색과 비슷한 색감을 사용하면 더욱 좋아요.

네모네모 꽃 심기

>>> 마크 월드에 어울리는 꽃을 그리고 산에 배치해 봐요.

❶ 그림을 그리기 위해 복셀의 크기를 '1'로 조절한 후 'Attach'를 클릭하고, [Palette] 탭에서 색상을 변경하며 빈 공간에 꽃을 그려봅니다.

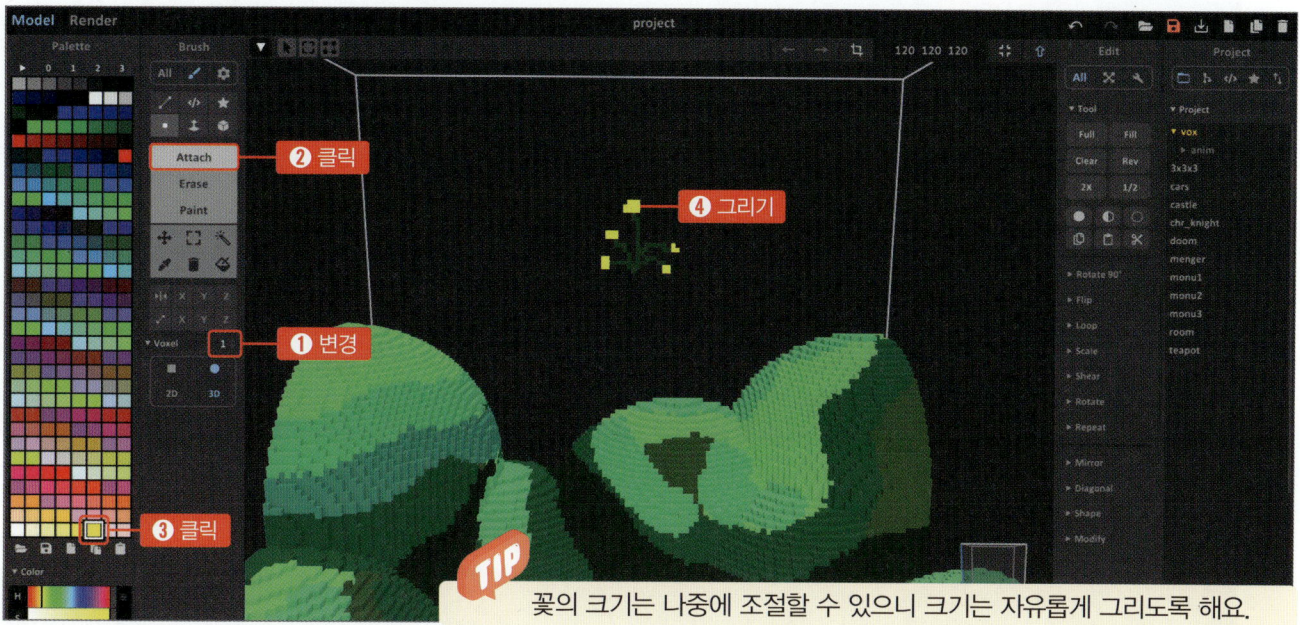

TIP 꽃의 크기는 나중에 조절할 수 있으니 크기는 자유롭게 그리도록 해요.

❷ 꽃의 위치를 이동하기 위해 [Brush] 탭-'마술봉( )'을 선택하고, 'Region'을 '연결된 영역( )'과 'Geo', '8'로 선택한 후 빈 공간에 그린 꽃을 선택합니다.

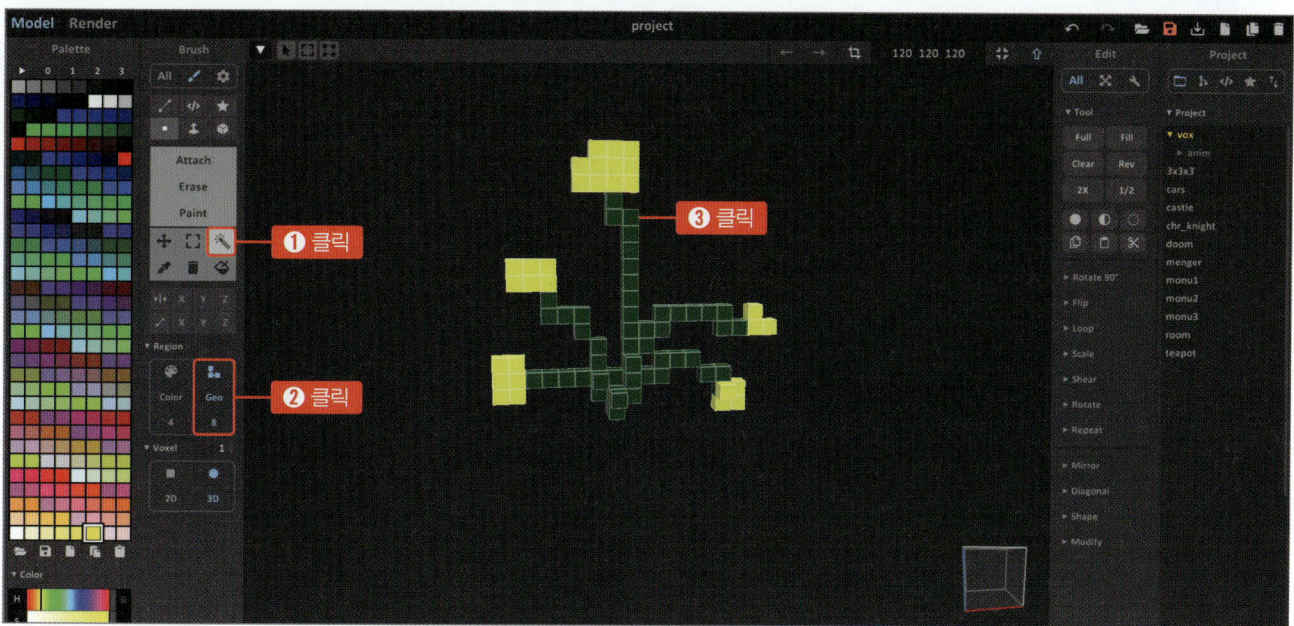

알아두기

색상이 다른 상태로 연결된 복셀을 선택할 때는 'Region'에서 '연결된 영역'과 Geo를 선택해요.

❸ [Brush] 탭-'이동( )'-'Scale( )'을 선택한 후 화살표를 드래그하여 꽃의 위치를 이동합니다.

❹ 꽃의 크기가 클 경우, [Edit] 탭-'Tool'에서 '1/2'를 클릭하여 꽃의 크기를 반으로 줄입니다.

알아두기

- '1/2'로 크기를 줄이면 처음 만들었던 모양과 달라질 수 있어요.
- 크기를 줄이고 싶지 않다면 되돌리기 혹은 키보드에서 Ctrl + Z 키를 눌러요.

❺ 이어서 'Rotate 90°'에서 'Z'축을 클릭하여 꽃을 회전시키며 원하는 방향으로 배치해 봅니다.

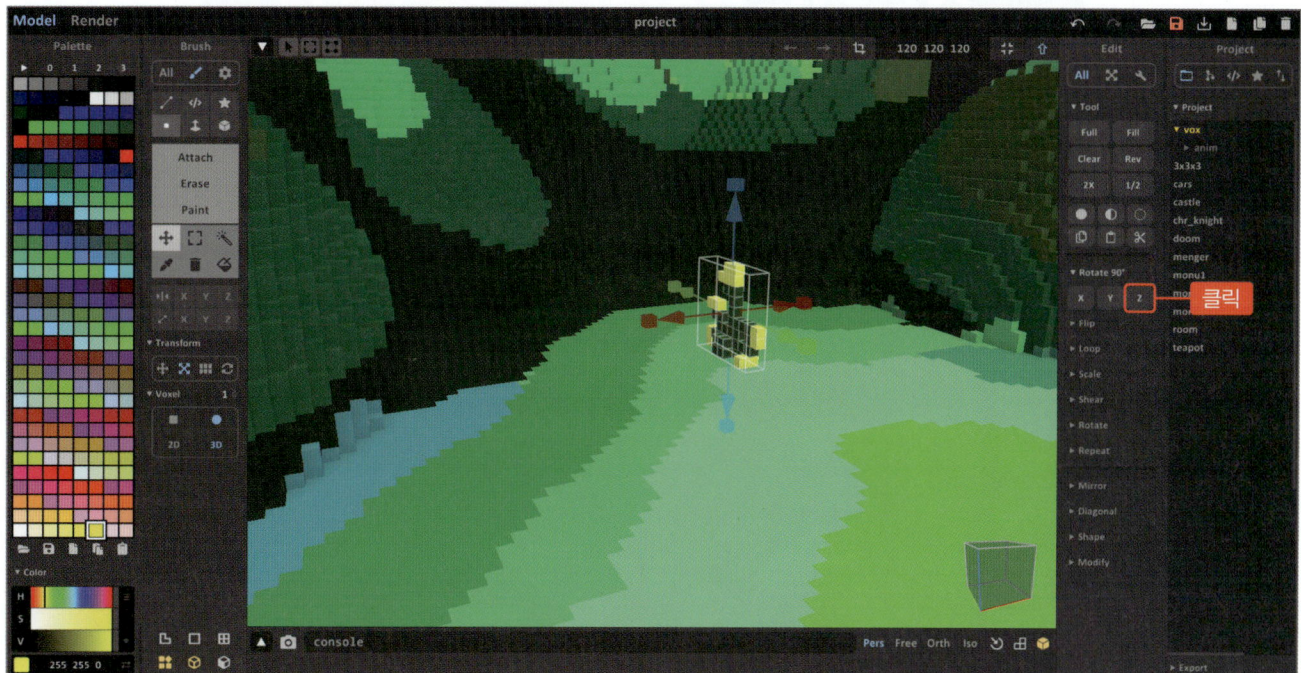

> **알아두기**
> 복셀이 선택된 상태에서 'Rotate 90°'을 사용하면 선택된 복셀만 회전해요.

❻ ❶~❺와 같은 방법으로 다양한 꽃을 그려 마크 산에 꽃을 심어 봅니다.

❼ 마크 산을 완성한 후 [Project] 탭-'Export'에서 'vox' 파일로 저장합니다.

차곡차곡~ 3D 상상력 쌓기

▶ 예제 파일 : 없음　▶ 완성 파일 : 07강_미션_완성.vox

미션 01 매지카복셀을 실행한 후 작업 공간의 크기를 '240', '120', '120'으로 설정하고, 계곡을 그려 봅니다.

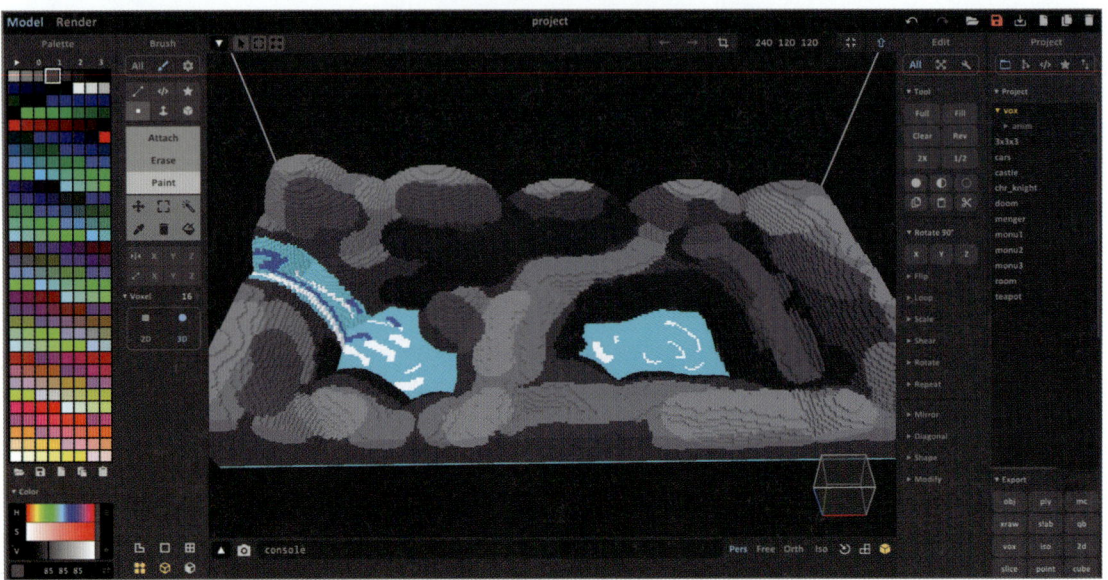

미션 02 벽에 나비와 잠자리를 그려 계곡에 나비와 잠자리가 날아다니도록 위치를 이동해 봅니다.

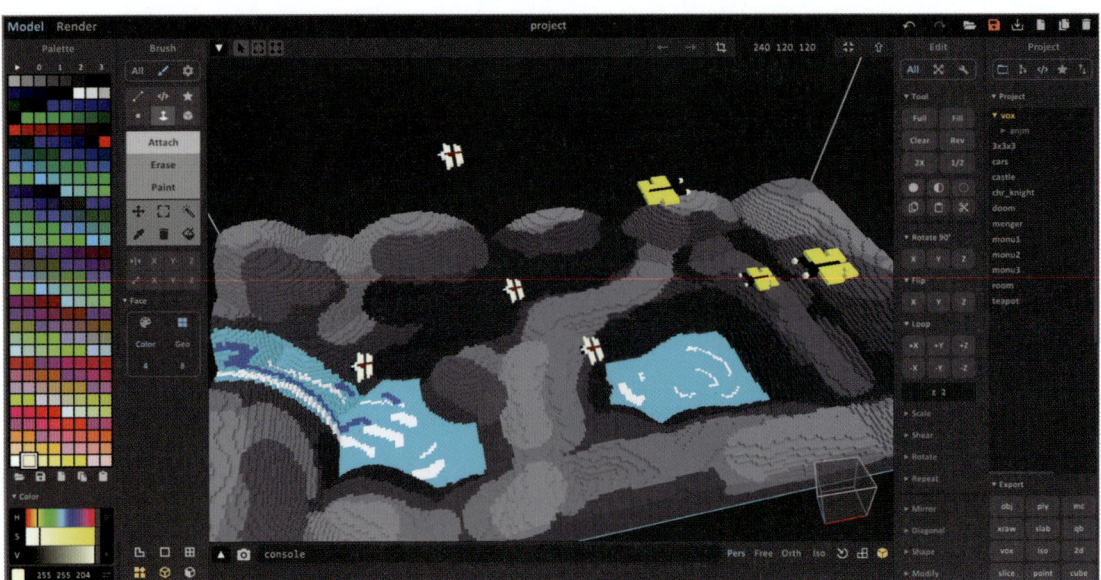

이렇게 해봐요! 나비와 잠자리를 그린 후 'Rotate 90°'의 'Z'축을 클릭하여 회전시켜 보세요.

CHAPTER 08 네모난 나무 그늘

탐험 월드 네모네모 마크 월드

휴우~ 꽃도 심고 산도 만들었으니 이제 좀 쉬어볼까..? 그런데 주위를 둘러봐도 기대어 쉴 나무가 한 그루도 보이지 않아요. 잠시 쉴 수 있는 네모낳고 커다란 나무를 만들어봐요.

▼ 예제 파일 : 없음   ▼ 완성 파일 : 08강_완성.vox

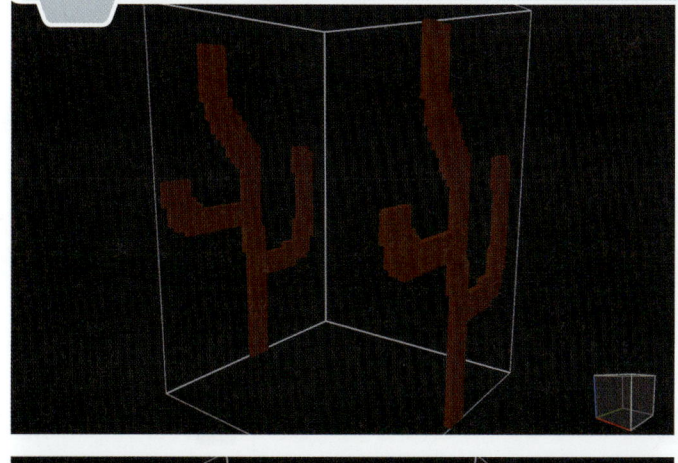
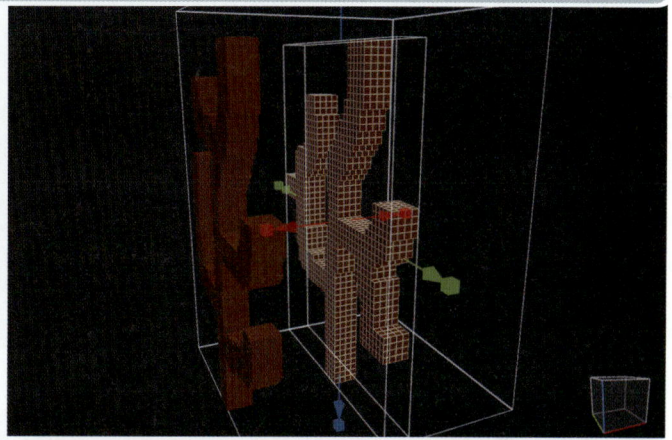
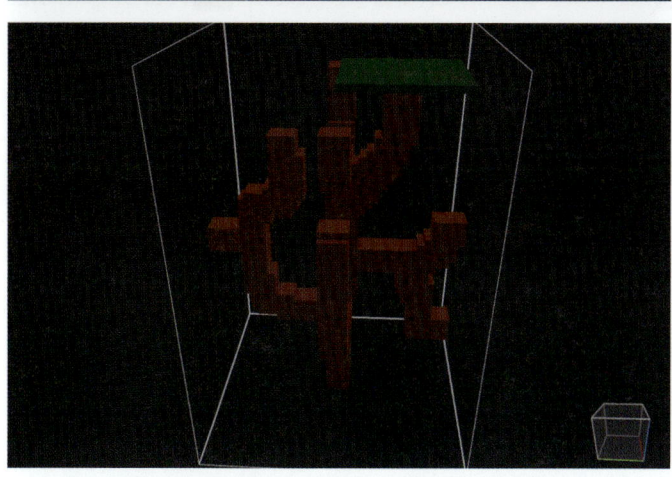
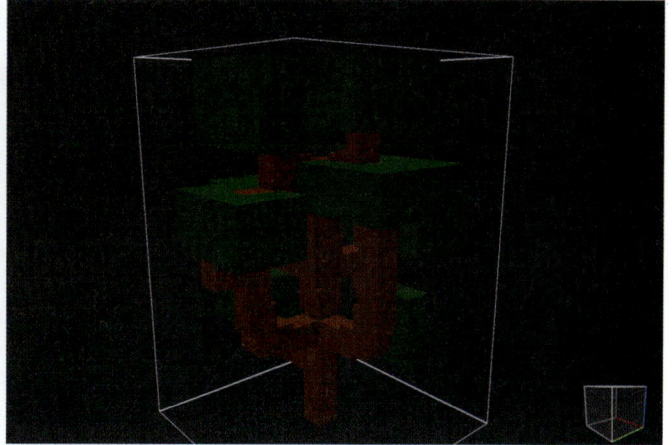

함께 배워볼까요?

- 나누어진 복셀을 하나로 합칠 수 있어요.
- 복셀을 회전하여 나무를 만들 수 있어요.

나무 그리기

>>> 둘로 나누어진 나무를 그려봐요.

❶ 매지카복셀(MagicaVoxel)을 실행한 후 [Edit] 탭에서 'Clear'를 클릭하여 기존의 복셀을 삭제하고 작업 공간의 크기를 '40', '40', '60'으로 설정합니다.

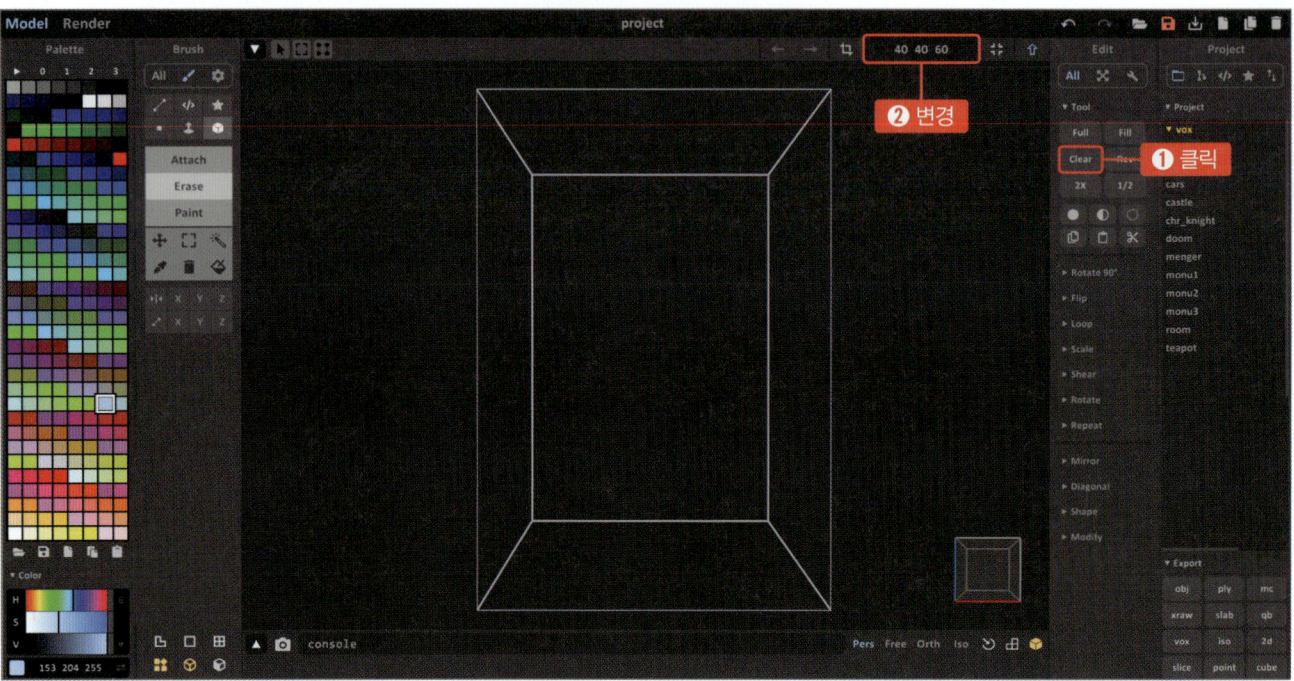

❷ 나무 기둥을 그리기 위해 [Brush] 탭-'복셀(■)'-'Attach'를 선택한 후 '미러(▶|◀)'에서 'X'축을 클릭하고, 'Voxel'에서 크기('4')와 모양('사각형, 2D')을 선택합니다.

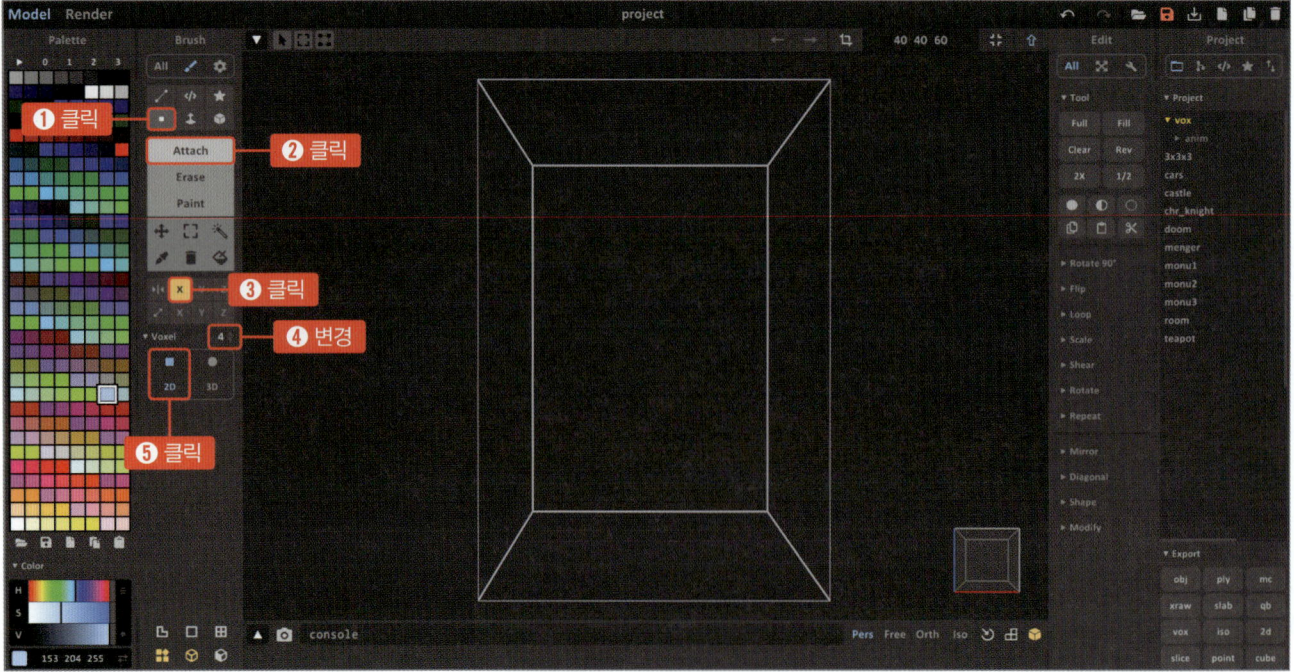

❸ [Palette] 탭에서 '갈색'을 선택한 후 화면을 회전하여 왼쪽 벽면에 나무 기둥을 그립니다.

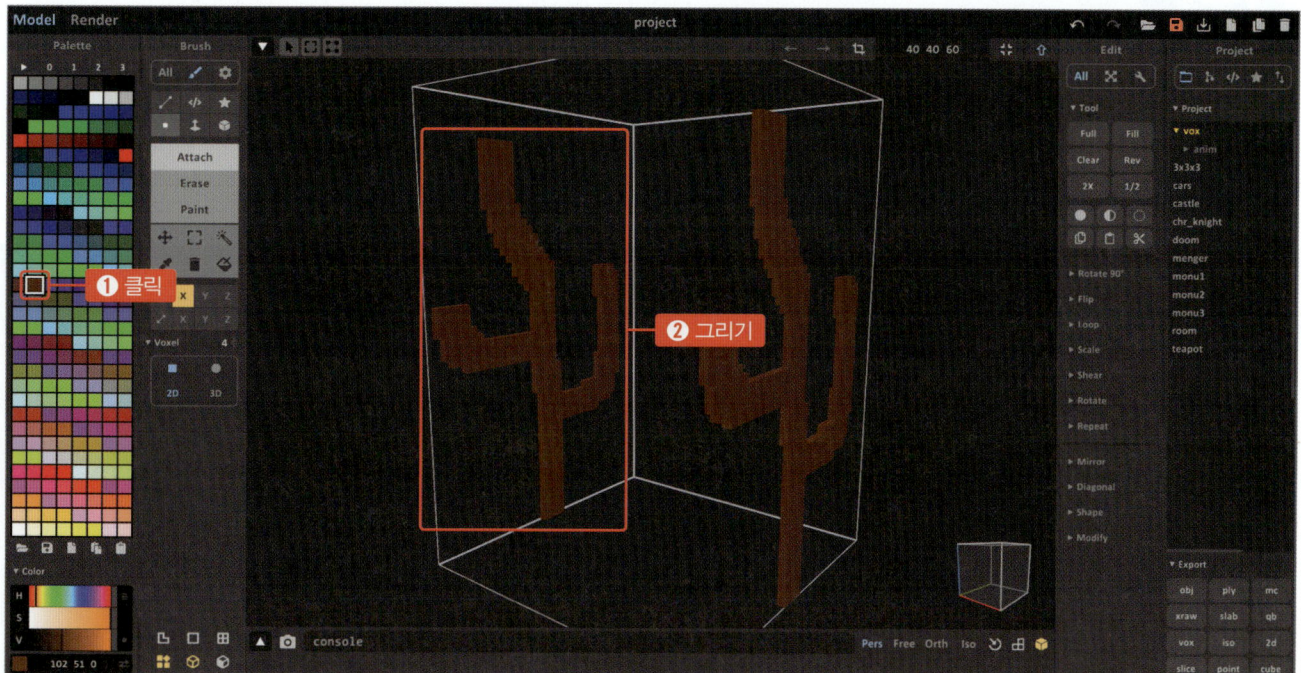

TIP 두 나무 기둥의 뿌리 부분은 합쳐질 예정이라 아래쪽을 곧게 표현하면 좋아요.

❹ '미러()'에서 'X'축을 선택 해제한 후 양쪽의 나뭇가지가 다른 모양이 되도록 나뭇가지를 그립니다.

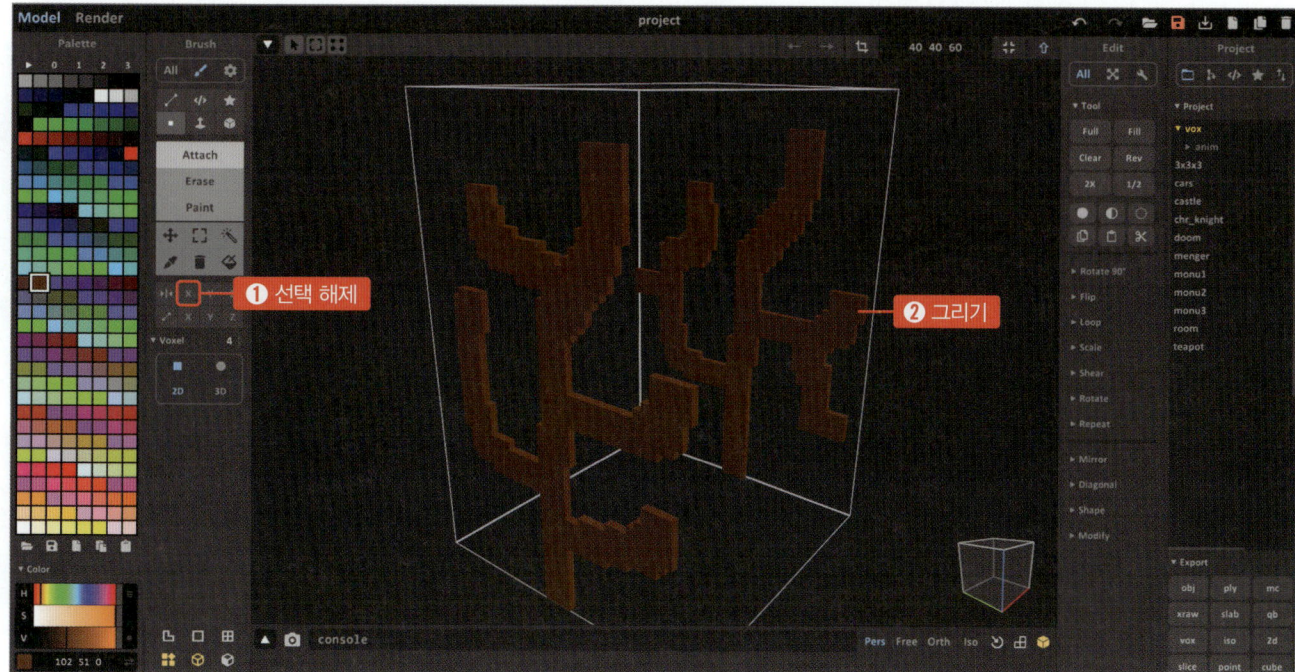

TIP 복셀의 크기를 변경하여 나뭇가지를 그리면 다양한 모양의 나뭇가지를 표현할 수 있어요.

Chapter 08 네모난 나무 그늘 • **061**

Step 02 하나로 합쳐진 나무 만들기

>>> 나누어진 나무를 각각 이동시켜 하나의 나무로 만들어봐요.

① 나무의 두께를 변경하기 위해 [Brush] 탭-'연장( )'-'Attach'를 클릭하고 'Face'에서 '복셀의 색상( )', 'Geo'를 선택한 후 양쪽의 나무 기둥을 세 번씩 클릭합니다.

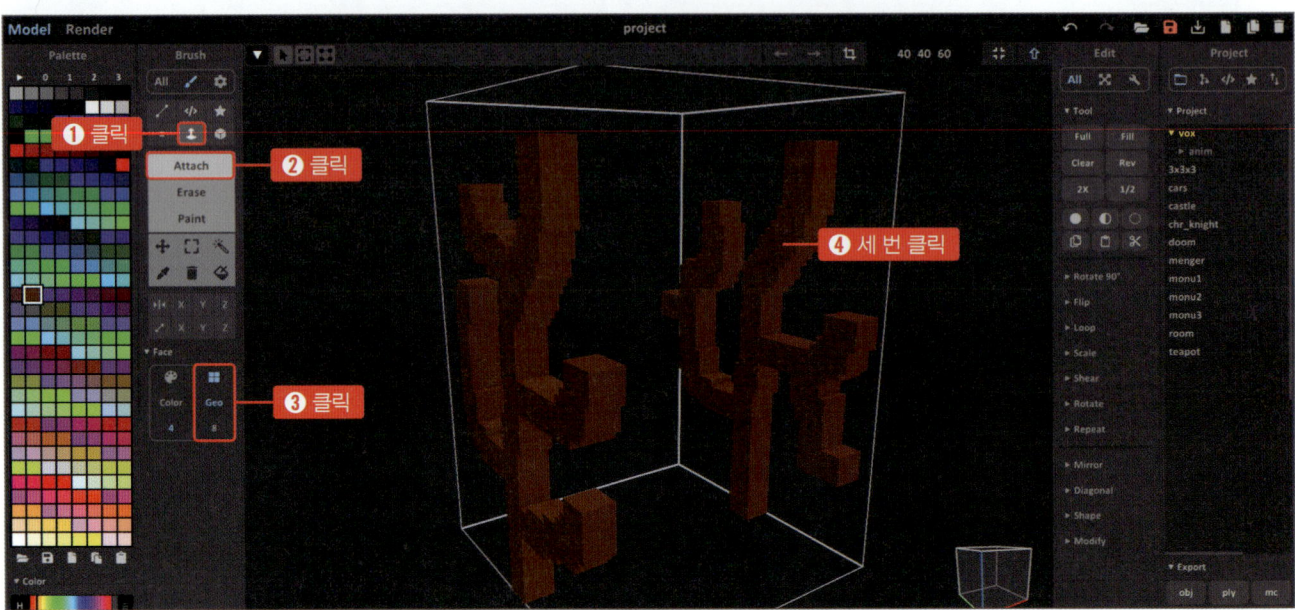

② [Brush] 탭-'마술봉( )'을 클릭하고 'Region'에서 '연결된 영역( )', 'Geo', '8'을 선택한 후 한 쪽의 나무 기둥을 선택합니다.

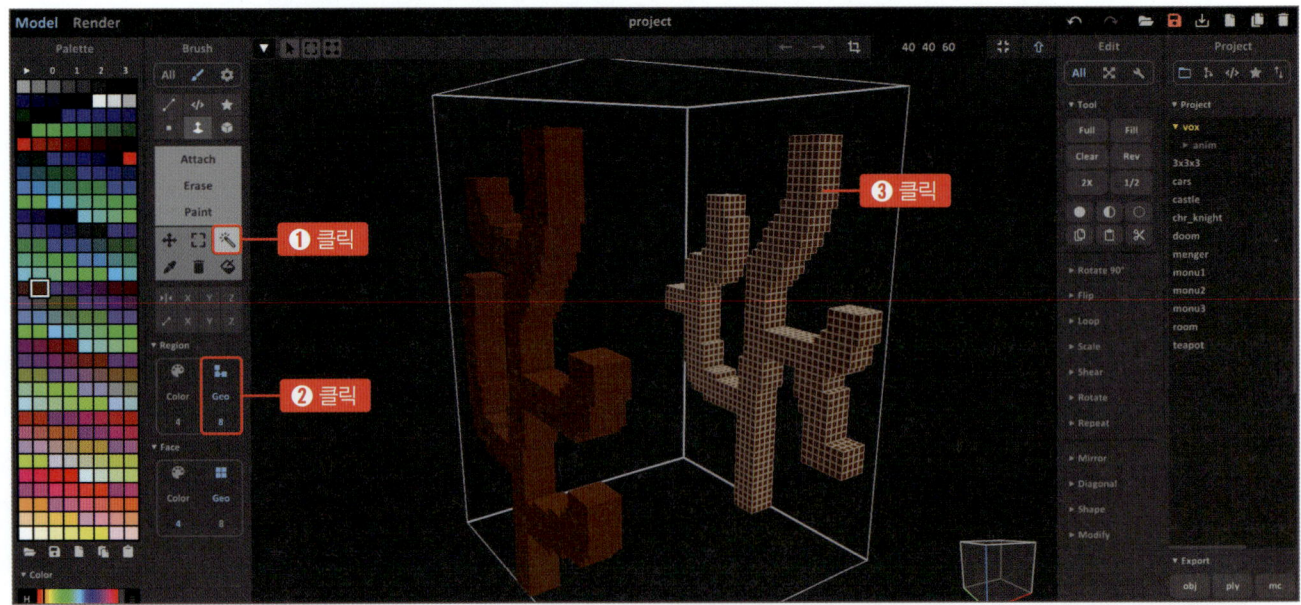

알아두기

'Region'을 'Color'로 설정하면 같은 색상의 복셀이 모두 선택되므로, 꼭 'Geo'로 변경하여 한 쪽에 있는 나무 기둥만 선택하도록 해요.

❸ [Brush] 탭-'이동( )'-'Scale( )'을 클릭한 후 빨간색 화살표를 드래그하여 나무 기둥을 중간으로 이동합니다.

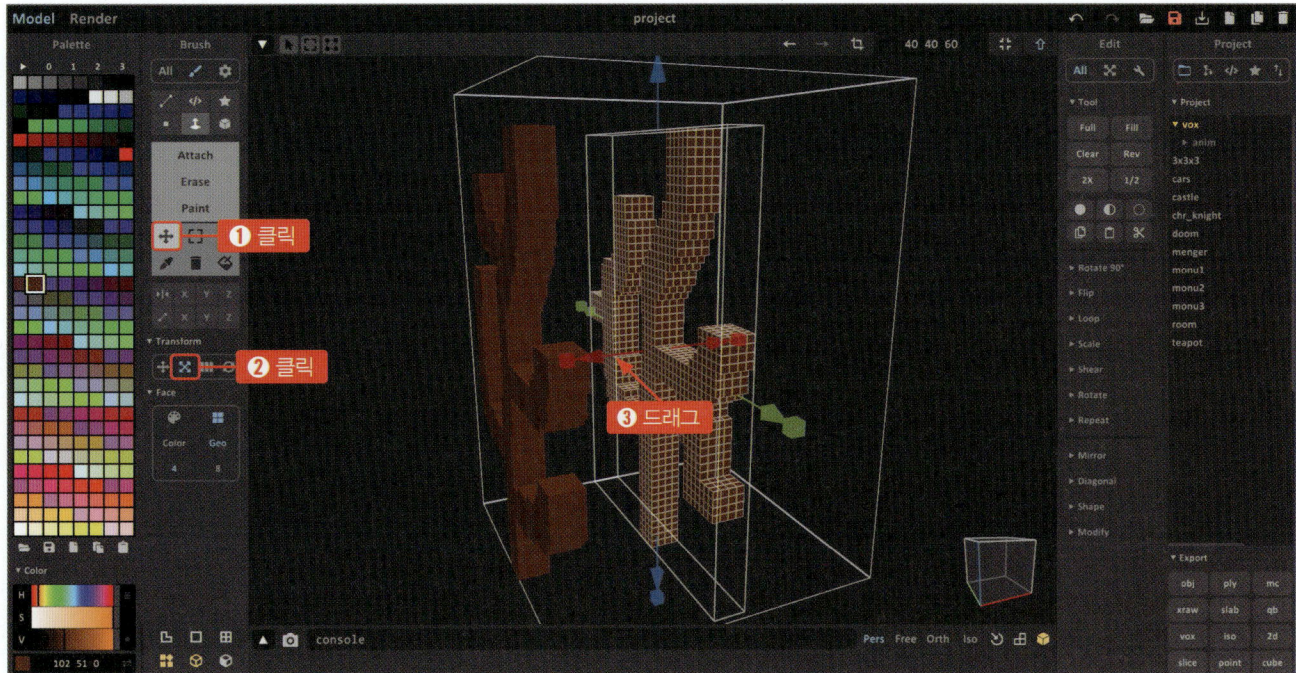

❹ 이어서 ❷~❸과 같은 방법으로 반대쪽 나무 기둥을 중간으로 이동시켜 두 나무 기둥이 겹치도록 합니다.

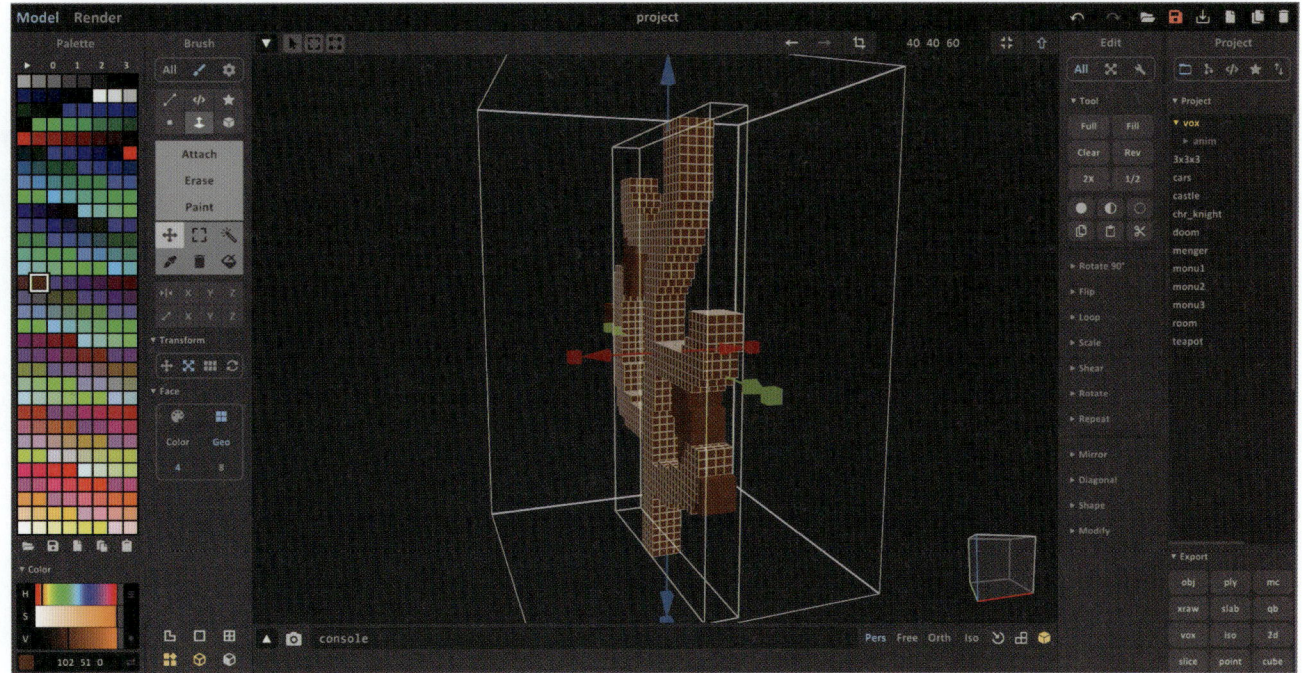

알아두기

두 나무 기둥의 뿌리를 하나로 합치기 위해 중간에서 겹쳐지도록 해요.

❺ [Edit] 탭-'Rotate 90°'에서 'Z'축을 클릭하여 한 쪽 나무 기둥을 회전한 후 화살표를 드래그하여 나무 기둥의 뿌리가 하나로 합쳐지도록 이동합니다.

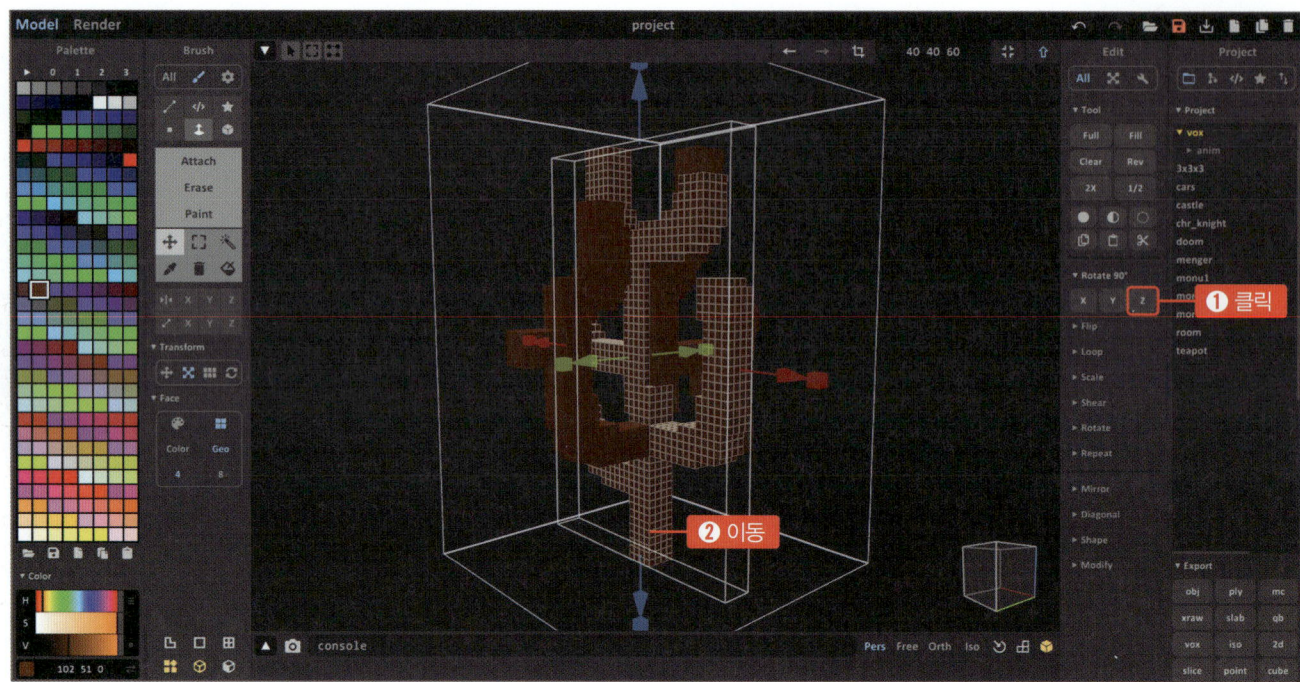

❻ [Brush] 탭-'도형( )'-'Attach'를 클릭하고 도형의 모양을 '사각형'으로 선택한 후 [Palette] 탭에서 '초록색'을 선택하여 나뭇가지 끝에 나뭇잎을 그립니다.

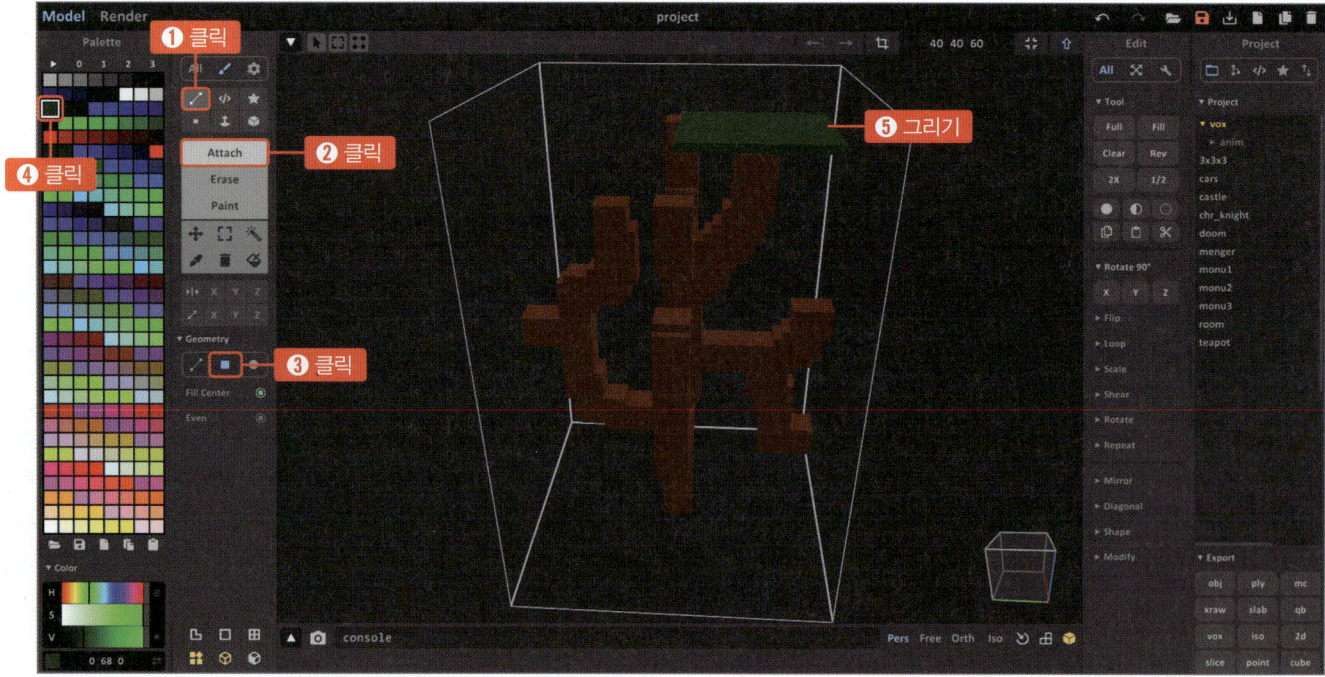

❼ [Brush] 탭-'연장( )'-'Attach'를 클릭하고 'Face'에서 '복셀의 색상( )', 'Geo'를 선택한 후 나뭇잎 위쪽과 아래쪽을 클릭하여 두껍게 만듭니다.

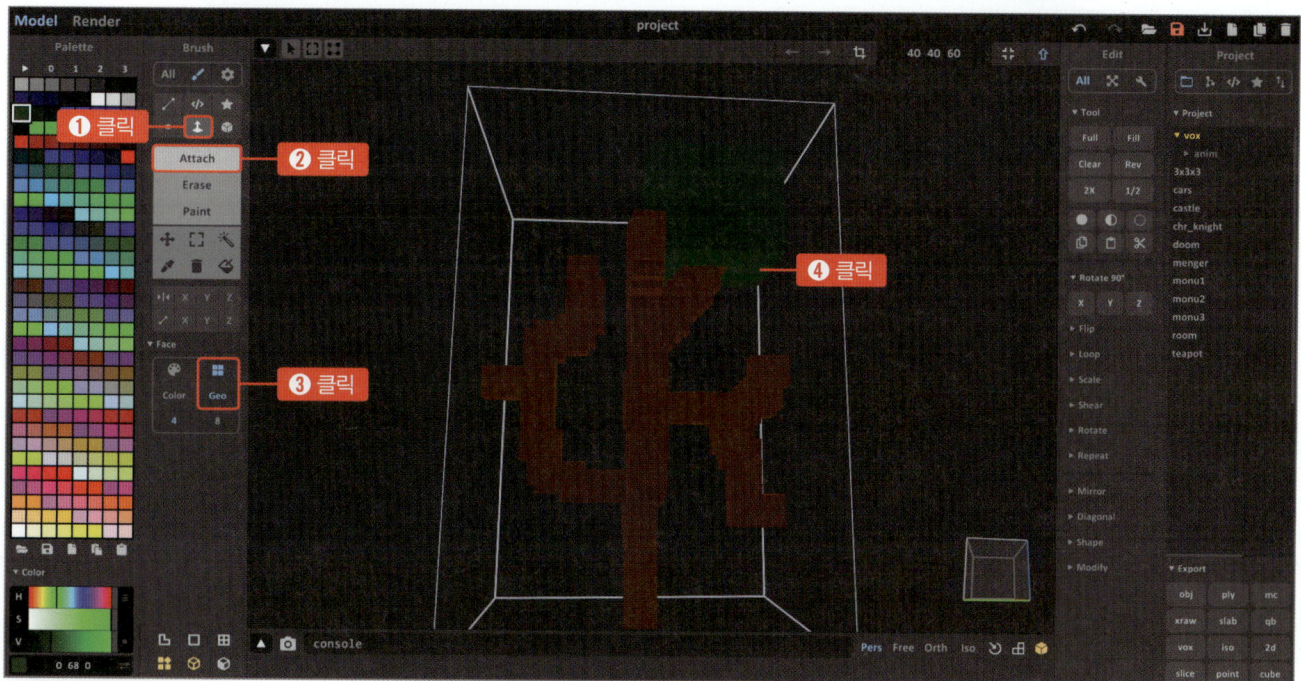

❽ ❻~❼과 같은 방법으로 다른 나뭇가지 끝에도 나뭇잎을 그리고 두껍게 표현해 봅니다.

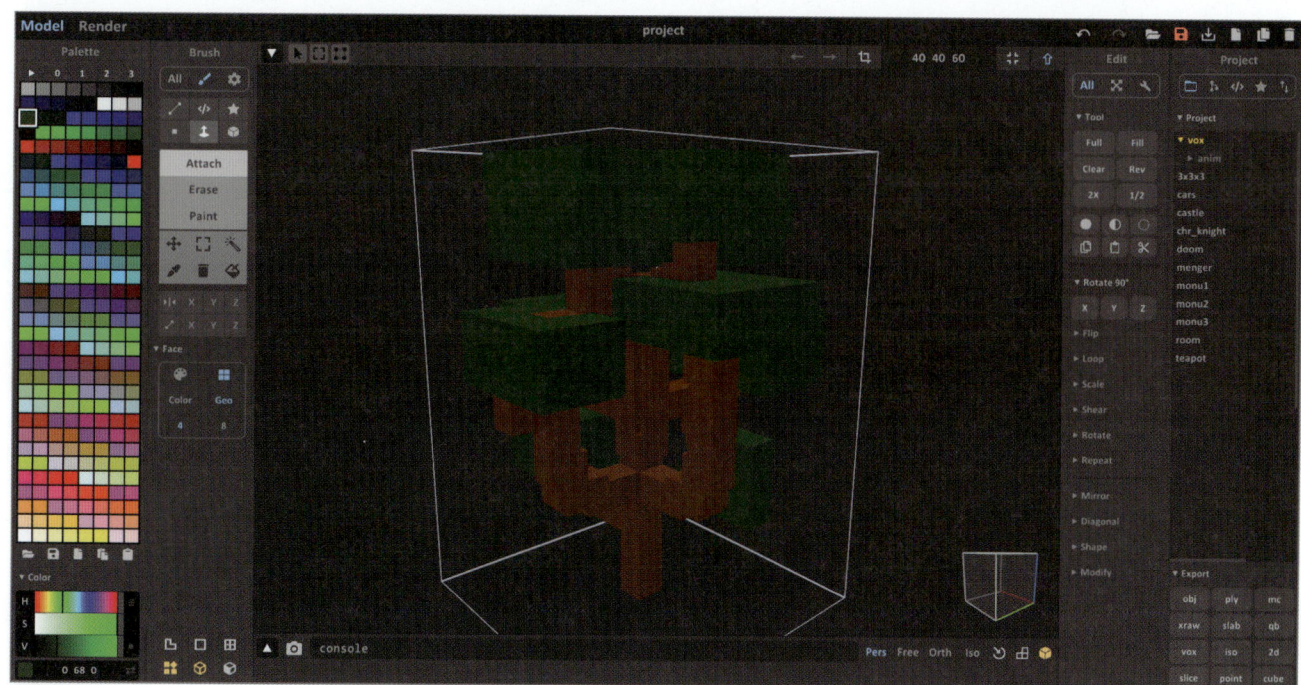

❾ 나무를 완성한 후 [Project] 탭-'Export'에서 'vox' 파일로 저장합니다.

차곡차곡~ 3D 상상력 쌓기

▶ 예제 파일 : 없음   ▶ 완성 파일 : 08강_미션_완성.vox

미션 01 매지카복셀(MagicaVoxel)을 실행한 후 미러 기능을 이용하여 선인장 화분을 그려봅니다.

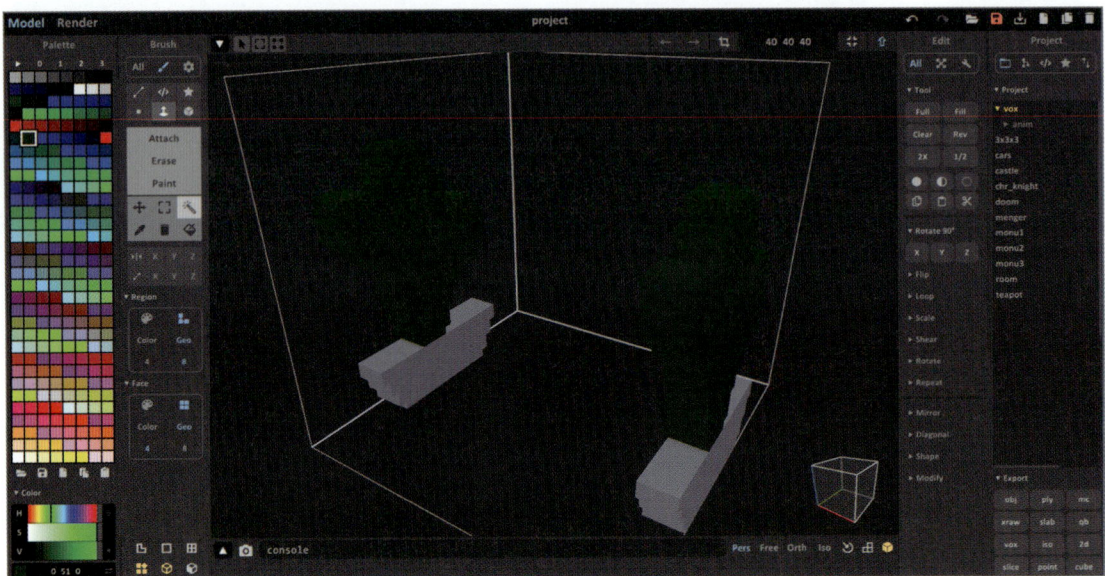

이렇게해봐요 [Brush] 탭–'미러( )'에서 'X'축을 클릭하여 작업해 보세요.

미션 02 나누어진 선인장 화분을 하나로 합친 후 꾸며봅니다.

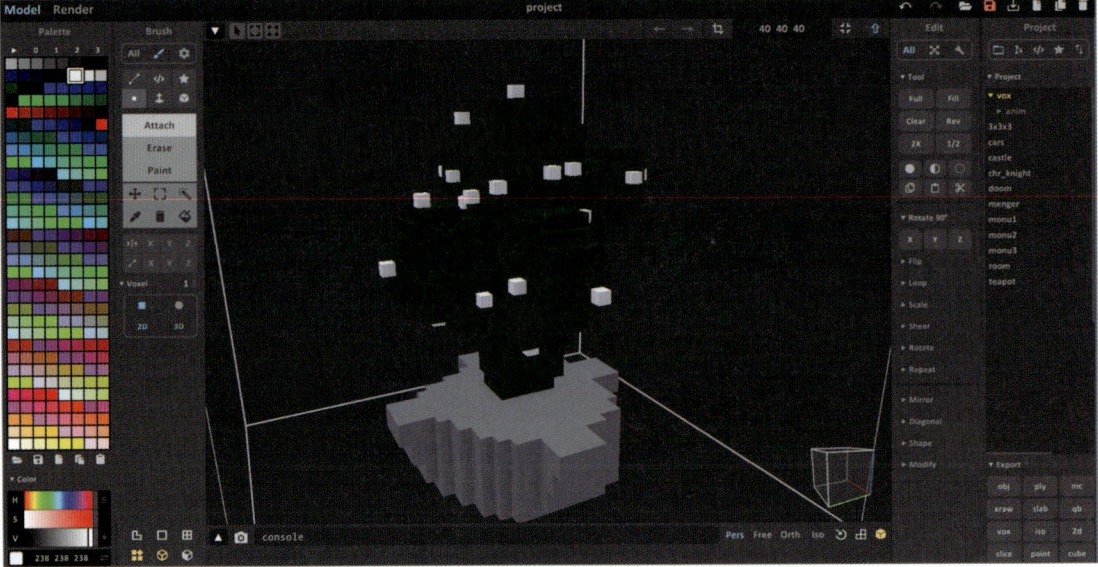

탐험 월드 네모네모 마크 월드

CHAPTER 09 마스코트 네모돼지

네모난 꽃에 네모난 나무, 또 어떤 네모난 것을 만나게 될지 설레기 시작했어요. 그러고보니 마크 월드의 마스코트, 네모돼지는 어떻게 생겼더라.. 함께 분홍빛 네모돼지를 마크 월드로 소환해 봐요.

▼ 예제 파일 : 없음   ▼ 완성 파일 : 09강_완성.vox

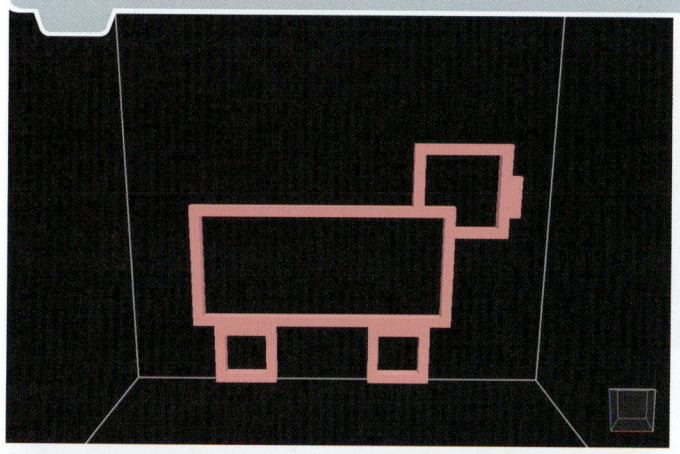
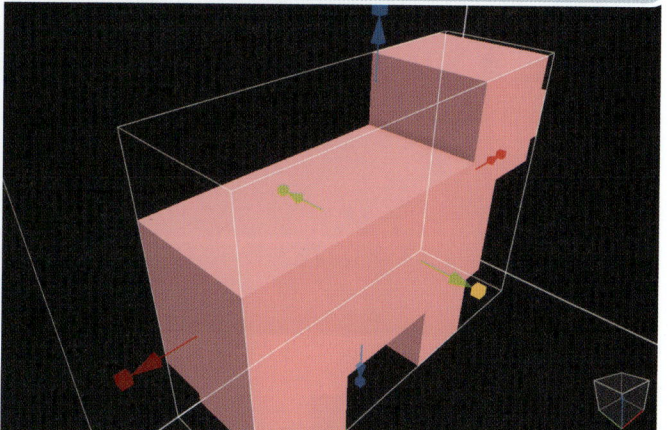
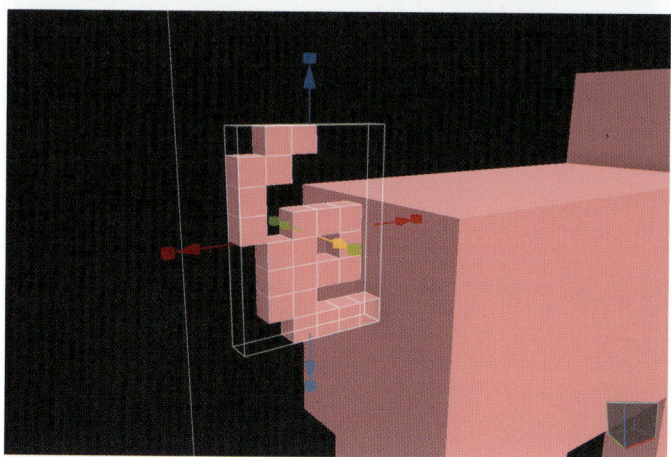

함께 배워볼까요?

- 복셀을 추가하고 삭제하여 네모돼지를 만들 수 있어요.
- 복셀을 이동시켜 네모돼지의 꼬리를 만들 수 있어요.

Chapter 09 마스코트 네모돼지 • **067**

네모돼지 옆모습 그리기

>>> 작업 공간 벽면에 네모돼지의 옆모습을 그려봐요.

❶ 매지카복셀(MagicaVoxel)을 실행한 후 [Edit] 탭에서 'Clear'를 클릭하여 사용하지 않는 복셀을 삭제합니다.

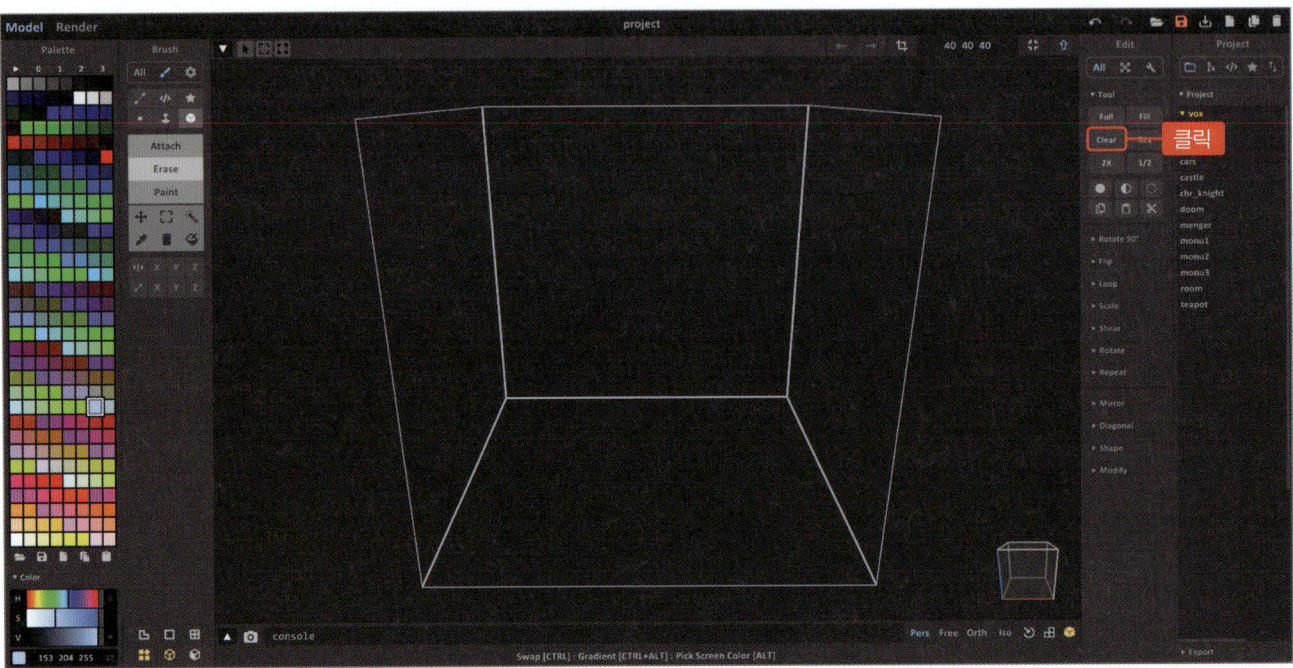

❷ [Brush] 탭-'복셀(■)'-'Attach'를 클릭한 후 'Voxel'에서 '사각형', '2D'를 선택하고 [Palette] 탭에서 '분홍색'을 선택합니다.

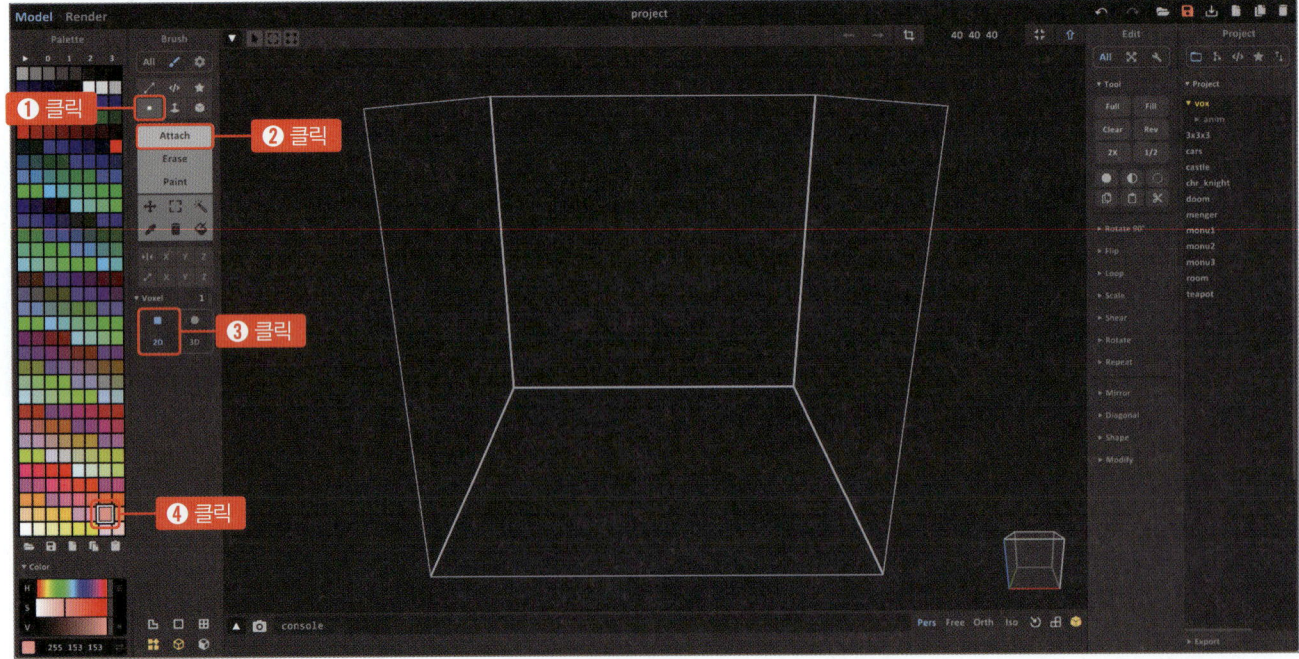

❸ 벽면에 내가 생각하는 네모돼지의 옆모습을 그립니다.

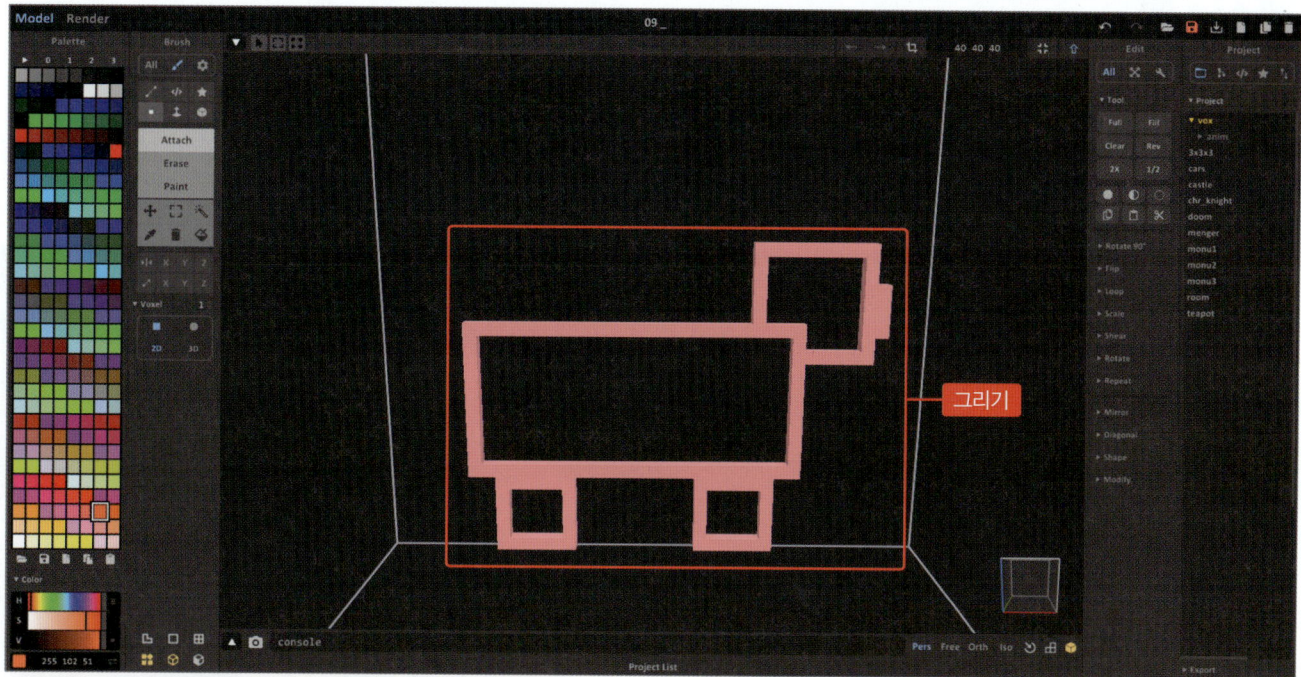

> TIP
> 네모돼지의 옆모습을 그리기 어렵다면, '09강_예제.vox'를 불러와 사용해요.

❹ [Brush] 탭-'연장()'-'Attach'를 클릭한 후 비어있는 네모돼지의 몸을 클릭하여 색을 채웁니다.

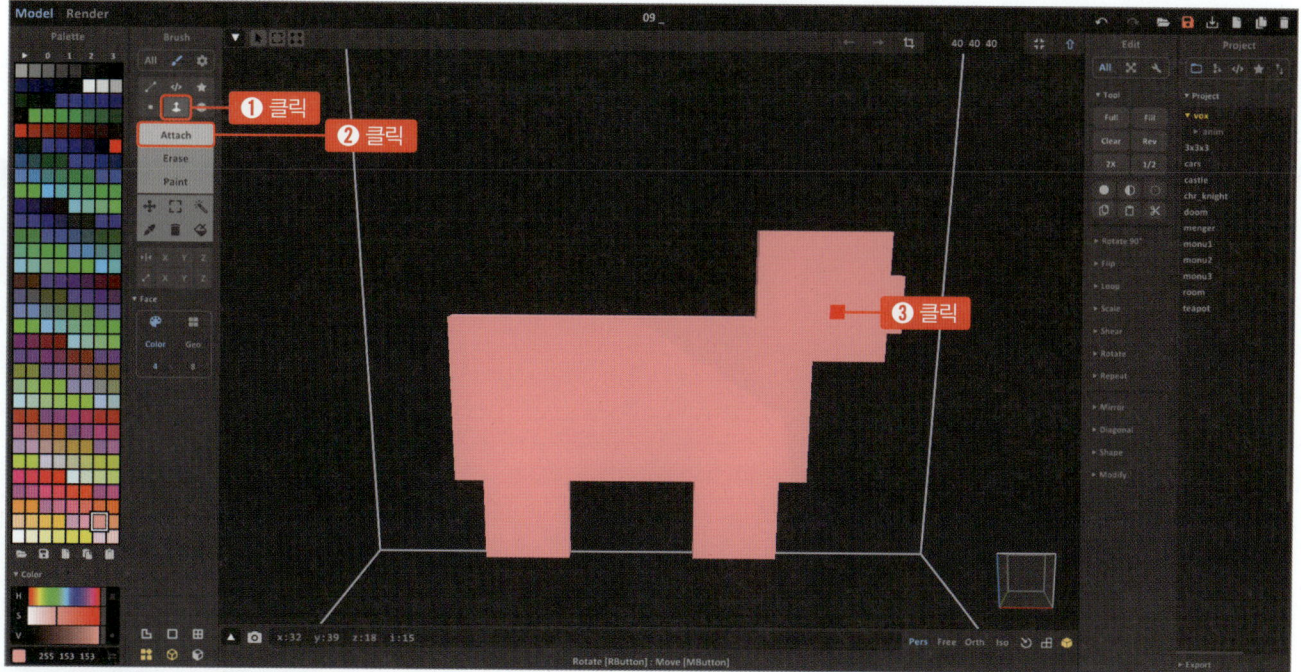

알아두기

비어있는 네모돼지의 몸에 색을 채울 때, 색을 채울 공간이 닫혀있지 않으면 색이 밖으로 채워질 수 있어요.

Step 02 네모돼지 만들기

>>> 앞서 그린 그림의 두께를 조절하여 네모돼지를 만들어봐요.

❶ [Brush] 탭-'이동( )'-'Scale( )'을 클릭한 후 화살표가 나타나면 초록색 사각점을 드래그하여 네모돼지의 두께를 조절합니다.

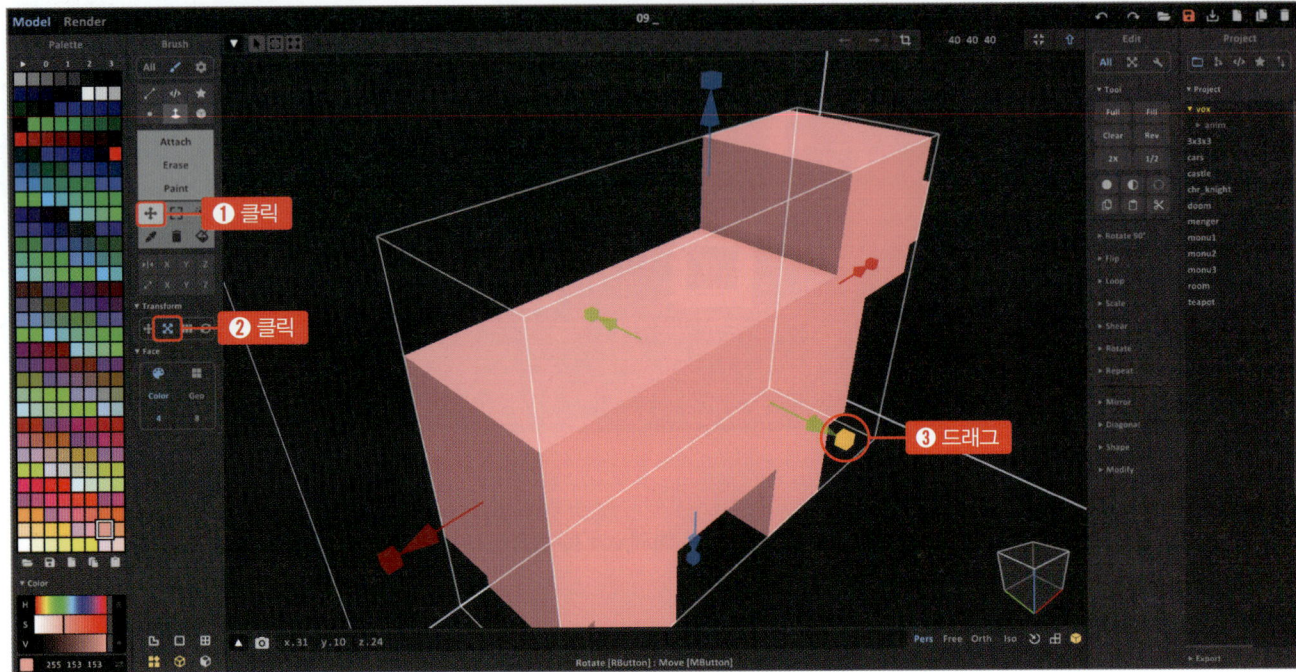

❷ [Brush] 탭-'복셀( )'-'Erase'를 선택하고 화면을 회전하여 복셀을 삭제하며 네모돼지의 다리에 빈 공간을 만듭니다.

❸ 이어서 화면을 회전하여 복셀을 삭제하며 네모돼지의 코 모양을 만듭니다.

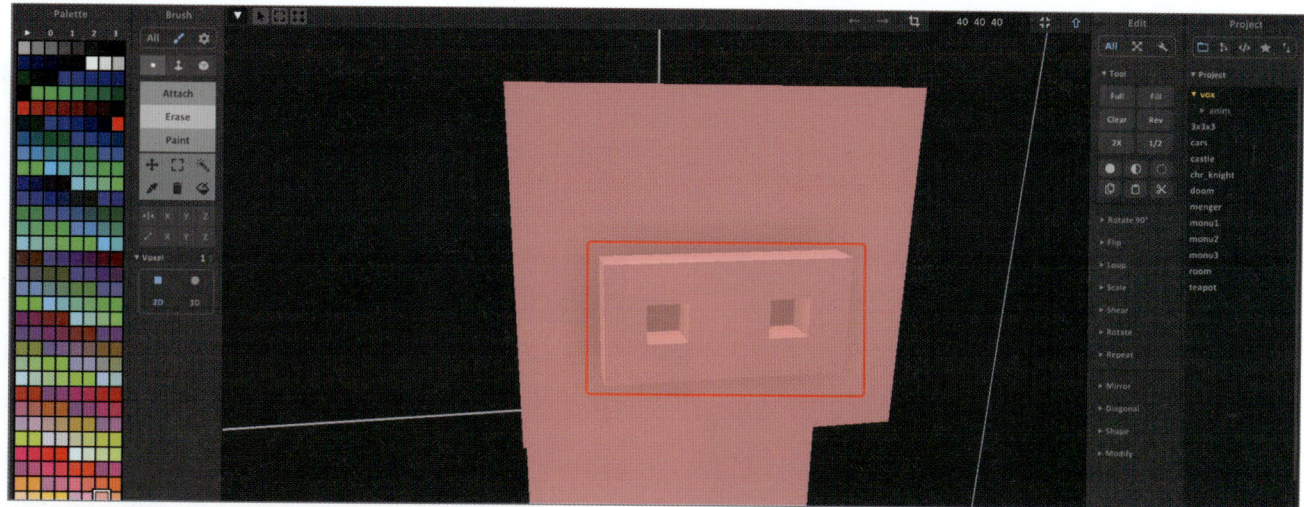

❹ [Brush] 탭-'복셀(■)'-'Attach'를 클릭한 후 작업 공간 벽면에 돼지 꼬리를 그립니다.

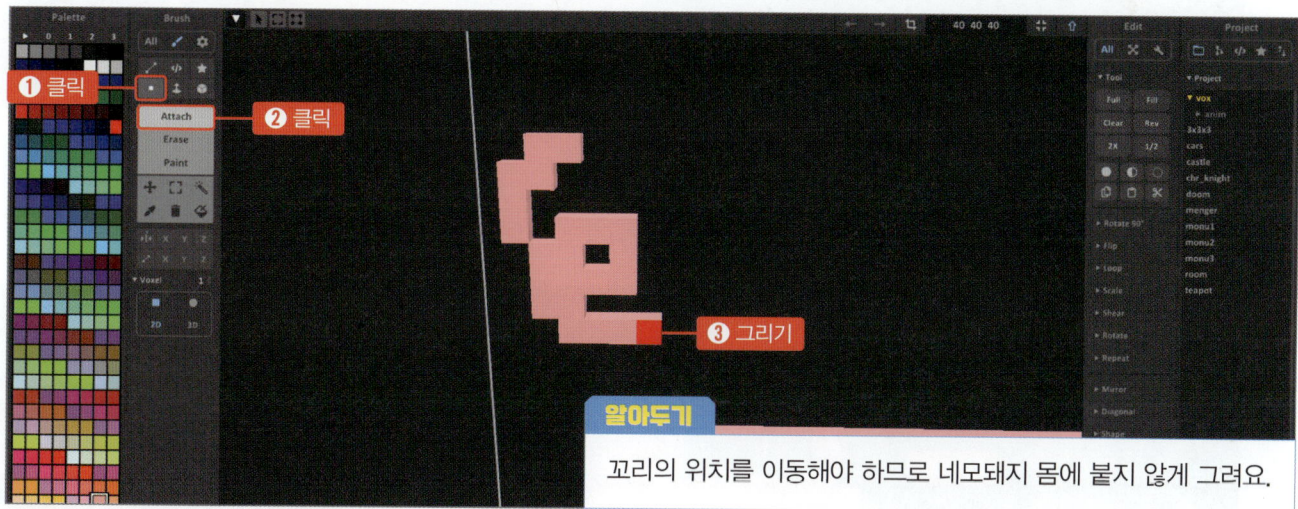

알아두기
꼬리의 위치를 이동해야 하므로 네모돼지 몸에 붙지 않게 그려요.

❺ [Brush] 탭-'마술봉(🪄)'을 클릭하고 'Region'에서 '연결된 영역(▣)'과 'Geo', '8'을 선택한 후 벽에 그린 꼬리를 선택합니다.

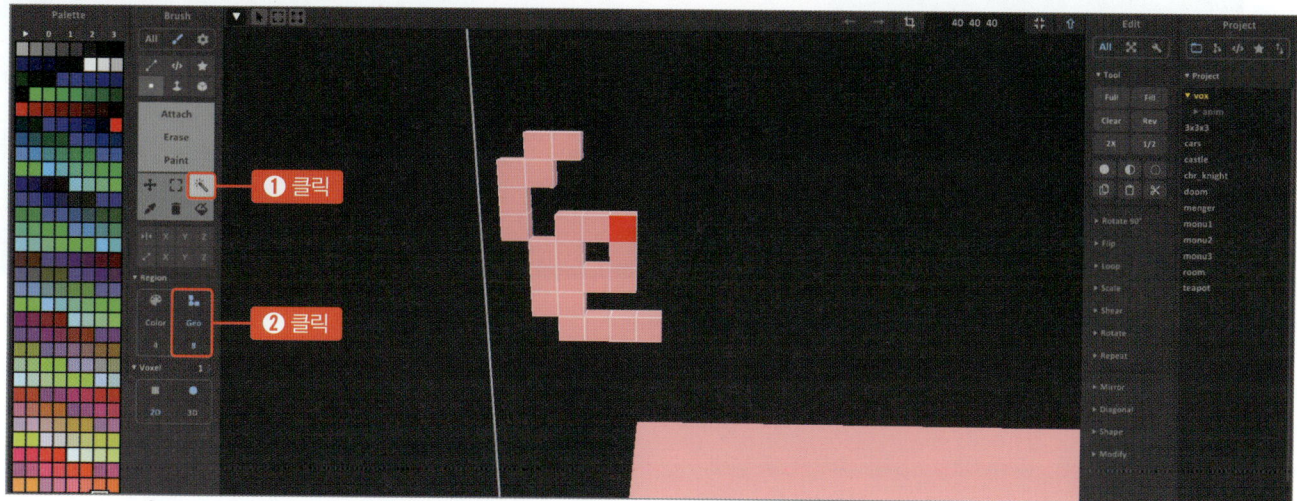

❻ [Brush] 탭-'이동( )'-'Scale( )'을 클릭한 후 화살표를 드래그하여 꼬리를 이동시켜 네모돼지의 몸에 연결합니다.

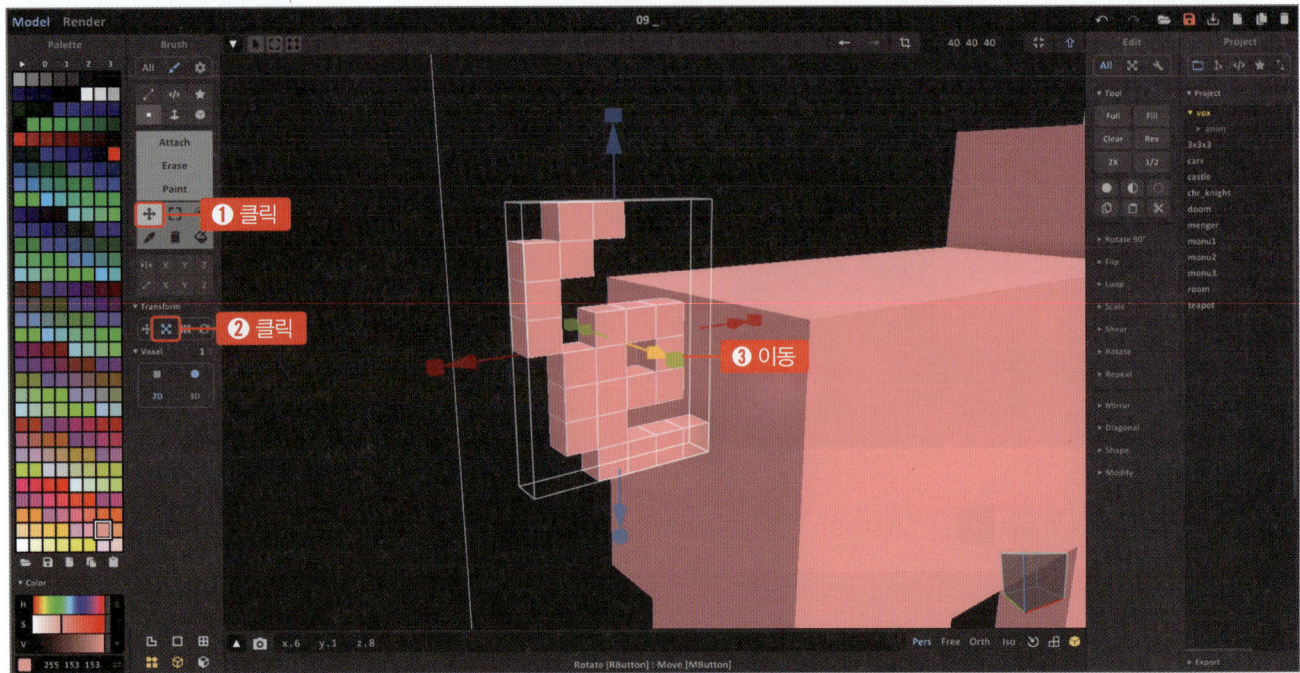

❼ [Brush] 탭-'복셀( )'-'Paint'를 클릭한 후 [Palette] 탭에서 자유롭게 색상을 선택하여 네모돼지를 꾸며보고, [Project] 탭-'Export'-'vox' 파일로 저장합니다.

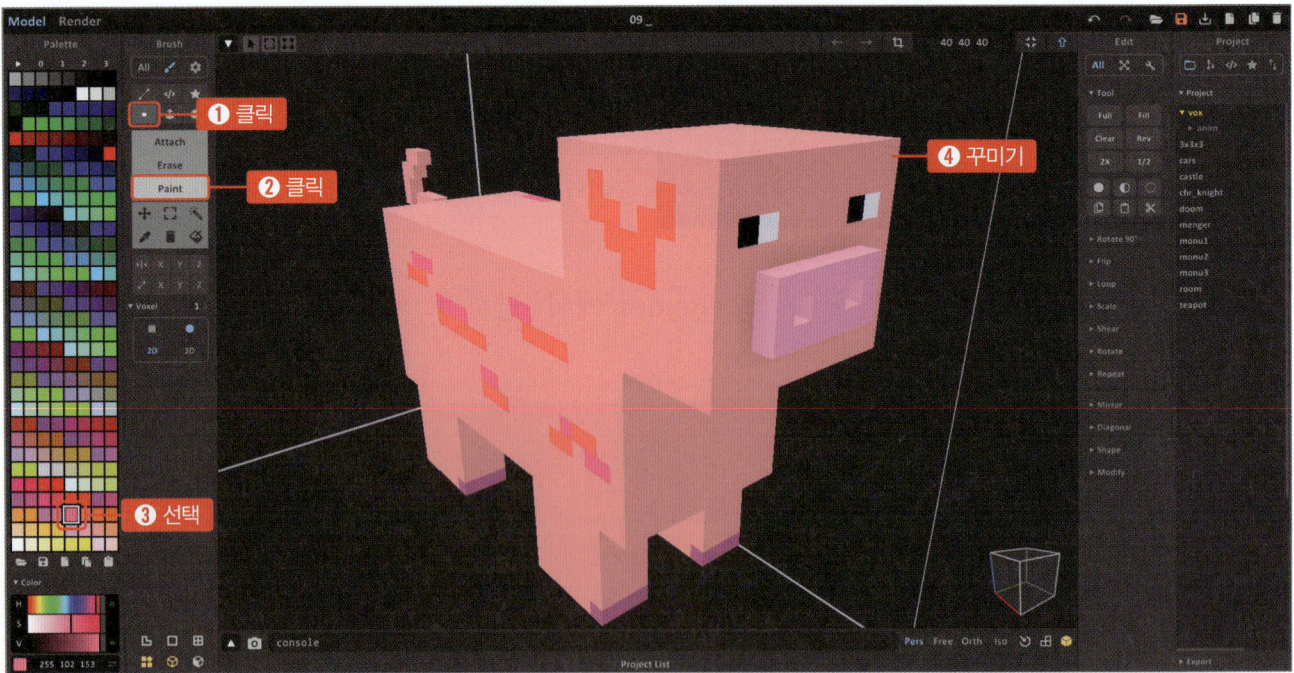

차곡차곡~ 3D 상상력 쌓기

▶ 예제 파일 : 없음   ▶ 완성 파일 : 09강_미션_완성.vox

미션 01 매지카복셀(MagicaVoxel)을 실행한 후 작업 공간 벽면에 집을 그려봅니다.

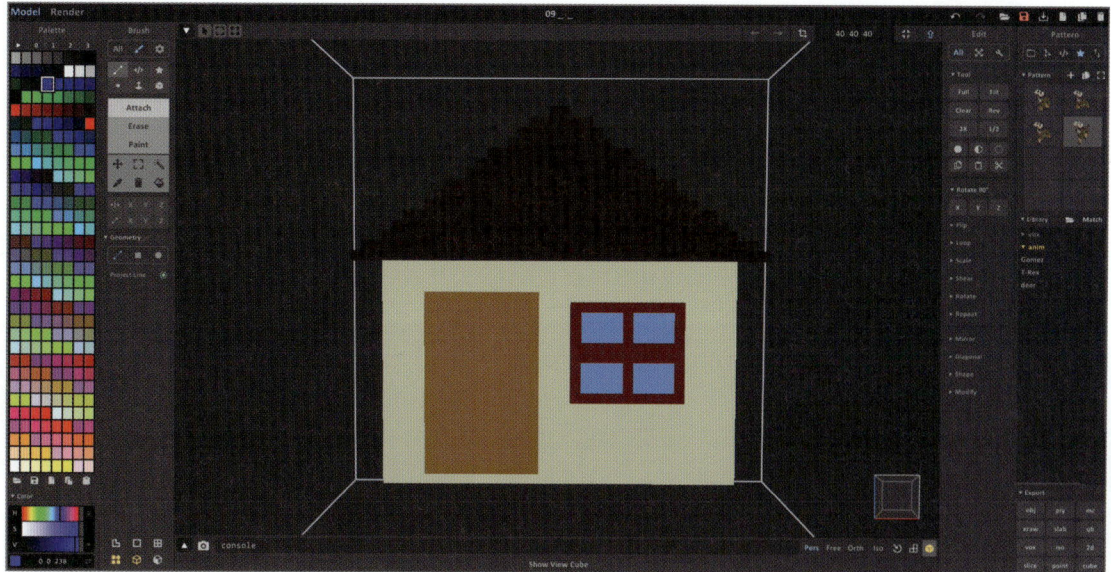

이렇게 해봐요 [Brush] 탭-'도형( )'을 클릭한 후 작업해 보세요.

미션 02 집의 두께를 조절하고 복셀을 추가하여 집을 완성해 봅니다.

Chapter 09 마스코트 네모돼지 • **073**

CHAPTER 10

탐험 월드 네모네모 마크 월드

마크 월드 레스토랑

마크 월드 레스토랑에서는 무슨 음식을 팔까요? 긴 테이블에 멋진 식기와 맛있는 음식~ 상상만으로 즐거워요. 우리는 상상만 하면 무엇이든 만들 수 있는 3D 월드 탐험가니까 먹고 싶은 음식을 만들어봐요.

▼ 예제 파일 : 10강_예제.vox ▼ 완성 파일 : 10강_완성.vox

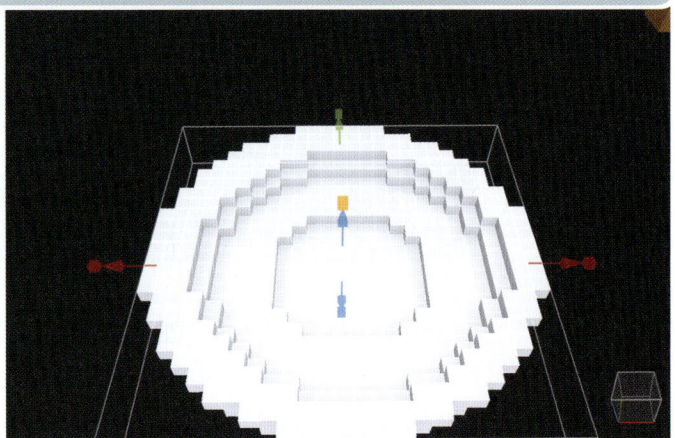

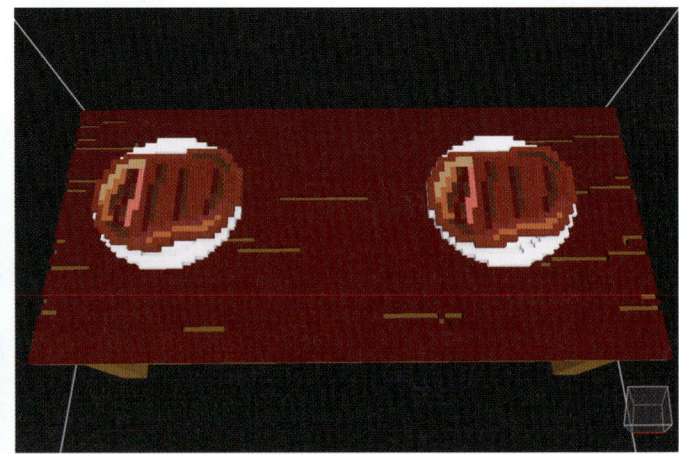

함께 배워볼까요?

- 원형 복셀을 이용하여 접시를 만들 수 있어요.
- 복셀을 이용하여 스테이크를 그릴 수 있어요.

접시 만들기

>>> 3D 원형 복셀을 이용하여 스테이크 접시를 만들어봐요.

❶ 매지카복셀(MagicaVoxel)을 실행한 후 [열기(📁)]를 클릭하여 '10강_예제.vox' 파일을 불러옵니다.

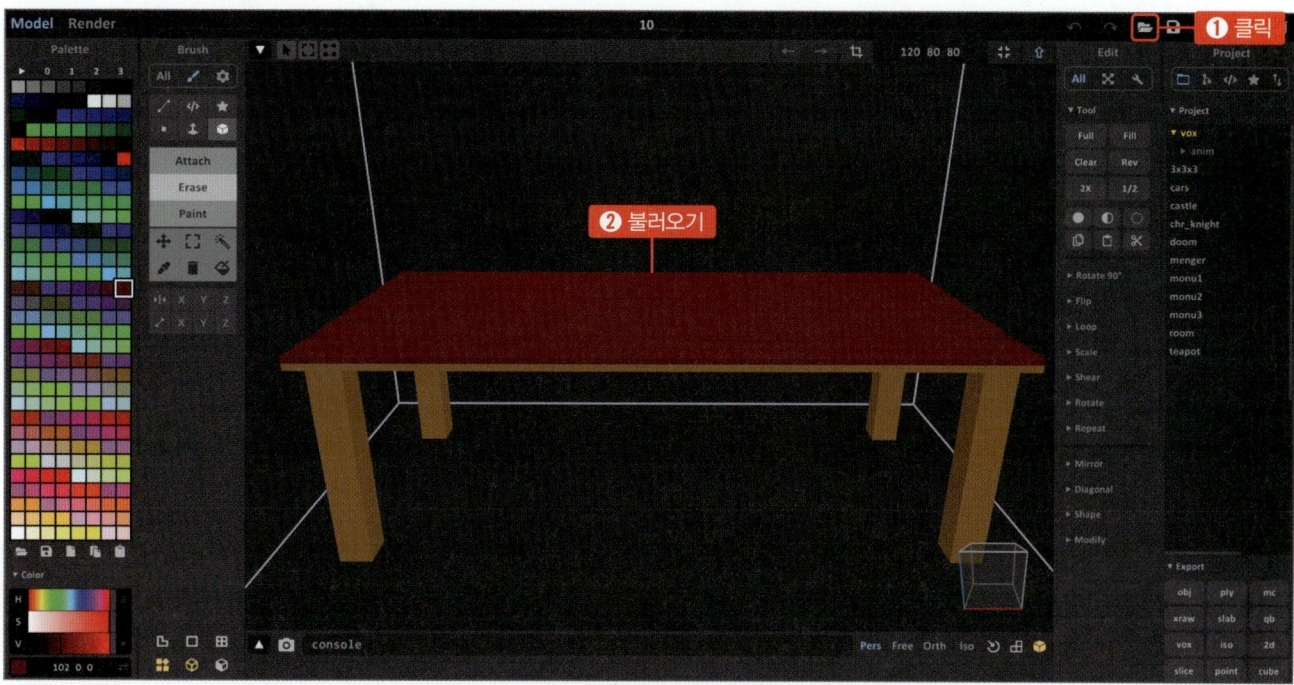

❷ [Brush] 탭-'복셀(■)'-'Attach'를 클릭하고 'Voxel'의 크기('25')와 모양('원', 3D')을 지정합니다. 이어서 [Palette] 탭에서 색상을 선택한 후 작업 공간 바닥을 클릭합니다.

TIP 접시의 색상은 자유롭게 선택하도록 해요.

❸ [Brush] 탭-'마술봉( )'을 클릭하고 접시를 선택합니다.

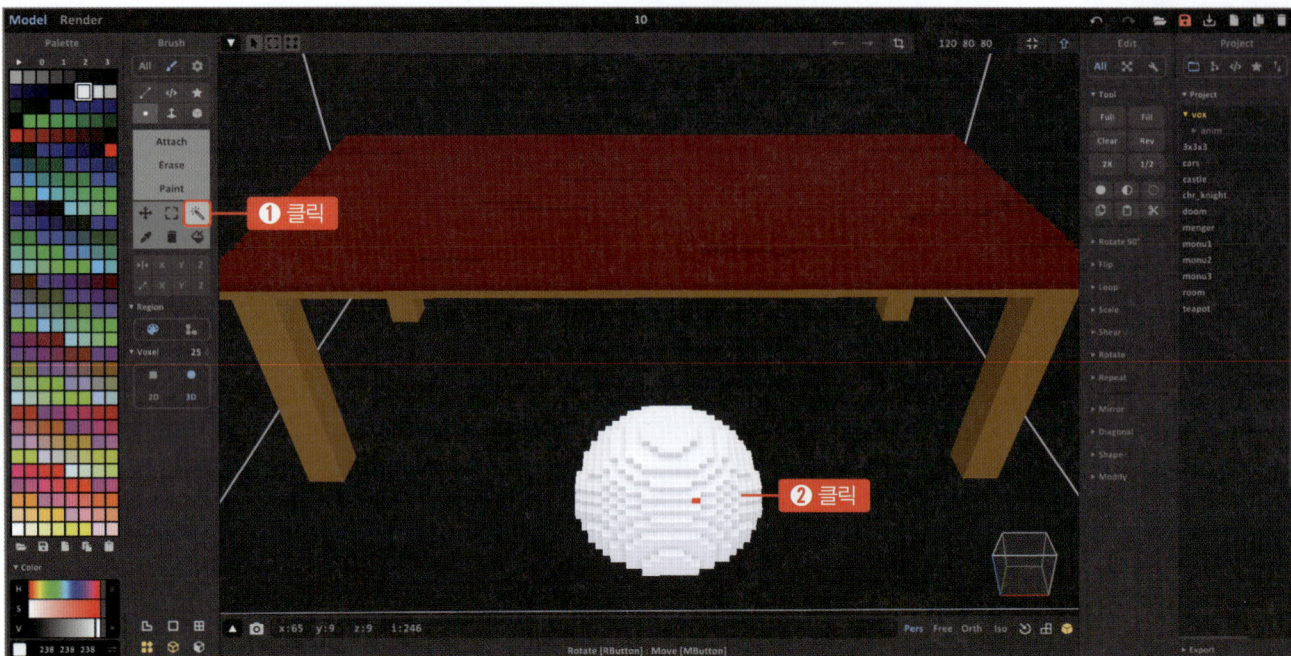

❹ 이어서 [Edit] 탭-'Rotate 90°'에서 'X'축을 두 번 클릭합니다.

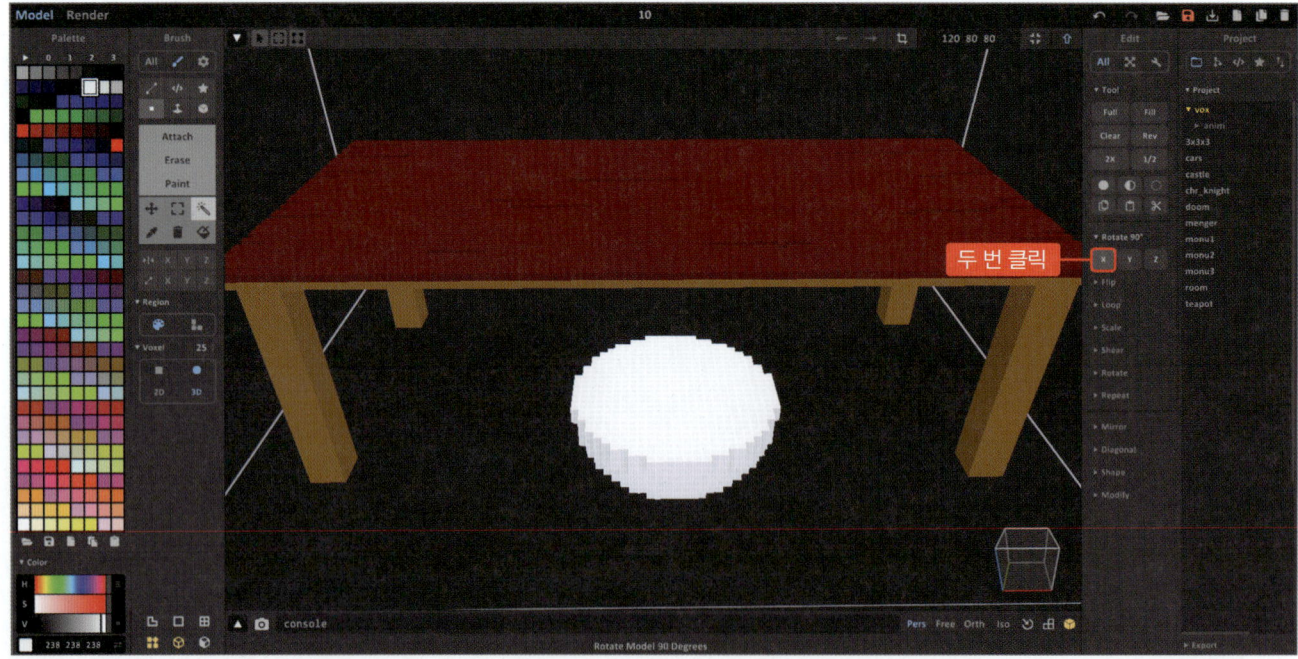

> **알아두기**
>
> 'Y'축을 두 번 클릭해도 접시를 뒤집을 수 있어요.

❺ Ctrl + D 키를 눌러 복셀 선택을 해제한 후 [Brush] 탭-'복셀( )'-'Erase'를 클릭하고 'Voxel'에서 크기('20')를 변경하여 접시 안쪽을 클릭합니다.

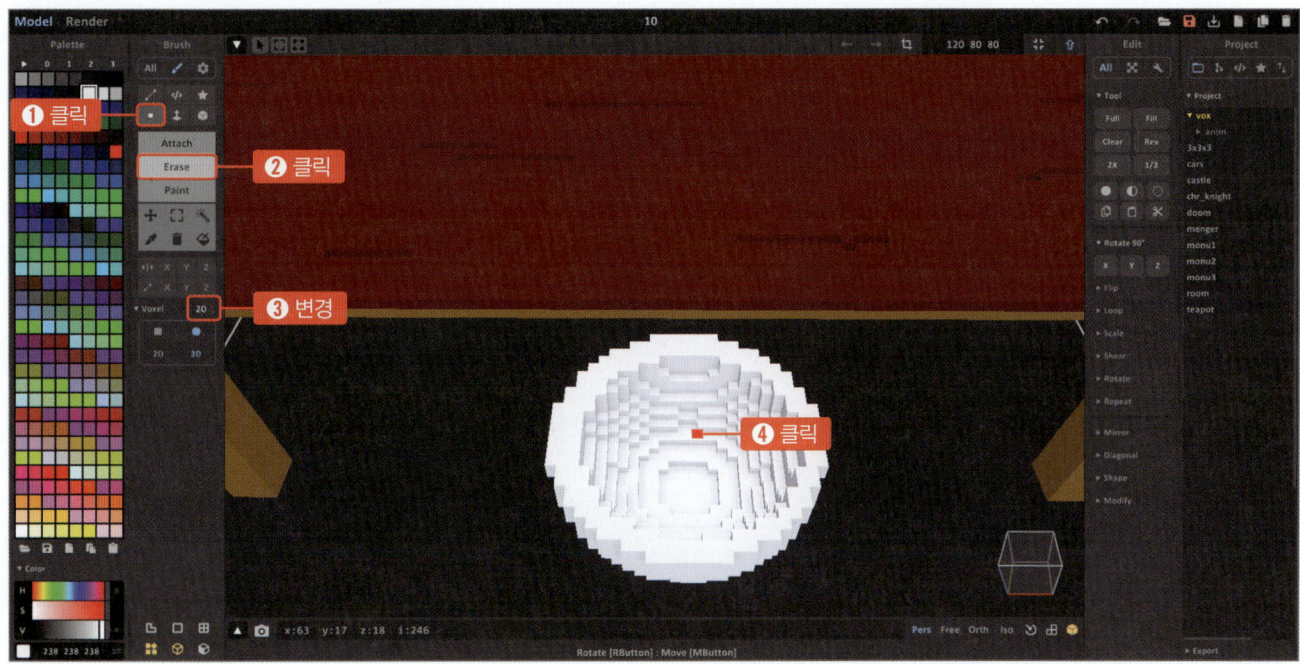

❻ [Brush] 탭-'마술봉( )'을 클릭하여 접시를 선택한 후 '이동( )'-'Scale( )'을 클릭하고 파란색 사각점을 아래쪽으로 드래그하며 접시의 높이를 조절합니다.

> **알아두기**
>
> 특정 복셀의 위치나 모양을 변경하려면 '마술봉( )'으로 해당하는 복셀을 우선 선택해야 해요.

❼ 이어서 화면을 회전하며 화살표를 드래그하여 접시를 테이블 위로 이동시킵니다.

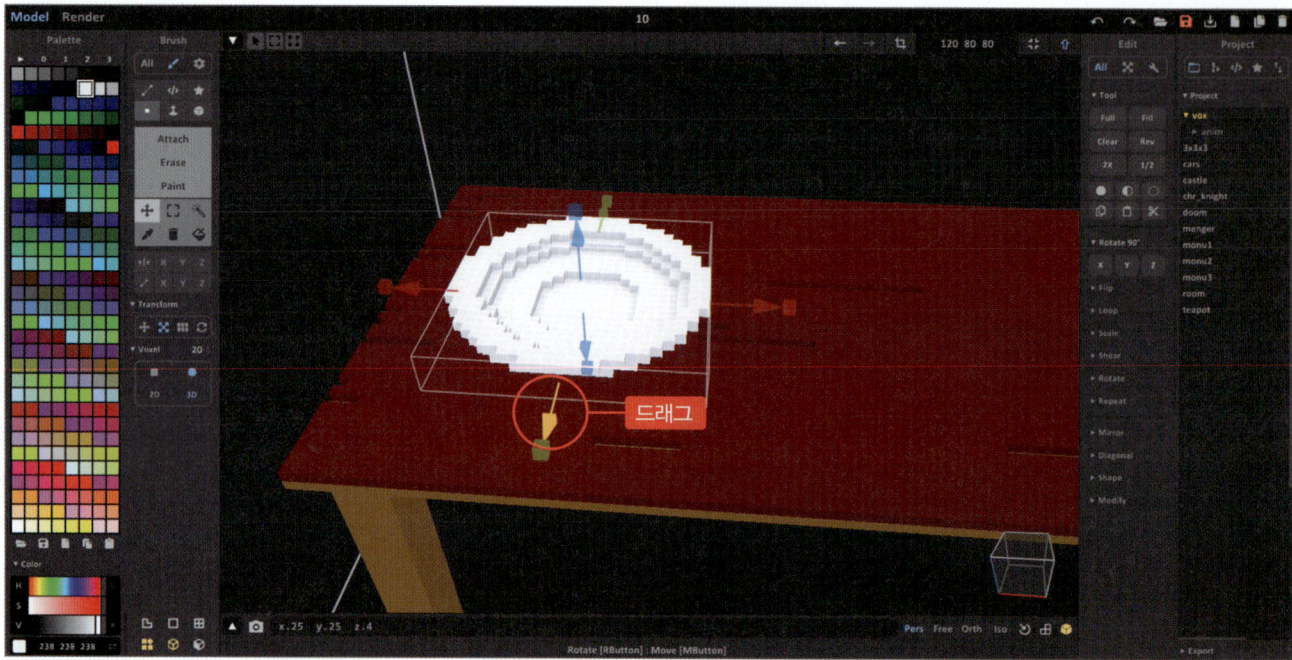

❽ [Edit] 탭에서 복사(📋), 붙여넣기(📋)를 순서대로 클릭하여 복제본을 만든 후 오른쪽으로 접시를 이동시킵니다.

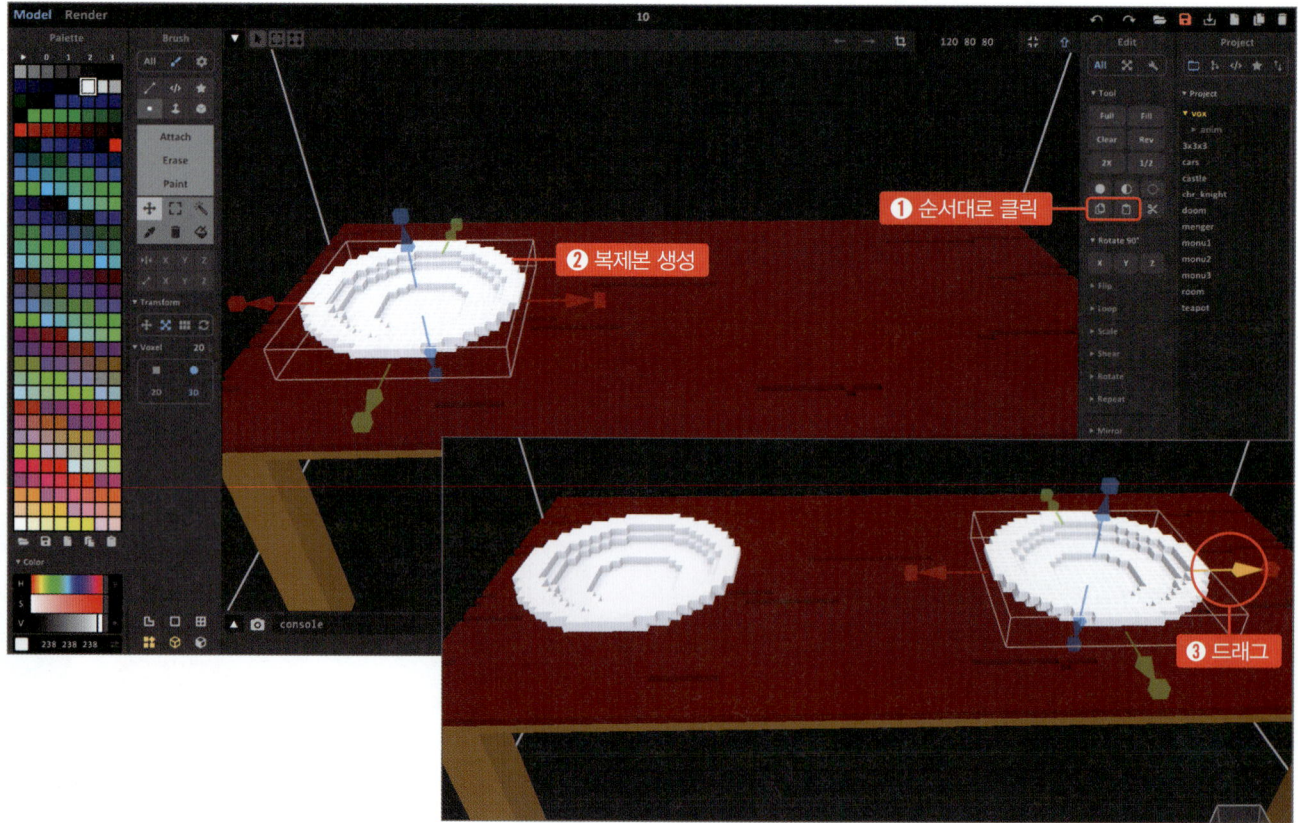

> **알아두기**
>
> Ctrl + C , Ctrl + V 키를 눌러 복셀을 복사, 붙여넣기할 수도 있어요.

좋아하는 음식 그리기

>>> 좋아하는 음식을 그리고 접시 위로 이동시켜 식탁을 완성해 봐요.

① [Brush] 탭-'복셀(■)'-'Attach'를 클릭하고 'Voxel'의 크기('1')와 모양('원', 2D')을 선택한 후 [Palette] 탭에서 갈색을 선택하여 바닥에 스테이크 모양을 그립니다.

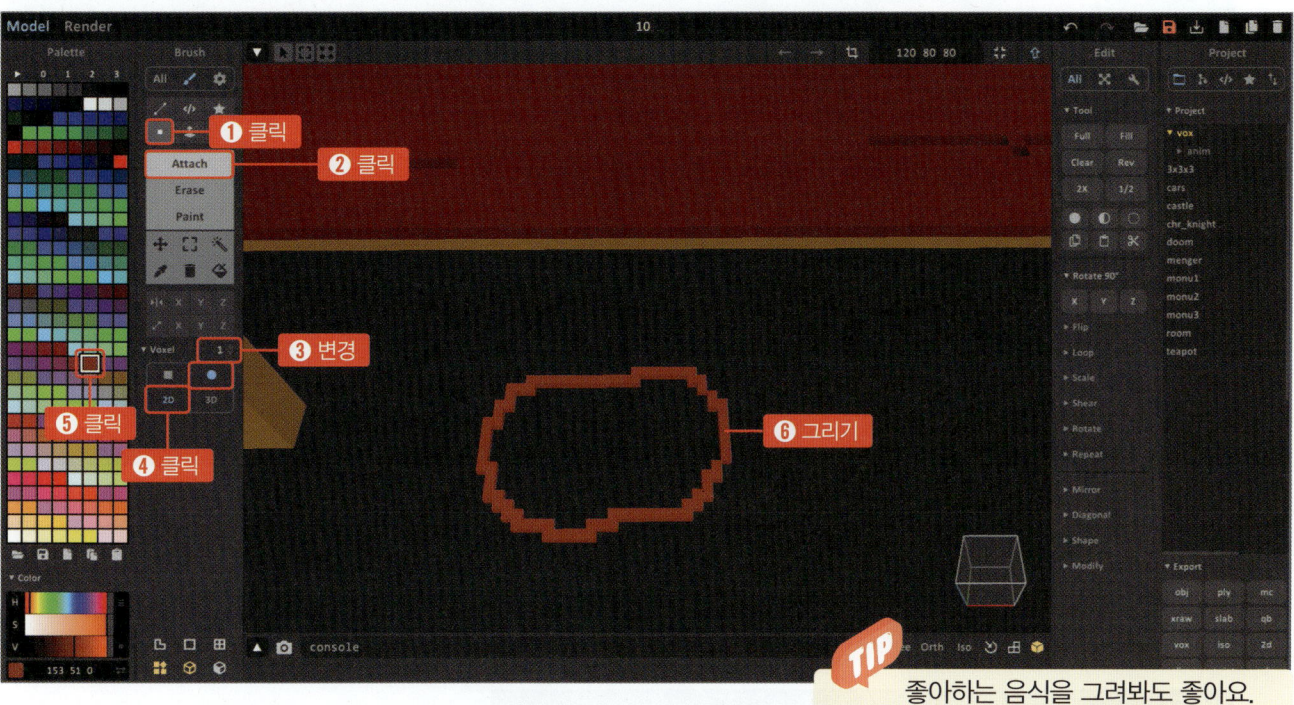

좋아하는 음식을 그려봐도 좋아요.

② [Brush] 탭-'연장(↥)'-'Attach'를 클릭하고 [Palette] 탭에서 어울리는 색상을 선택한 후 스테이크 안쪽을 클릭하여 색을 채웁니다.

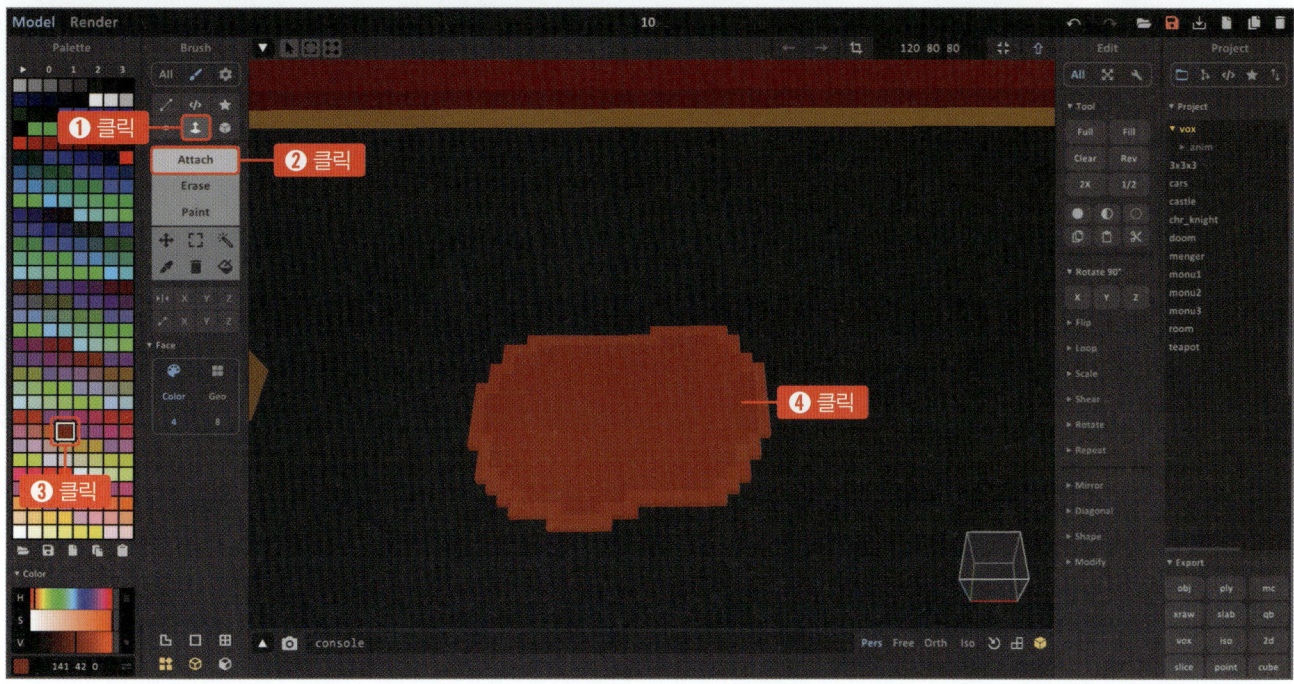

❸ [Brush] 탭-'복셀(■)'-'Paint'를 클릭한 후 [Palette] 탭에서 어울리는 색상을 선택하여 잘 익은 스테이크를 표현해 봅니다.

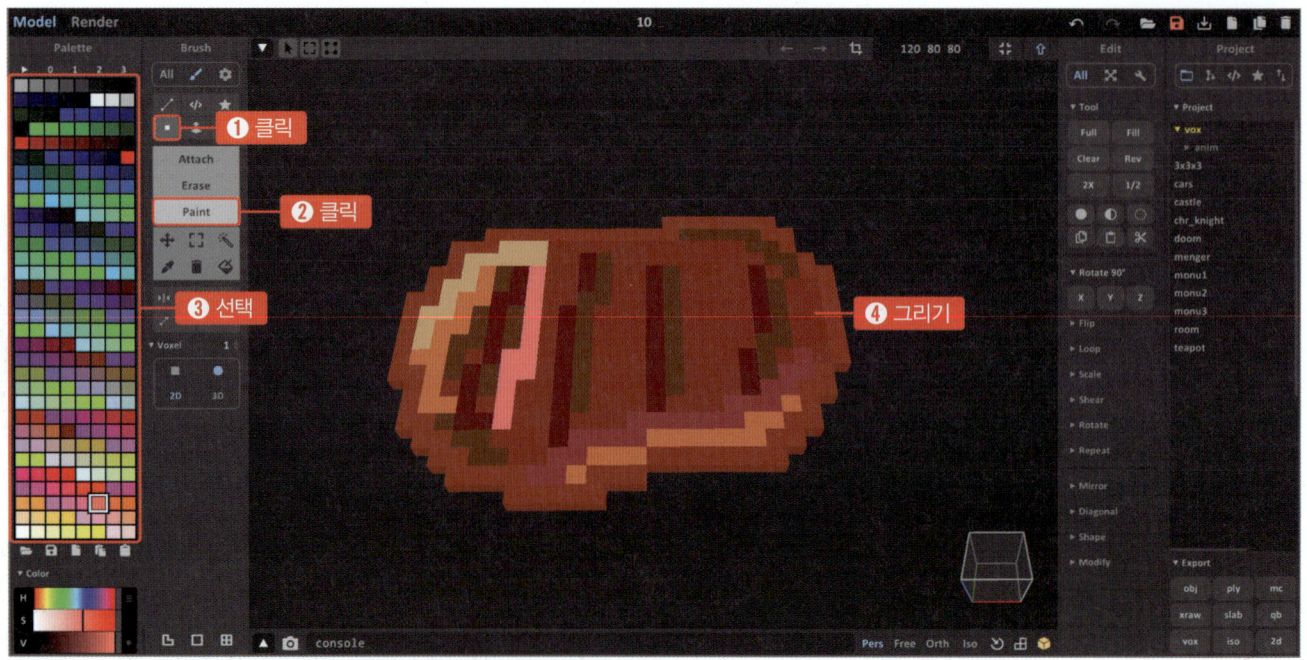

❹ [Brush] 탭-'마술봉(✦)'을 클릭하고 'Region'에서 '연결된 영역(■)'과 'Geo'를 선택한 후 스테이크를 클릭합니다. 이어서 '이동(✥)'-'Scale(✕)'을 클릭하고 화살표를 드래그하여 접시 위로 스테이크를 이동합니다.

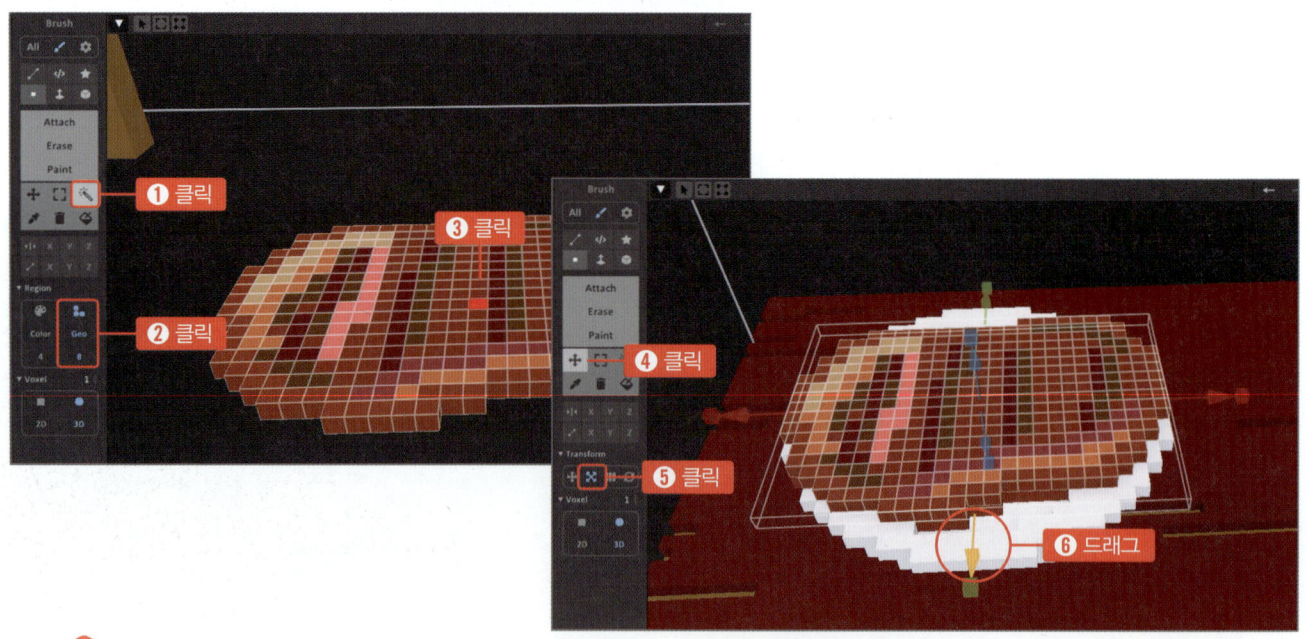

> **TIP** 스테이크가 접시의 크기보다 크다면 사각점을 드래그하여 스테이크의 크기를 조절해 보세요.

❺ Ctrl+C, Ctrl+V 키를 순서대로 눌러 스테이크를 복제하고 반대쪽 접시에 옮긴 후 [Project] 탭-'Export'-'vox'를 클릭하여 파일을 저장합니다.

차곡차곡~ 3D 상상력 쌓기

▶ 예제 파일 : 10강_미션_예제.vox   ▶ 완성 파일 : 10강_미션_완성.vox

미션 01 '10강_미션_예제.vox' 파일을 불러와 컵을 만들어 테이블 위로 이동해 봅니다.

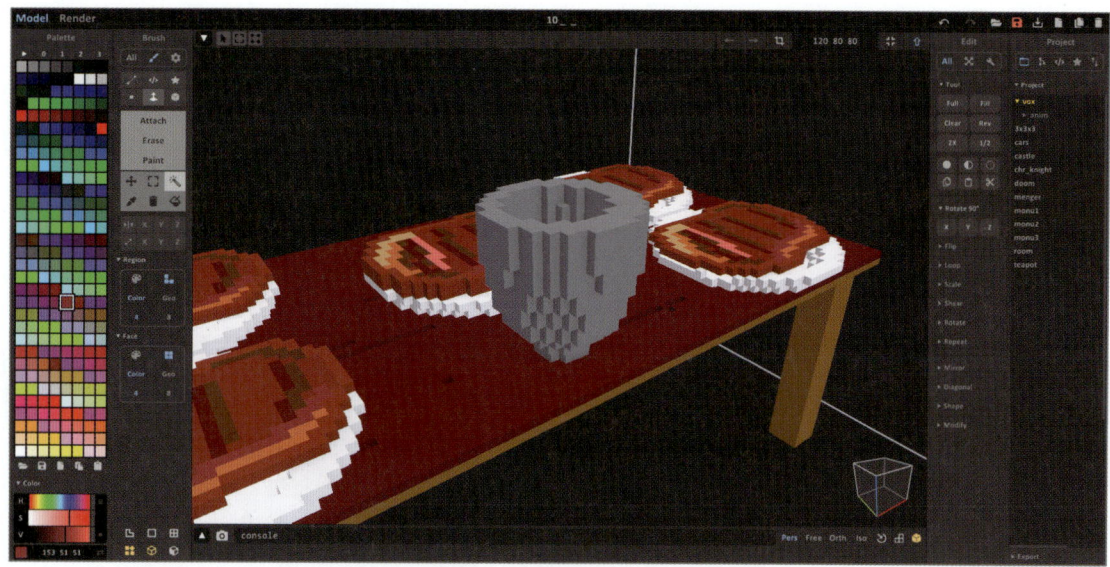

이렇게 해봐요 복셀을 추가하여 'Scale( )'을 조절해요.

미션 02 컵 안에 물을 가득 채운 뒤 복제하여 컵을 꾸며 봅니다.

Chapter 10 마크 월드 레스토랑 • 081

탐험 월드 네모네모 마크 월드

CHAPTER 11
마크 월드 주민을 만나다

꽃과 나무, 돼지 그리고 음식까지 만들어봤는데 같이 놀 친구가 없네요. 마크 월드의 대표 주민이 좋겠어요. 이번에도 상상력을 발휘해서 주민을 만들어요.

◆ 예제 파일 : 11강_예제.vox   ◆ 완성 파일 : 11강_완성.vox

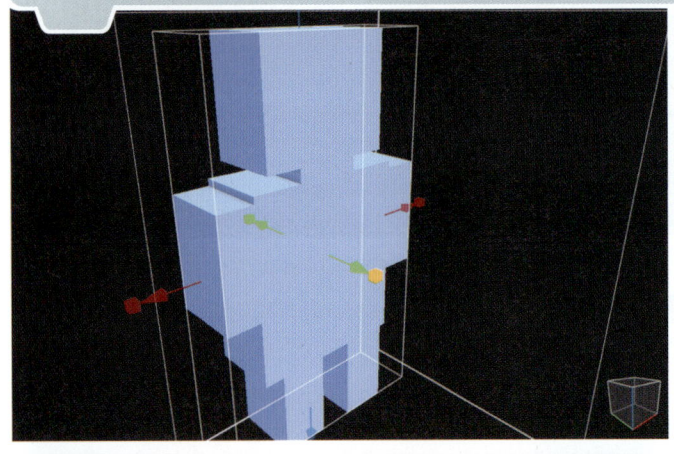
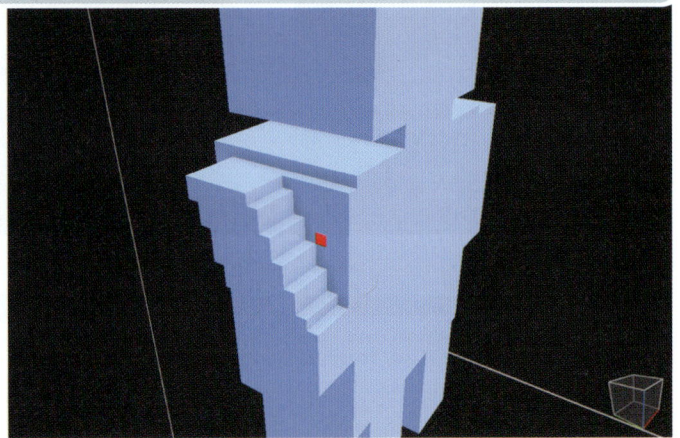
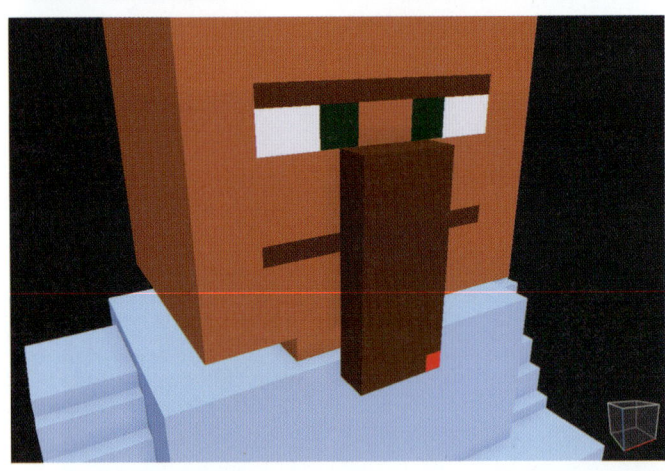

함께 배워볼까요?

- 박스 모드를 이용하여 주민의 형태를 만들 수 있어요.
- 페인트 기능을 이용하여 주민을 꾸밀 수 있어요.

박스 모드로 주민 만들기

>>> 박스를 선택하여 주민의 형태를 만들어 봐요.

❶ 매지카복셀(MagicaVoxel)을 실행한 후 [Edit] 탭에서 'Clear'를 클릭하여 불필요한 복셀을 삭제하고 작업 공간의 크기('40', '40', '60')를 변경합니다.

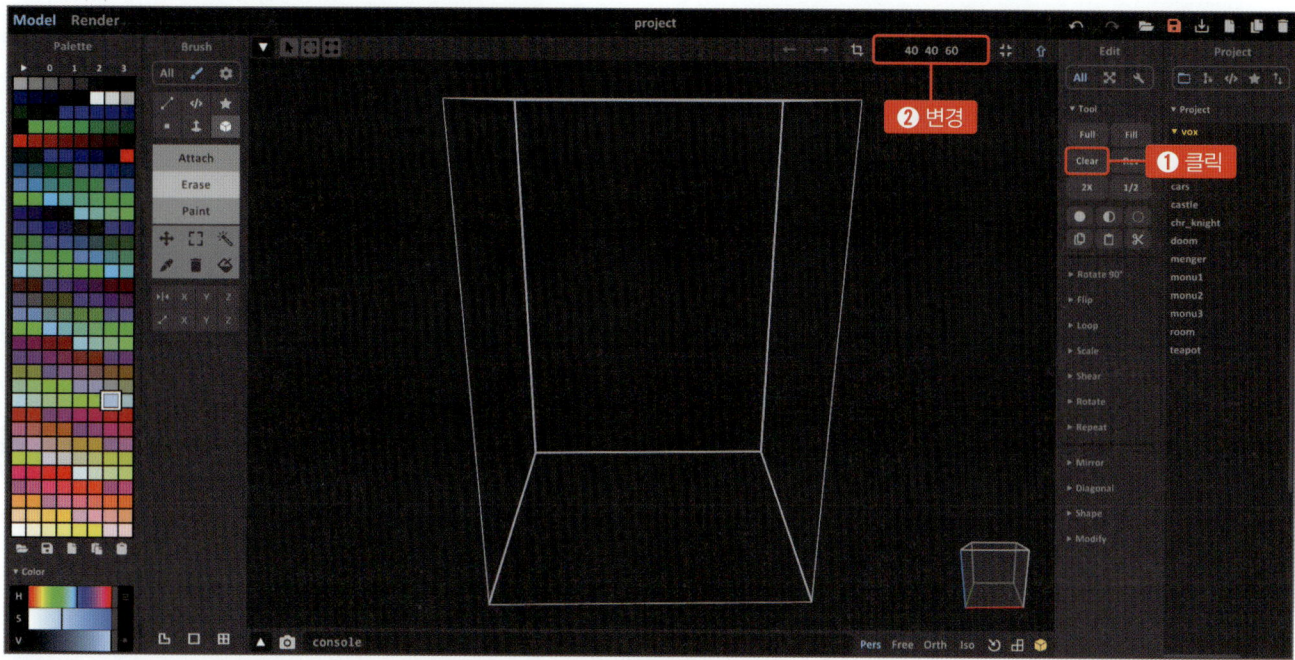

❷ [Brush] 탭-'박스( )'-'Attach'를 클릭하고, 주민의 형태를 벽에 그립니다.

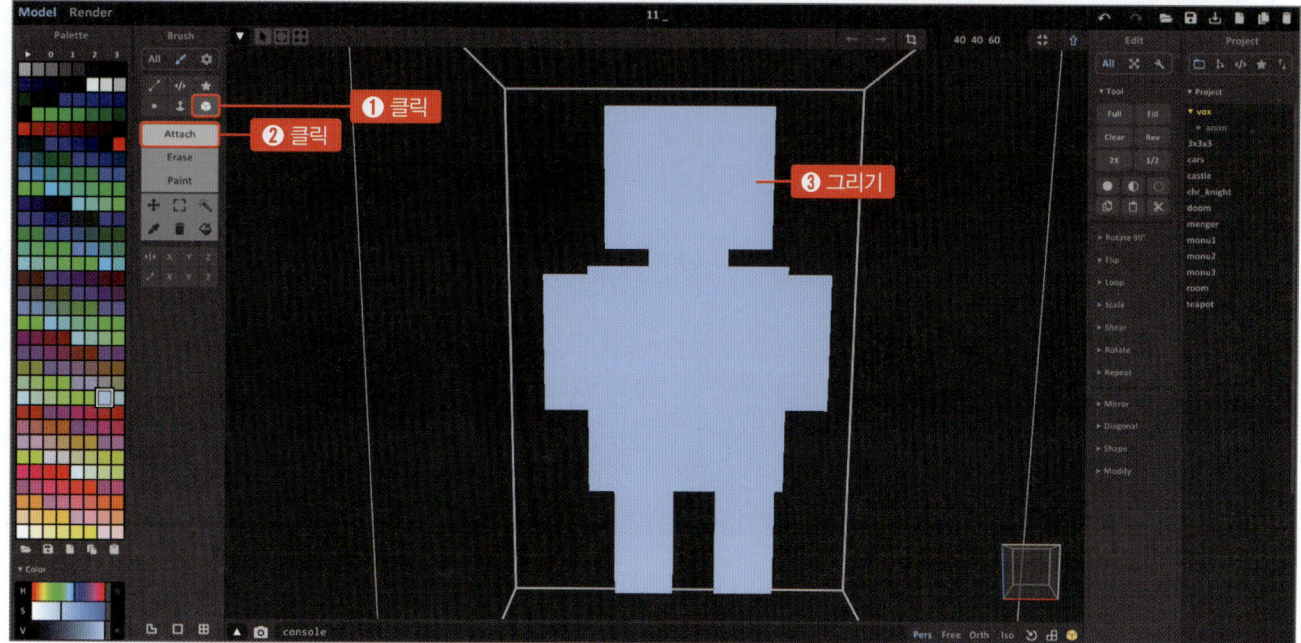

주민의 형태를 그리기 어렵다면 '11강_예제.vox' 파일을 불러와 사용하도록 해요.

③ [Brush] 탭-'이동(✥)'-'Scale(❌)'을 클릭한 후 초록색 사각점을 드래그하여 복셀의 두께를 조절합니다.

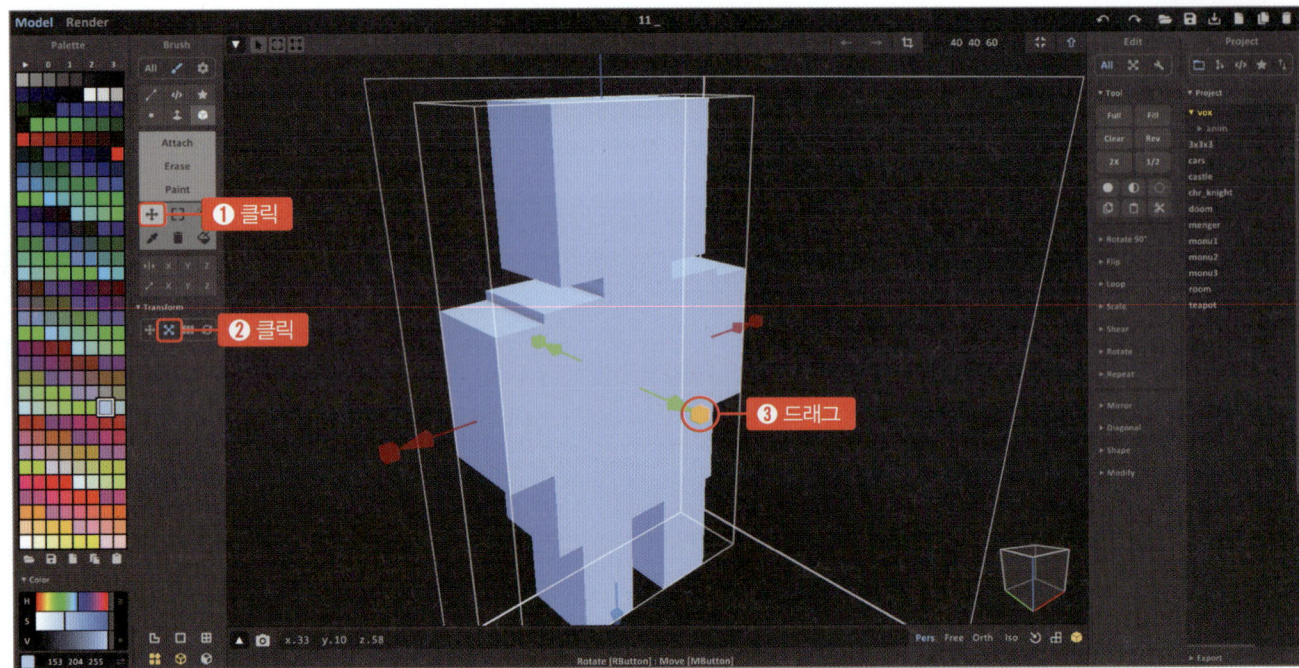

④ [Brush] 탭-'도형(✏)'-'Erase'를 클릭하고 '선'을 선택한 후 주민의 옆면에 대각선으로 그어 팔 모양을 그립니다.

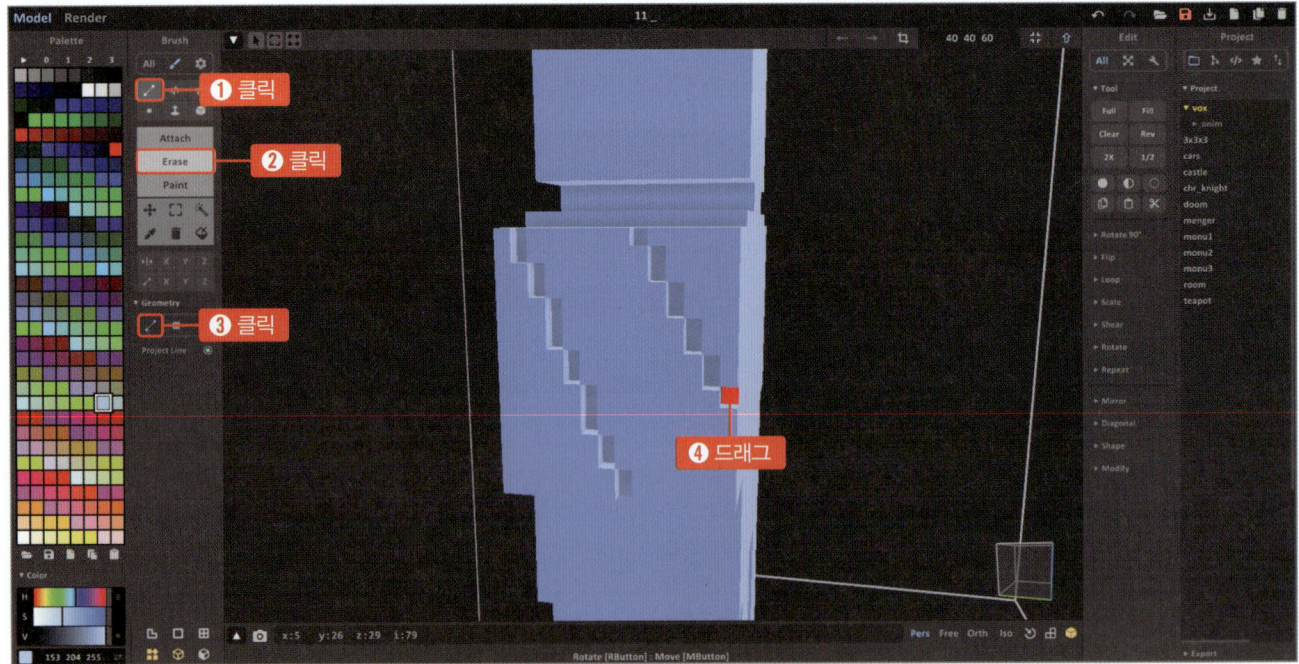

팔을 뻗은 듯한 모습을 표현하기 위해 선을 비스듬하게 그려요.

❺ [Brush] 탭-'연장( )'을 클릭한 후 'Erase'를 선택하여 팔 모양을 제외한 나머지 복셀을 삭제합니다.

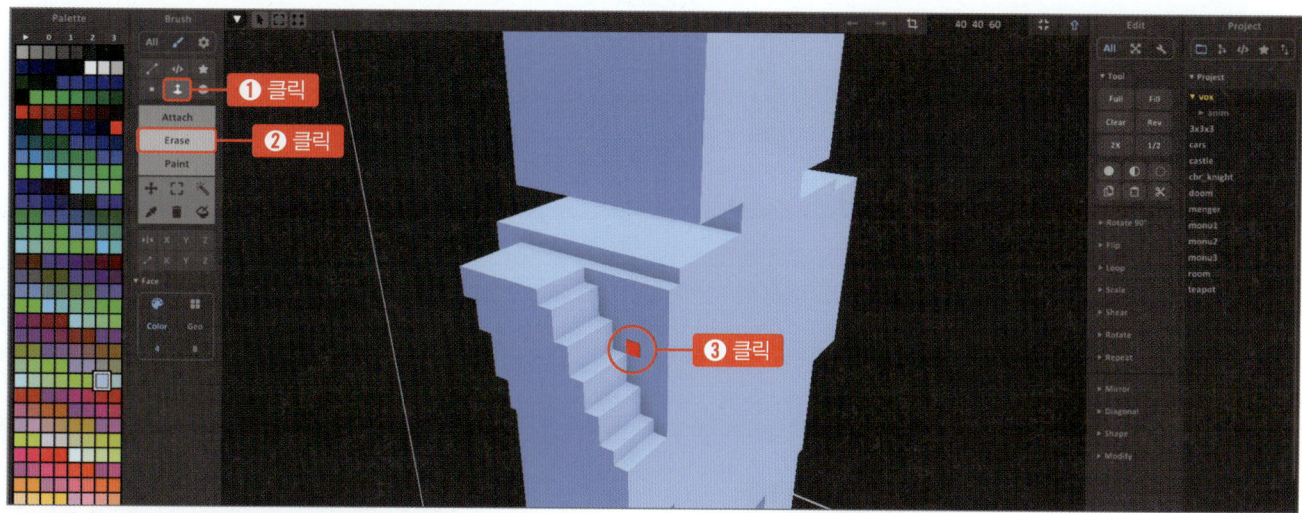

❻ ❹~❺와 같은 방법으로 반대편에도 복셀을 삭제하여 팔을 만듭니다.

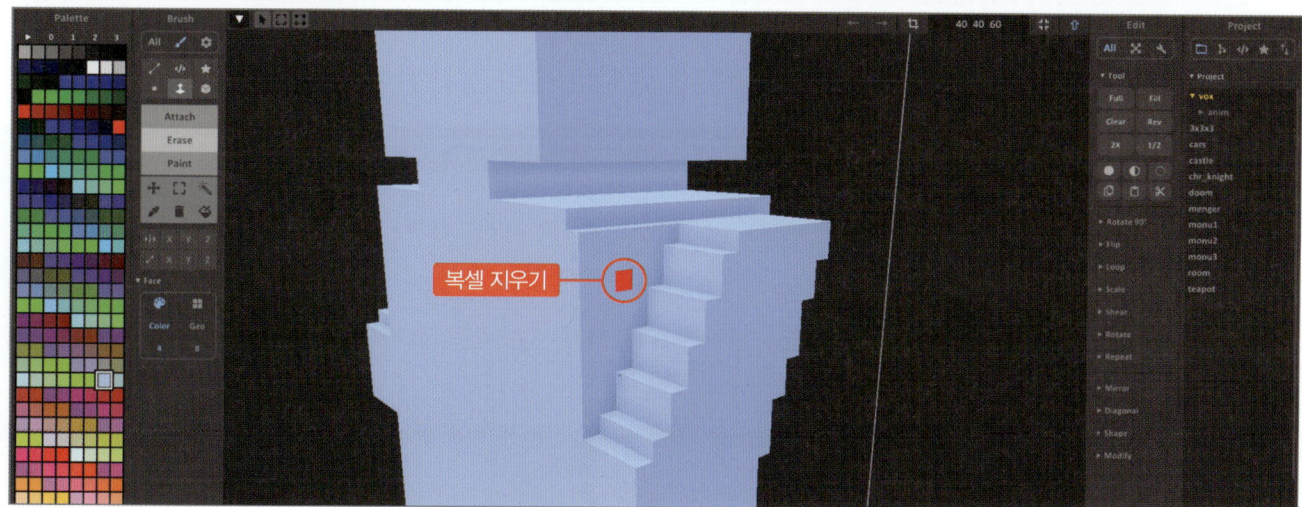

❼ [Brush] 탭-'박스( )'-'Attach'를 클릭한 후 정면에서 두 팔을 연결합니다.

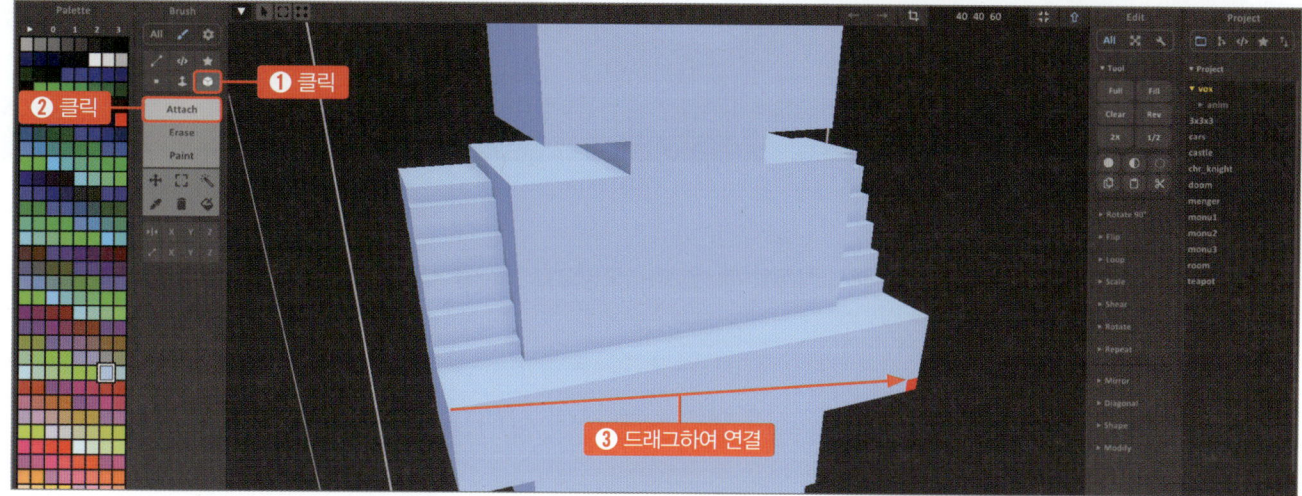

❽ [Brush] 탭-'복셀(■)'-'Erase'를 선택한 후 복셀을 삭제하여 손을 표현해 봅니다.

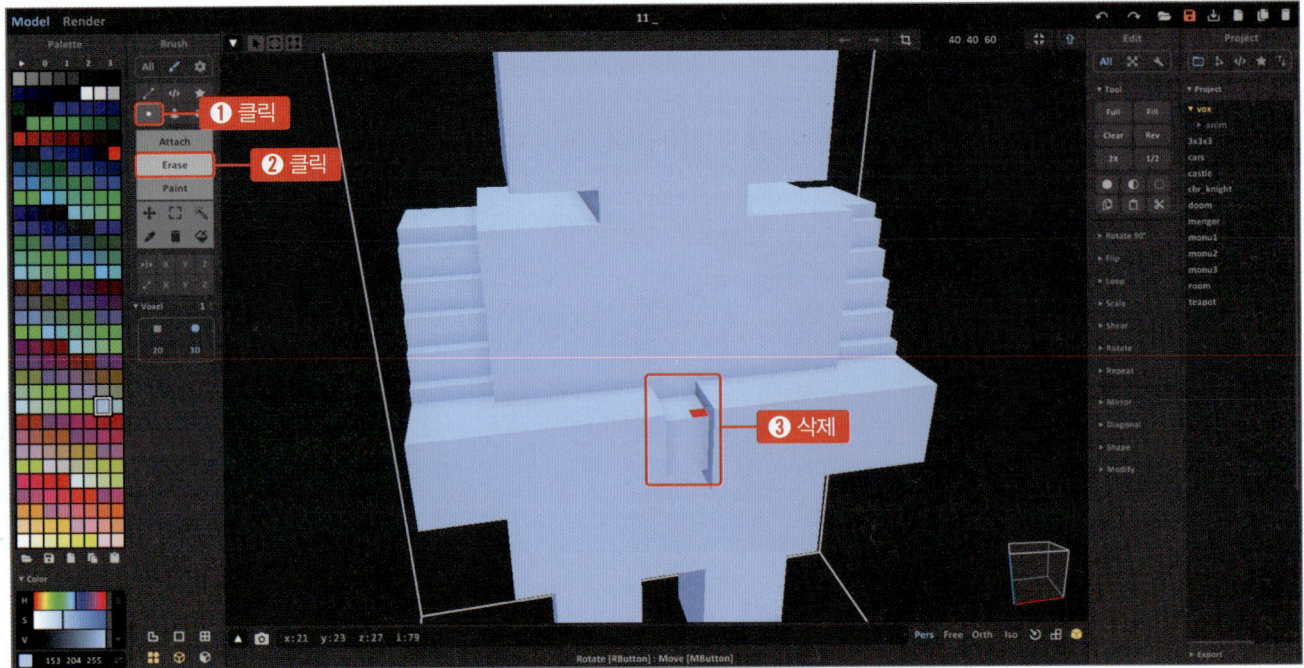

❾ [Brush] 탭-'박스(■)'-'Erase'를 클릭하여 주민의 다리를 표현해 봅니다.

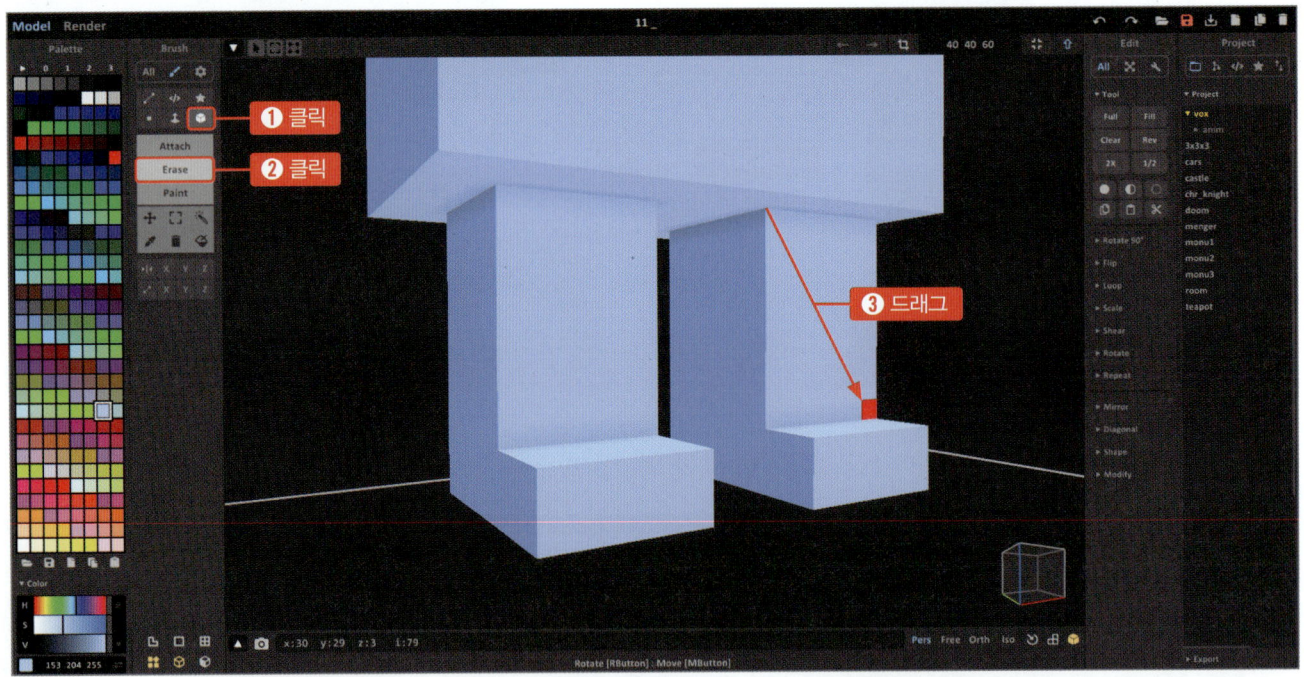

> **TIP**
> 동일한 모양의 복셀을 반복해서 삭제할 때, 원하는 모양으로 복셀을 삭제한 후 '연장'을 이용하면 쉽게 삭제할 수 있어요.

❿ 수정하고 싶은 부분이 있다면 [Brush] 탭을 이용하여 형태를 다듬어 봅니다.

주민 모습 표현하기

>>> 복셀의 색상을 변경하여 주민의 모습을 표현해 봐요.

❶ [Brush] 탭-'복셀(■)'-'Paint'를 클릭한 후 [Palette] 탭에서 색상을 골라 주민의 얼굴을 그려 봅니다.

TIP '연장'을 사용하여 주민의 얼굴 전체를 먼저 색칠한 후 이목구비를 그리면 쉽게 색칠할 수 있어요.

❷ [Brush] 탭-'박스(■)'를 선택한 후 'Attach'를 클릭하고 [Palette] 탭에서 색상을 선택하여 주민의 코를 추가해 봅니다.

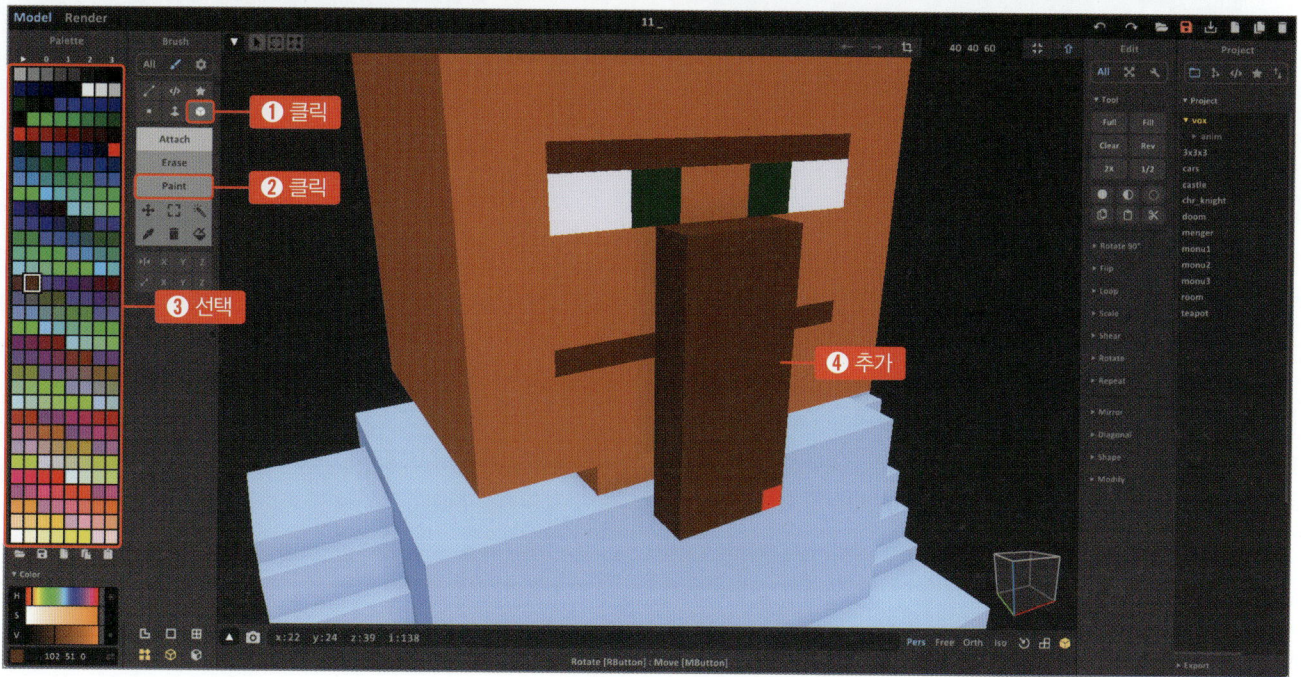

❸ [Brush] 탭-'복셀(■)'-'Paint'를 클릭한 후 [Palette] 탭에서 자유롭게 색상을 선택하여 주민의 옷을 그려 봅니다.

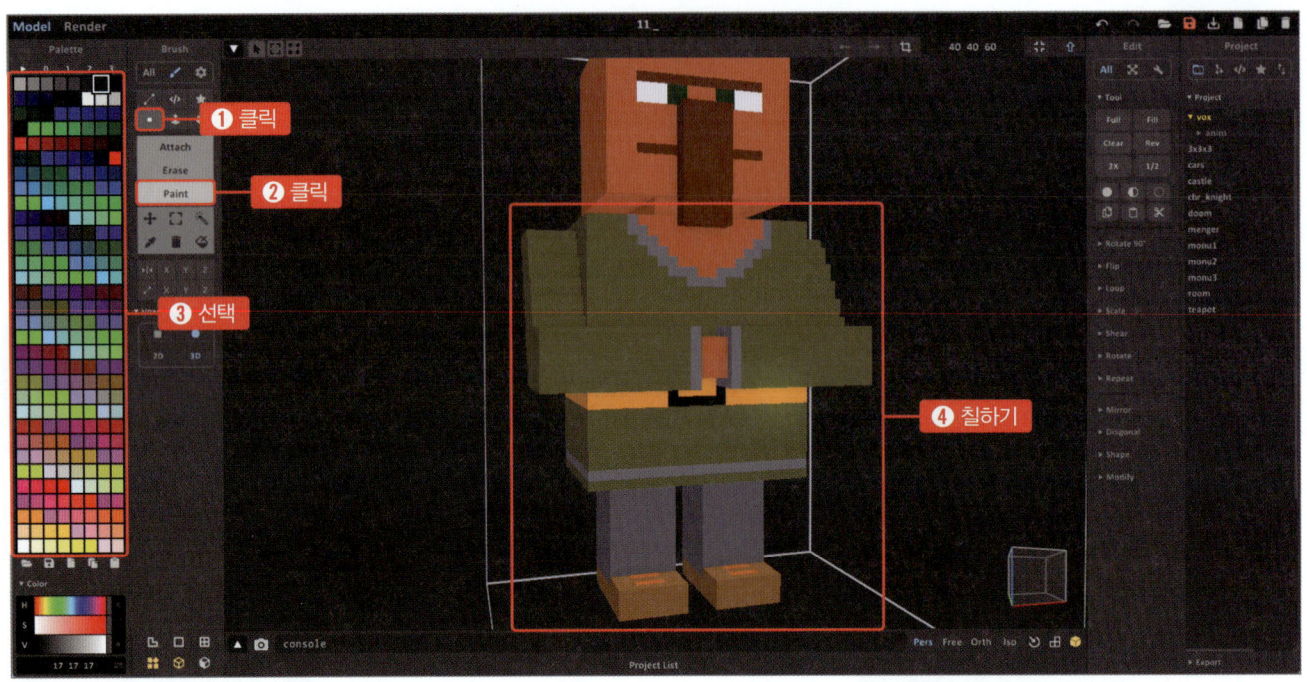

TIP [Brush] 탭의 도형, 복셀, 박스를 이용하여 주민의 옷을 그려 보세요.

❹ 이어서 복셀을 추가 혹은 삭제하여 주민의 모습을 꾸며본 후 [Project] 탭-'Export'-'vox'를 클릭하여 파일을 저장합니다.

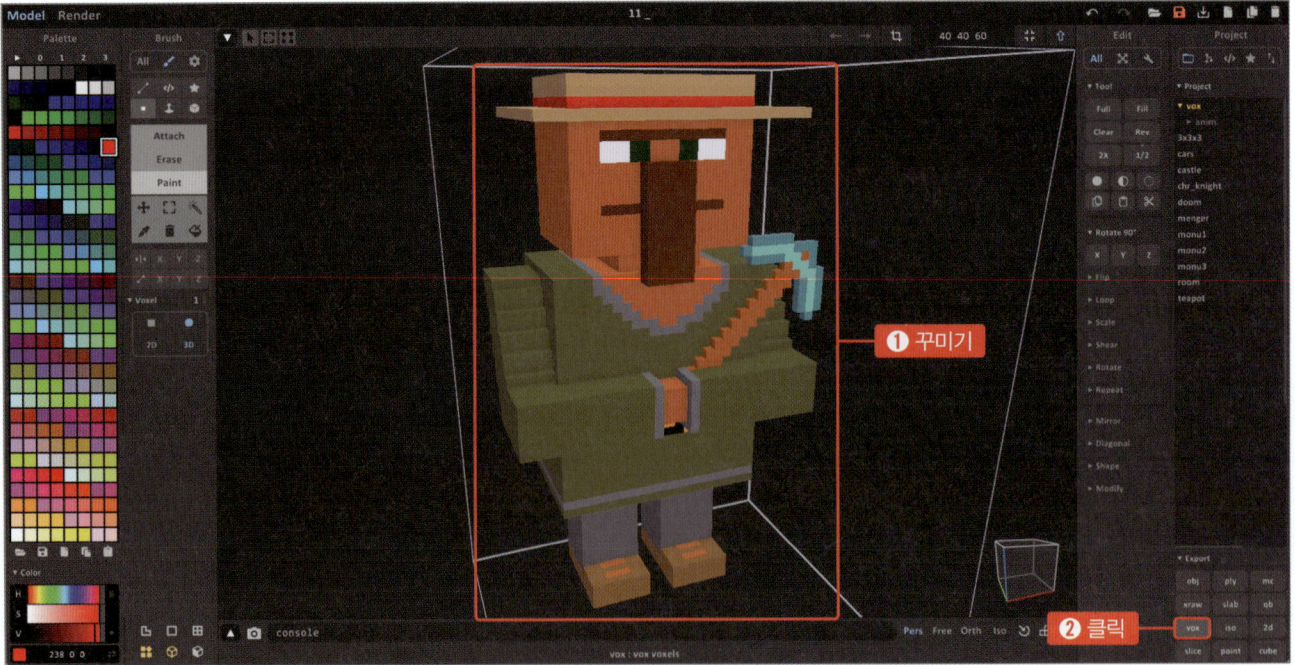

차곡차곡~ 3D 상상력 쌓기

▶ 예제 파일 : 없음　▶ 완성 파일 : 11강_미션1_완성.vox, 11강_미션2_완성.vox

미션 01 매지카복셀(MagicaVoxel)을 실행한 후 작업 공간의 크기('40', '40', '60')를 변경하고, 좀비를 만들어 봅니다.

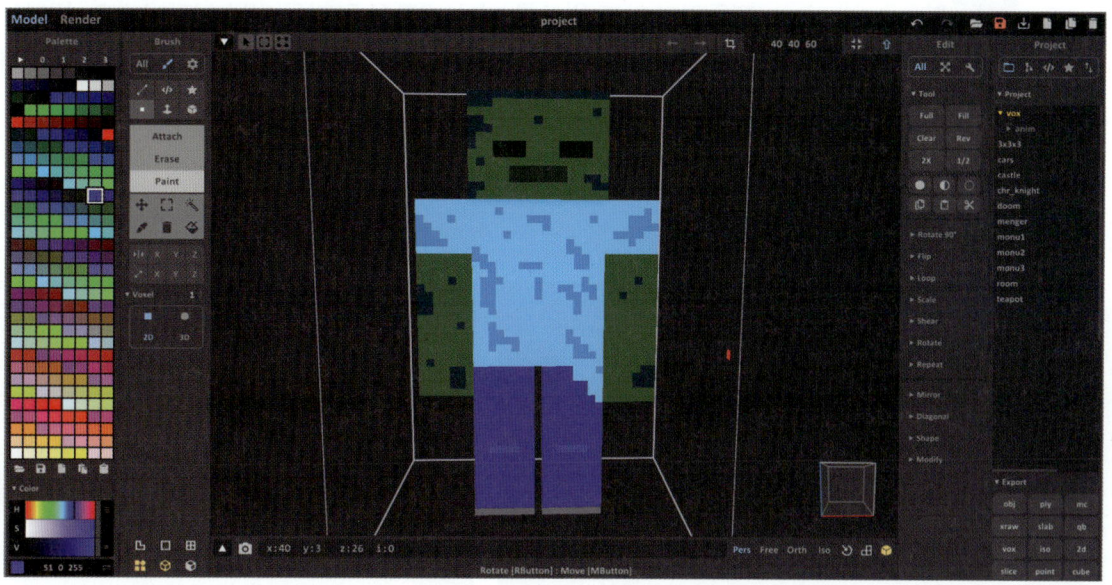

미션 02 매지카복셀(MagicaVoxel)을 실행한 후 작업 공간의 크기('40', '40', '60')를 변경하고, 스티브를 만들어 봅니다.

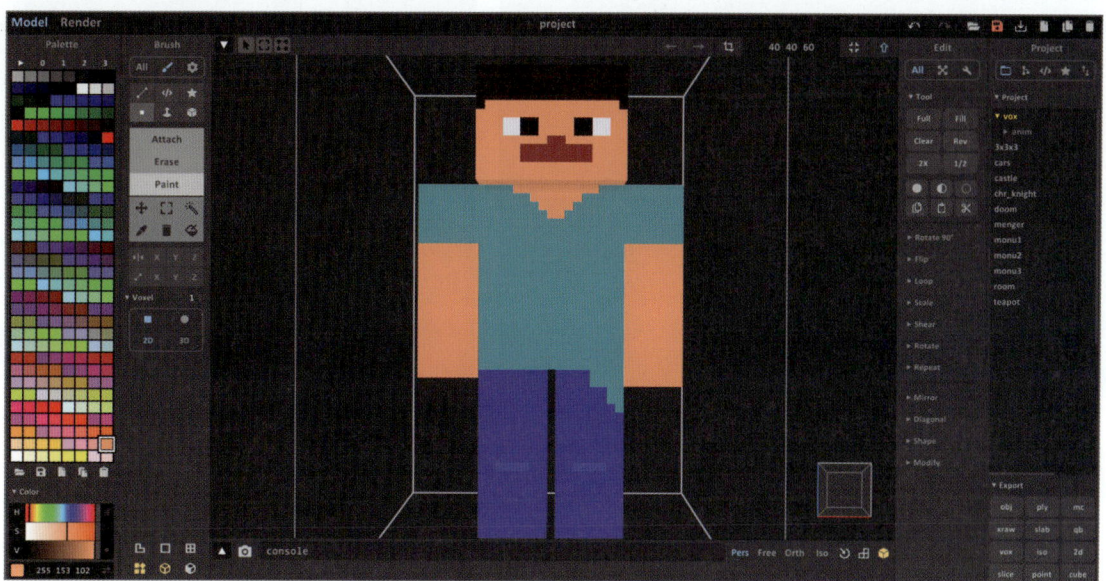

Chapter 11 마크 월드 주민을 만나다 ● 089

CHAPTER 12 마크 월드 꾸미기

탐험 월드 네모네모 마크 월드

정들었던 마크 월드를 떠나 새로운 탐험을 떠날 시간이에요. 헤어짐의 시간은 금방 찾아오네요. 마크 월드를 떠나기 전에 그동안 마크 월드를 탐험하며 만들었던 작품들을 모두 모아 추억을 남겨봐요!

▽ 예제 파일 : 12강_예제.vox   ▽ 완성 파일 : 12강_완성.vox

함께 배워볼까요?

- 완성된 작품을 패턴으로 불러올 수 있어요.
- 패턴의 크기, 위치, 방향을 조절하여 마크 월드를 구성할 수 있어요.

Step 01 패턴 추가하기

>>> 완성한 작품을 패턴으로 추가해 봐요.

❶ 매지카복셀(MagicaVoxel)을 실행한 후 [열기(📁)]를 클릭하여 '12강_예제.vox' 파일을 불러옵니다.

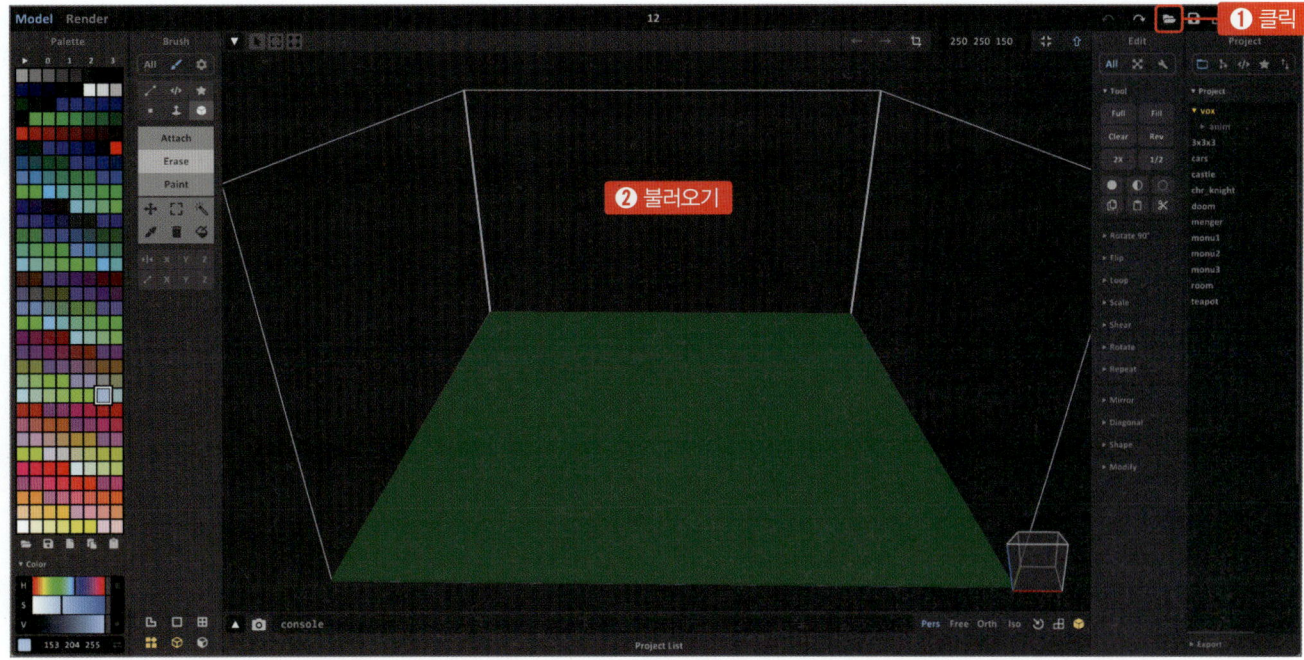

❷ [Patten] 탭에서 '패턴(⭐)'을 클릭한 후 [열기(📁)]를 클릭하여 '12강 예제 폴더'에서 '꽃.vox'을 선택하고 [열기]를 클릭합니다.

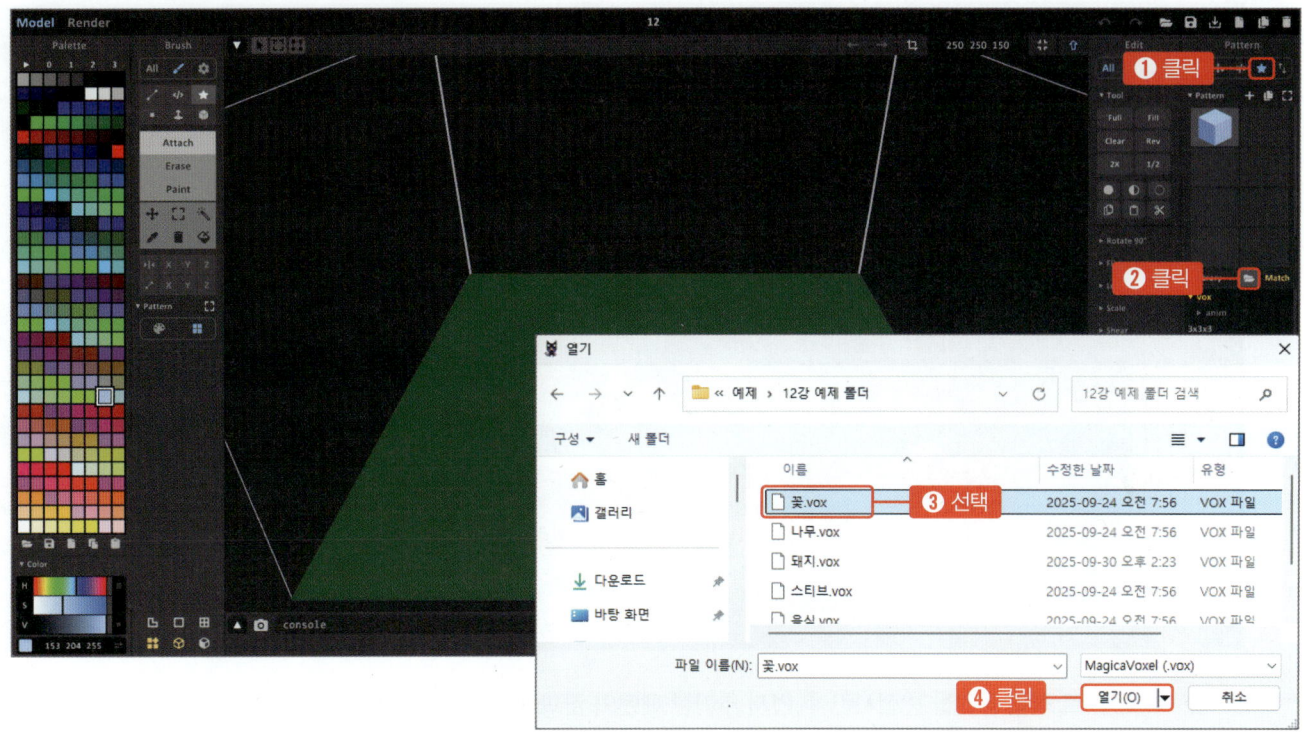

Chapter 12 마크 월드 꾸미기 • **091**

Step 02 마크 월드 지형 만들기

>>> 작업 공간을 반전시키고 패턴을 추가해 마크 월드의 지형을 만들어봐요.

❶ [Brush] 탭-'패턴(★)'-'Attach'를 클릭한 후 'Pattern' 목록에 추가된 패턴을 작업 공간 왼쪽에 추가합니다.

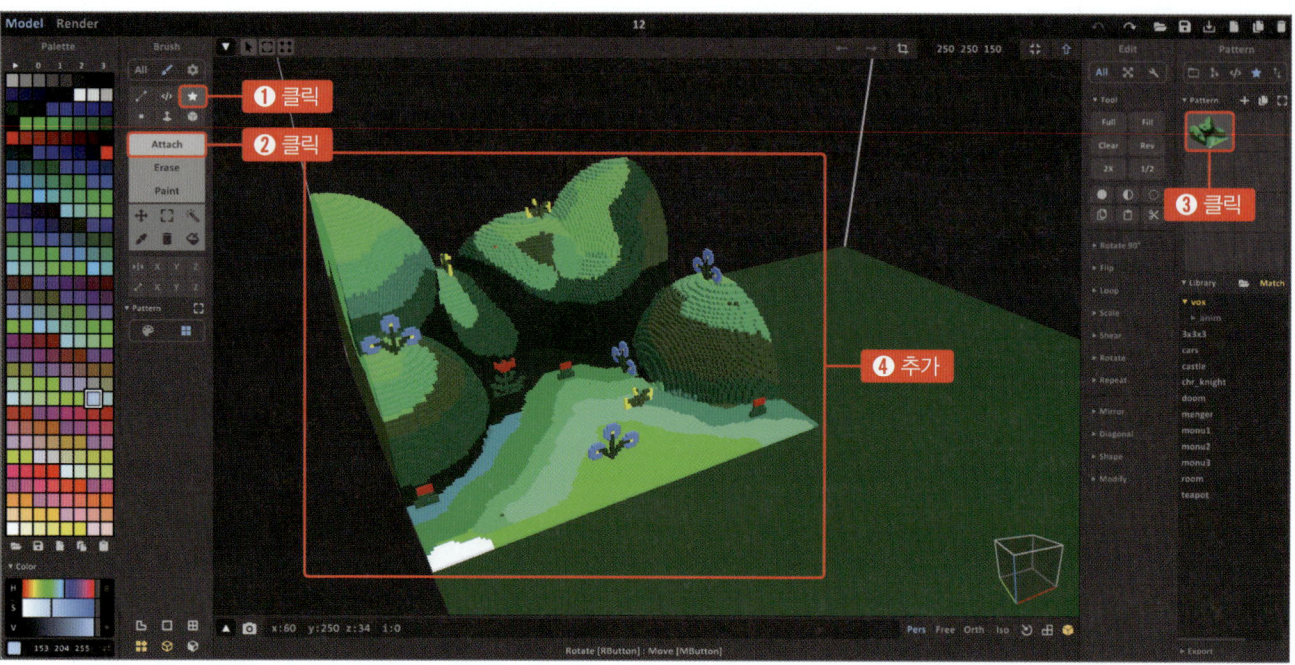

❷ 지형의 모양이 서로 연결되도록 [Edit] 탭-'Flip'에서 'X'축을 클릭하여 작업 공간을 좌우로 반전시킨 후 왼쪽에 이어서 패턴을 추가합니다.

TIP 'Flip'으로 작업 공간을 반전시킨 후 먼저 추가한 패턴의 끝과 연결되도록 패턴을 추가해요.

❸ [Brush] 탭-'연장( )'-'Attach'를 클릭하고 'Face'에서 '복셀의 색상( )', 'Geo', '8'을 선택한 후 추가한 패턴의 끝부분을 클릭하여 빈 공간을 채웁니다.

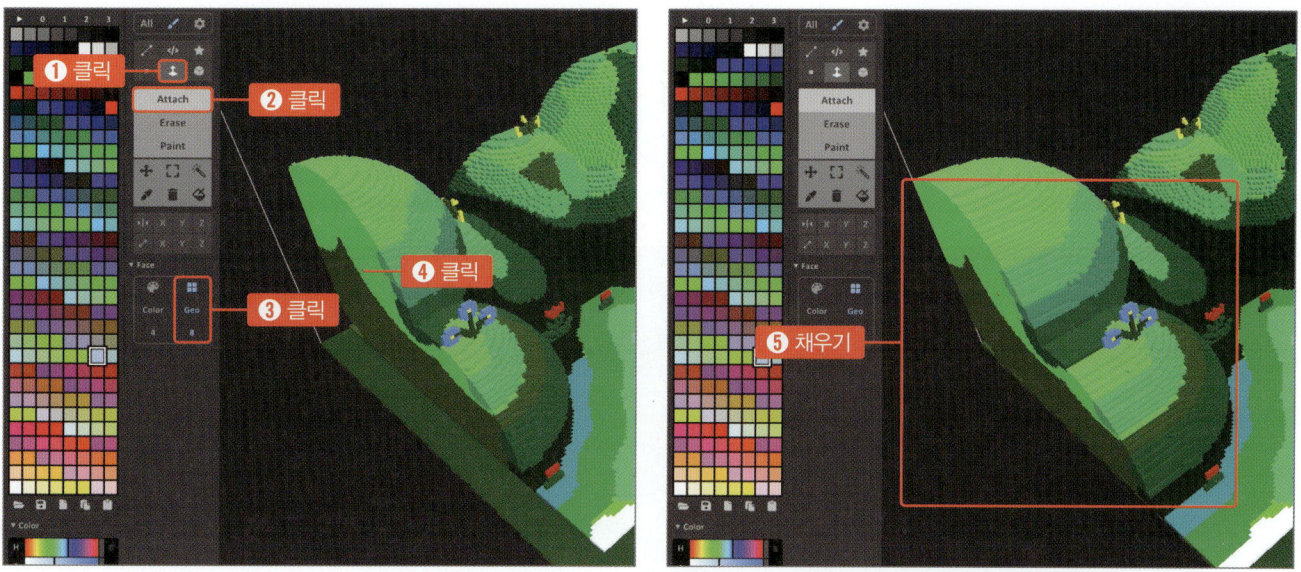

❹ ❶~❸과 같은 방법으로 패턴으로 지형을 추가하고 연장으로 빈 공간을 채워 봅니다.

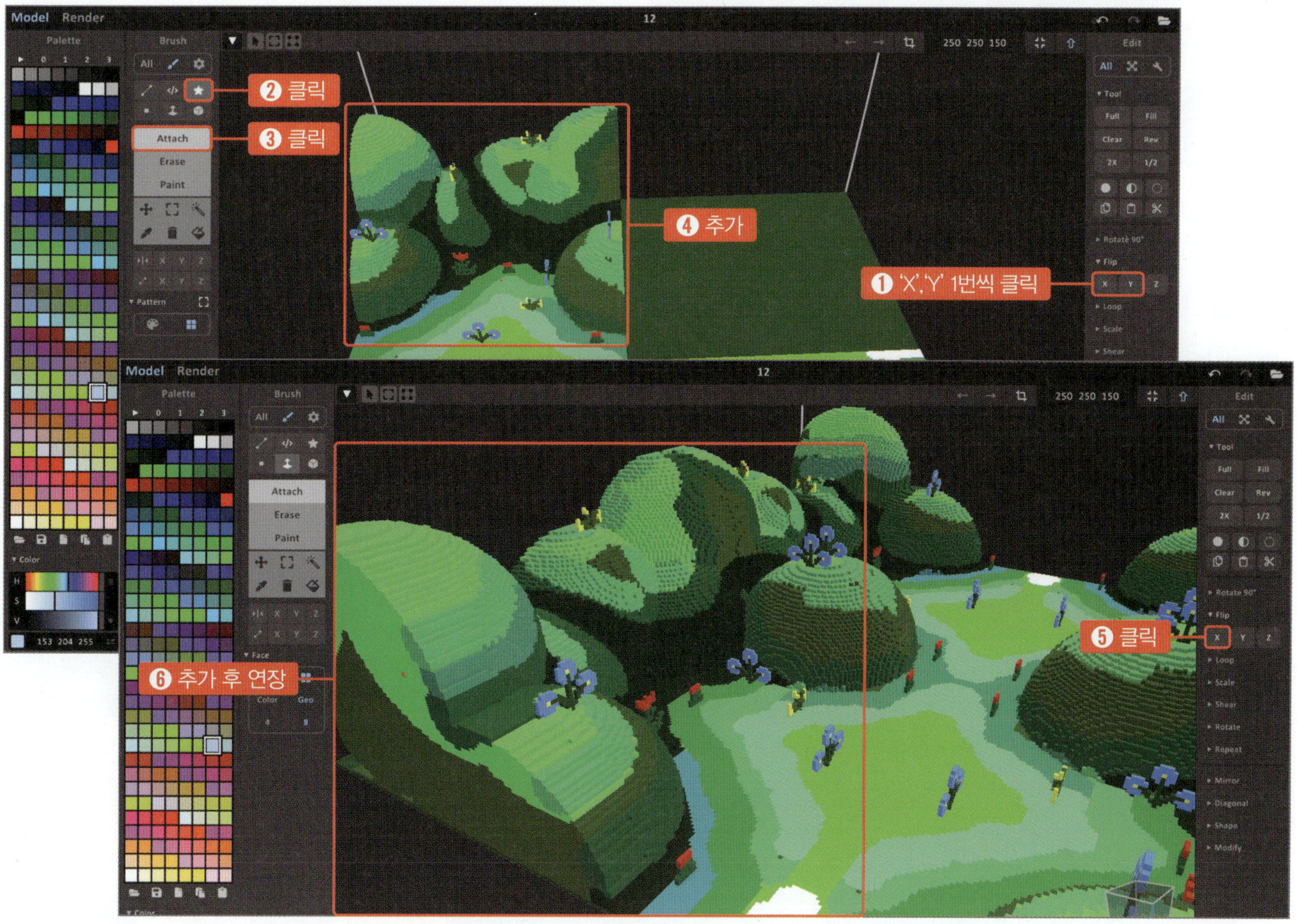

알아두기

'Flip'에서 'X'축을 클릭하면 좌우 방향을, 'Y'축을 클릭하면 앞뒤 방향을 반전시킬 수 있어요.

마크 월드 배치하기

>>> 그동안 만들었던 마크 월드의 작품들을 지형에 배치해 봐요.

❶ [Pattern] 탭-'패턴(★)'에서 열기[📁]를 클릭하고 '12강 예제 폴더'에서 '나무.vox'를 선택한 후 [열기]를 클릭하여 불러옵니다. 이어서 [Brush] 탭-'패턴(★)'-'Attach'를 클릭한 후 나무를 추가합니다.

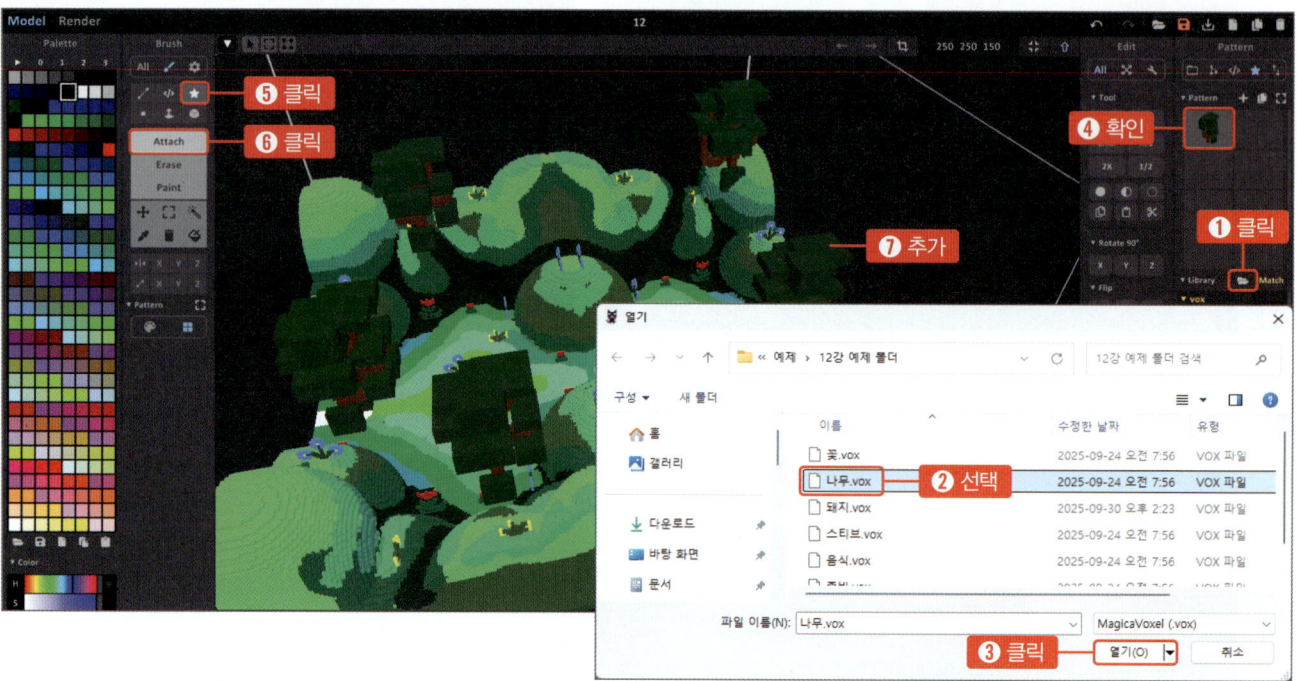

❷ ❶과 같은 방법으로 '12강 예제 폴더'에서 '돼지.vox'를 불러온 후 벽에 추가합니다. [Brush] 탭-'마술봉(🪄)'을 클릭한 후 'Region'에서 '연결된 영역(📎)'과 'Geo', '8'을 선택하여 추가한 돼지의 복셀을 선택합니다.

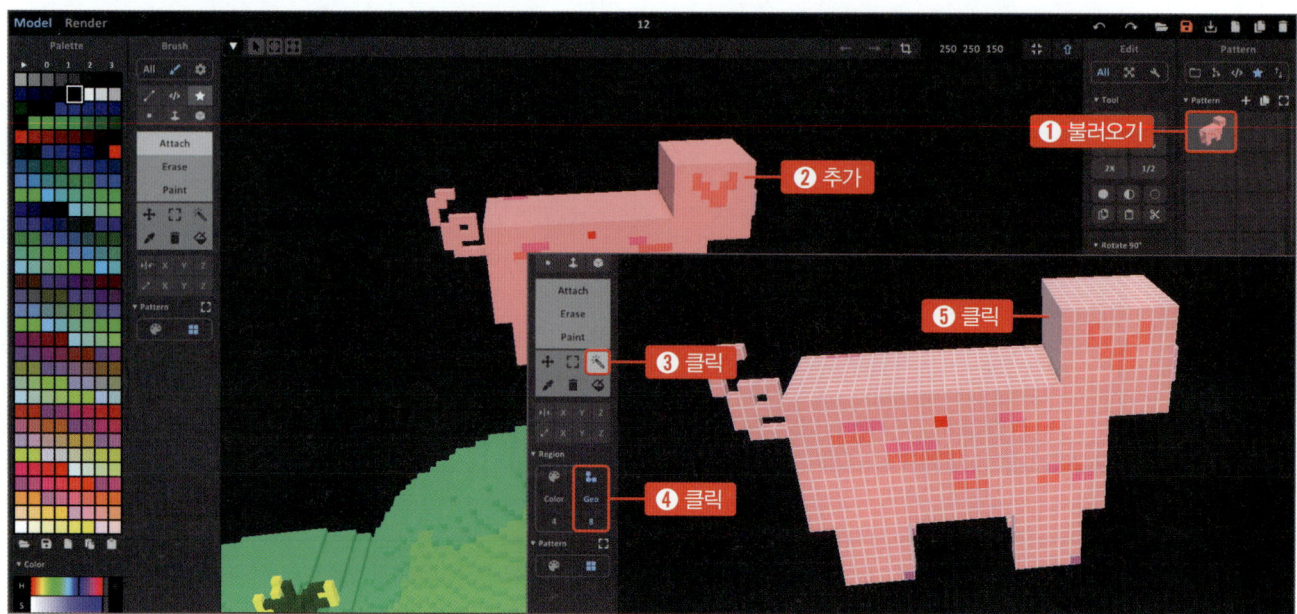

❸ [Edit] 탭-'Tool'-'1/2'를 클릭하여 돼지의 크기를 줄인 후 사라진 복셀을 추가하거나 색칠해 봅니다. 다시 돼지를 선택하고 [Brush] 탭-'이동(✥)'-'Scale(✖)'을 클릭하여 지형 위로 이동시킵니다.

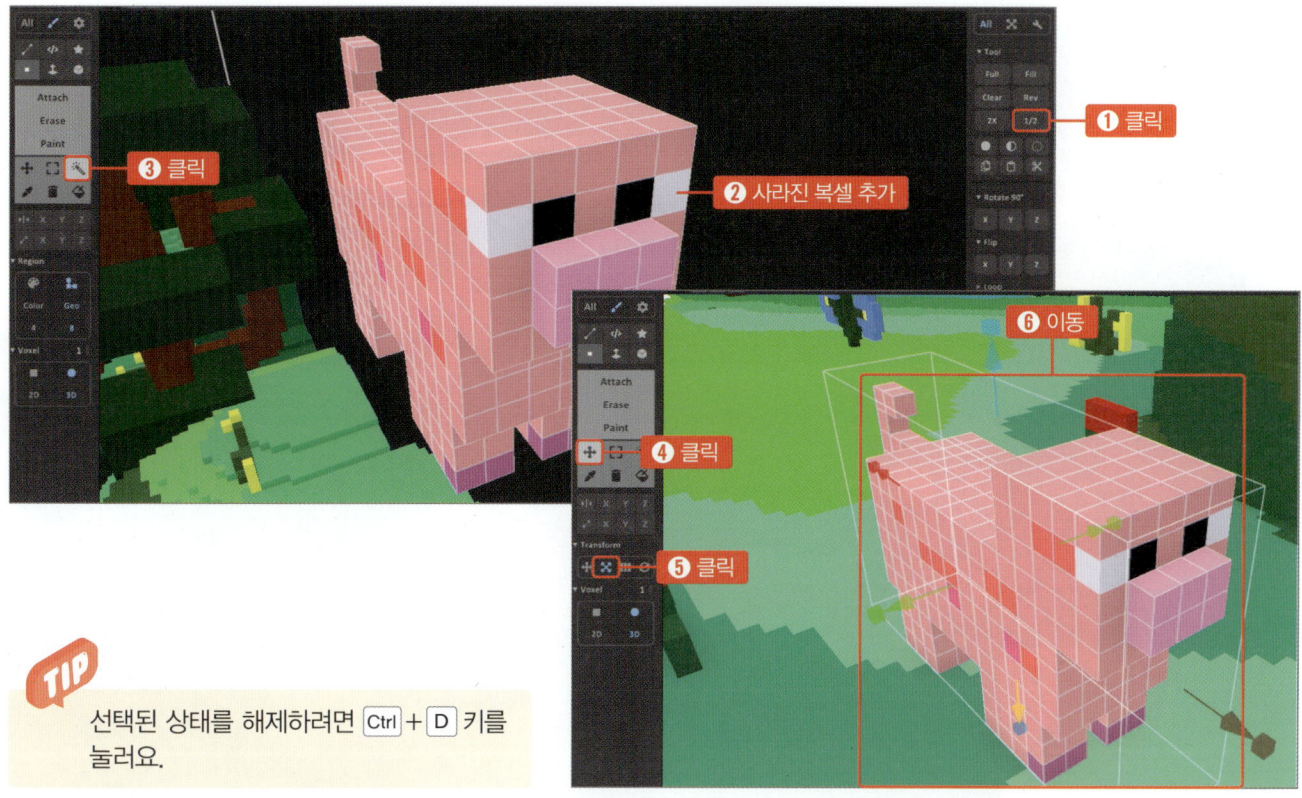

TIP 선택된 상태를 해제하려면 Ctrl + D 키를 눌러요.

❹ 이어서 [Edit] 탭에서 '복사(📋)', '붙여넣기(📋)'를 순서대로 클릭한 후 [Brush] 탭-'이동(✥)'-'Scale(✖)'을 클릭하여 복제한 돼지를 배치합니다. 반복하여 여러 마리의 돼지를 배치합니다.

알아두기 돼지의 방향을 바꿀 때는 돼지를 선택한 상태에서 'Rotate 90°'의 'Z'축을 클릭해요.

❺ ❶~❸과 같은 방법으로 '음식.vox'을 패턴으로 작업 공간에 추가한 후 선택하여 크기를 '1/2'로 줄이고 [Brush] 탭-'이동( )'-'Scale( )'을 클릭하여 위치를 이동해 봅니다.

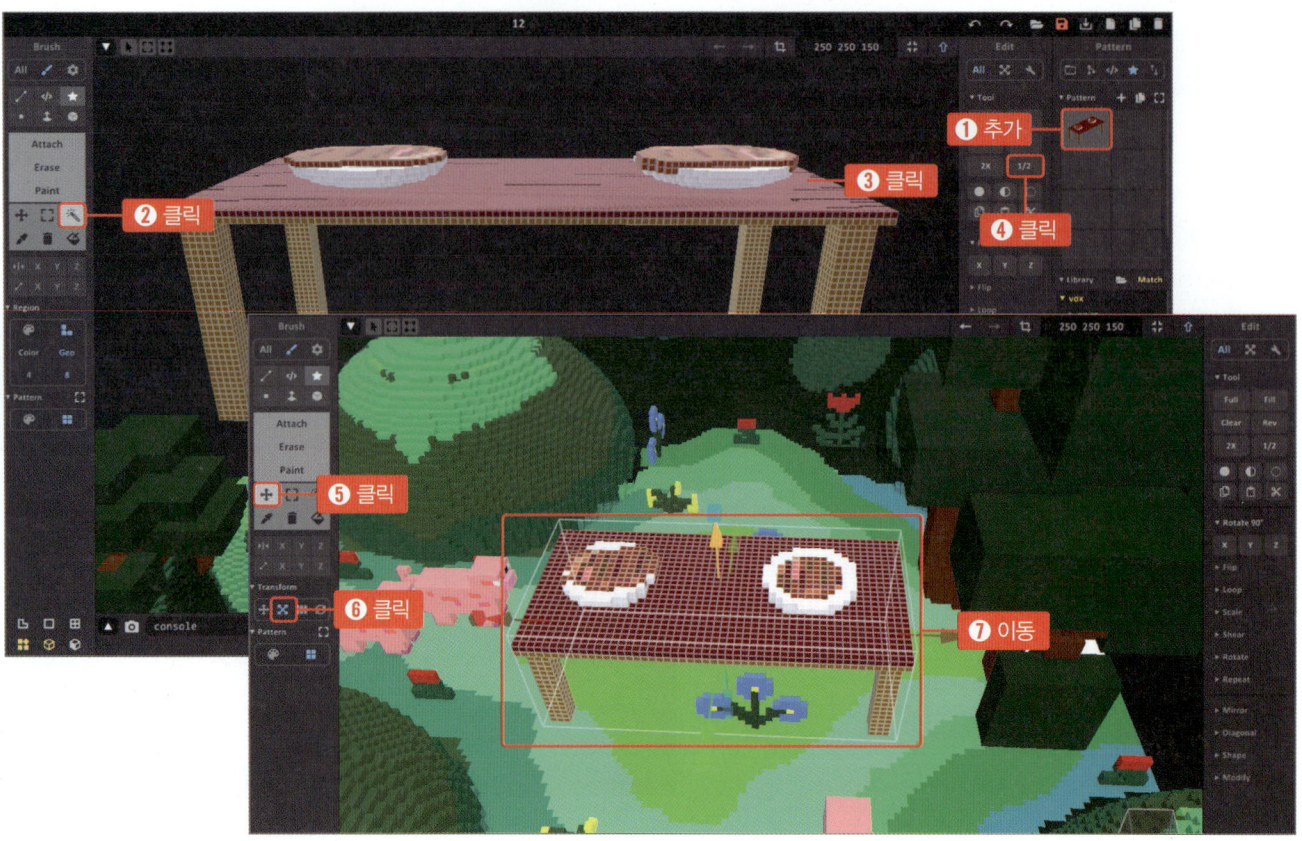

❻ ❶~❹와 같은 방법으로 '주민.vox'을 작업 공간에 추가한 후 크기를 '1/2'로 줄이고 복제하여 여러 위치에 배치해 봅니다.

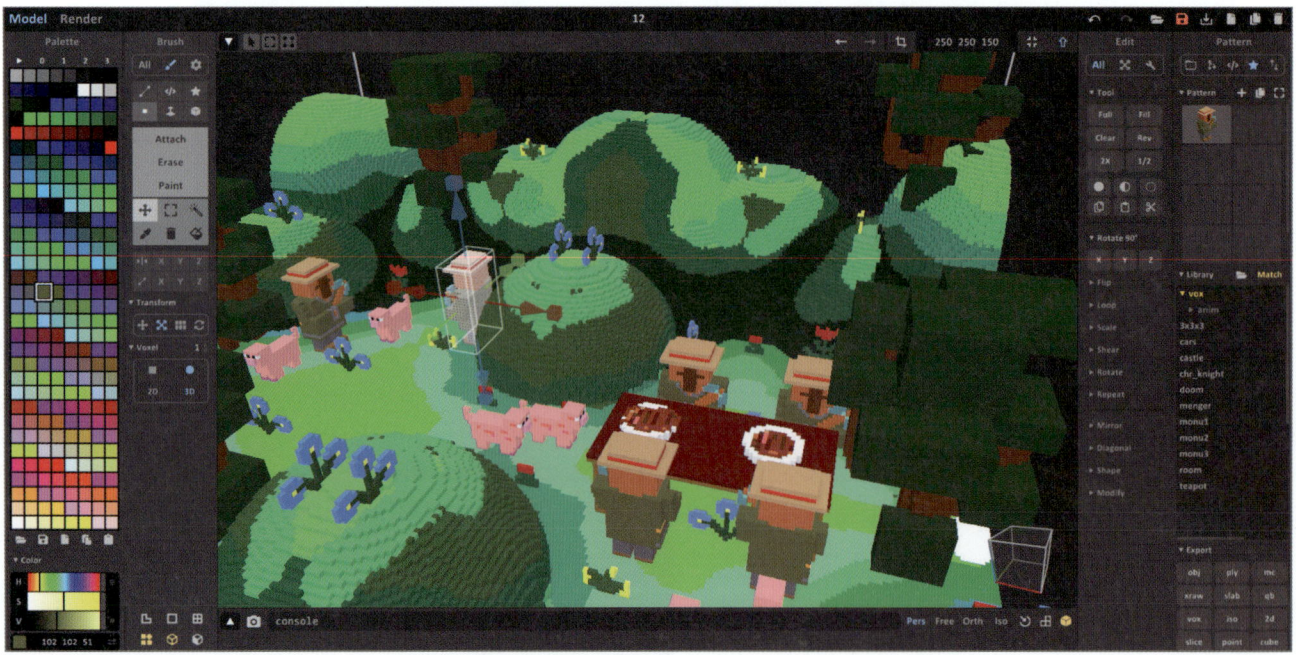

❼ 마크 월드를 완성한 후 [Project] 탭-'Export'-'vox'를 클릭하여 파일을 저장합니다.

차곡차곡~ 3D 상상력 쌓기

▶ 예제 파일 : 12강_미션_예제.vox   ▶ 완성 파일 : 12강_미션_완성.vox

미션 01 '12강_미션_예제.vox' 파일을 불러와 '접시' 패턴을 추가하고 테이블에 접시를 추가해 봅니다.

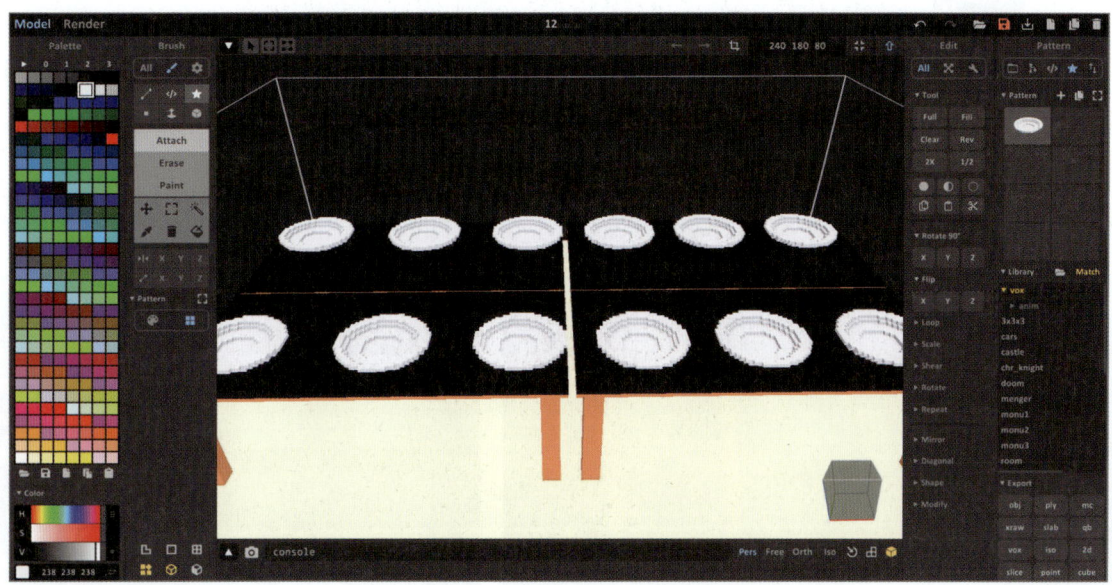

미션 02 '고기', '꽃', '물컵' 패턴을 추가하여 테이블을 채워 봅니다.

Chapter 12 마크 월드 꾸미기 • **097**

CHAPTER 13 간판 불빛이 반짝!

탐험 월드 번쩍번쩍 네온 월드

네온 월드에 도착하면 형형색색 네온과 화려한 불빛으로 가득하다고 했는데... 도착한 네온 월드에는 어두운 건물만 있어요. 그렇다면 우리가 반짝반짝 빛나는 간판부터 만들어볼까요?

▼ 예제 파일 : 13강_예제.vox ▼ 완성 파일 : 13강_완성.vox

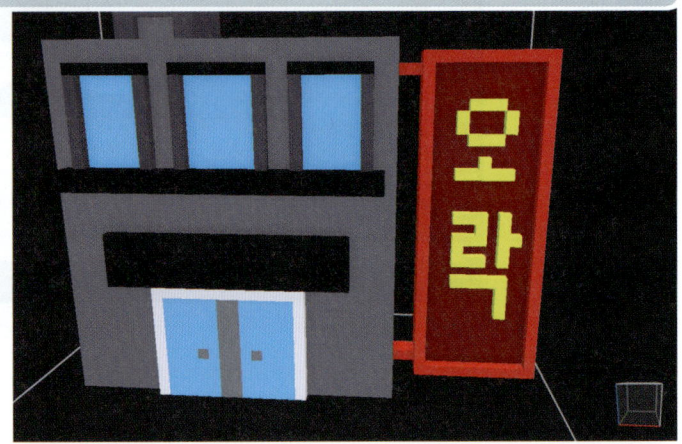
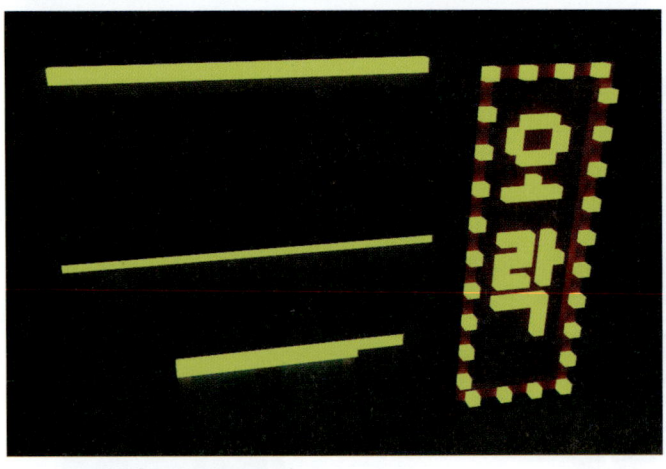

함께 배워볼까요?

- 복셀을 이용하여 간판을 만들 수 있어요.
- Light 기능을 이용하여 불이 켜진 모습을 표현할 수 있어요.

건물에 간판 달기

>>> 복셀을 이용하여 불을 켤 간판을 추가해 봐요.

❶ 매지카복셀(MagicaVoxel)을 실행한 후 [열기(📁)]를 클릭하여 '13강_예제.vox' 파일을 불러옵니다.

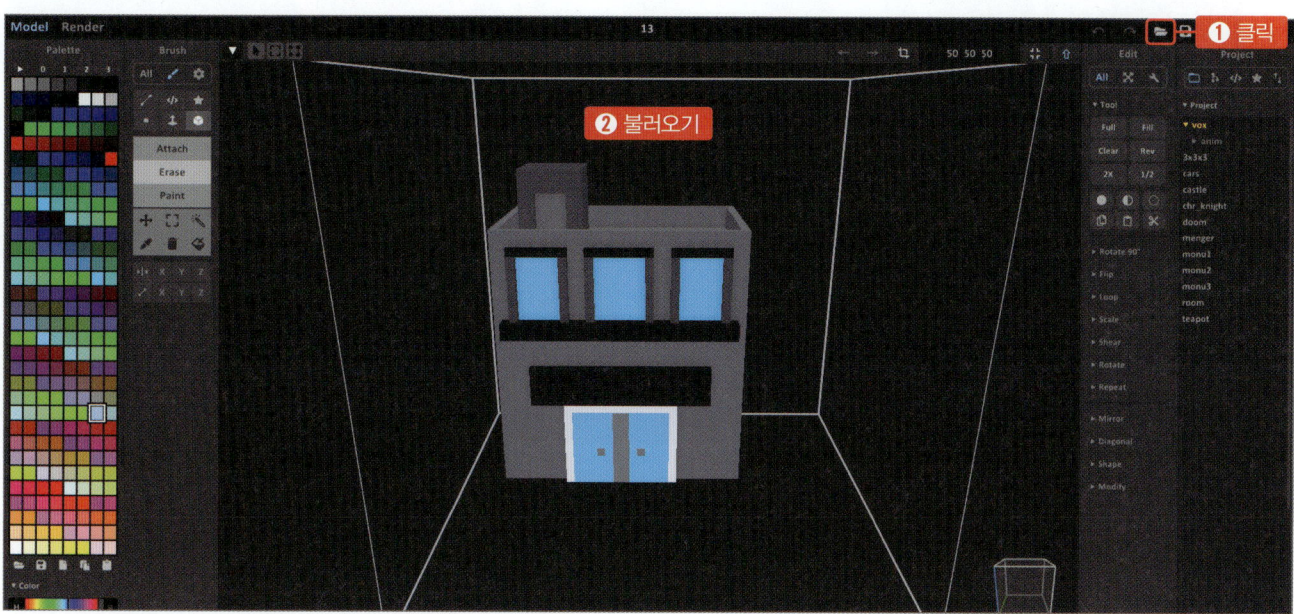

❷ [Brush] 탭-'복셀(■)', '박스(📦)', '연장(⬆)'을 이용하여 건물 오른쪽에 간판을 추가해 봅니다.

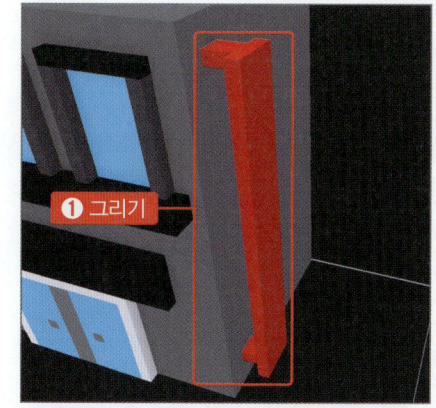
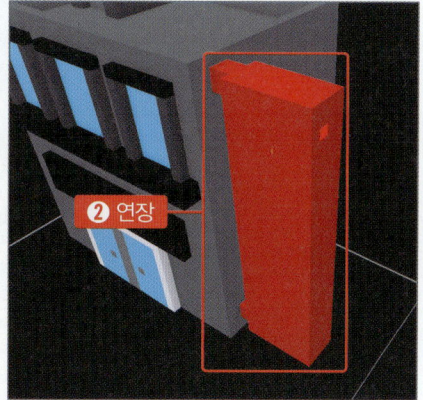
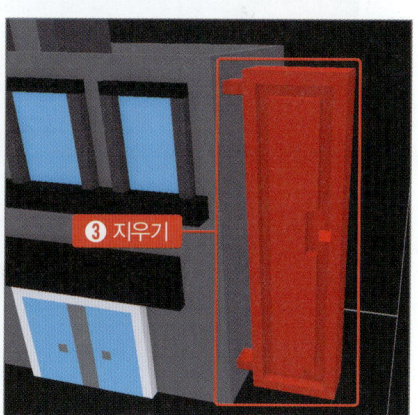

간판의 색과 모양을 자유롭게 지정해 봐요.

Chapter 13 간판 불빛이 반짝! ● **099**

❸ [Brush] 탭–'복셀(■)'–'Attach'를 클릭하고 [Palette] 탭에서 '노란색(index:6)'을 선택합니다.

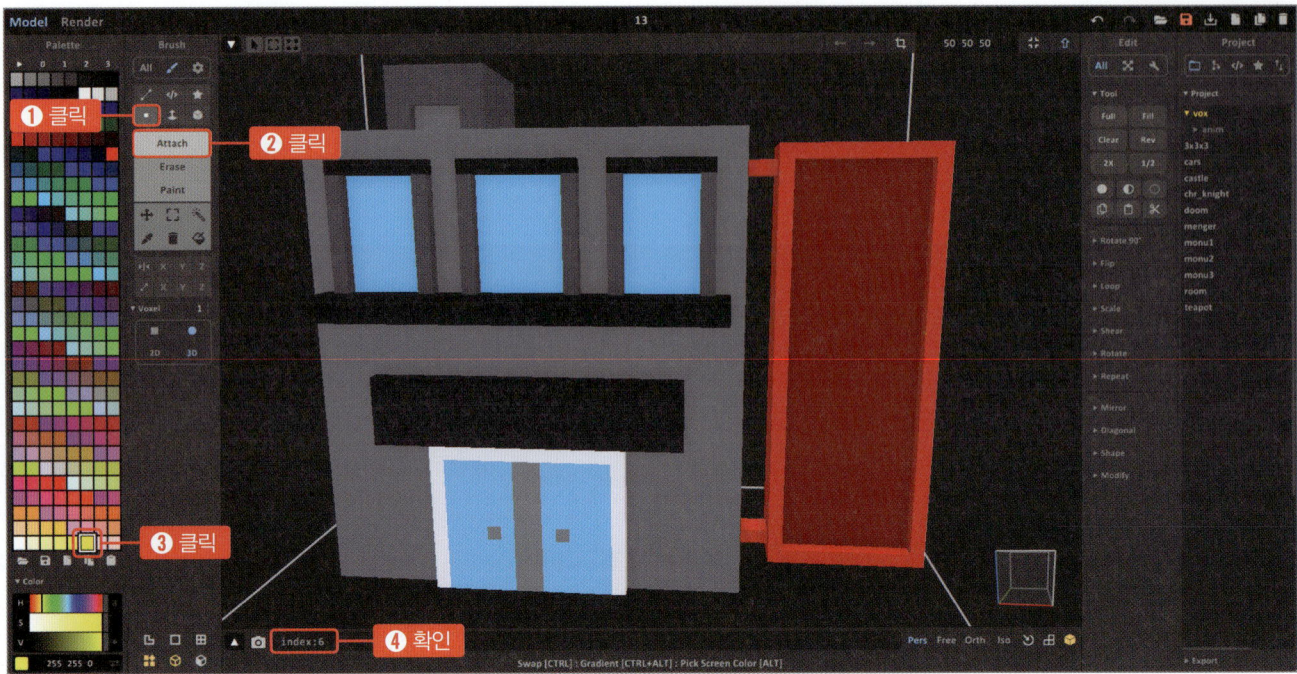

> **알아두기**
> [Palette] 탭에서 색상 위로 마우스 커서를 올리면 [작업] 탭 하단에서 색의 index 값을 확인할 수 있어요.

❹ 이어서 간판에 나타내고 싶은 글자를 그려봅니다.

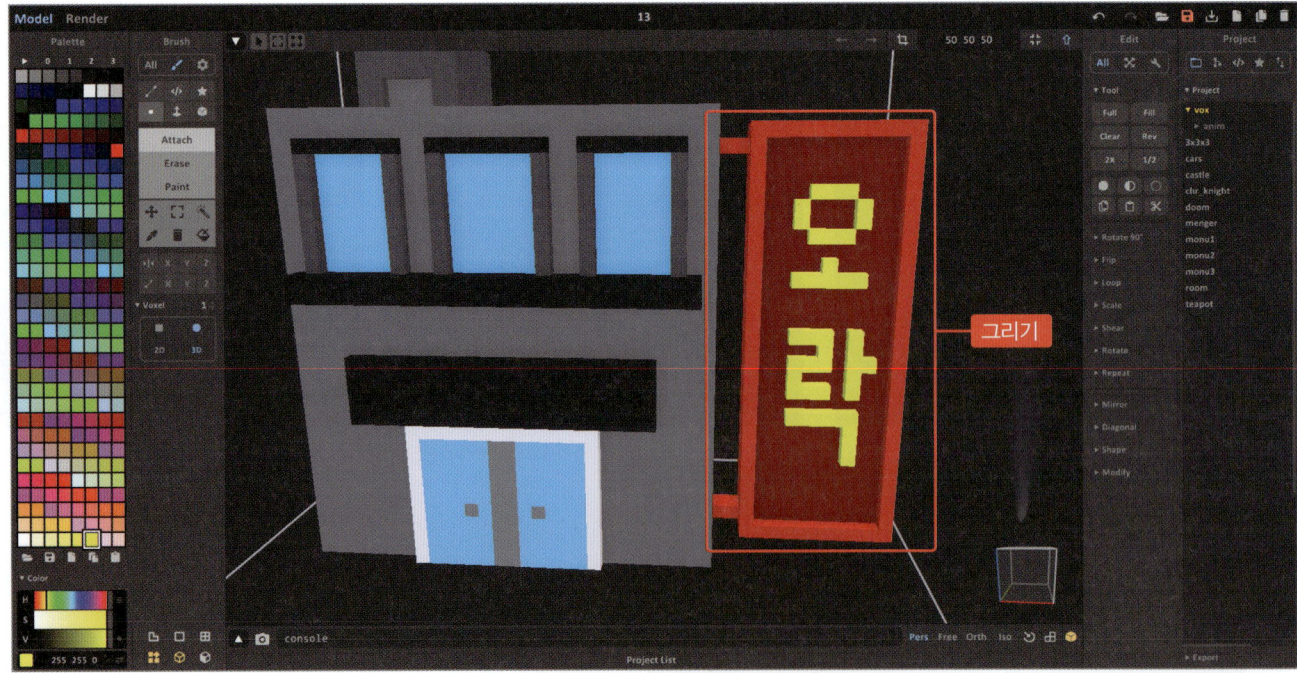

 글자를 입력할 때 공간이 부족하다면 '연장'을 이용하여 간판의 크기를 늘려요.

❺ 이어서 간판 테두리에도 불빛을 추가하기 위해 '노란색(index:6)' 복셀을 추가해 봅니다.

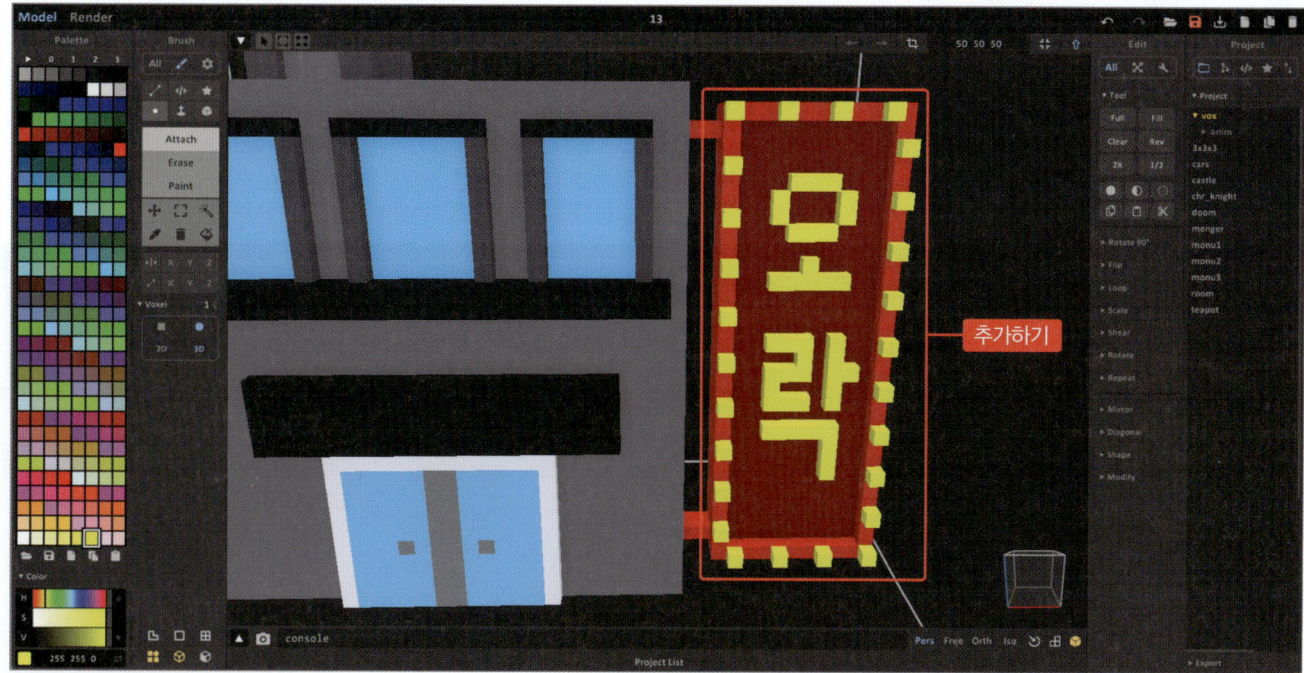

❻ 추가로 건물에 불을 켜고 싶은 공간이 있다면 '노란색(index:6)' 복셀을 추가해 봅니다.

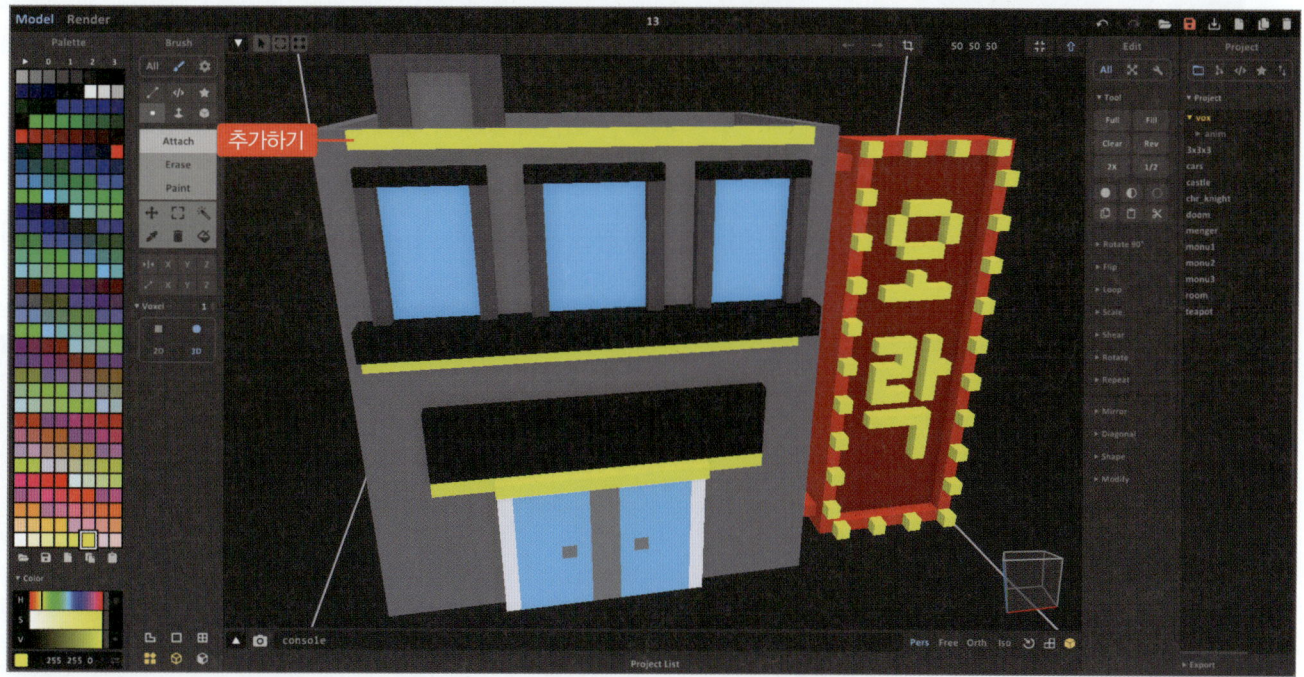

알아두기

네온 불빛을 표현하려면 색의 index 값을 사용해요. 만약 불빛을 다른 색으로 설정하고 싶다면 색의 index 값을 기억해요.

Step 02 간판에 불 켜기

>>> Render로 화면을 밤으로 설정하고 간판에 불을 켜 봐요.

❶ [Render] 탭을 클릭하고, [Light] 탭에서 'Angle'의 첫 번째 값(-90)을 변경하여 어두운 밤을 설정합니다.

알아두기
- [Render] 탭에서는 [Model] 탭에서 만든 복셀이 3D 상태에서 어떻게 보이는지 확인하고 효과를 적용할 수 있어요.
- [Light] 탭의 'Sun'–'Angle'는 화면의 낮과 밤, 해의 방향을 나타낼 수 있어요.

❷ 이어서 하늘이 되는 위쪽 배경(흰색)이 어두워지도록 'Sky'–'Intensity(8)' 값과 색상('검정색')을 변경합니다.

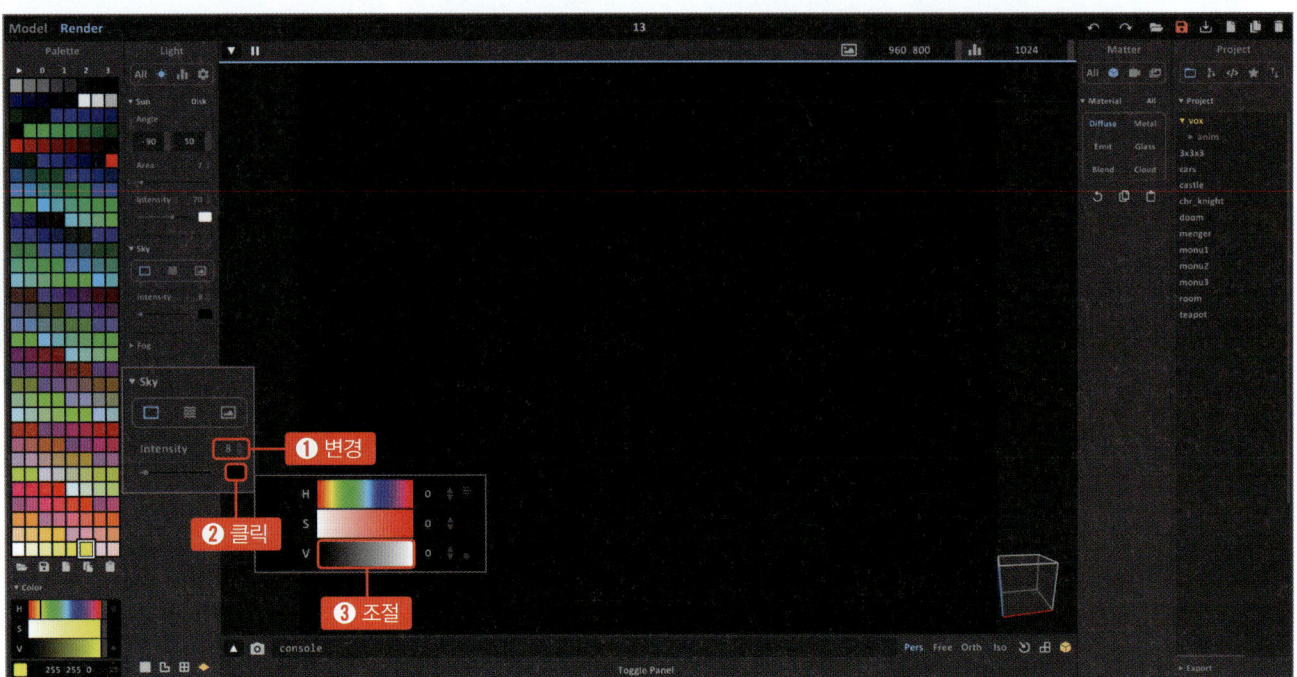

102 • PART 3 번쩍번쩍 네온 월드

❸ 간판에 불을 켜기 위해 [Palette] 탭에서 '노란색(index:6)'을 선택한 후 [Matter] 탭-'Material'-'Emit'를 클릭합니다.

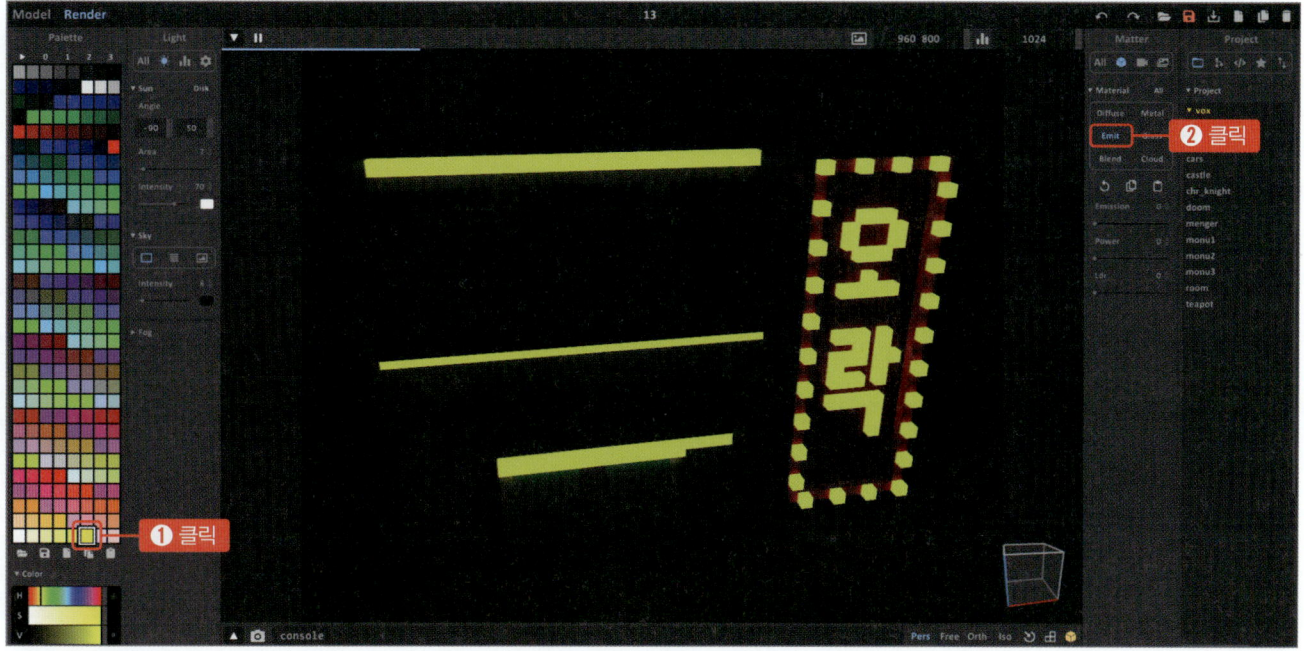

> **알아두기**
>
> 'Emit'를 클릭하면 [Palette] 탭에서 선택한 색에 불빛 효과가 적용돼요.

❹ 빛의 방출 정도를 조절하기 위해 'Emission'의 바를 드래그하거나 값을 입력하여 큰 값으로 설정해 봅니다.

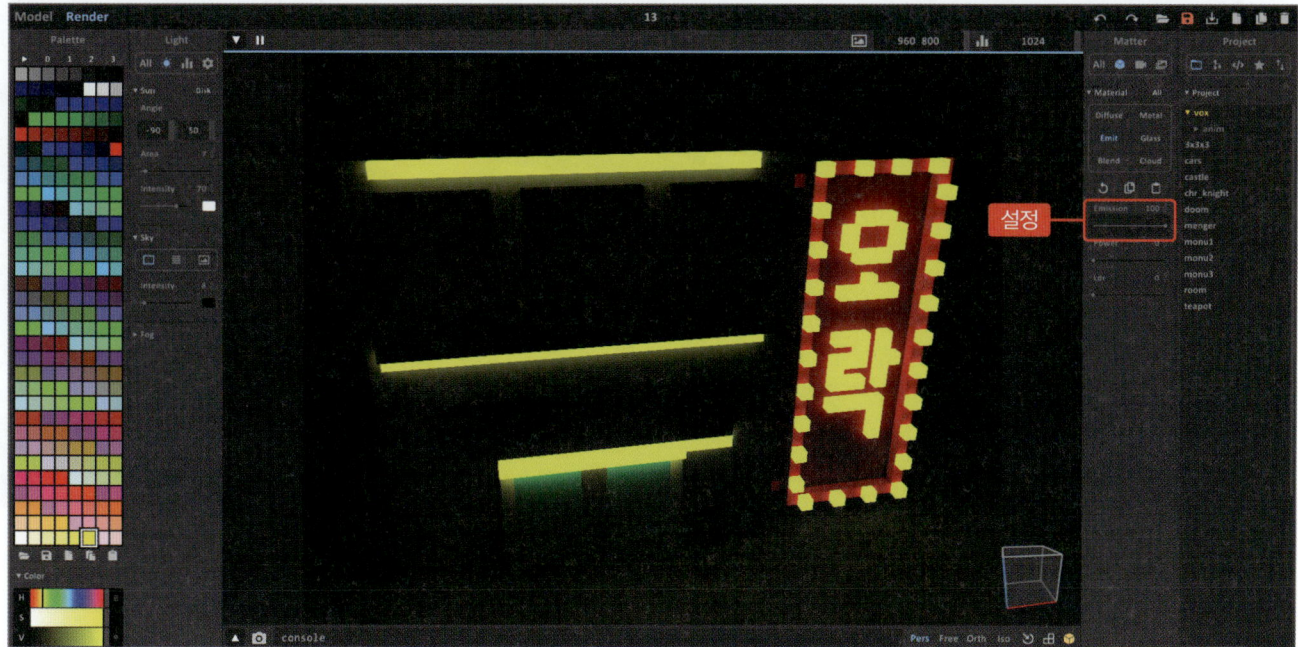

> **알아두기**
>
> 'Emission'은 값이 클수록 빛이 멀리 퍼져나가요.

❺ 이어서 'Power'의 바를 드래그하거나 값을 입력하여 더 밝고 강한 빛을 뿜어내도록 합니다.

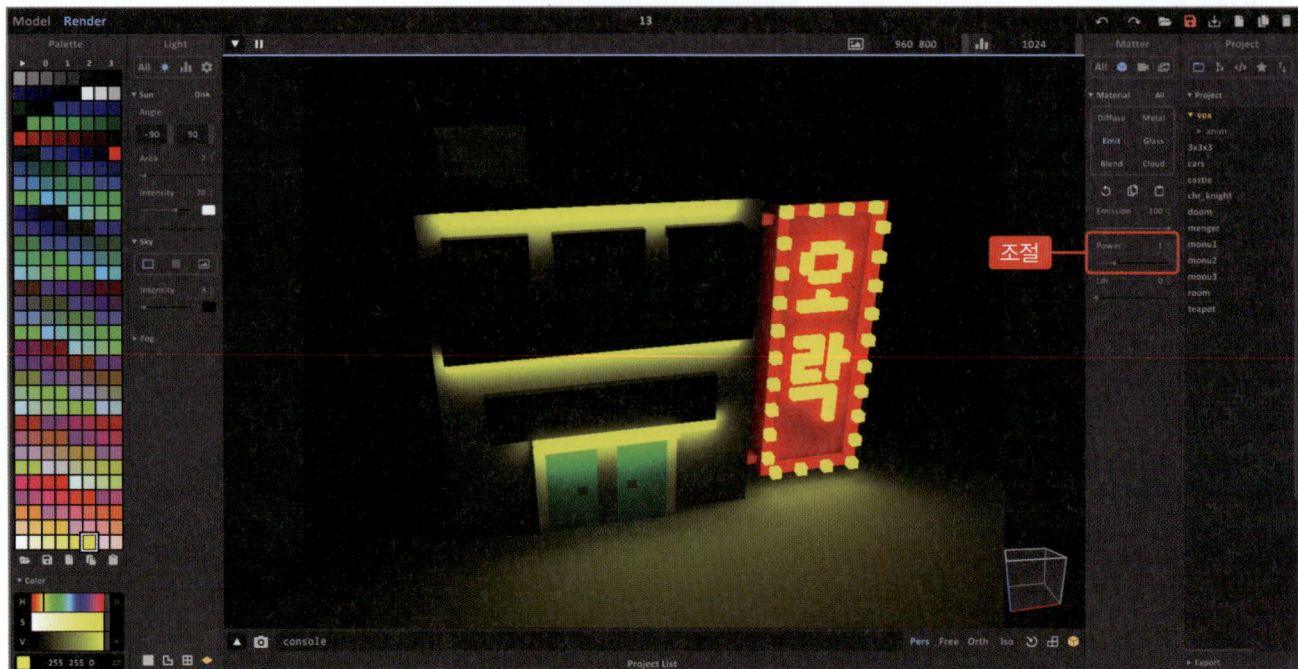

❻ [Palette] 탭에서 건물 창문의 색상(index:151)을 선택한 후 'Emit'의 값을 조절하여 창문에 불이 켜져 있는 느낌을 표현해 봅니다.

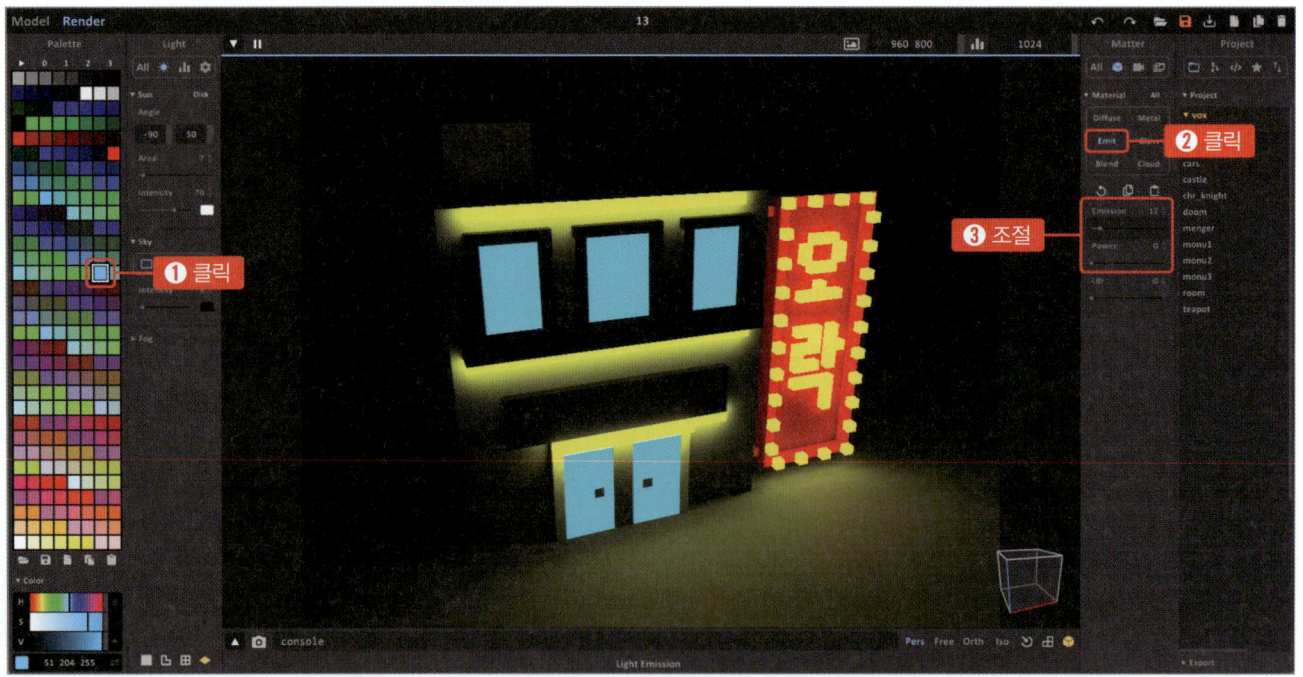

> **알아두기**
>
> 작업 공간에서 Alt 키를 누른 채로 복셀을 클릭하면 [Palette] 탭에서 해당하는 복셀의 색상을 자동으로 선택할 수 있어요.

❼ 조명이 켜진 건물을 완성한 후 [Project] 탭-'Export'-'vox'를 클릭하여 파일을 저장합니다.

차곡차곡~ 3D 상상력 쌓기

▶ 예제 파일 : 없음   ▶ 완성 파일 : 13강_미션_완성.vox

미션 01 매지카복셀(MagicaVoxel)을 실행하고 불필요한 복셀을 제거한 후 할로윈 호박등을 만들어 봅니다.

미션 02 [Render] 탭에서 하늘의 색을 변경한 후 할로윈 호박등에 불빛을 켜봅니다.

이렇게 해봐요 'Sky'–'Intensity'에서 하늘의 색을 원하는 색상으로 설정해요.

탐험 월드 번쩍번쩍 네온 월드

CHAPTER 14
다 보이는 투명 카약

네온 월드에 모두가 타고 싶어하는 배가 있대요. 바로 네온이 비치는 투명 카약! 투명한 카약을 타면 어두운 네온 월드에 불빛들이 비춰 꼭 하늘을 나는 기분이라고 해요. 어디 한 번 만들어볼까요?

▼ 예제 파일 : 14강_예제.vox   ▼ 완성 파일 : 14강_완성.vox

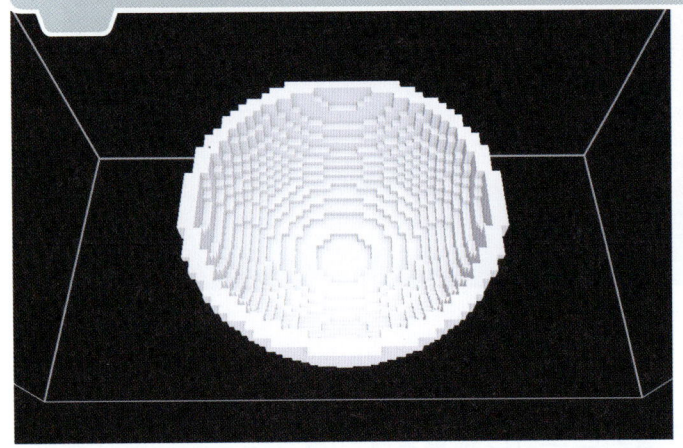
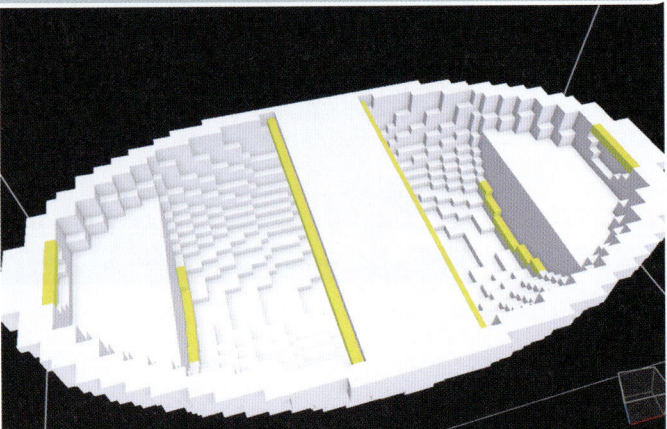

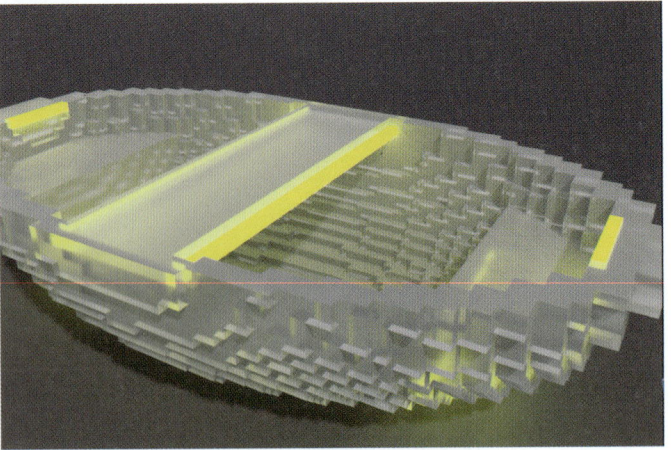

함께 배워볼까요?

- 복셀을 이용하여 카약을 만들 수 있어요.
- 복셀의 재질을 유리로 변경하여 카약을 투명하게 표현할 수 있어요.

Step 01 카약 만들기

>>> 복셀의 크기를 조절하여 카약의 형태를 만들어봐요.

❶ 매지카복셀(MagicaVoxel)을 실행한 후 [Edit] 탭에서 'Clear'를 클릭하고 작업 공간의 크기(80, 40, 40)를 변경합니다.

❷ 카약을 만들기 위해 [Brush] 탭-'복셀(▪)'-'Attach'를 클릭하고 'Voxel'에서 크기('40')와 모양('원, 3D')을 변경한 뒤 [Palette] 탭에서 흰색(index:246)을 선택하여 복셀을 추가합니다.

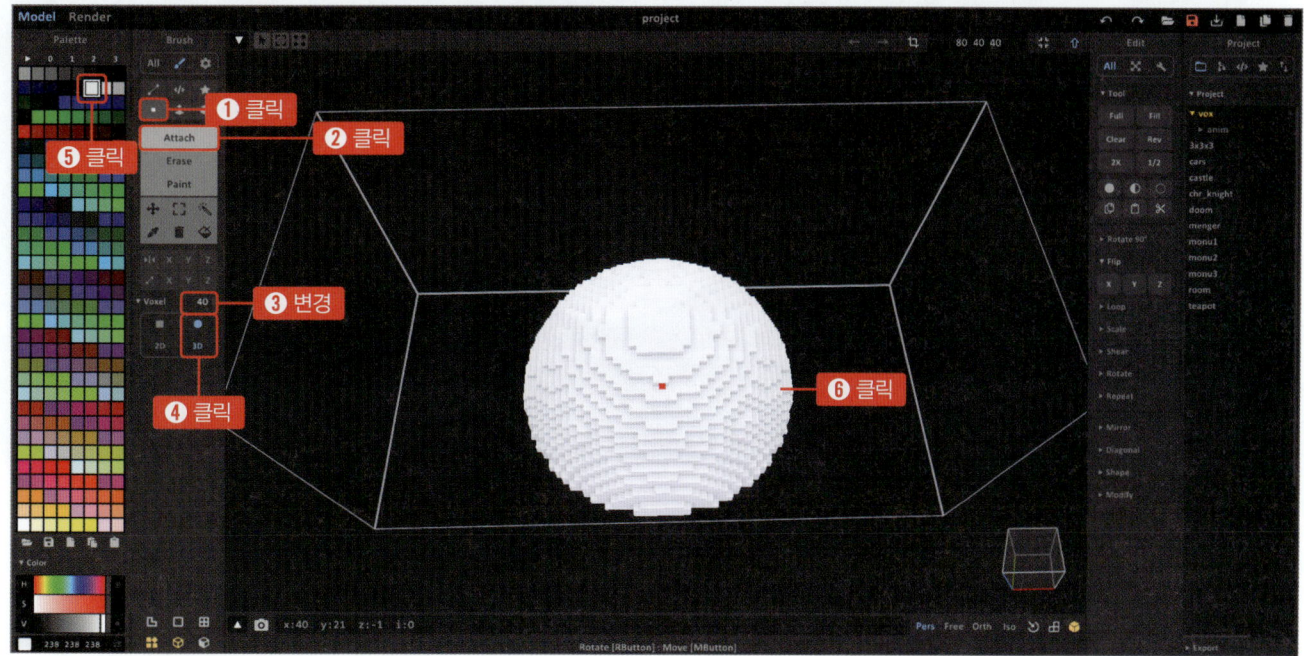

Chapter 14 다 보이는 투명 카약 • **107**

❸ [Brush] 탭-'마술봉( )'을 클릭한 후 복셀을 선택하고 [Edit] 탭-'Flip'에서 'Z'축을 클릭하여 복셀을 반전시킵니다.

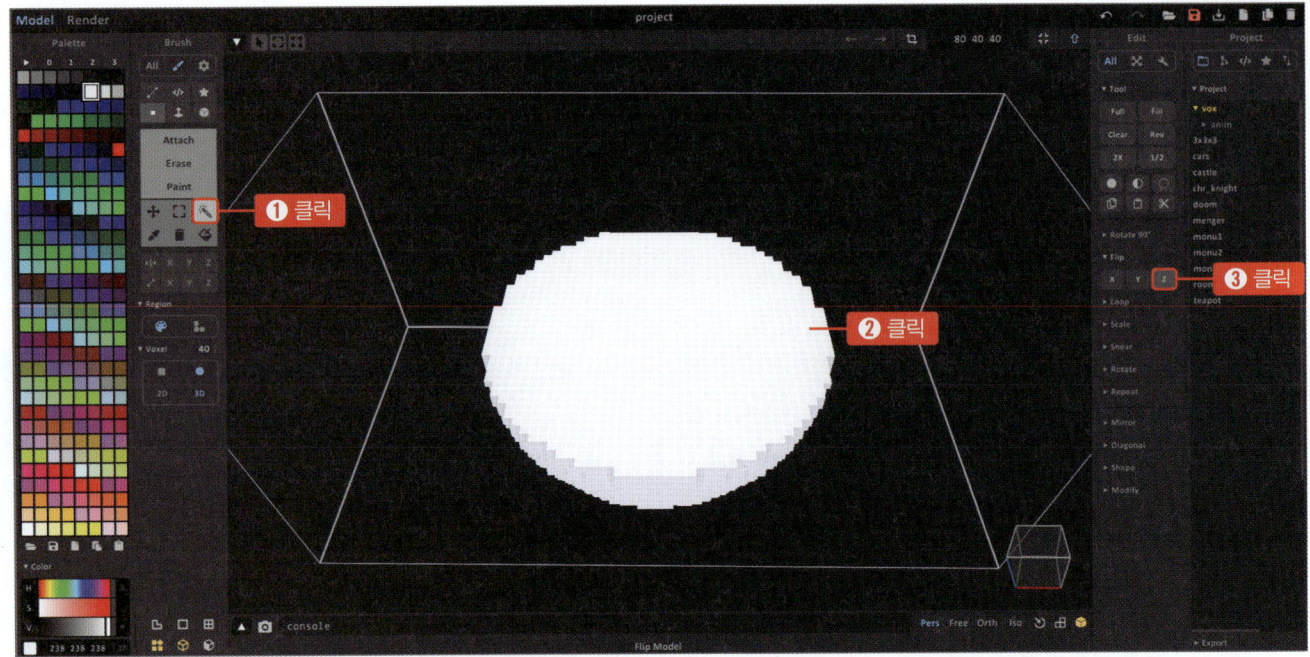

❹ Ctrl+D 키를 눌러 영역을 해제한 후 [Brush] 탭-'복셀( )'-'Erase'를 클릭하고 'Voxel'의 크기 ('36')를 변경한 뒤 안쪽 복셀을 삭제합니다.

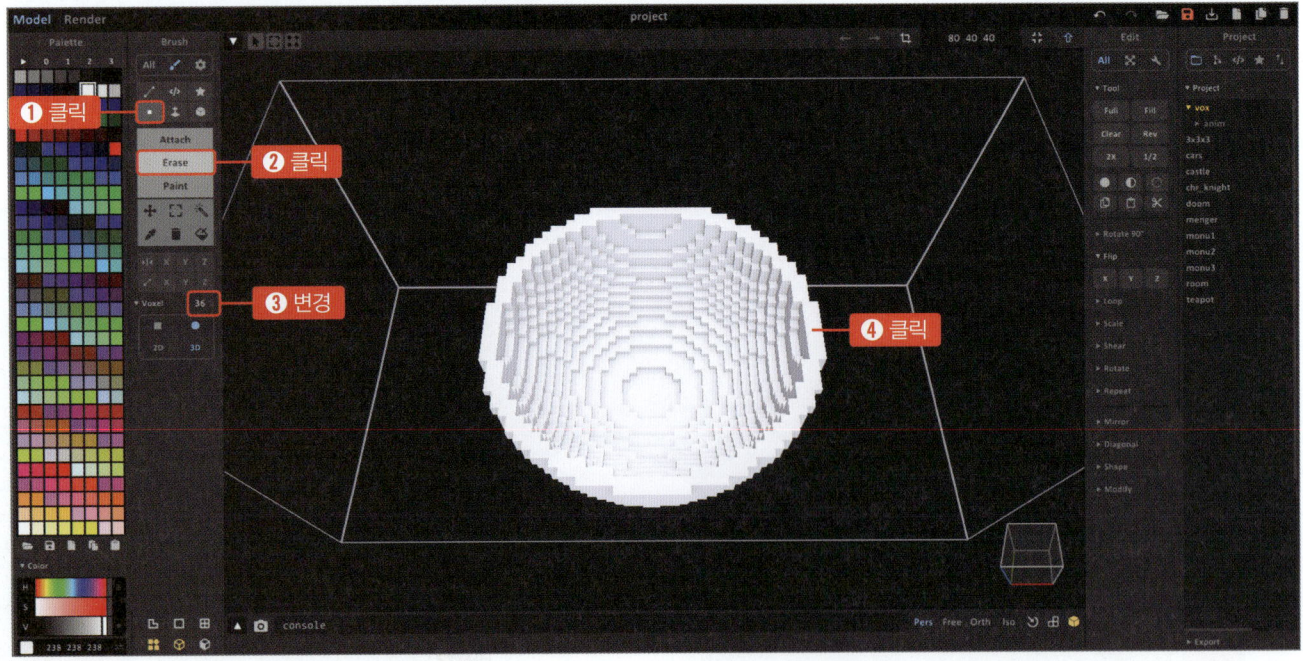

'Erase'를 사용할 때 변경한 'Voxel'의 크기에 따라 카약의 두께가 결정돼요.

❺ [Brush] 탭–'이동( )'–'Scale( )'을 클릭한 후 빨간색 사각점을 드래그하여 복셀을 카약처럼 가로로 길게 조절해 봅니다.

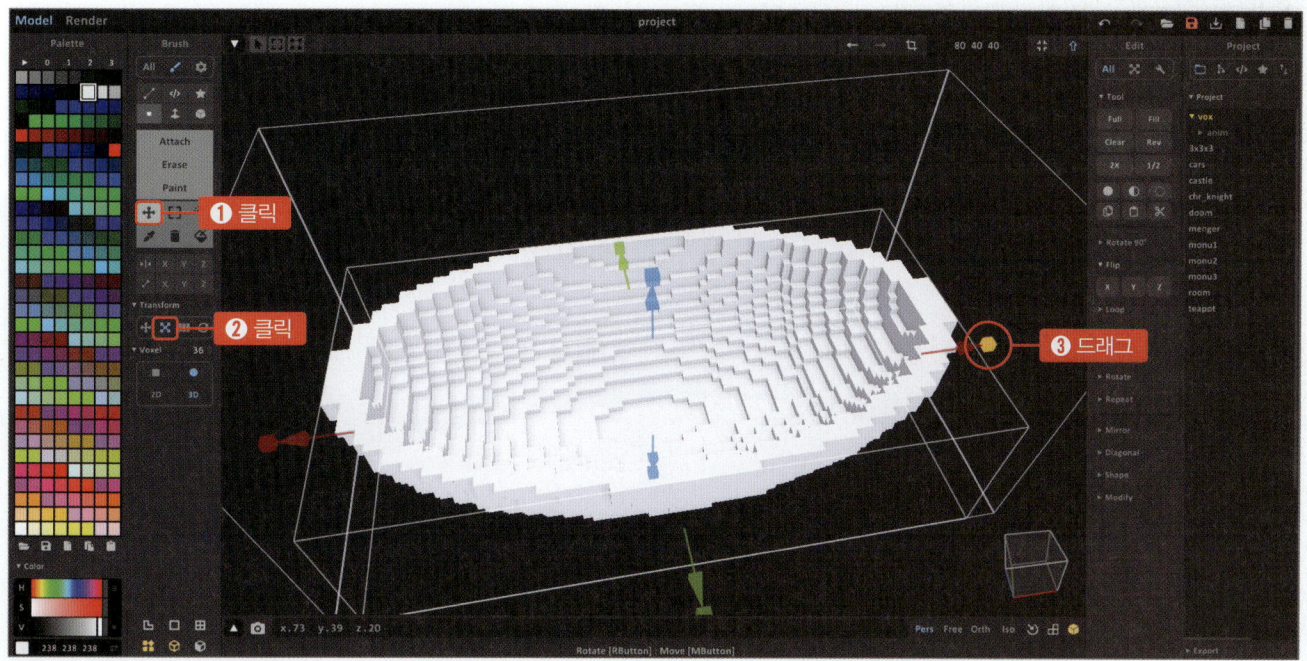

❻ [Brush] 탭–'박스( )'와 '연장( )'을 이용하여 카약 안쪽에 잡을 수 있는 손잡이와 앉을 수 있는 공간을 만든 후 '노란색(index:6)' 복셀을 이용하여 카약 안쪽을 꾸밉니다.

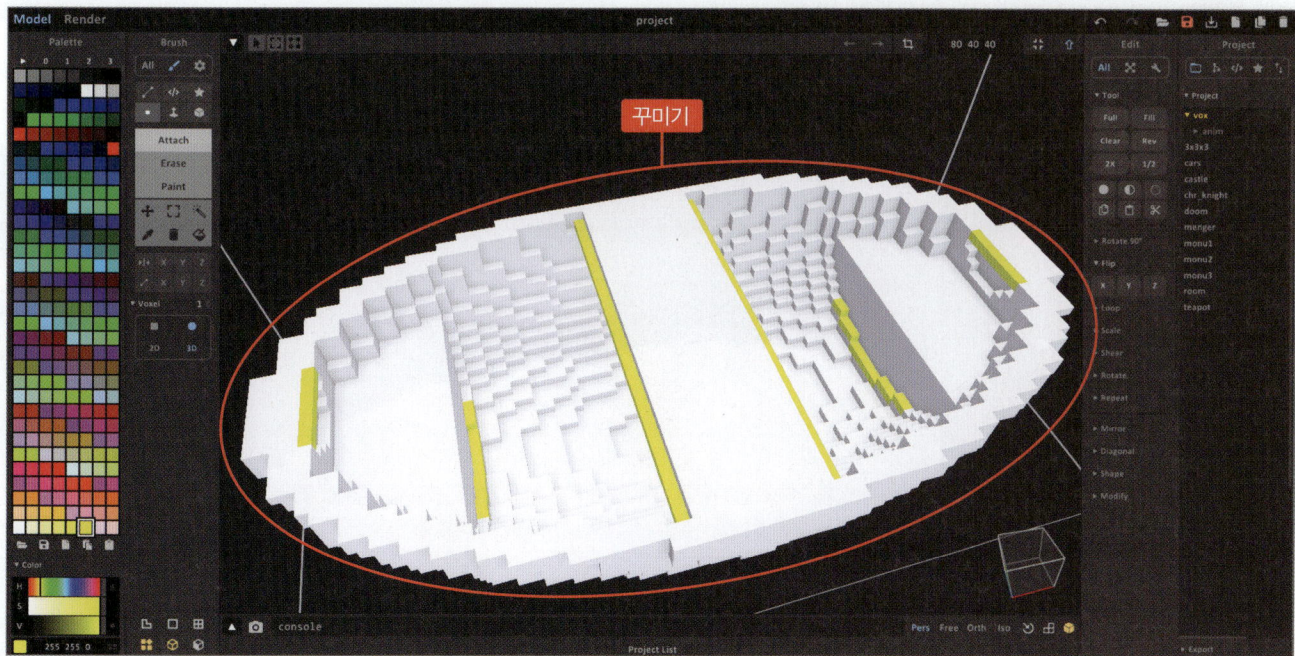

Chapter 14 다 보이는 투명 카약 • 109

Step 02 투명한 카약 설정하기

>>> 재질을 Glass로 설정하여 투명한 카약을 만들어 봐요.

❶ [Render] 탭을 클릭한 후 [Palette] 탭에서 노란색(index:6)을 선택하고 [Matter] 탭의 'Emit'를 클릭합니다. 'Emission'과 'Power'의 값을 조절하여 카약 안의 조명이 켜진 모습을 표현해 봅니다.

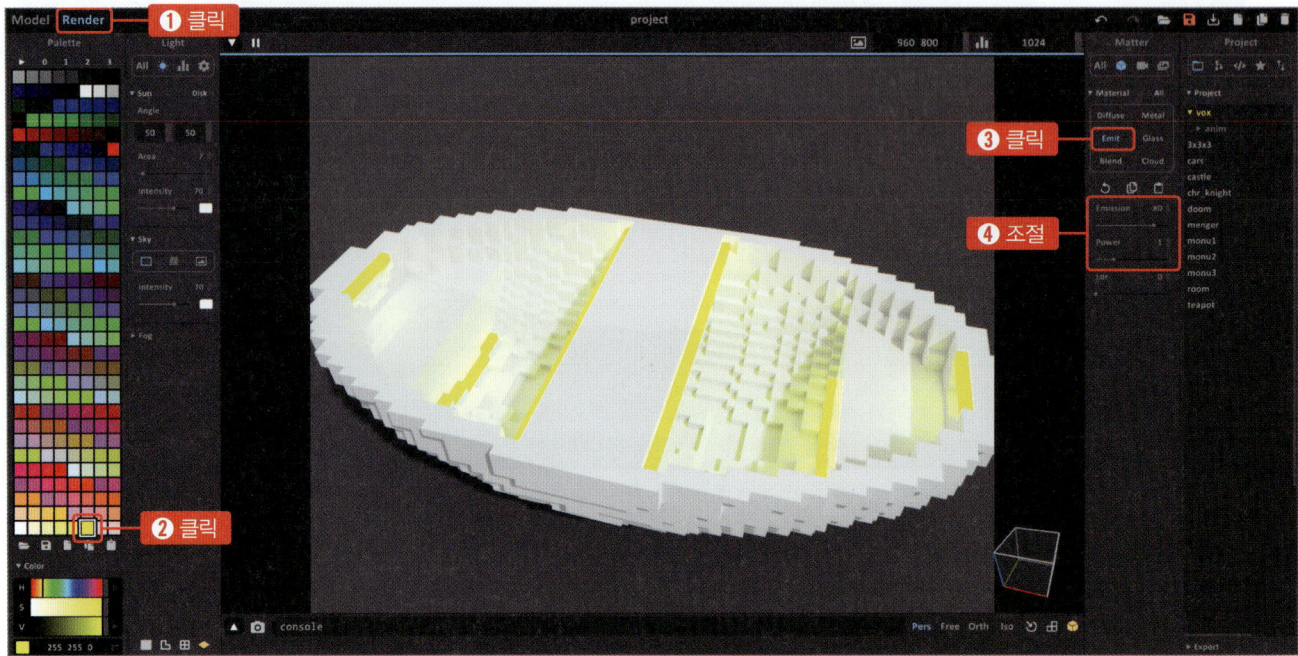

❷ 이어서 [Palette] 탭에서 흰색(index:246)을 선택한 후 [Matter] 탭-'Glass'를 클릭합니다.

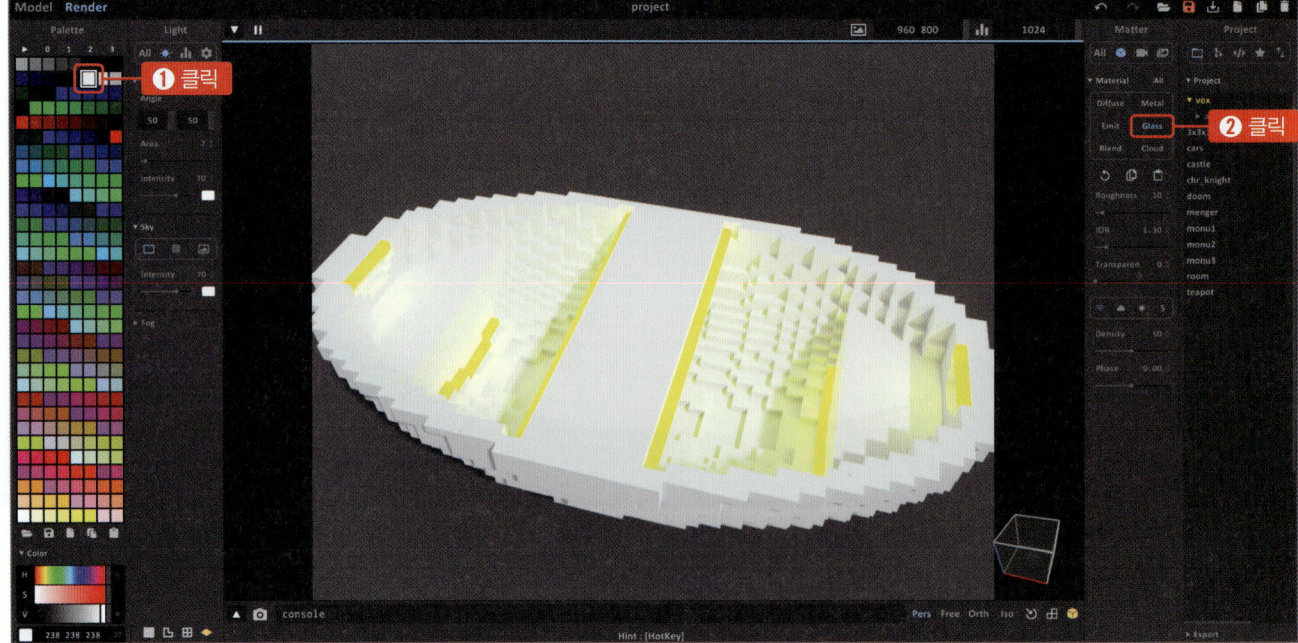

❸ 유리(Glass) 재질이 투명해지도록 'Transparen' 값을 '70'으로 조절합니다.

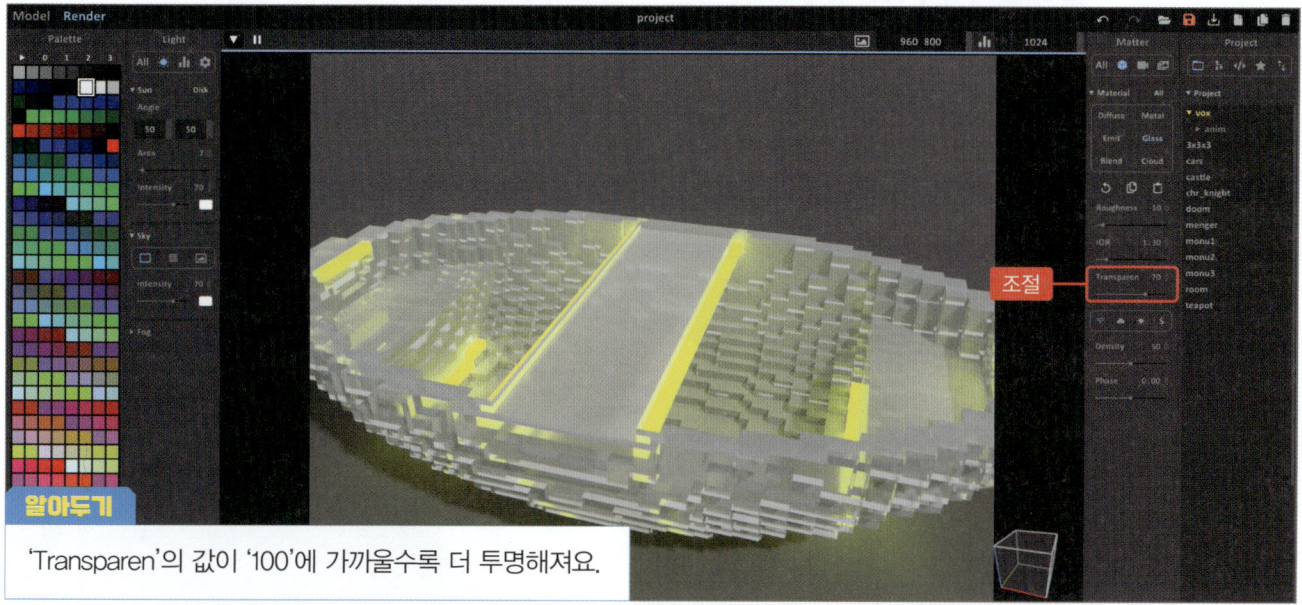

알아두기

'Transparen'의 값이 '100'에 가까울수록 더 투명해져요.

❹ 이어서 'Roughness'의 값을 크게 조절하여 거친 유리를 표현해 봅니다.

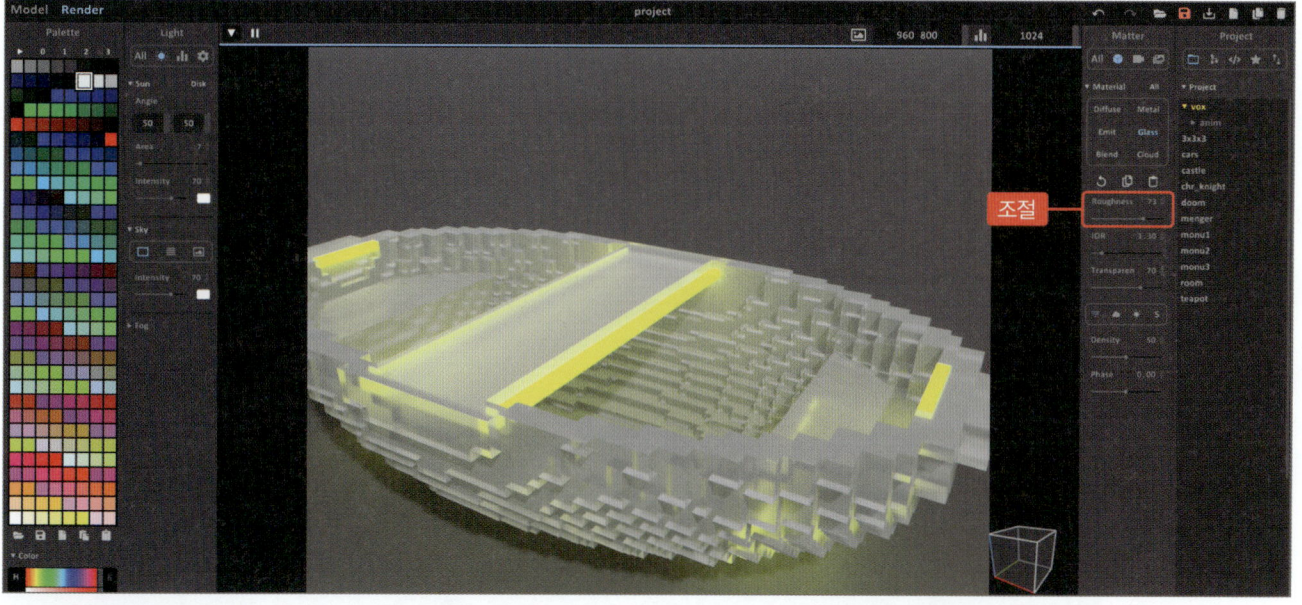

알아두기

'Roughness'의 값이 커질수록 불투명해져요.

❺ 투명 카약을 완성한 후 [Project] 탭-'Export'-'vox'를 클릭하여 파일을 저장합니다.

Chapter 14 다 보이는 투명 카약 • **111**

차곡차곡~ 3D 상상력 쌓기

▶ 예제 파일 : 없음 ▶ 완성 파일 : 14강_미션_완성.vox

미션 01 작업 공간의 크기(30, 30, 40)를 변경하고 유리잔을 만든 후 주스를 채워봅니다.

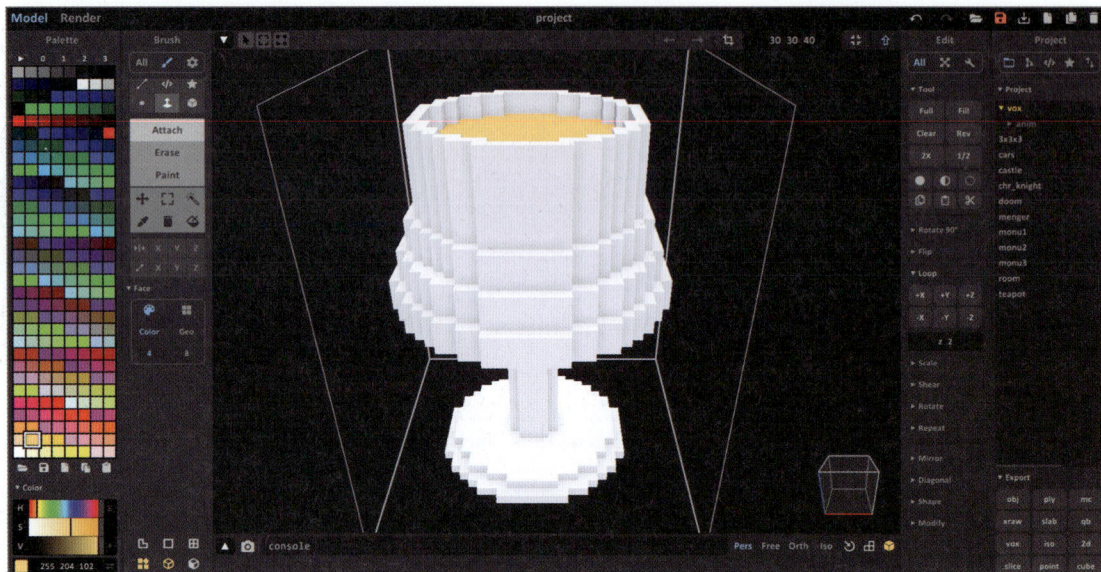

미션 02 [Render] 탭을 클릭하고 [Matter] 탭에서 유리잔의 재질을 투명하게 표현해 봅니다.

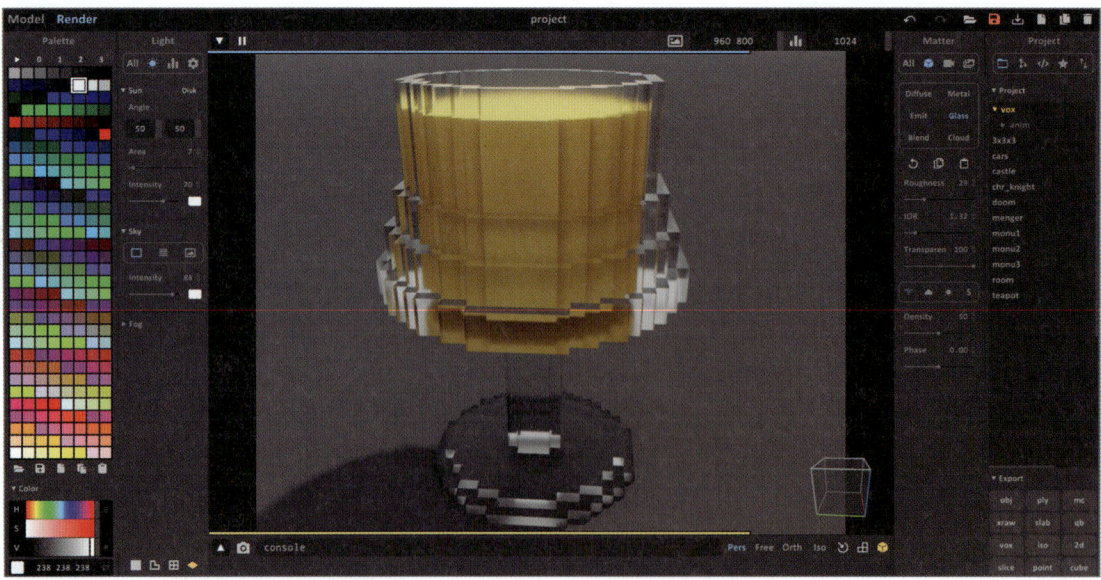

이렇게 해봐요 'Transparen'의 값은 '100'으로 설정해요.

CHAPTER 15

탐험 월드 번쩍번쩍 네온 월드

반질반질 금속 자동차

흐음.. 네온이 가득한 거리를 달리는 자동차를 생각했는데.. 자꾸만 장난감처럼 보이는 건 역시 재질 때문이겠죠? 어두운 네온 월드 도로를 달리기 좋은 금속 재질의 자동차를 만들어봐요.

▼ 예제 파일 : 없음   ▼ 완성 파일 : 15강_완성.vox

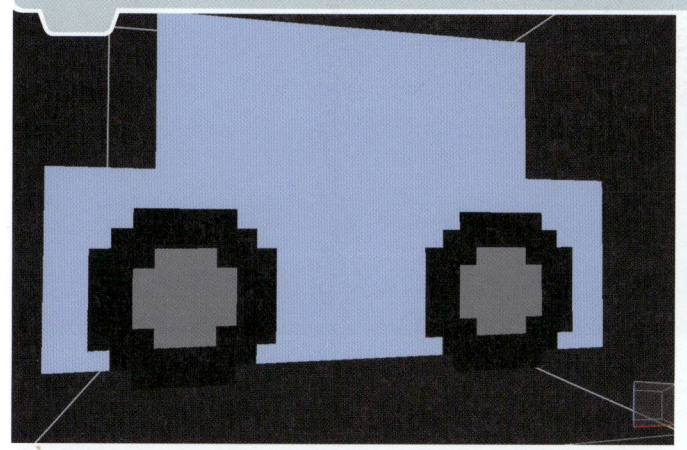
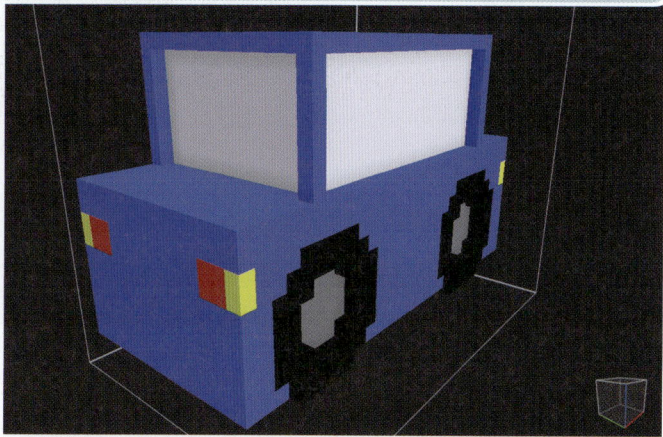

함께 배워볼까요?

- 박스와 도형 모드를 사용하여 자동차를 만들 수 있어요.
- 복셀의 재질을 금속으로 변경하여 금속 자동차를 표현할 수 있어요.

# Step 01 자동차 만들기
>>> 작업 공간에 나만의 자동차를 만들어봐요.

❶ 매지카복셀(MagicaVoxel)을 실행한 후 작업 공간의 크기(30, 20, 25)를 변경하고 [Edit] 탭에서 'Clear'를 클릭하여 불필요한 복셀을 삭제합니다.

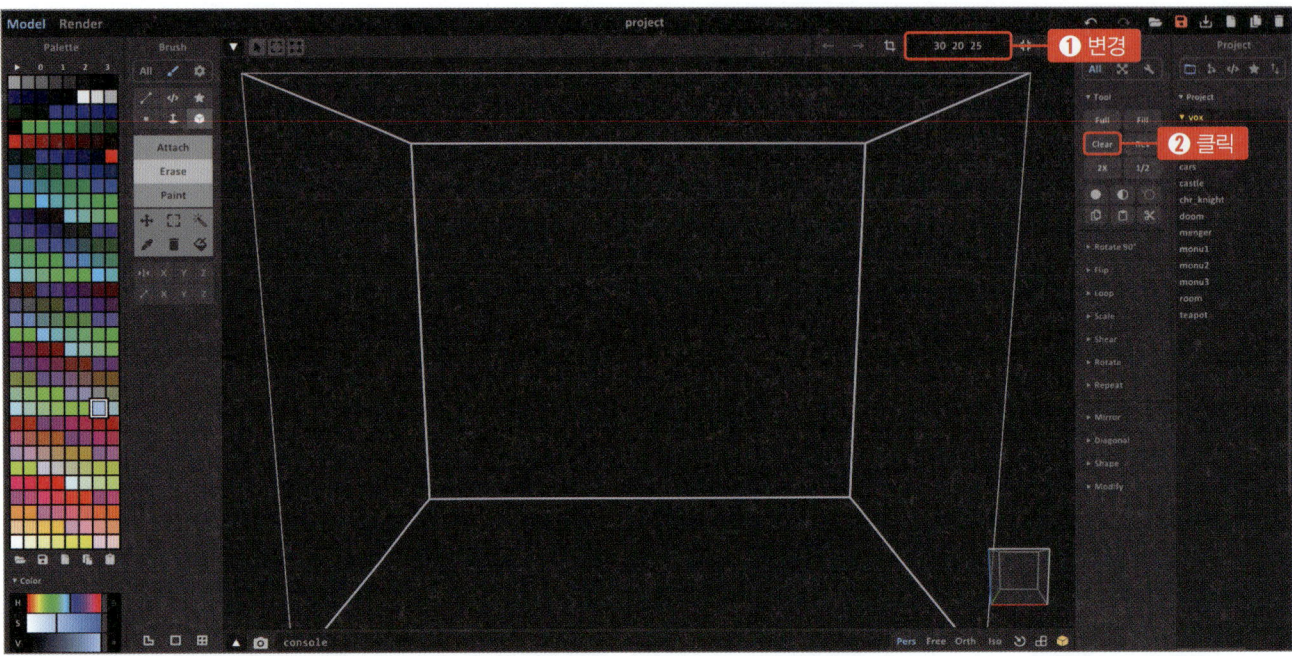

❷ [Brush] 탭-'박스( )'-'Attach'를 클릭하여 작업 공간에 자동차의 본체를 그립니다.

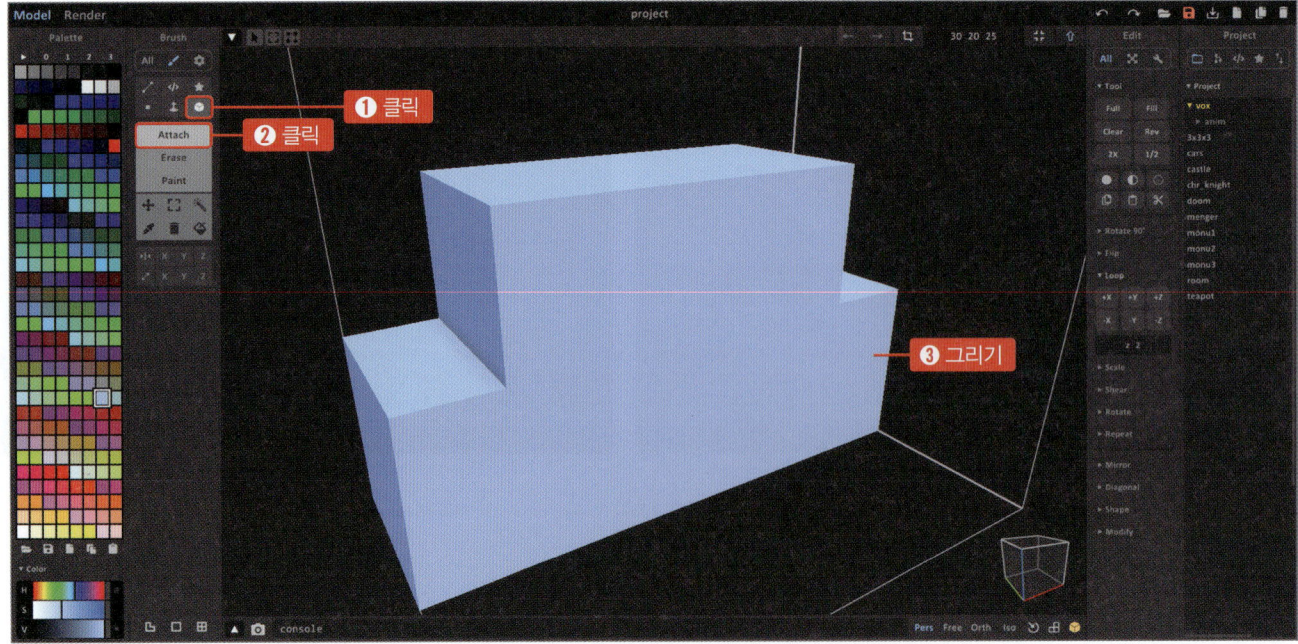

자동차의 본체를 그릴 때에는 벽과 바닥에 붙여서 그리고 바퀴를 추가할 수 있도록 위쪽 공간을 남겨요.

❸ [Edit] 탭-'Loop'에서 '+Z'와 '-Y'를 클릭하여 자동차 본체를 공중에 띄웁니다.

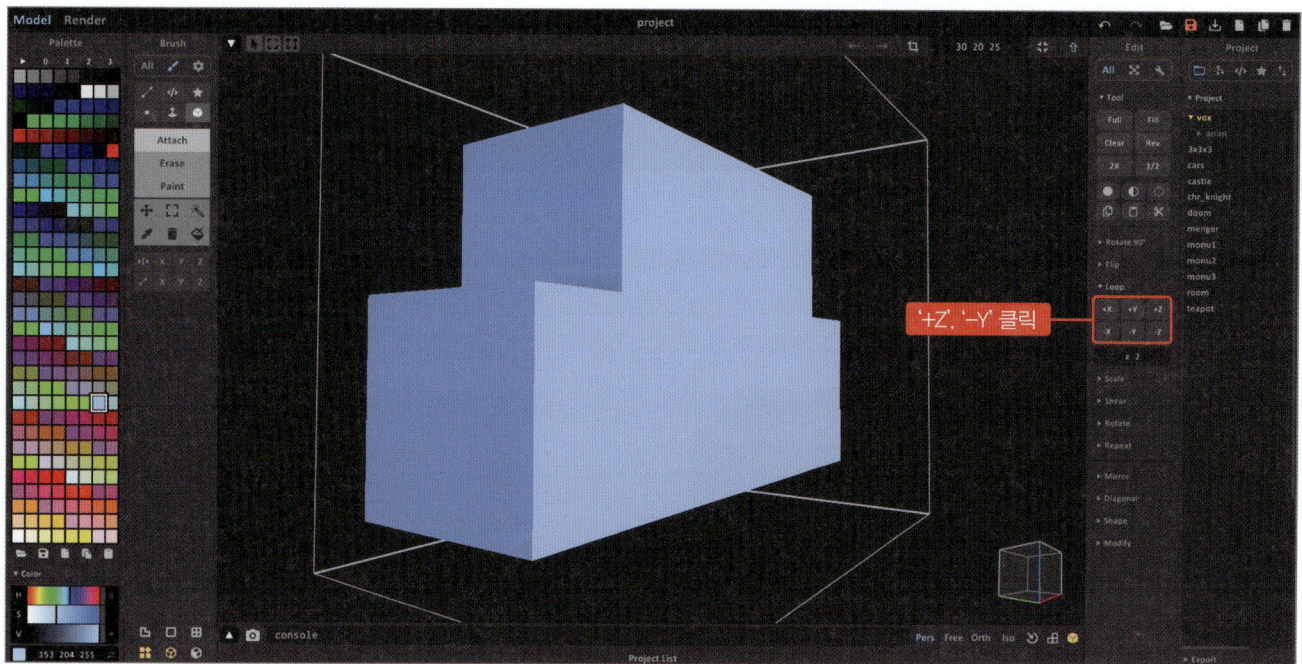

❹ 바퀴를 만들기 위해 [Brush] 탭-'도형( )'-'Erase'를 클릭한 후 '원'을 선택하고 '미러( )'에서 'X'축을 선택하여 바퀴 부분의 복셀을 삭제합니다.

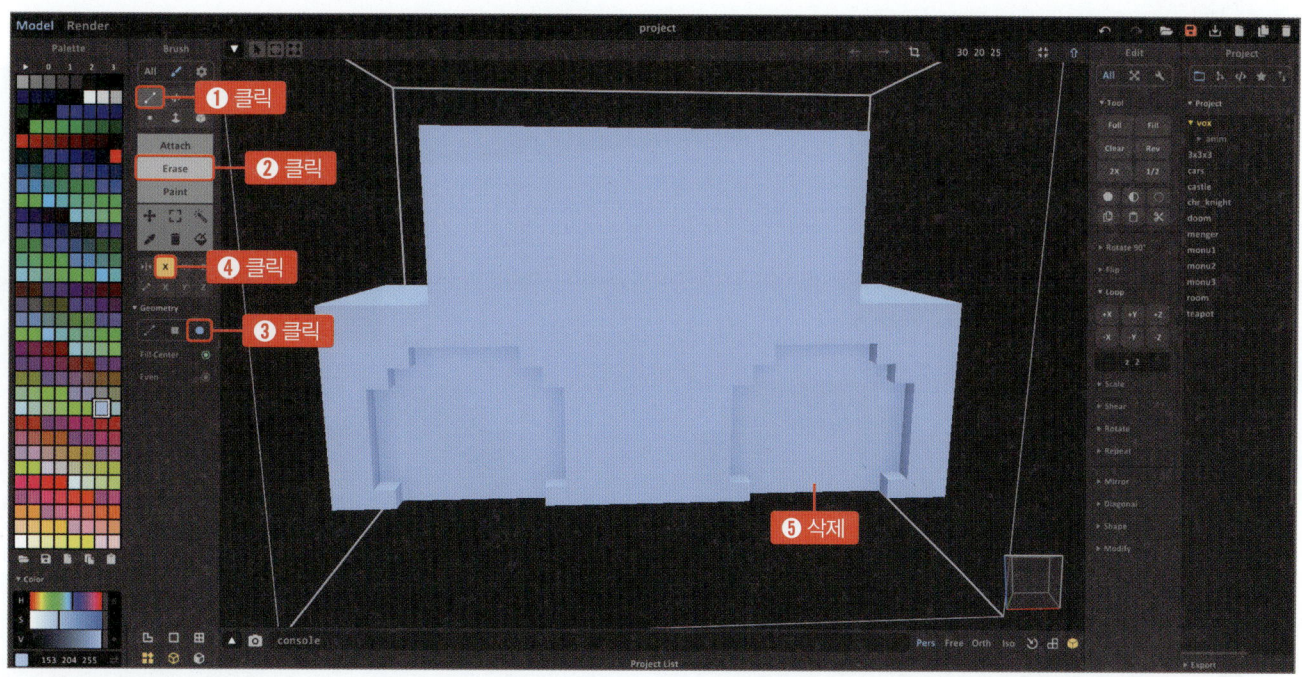

> **TIP**
> 복셀을 삭제한 쪽에 바퀴를 만든 후 반대쪽까지 연장할 것이므로 반대쪽 바퀴 부분의 복셀은 제거하지 않아요.

❺ [Brush] 탭-'도형( )'이 선택된 상태에서 'Attach'를 클릭하고 [Palette] 탭에서 '검정색'을 선택한 후 바퀴 부분에 원을 추가합니다.

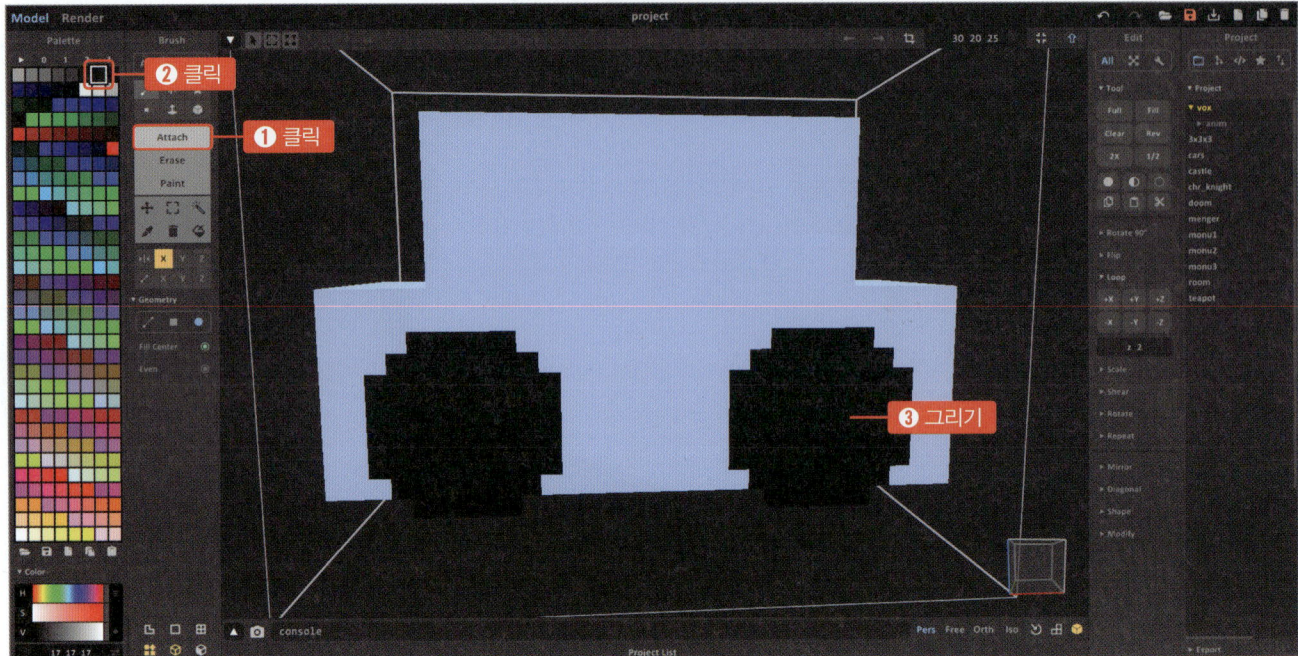

❻ 이어서 'Paint'를 선택하고 [Palette] 탭에서 회색(index:250)을 선택한 후 바퀴 중간에 휠을 그립니다.

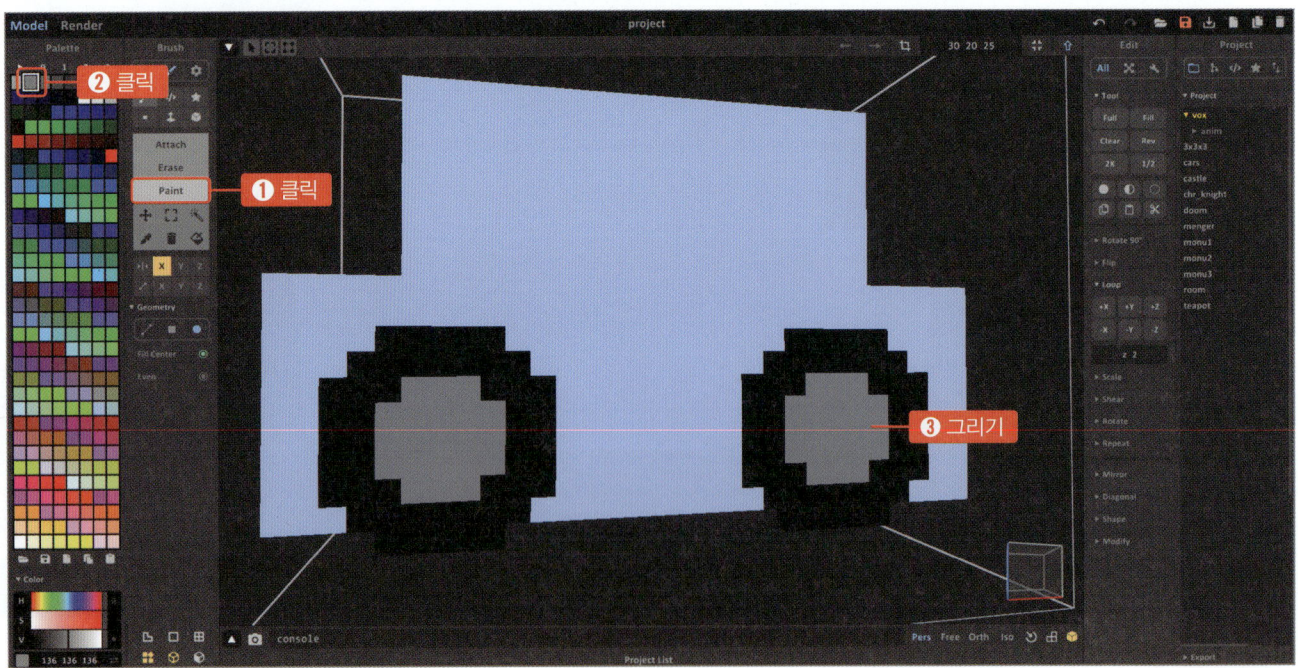

휠의 모양은 자유롭게 표현해 보세요.

❼ [Brush] 탭-'마술봉( )'을 클릭하고 Shift 키를 누른 채 바퀴와 휠을 모두 선택합니다.

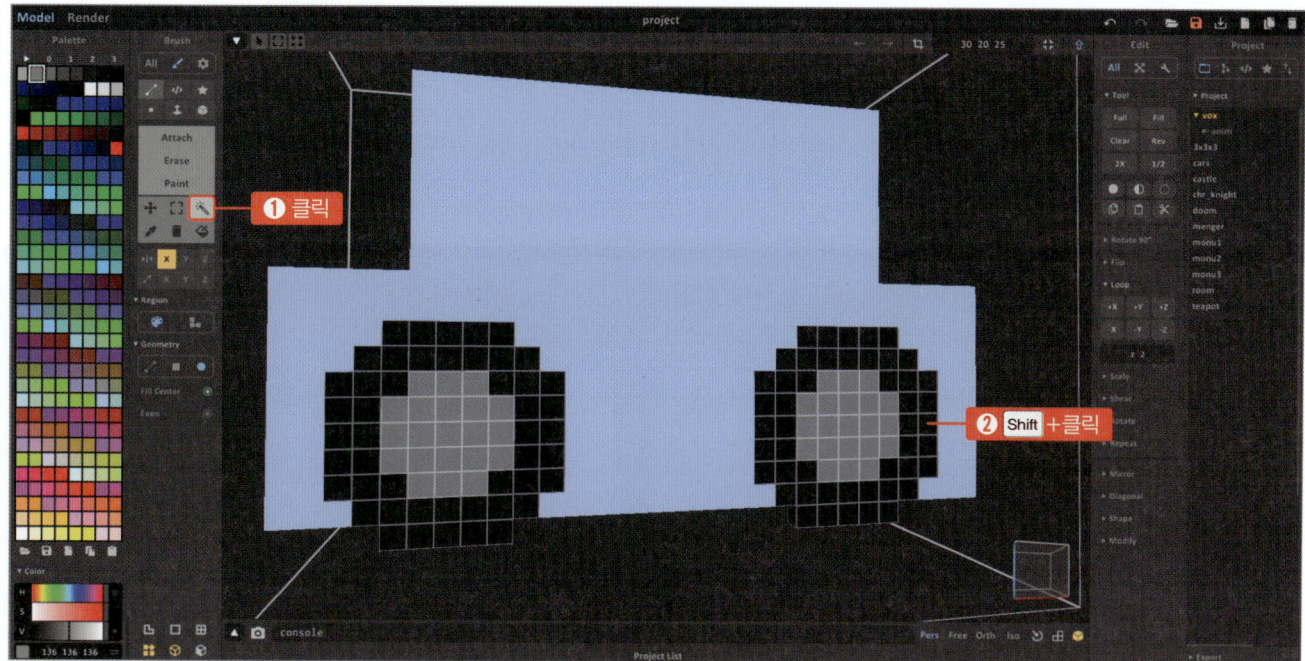

❽ [Brush] 탭-'이동( )'-'Scale( )'을 클릭한 뒤 반대쪽에도 바퀴가 나타나도록 복셀의 크기를 조절해 봅니다.

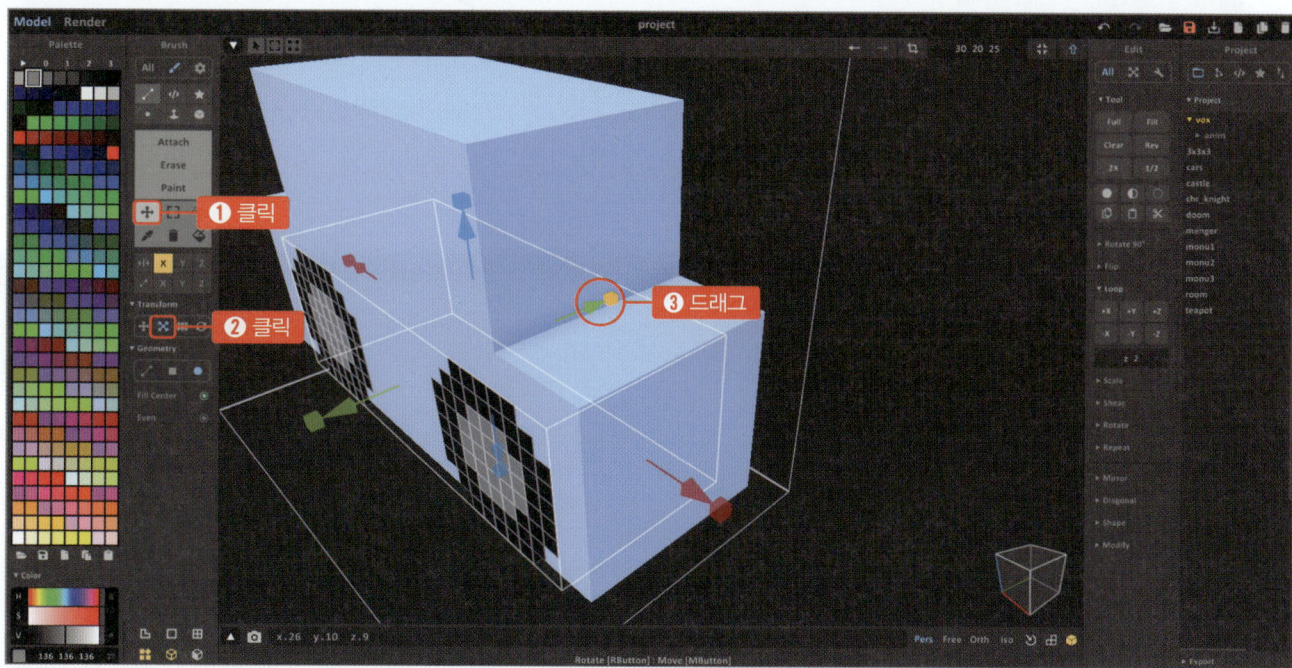

자동차 재질 변경하기

>>> 자동차 본체의 재질을 금속으로 바꿔 현실의 자동차처럼 표현해 봐요.

❶ [Brush] 탭의 모드와 기능을 이용하여 자동차의 색(index:199), 창문(index:246), 라이트(index :217, index:6)를 꾸며봅니다.

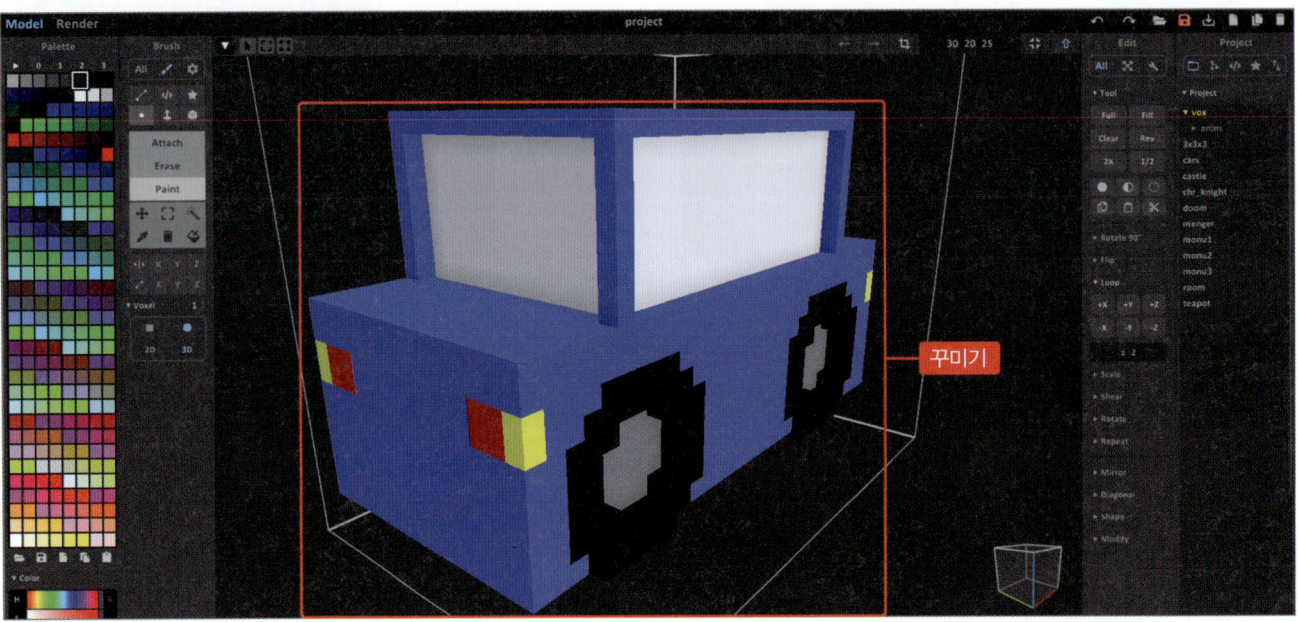

❷ 자동차의 재질을 변경하기 위해 [Render] 탭을 클릭한 후 [Palette] 탭에서 파란색(index:199)을 선택한 뒤 [Matter] 탭-'Metal'을 클릭합니다. 이어서 'Specular'와 'Metallic'의 값을 높게 설정하여 금속 표면을 표현합니다.

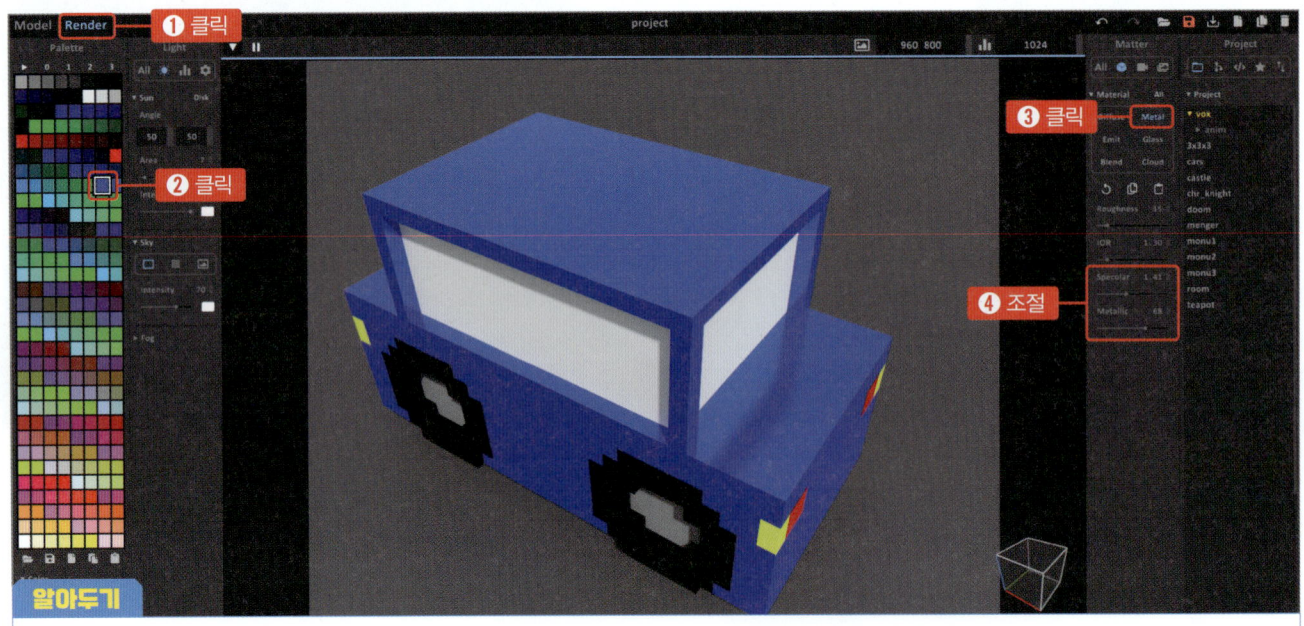

알아두기
- 자동차를 다른 색으로 칠했다면 [Palette] 탭에서 자동차를 칠한 색상을 선택한 후 재질을 변경할 수 있어요.
- 'Metal'에서 'Roughness(거칠기)', 'Specular(거울처럼 반사)', 'Metallic(금속성)'을 통해 금속 재질을 표현할 수 있어요.

❸ 이어서 창문(index:246)은 투명하게, 라이트(index:217,index:6)는 불빛이 표시되도록 재질을 변경해 봅니다.

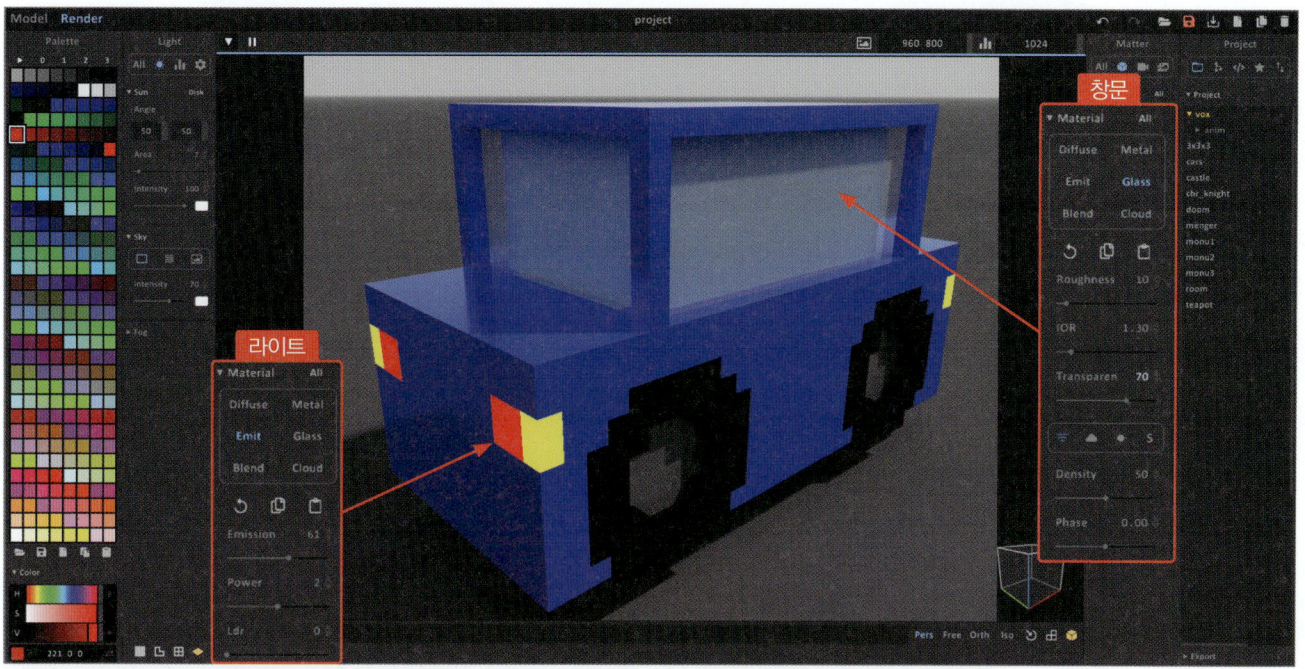

❹ 어두운 하늘을 표현하기 위해 [Light] 탭-'Sun'-'Intensity' 값('20')을 변경하고, 'Sky'를 'Atmospheric Scattering(≋)'로 변경합니다.

❺ 금속 자동차가 완성되면 [Project] 탭-'Export'-'vox'를 클릭하여 파일을 저장합니다.

차곡차곡~ 3D 상상력 쌓기

▶ 예제 파일 : 없음   ▶ 완성 파일 : 15강_미션_완성.vox

미션 01 매지카복셀(MagicaVoxel)을 실행하고 작업 공간의 크기(40, 40, 80)를 변경한 후 우주선을 그려봅니다.

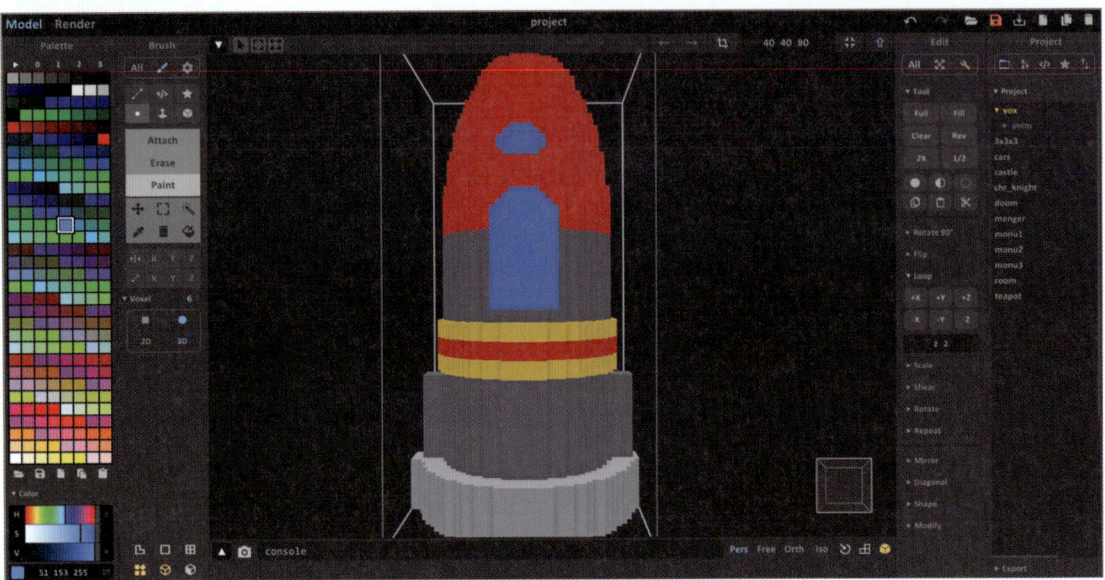

미션 02 우주선의 재질을 'Metal'로 설정하고, 창문은 'Glass'로 설정해 봅니다.

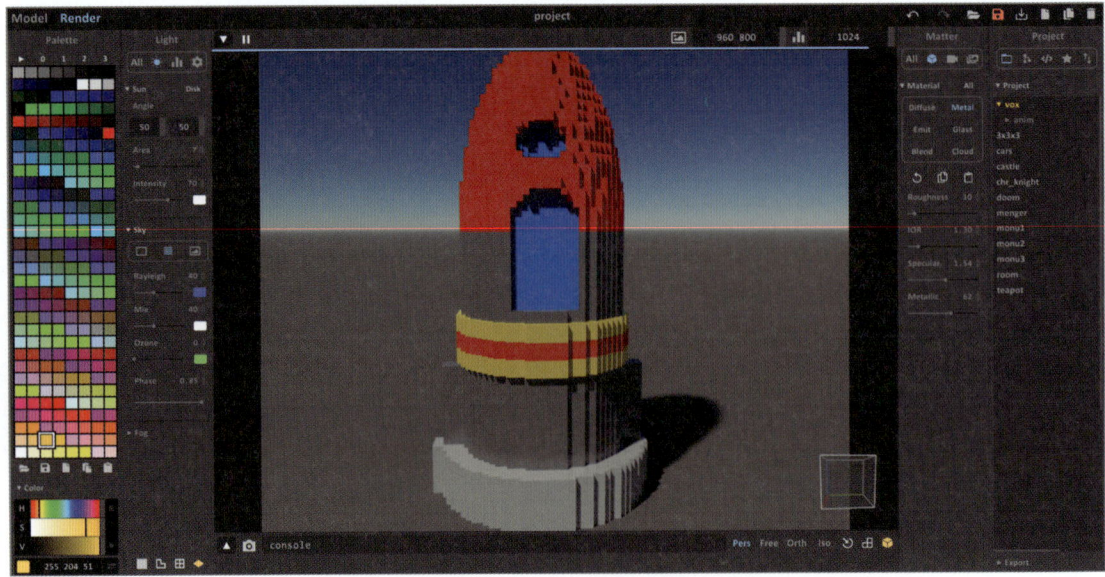

CHAPTER 16
눈부셔! 가로등

탐험 월드 번쩍번쩍 네온 월드

어둡기로 유명한 네온 월드지만 이렇게 어두울수가.. 어라? 지금 걷고 있는 길에 가로등이 하나도 없었네요. 그렇다면 멀리까지 빛을 내는 네온 월드만의 눈부신 가로등을 만들어야겠어요.

▼ 예제 파일 : 16강_예제.vox   ▼ 완성 파일 : 16강_완성.vox

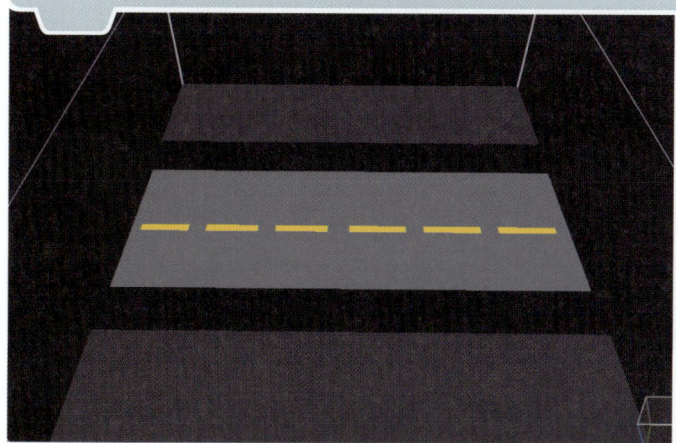
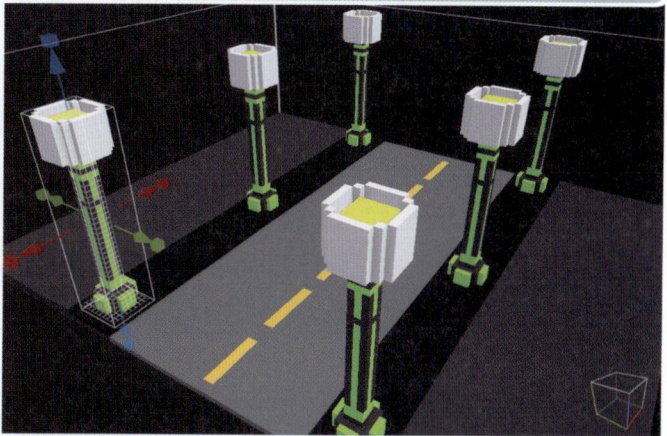
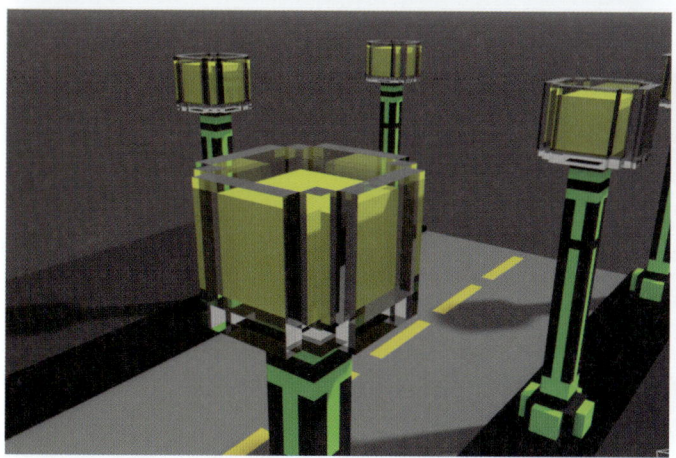

함께 배워볼까요?

- 재질을 변경하여 유리 전등 갓에 담긴 전구를 표현할 수 있어요.
- Show Camera Settings 값을 변경하여 빛의 파장을 조절할 수 있어요.

Step 01 가로등 설치하기

>>> 어두운 도로에 가로등을 설치해 봐요.

❶ 매지카복셀(MagicaVoxel)을 실행한 후 [열기(📁)]를 클릭하여 '16강_예제.vox' 파일을 불러옵니다.

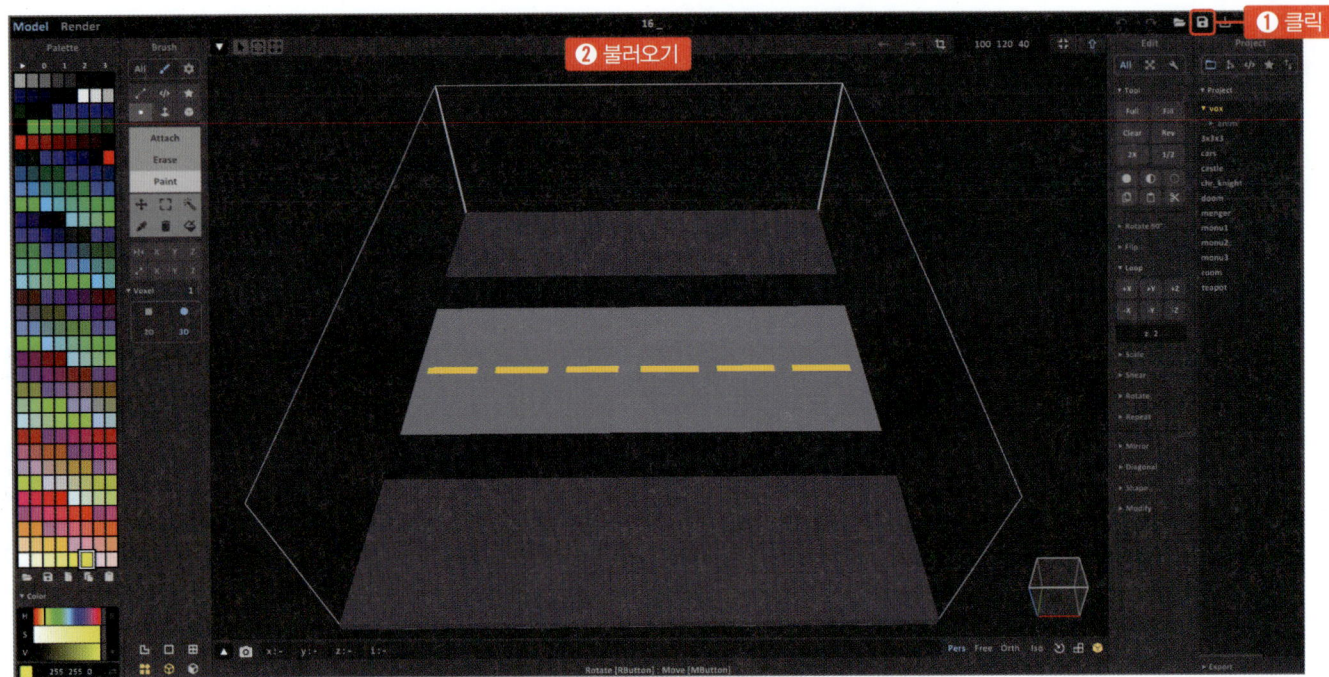

❷ [Brush] 탭–'도형(✏)'–'Attach'를 클릭한 후 도형('원')을 선택하고 [Palette] 탭에서 색상을 선택하여 도로 경계석에 가로등 받침대를 그립니다.

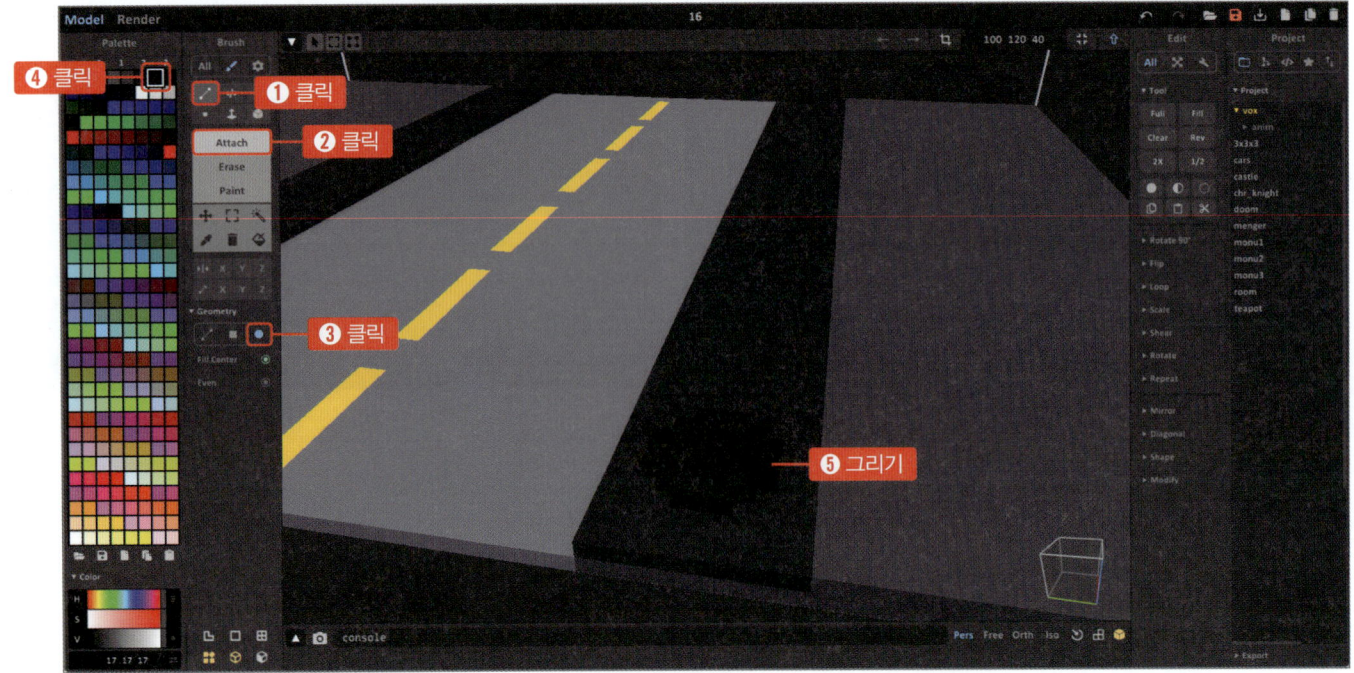

❸ 이어서 [Brush] 탭-'연장( )'과 '도형( )'을 이용하여 가로등의 기둥을 만듭니다.

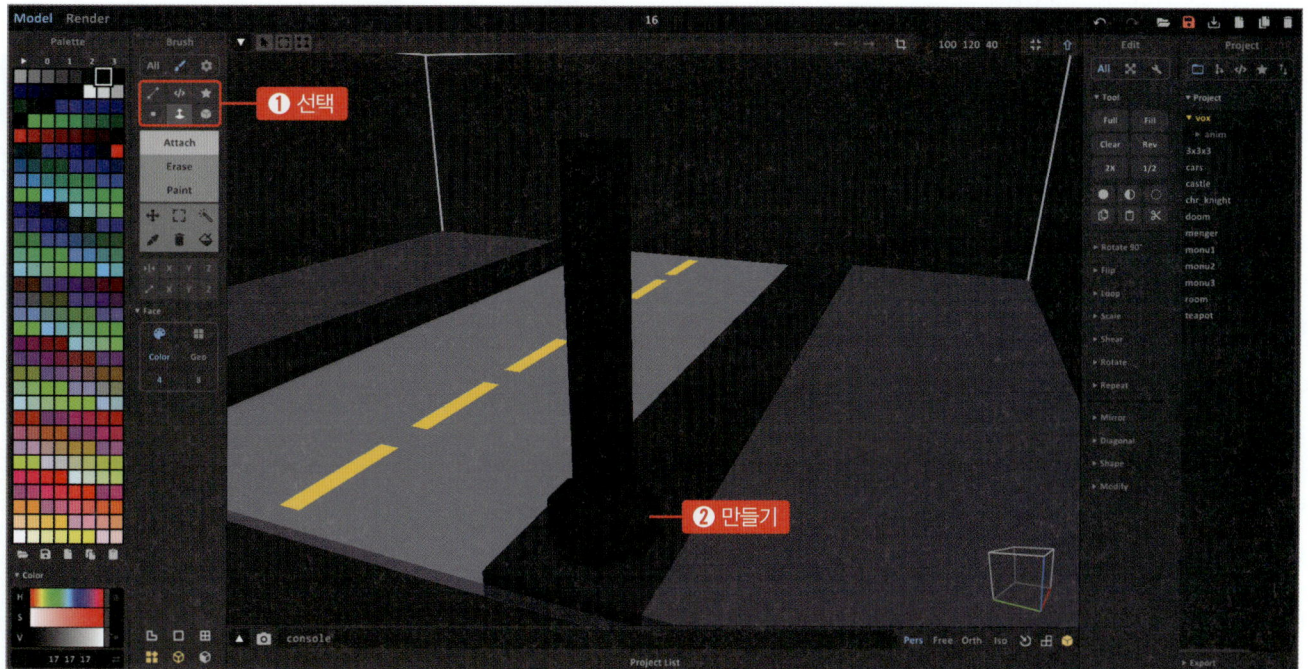

❹ [Brush] 탭-'도형( )'과 '연장( )'을 활용하여 전등 갓을 흰색(index:246)으로 만들어 봅니다.

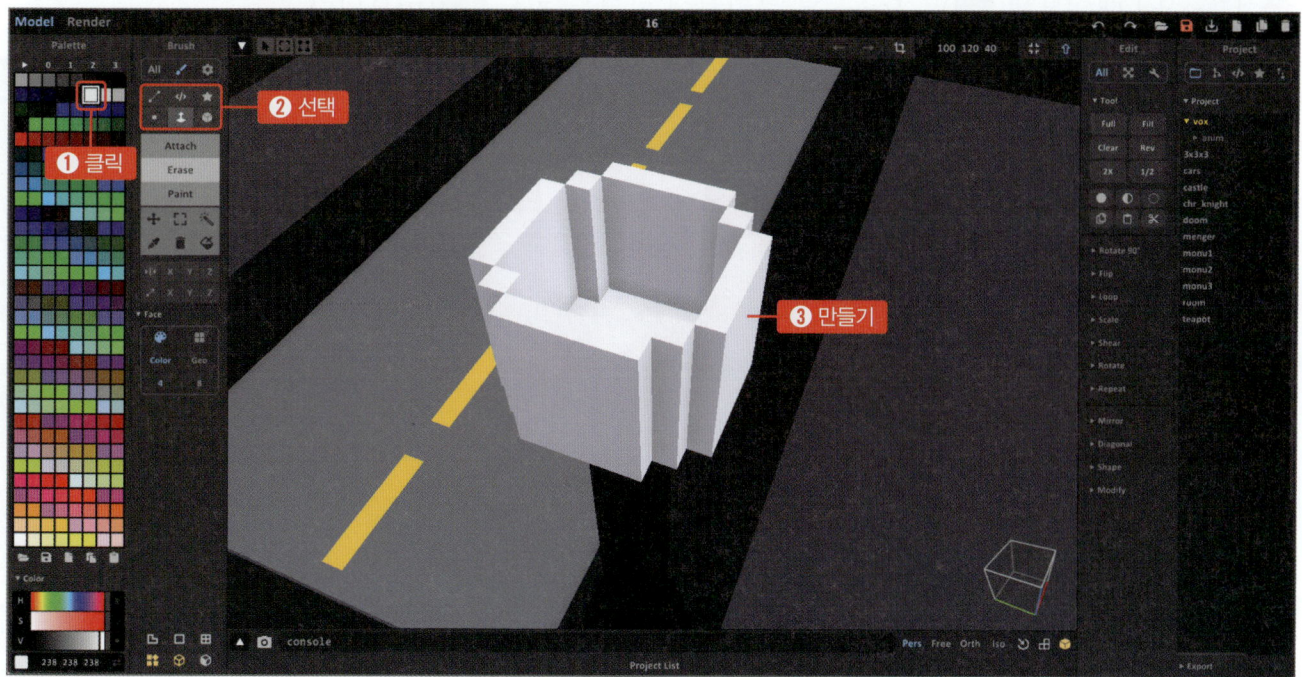

TIP 가로등의 기둥과 전등 갓의 모양은 자유롭게 변경해 봐요.

Chapter 16 눈부셔! 가로등 ● **123**

❺ 이어서 [Brush] 탭-'박스( )'와 '연장( )'을 이용하여 전등 갓 안에 전구를 노란색(index:6)으로 만들어 봅니다.

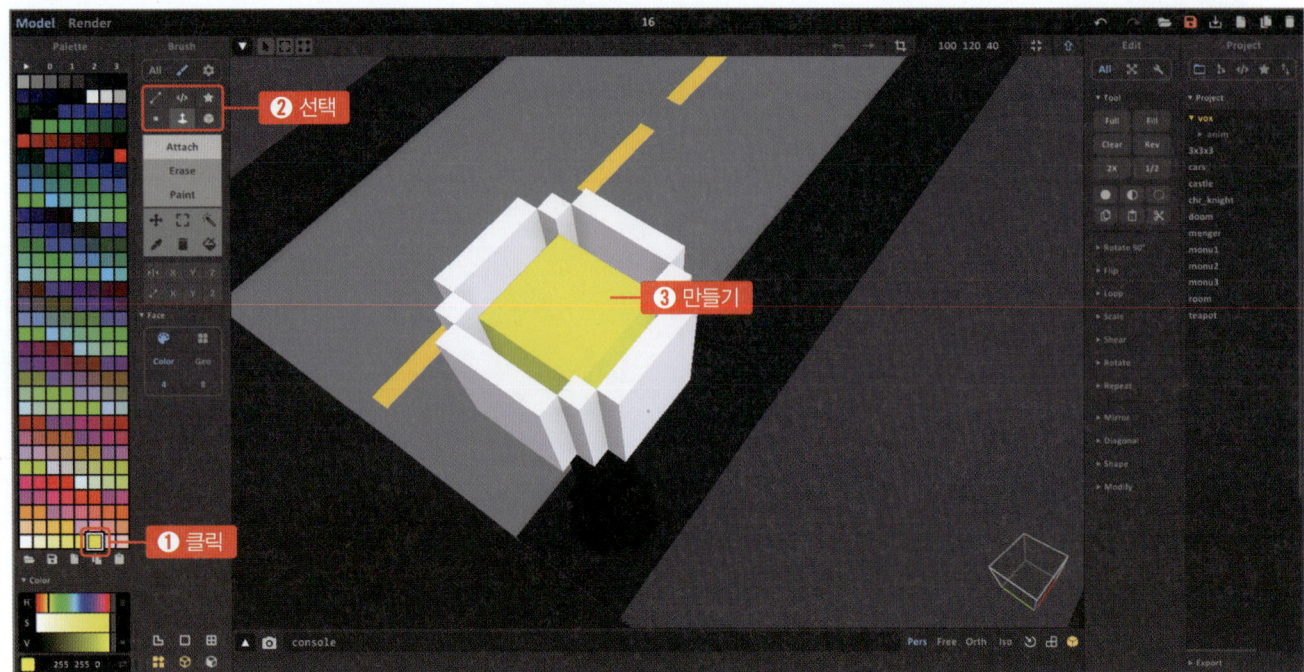

❻ [Brush] 탭-'복셀( )'-'Paint'를 클릭하여 가로등 기둥을 꾸며봅니다.

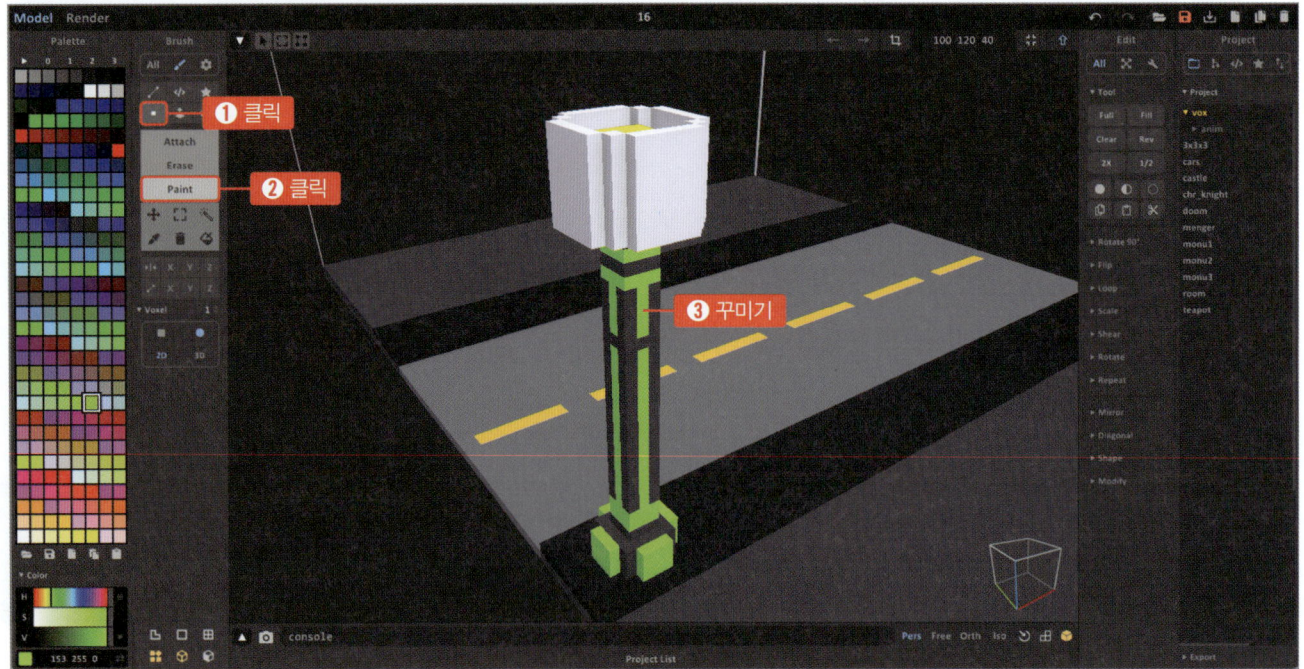

> **알아두기**
>
> 노란색(index:6)과 흰색(index:246)은 재질 효과를 적용하므로 가로등을 꾸밀 때 두 색을 제외하고 꾸며요.

가로등 재질 변경하기

>>> 설치한 가로등의 재질을 변경하여 네온 월드의 도로를 환히 비춰봐요.

❶ [Brush] 탭-'영역 선택( )'-'Box Select( )'을 클릭한 후 가로등을 드래그하여 선택합니다.

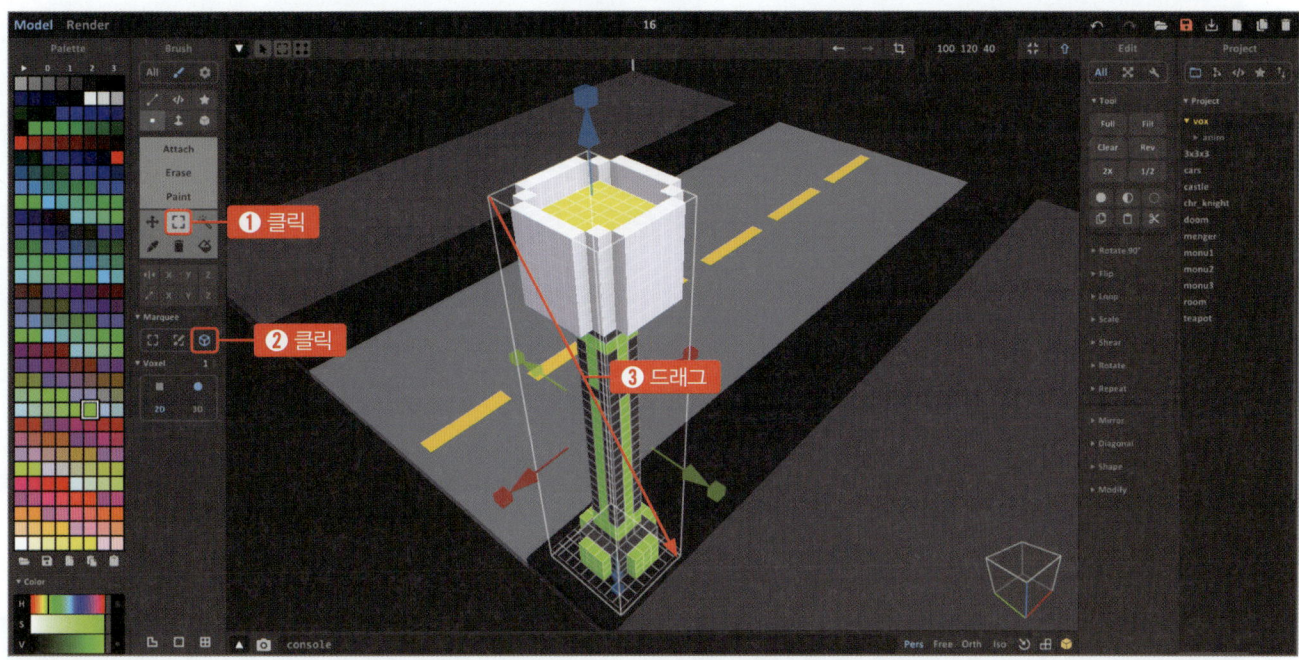

TIP 가로등이 모두 선택되지 않는다면 일부를 선택한 후 영역 상자의 사각점을 드래그하여 나머지 영역을 선택해요.

❷ Ctrl+C, Ctrl+V 키를 순서대로 눌러 가로등을 복제한 후 [Brush] 탭-'이동( )'-'Scale( )'을 클릭하여 위치를 이동하고 배치합니다.

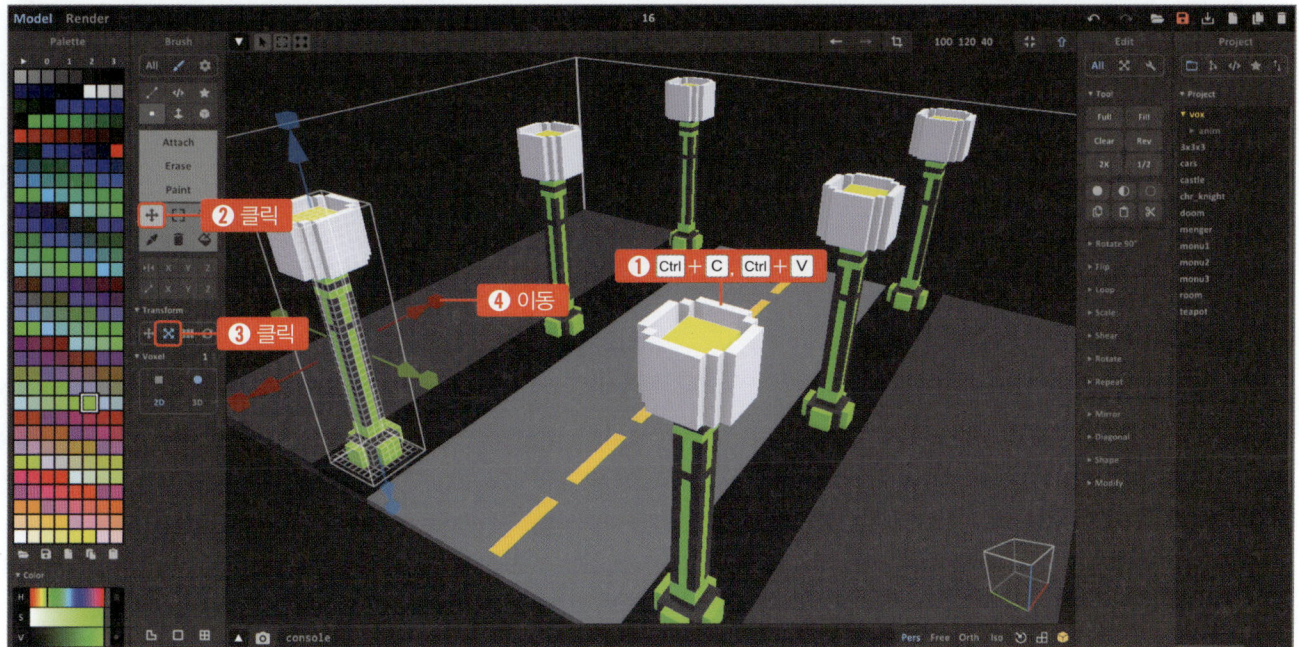

Chapter 16 눈부셔! 가로등 • **125**

❸ 전등 갓의 재질을 변경하기 위해 [Render] 탭을 클릭한 후 [Palette] 탭에서 흰색(index: 246)을 선택하고 [Matter] 탭에서 'Glass'를 선택합니다.

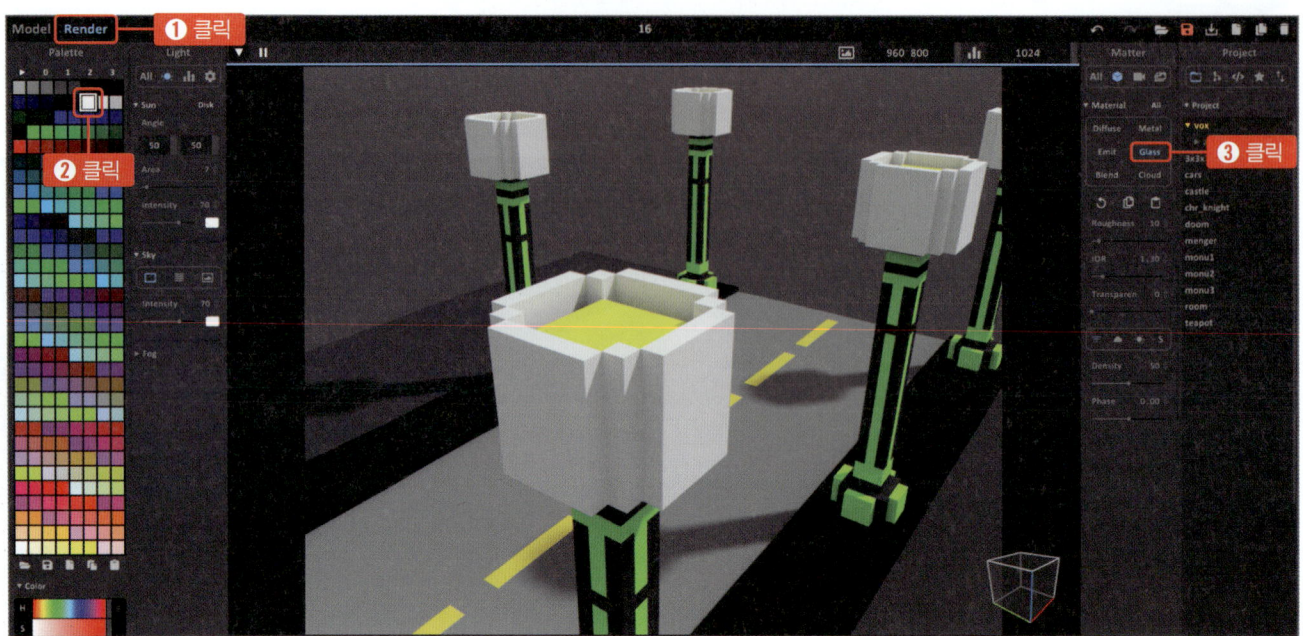

❹ 'Roughness'는 0, 'IOR'는 2.00, 'Transparen'는 100으로 설정하여 투명한 유리를 표현합니다.

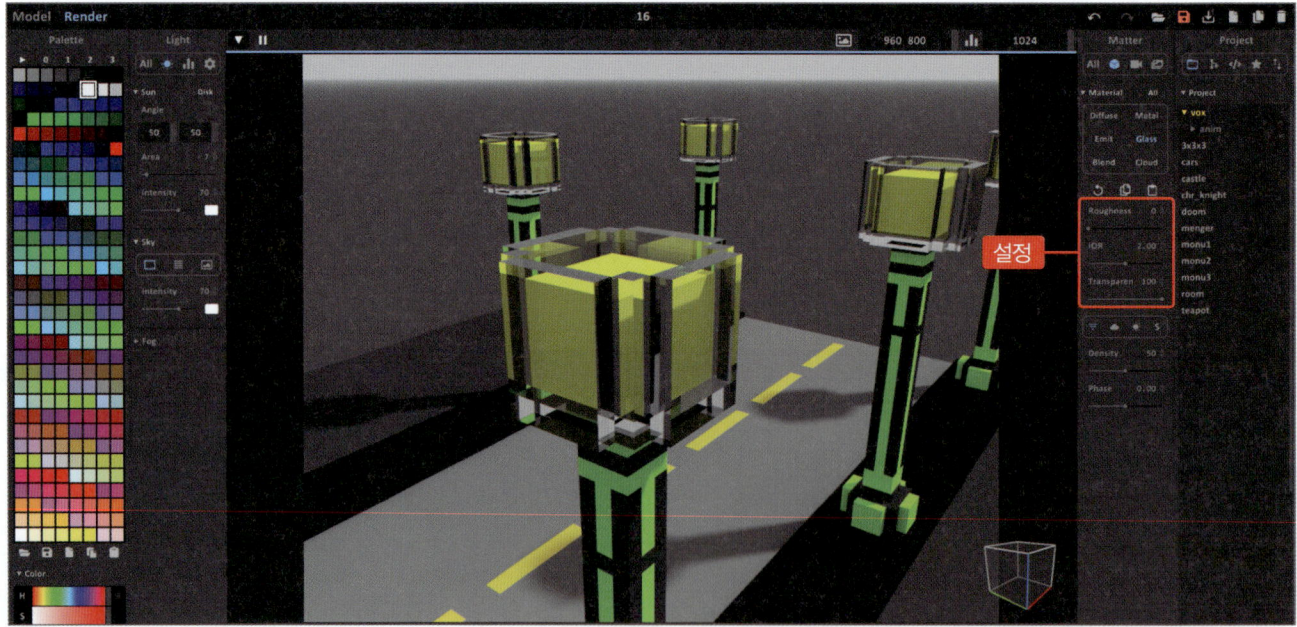

> **알아두기**
>
> 'IOR'은 빛이 굴절되는 정도를 뜻하며, 값이 '1.00'보다 작아지면 형태가 보이지 않아요.
>
>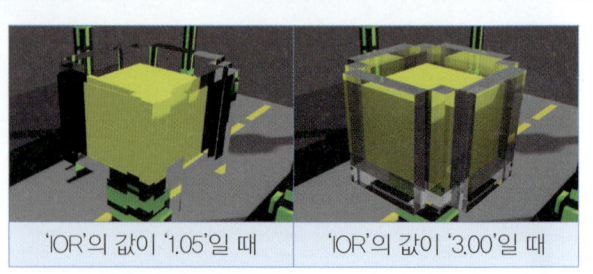
>
> 'IOR'의 값이 '1.05'일 때   'IOR'의 값이 '3.00'일 때

❺ 전구에 불을 켜기 위해 [Palette] 탭에서 노란색(index:6)을 선택하고 [Matter] 탭에서 'Emit'를 선택한 후 'Emission'과 'Power' 값을 자유롭게 설정해 봅니다.

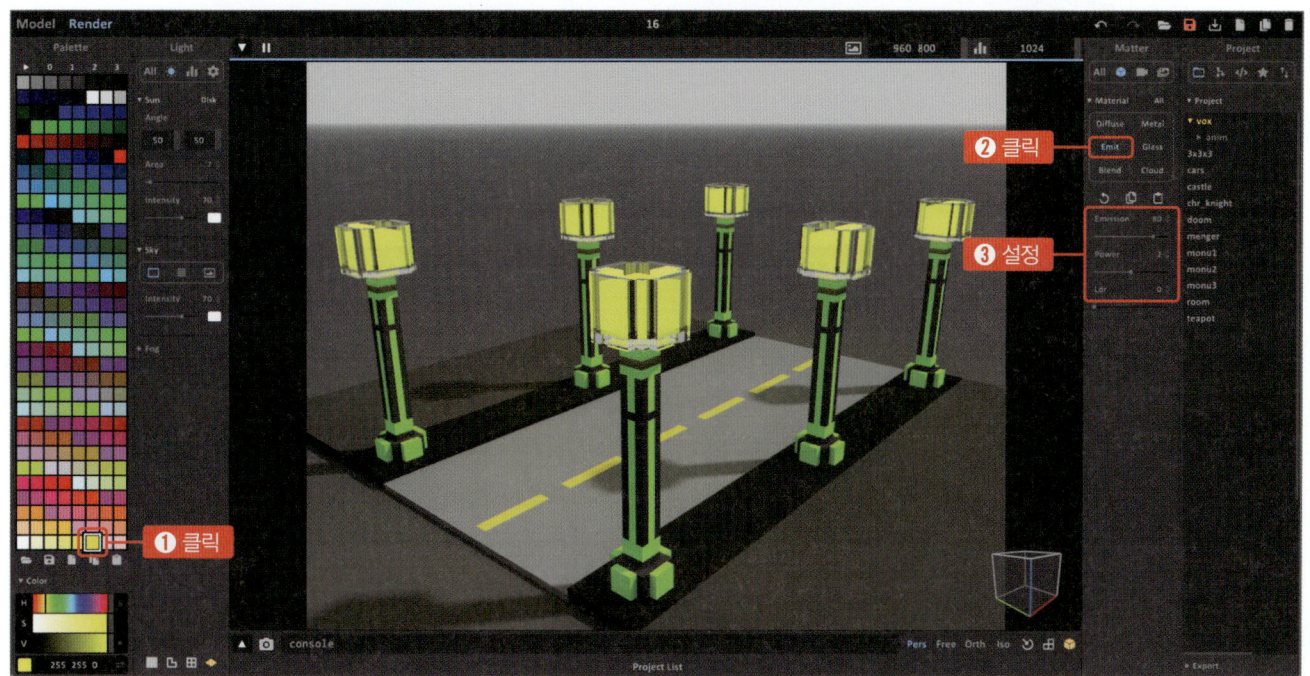

TIP 빛나는 조명이 더 잘 보이도록 [Light] 탭-'Sky'-'Intensity' 값과 색상을 변경하며 어두운 밤을 표현해요.

❻ 여러 갈래로 빛이 뻗어 나가는 모습을 표현하기 위해 [Matter] 탭-'Camera(■)'-'Blade' 값('4')과 'Bloom'-'Size' 값('40'), 'Aspect' 값('80')을 변경한 후 재생(▶) 버튼을 클릭합니다.

TIP Blade 값에 따라 갈라지는 빛의 개수가 변경돼요.

❼ 가로등이 완성되면 [Project] 탭-'Export'-'vox'를 클릭하여 파일을 저장합니다.

차곡차곡~ 3D 상상력 쌓기

▶ 예제 파일 : 없음   ▶ 완성 파일 : 16강_미션_완성.vox

미션 01 매지카복셀(MagicaVoxel)을 실행한 후 작업 공간의 크기(40, 40, 50)를 변경하고, 야구장 조명을 만들어 봅니다.

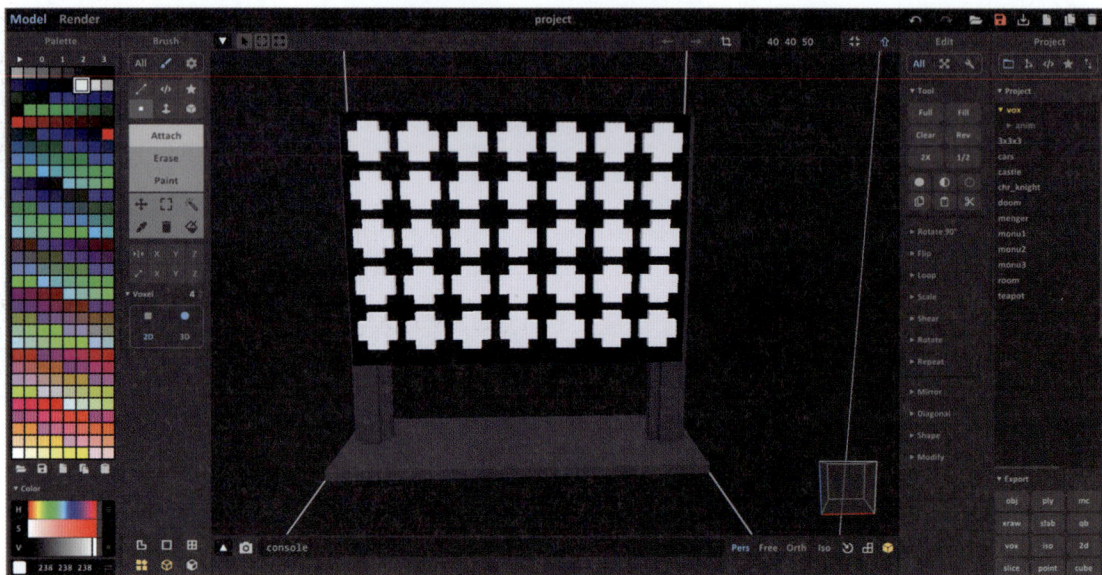

미션 02 조명의 불빛이 8개 방향으로 뻗어나가도록 설정해 봅니다.

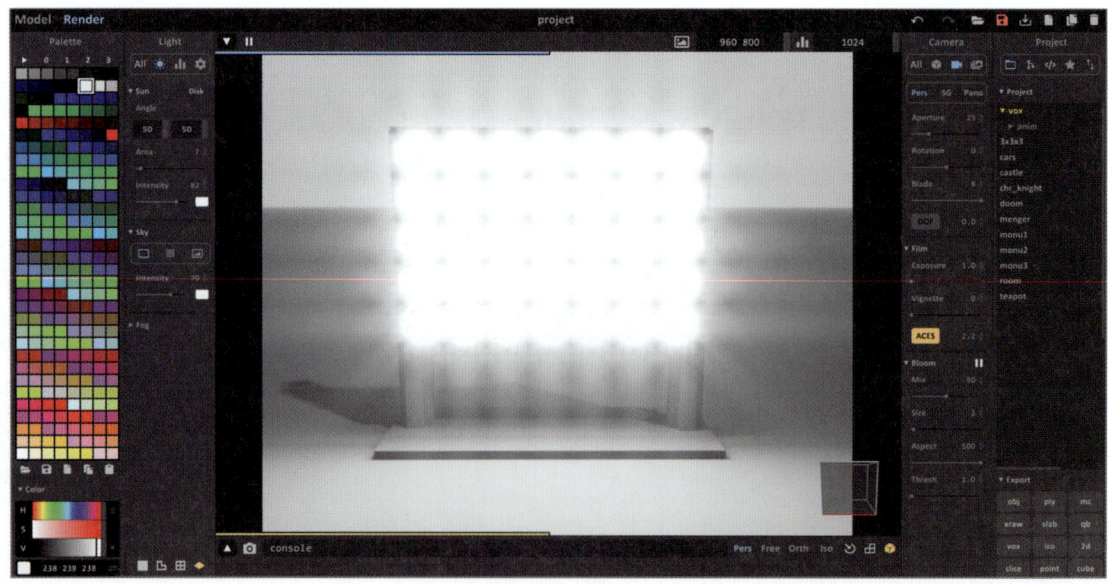

이렇게 해봐요 'Blade' 값을 '8'로, 'Aspect'의 값을 '100'으로 설정해요.

128 • PART 3 번쩍번쩍 네온 월드

CHAPTER 17
웅덩이 속 불빛들

탐험 월드 번쩍번쩍 네온 월드

오늘은 네온 월드의 빛 축제가 있는 날이에요. 비가 온 다음 날이라 길 여기저기 물이 고여 있네요. 잠깐! 빛이 웅덩이에 비치면 아름다운 빛을 두 배로 즐길 수 있어요. 완전~럭키잖아!

◉ 예제 파일 : 없음   ◉ 완성 파일 : 17강_완성.vox

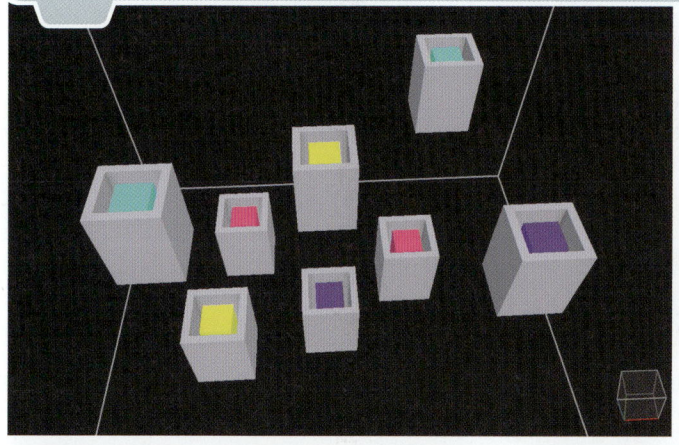
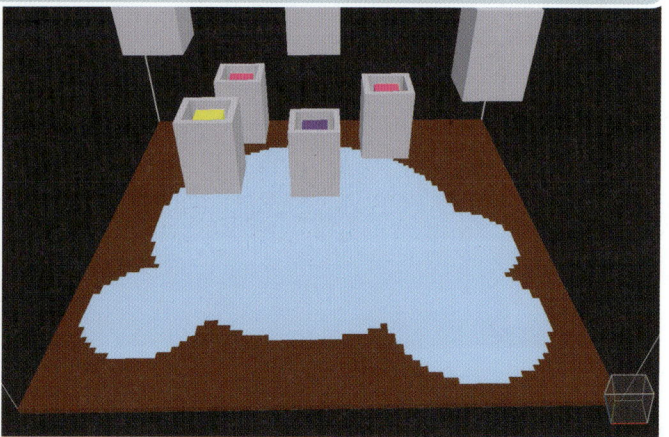

함께 배워볼까요?

- 복셀을 이용하여 공중에 뜬 풍등을 만들 수 있어요.
- 복셀의 재질을 변경하여 풍등의 불빛이 웅덩이에 비치도록 표현할 수 있어요.

Chapter 17 웅덩이 속 불빛들 • **129**

Step 01 풍등 만들기

>>> 복셀을 추가하여 풍등을 표현해봐요.

❶ 매지카복셀(MagicaVoxel)을 실행한 후 작업 공간의 크기(80, 80, 60)를 변경하고 [Edit] 탭에서 'Clear'를 클릭합니다.

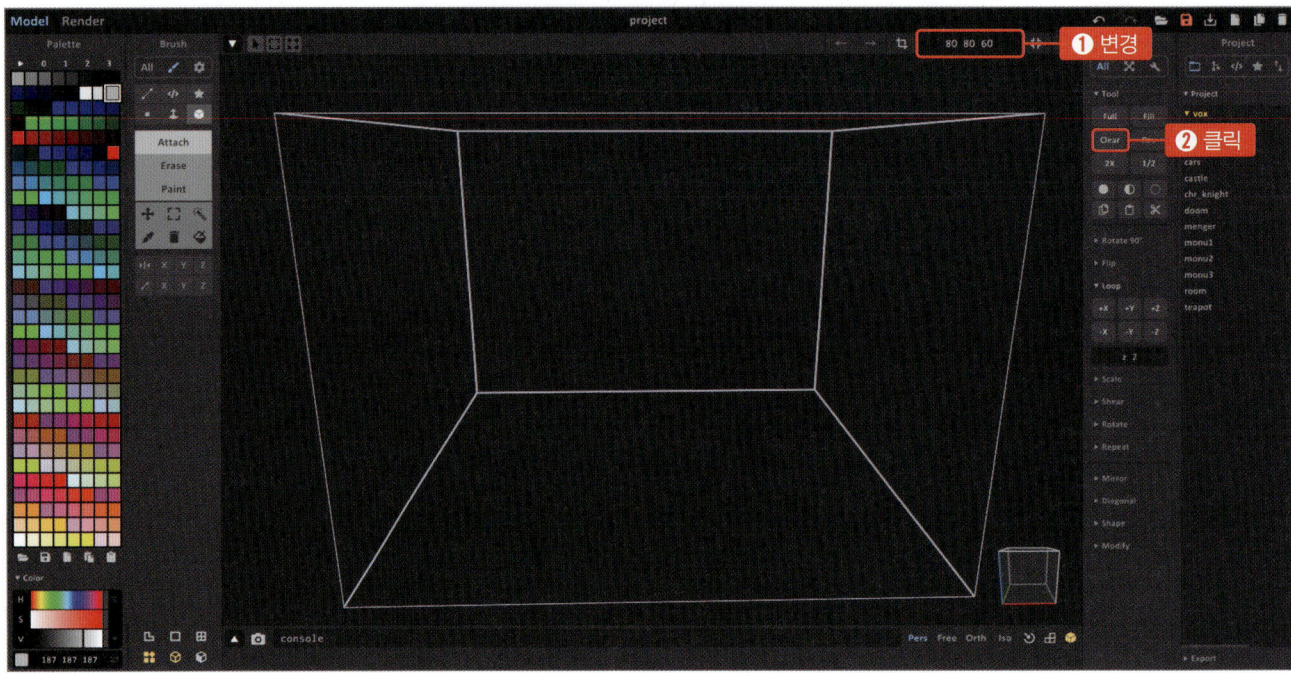

❷ [Brush] 탭-'박스( )'-'Attach'를 클릭하고 [Palette] 탭에서 흰색(index:248)을 선택한 후 작업 공간 모서리에 풍등을 그려봅니다.

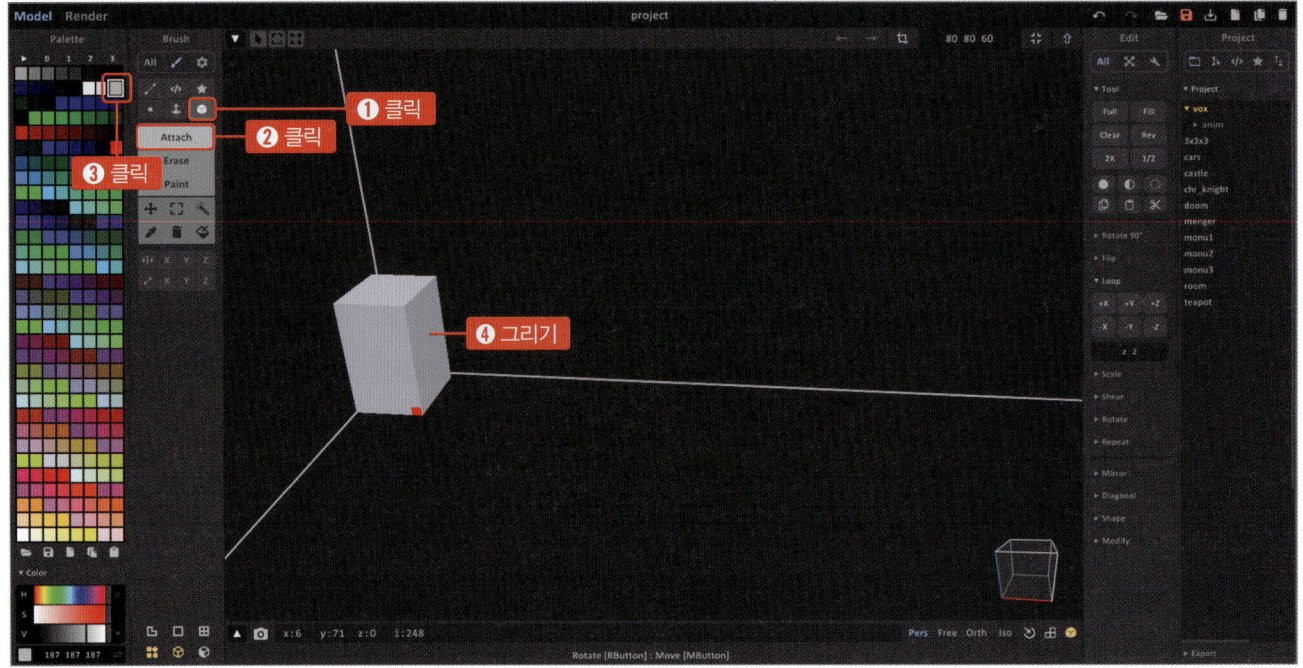

❸ [Edit] 탭-'Loop'를 이용하여 복셀을 공중에 띄운 후 [Brush] 탭에서 'Erase'를 클릭하여 안쪽 복셀을 삭제합니다.

❹ 이어서 [Palette] 탭에서 원하는 조명의 색상을 선택한 후 [Brush] 탭에 '복셀(■)', '박스(⬢)', '연장(⬆)'을 이용하여 풍등 안 조명을 표현합니다.

❺ 이어서 여러 개의 풍등을 만들어 알록달록한 조명을 표현한 후 공중에 띄워 봅니다.

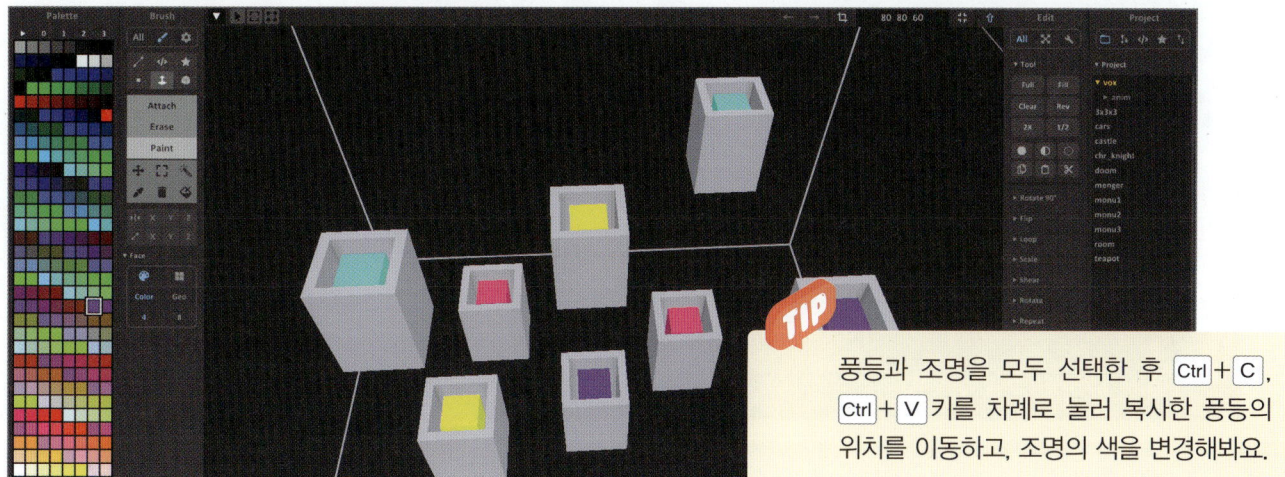

TIP 풍등과 조명을 모두 선택한 후 Ctrl+C, Ctrl+V 키를 차례로 눌러 복사한 풍등의 위치를 이동하고, 조명의 색을 변경해봐요.

Chapter 17 웅덩이 속 불빛들 • **131**

Step 02 길에 웅덩이 만들기
>>> 복셀을 이용하여 길 위에 물 웅덩이를 표현해 봐요.

❶ [Brush] 탭-'연장( )'-'Attach'를 클릭하고 [Palette] 탭에서 갈색(index:138)을 선택한 후 바닥에 길을 만들어 봅니다.

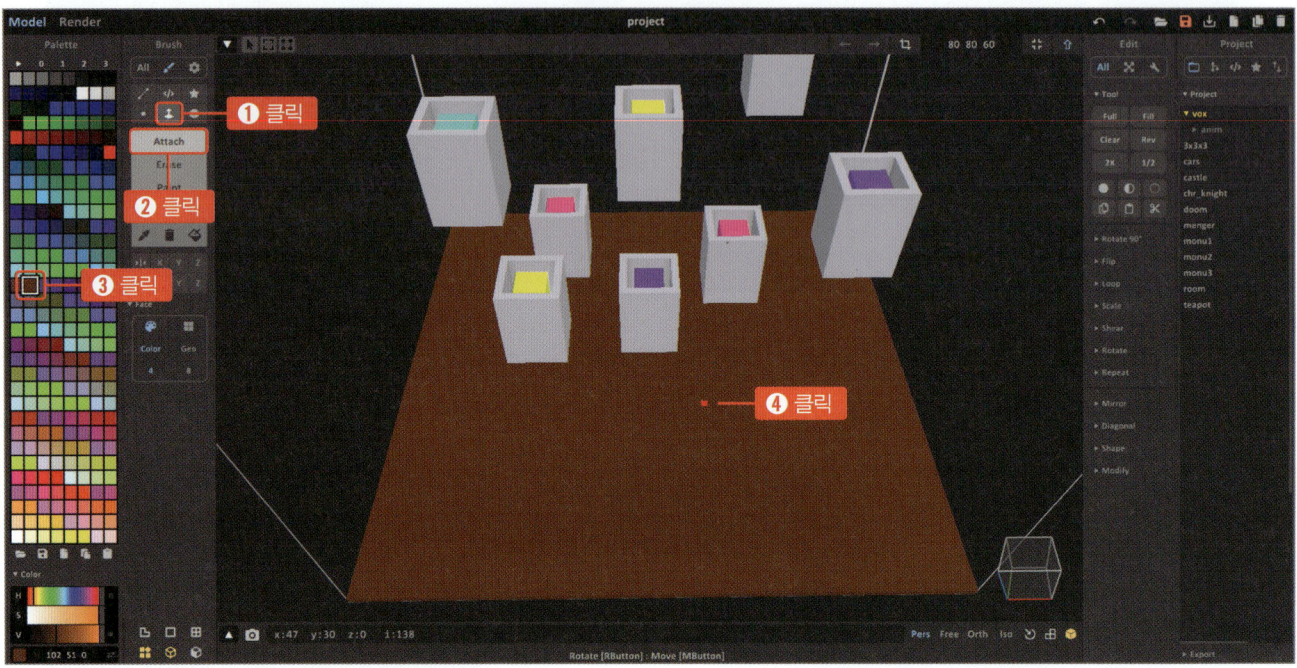

❷ 이어서 [Brush] 탭-'도형( )'-'Paint'를 클릭하고, 'Geometry'에서 '원'을 선택한 후 [Palette] 탭에서 하늘색(index:79)을 선택하여 물 웅덩이를 만들어 봅니다.

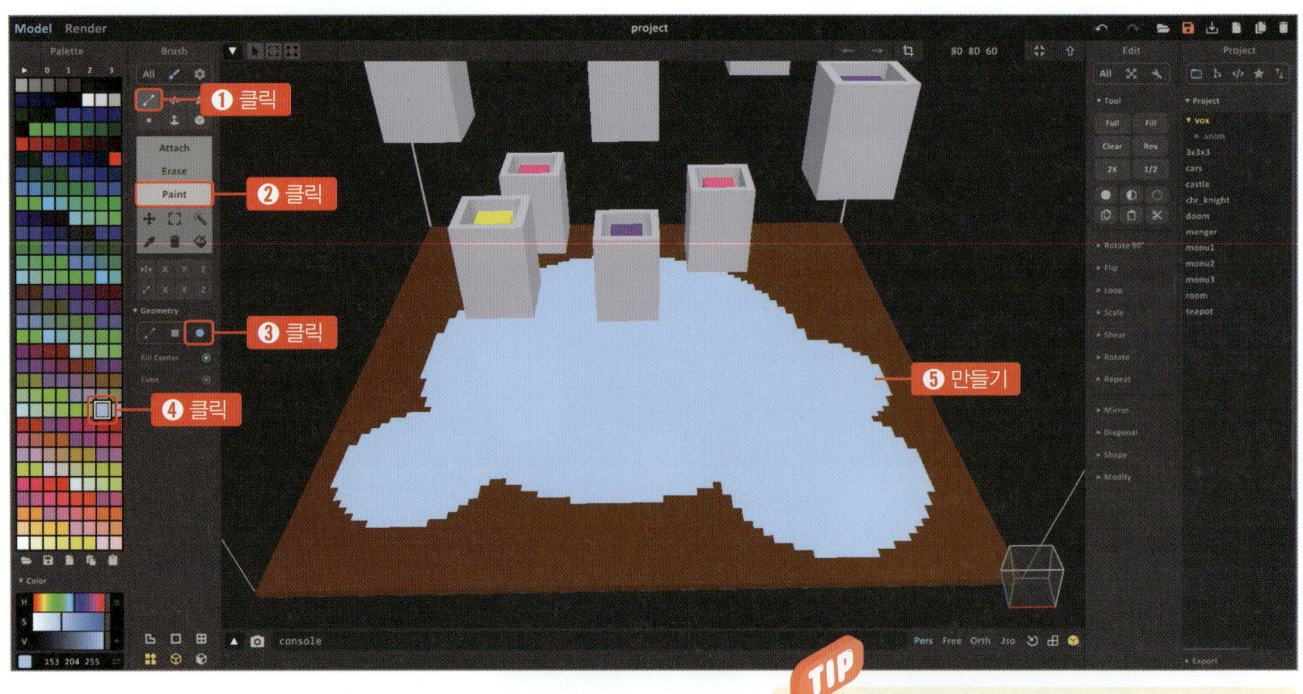

TIP 물 웅덩이의 모양은 자유롭게 표현해요.

풍등 재질 설정하기

>>> 풍등의 재질을 설정하여 날아가는 풍등의 빛이 웅덩이에 비치도록 표현해 봐요.

❶ [Render] 탭을 클릭한 후 [Matter] 탭에서 'Glass'를 클릭합니다.

> **TIP**
> [Palette] 탭에서 물 웅덩이의 색상이 선택되어 있는지 확인해요.

❷ 이어서 'Roughness'의 값을 0으로, 'IOR'의 값을 2로, 'Transparen'의 값을 35로 설정하여 웅덩이에 풍등이 비치는지 확인합니다.

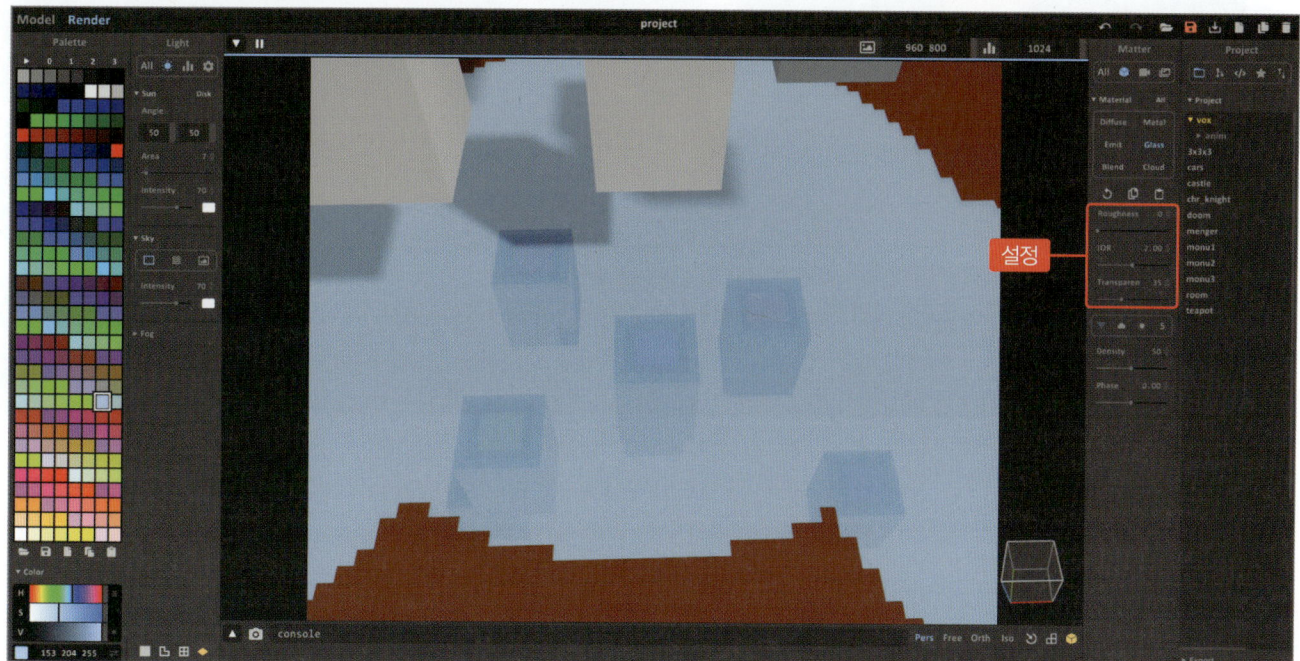

Chapter 17 웅덩이 속 불빛들 • **133**

❸ 이어서 [Palette] 탭에서 조명의 색상을 각각 선택한 후 [Matter] 탭에서 'Emit'를 선택하고, 'Emission'과 'Power' 값을 자유롭게 설정합니다.

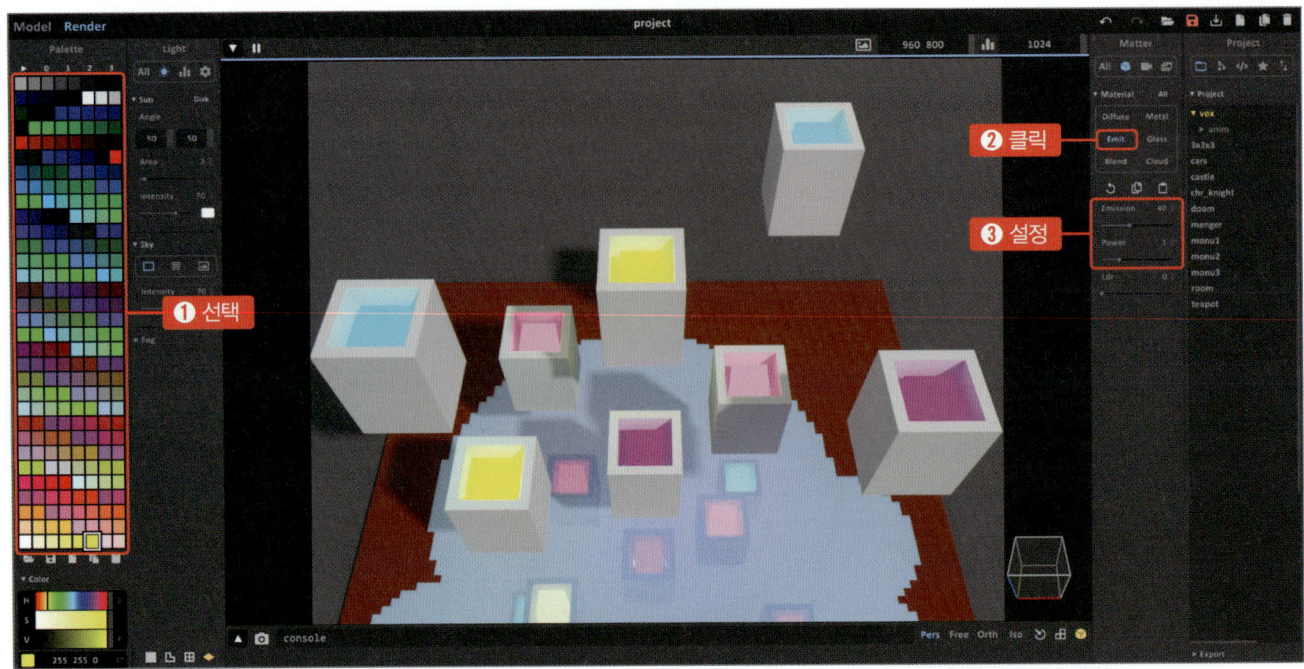

❹ [Light] 탭에서 'Sun'-'Intensity' 값을 '0'으로 설정하고, 'Sky'에서 'Atmospheric Scattering (〰)'를 선택한 후 풍등의 조명이 웅덩이에 비친 모습을 확인합니다.

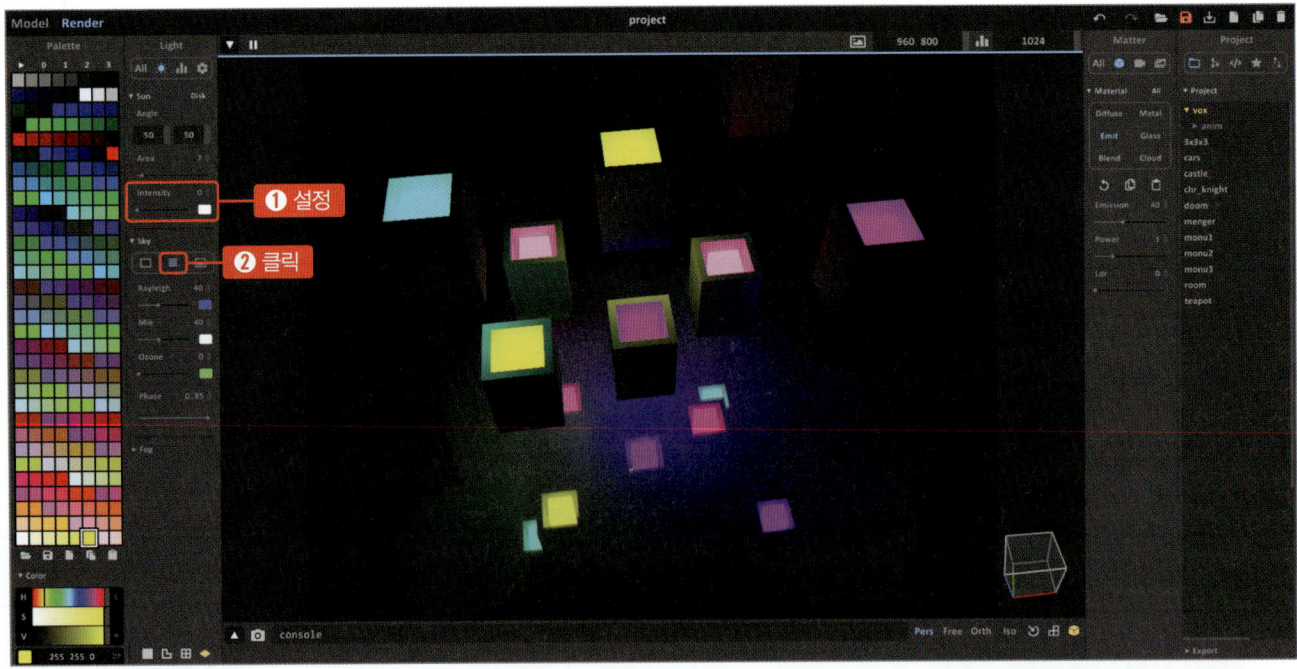

❺ 풍등의 조명이 비치는 웅덩이를 완성한 후 [Project] 탭-'Export'-'vox'를 클릭하여 파일을 저장합니다.

차곡차곡~ 3D 상상력 쌓기

▶ 예제 파일 : 없음   ▶ 완성 파일 : 17강_미션_완성.vox

미션 01 매지카복셀(MagicaVoxel)을 실행하고 작업 공간의 크기(60, 40, 40)를 변경한 후 오리가 떠 있는 욕조를 만들어봅니다.

미션 02 복셀을 이용하여 욕조에 물을 추가하고 물의 재질을 투명하게 설정해 봅니다.

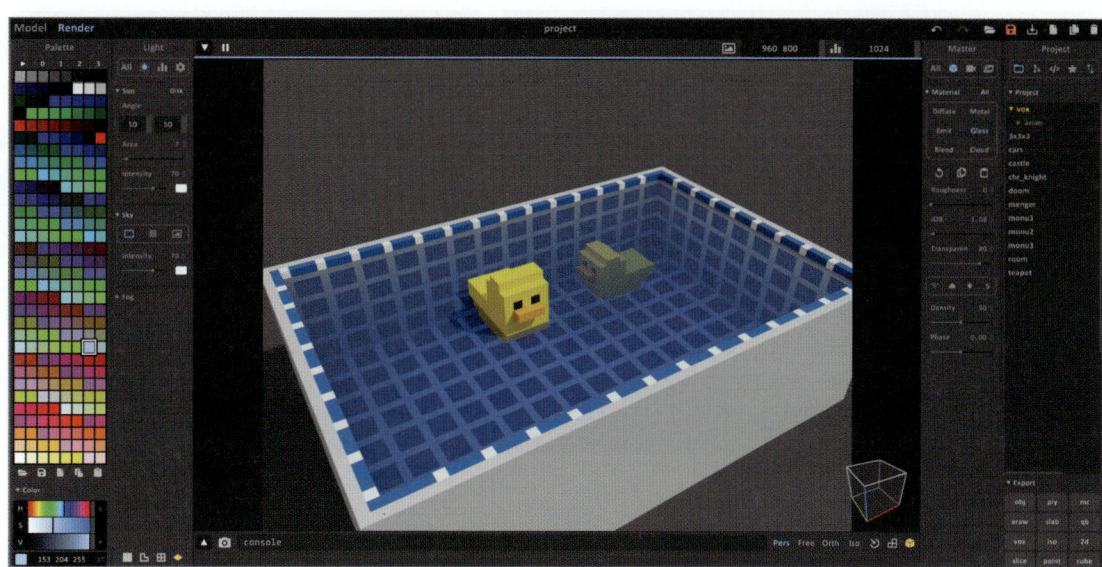

> **이렇게 해봐요** 'IOR'의 값을 '1.00'으로 설정하고 'Transparen'의 값을 크게 설정해 보세요.

CHAPTER 18

탐험 월드 번쩍번쩍 네온 월드

네온 월드 꾸미기

번쩍번쩍 화려했던 네온 월드도 이제 떠날 시간이구나.. 반짝이는 건물과 간판, 눈부신 가로등 아래 반질반질한 자동차까지... 조용한 네온 월드의 거리를 그동안 갈고 닦은 실력으로 눈부시게 꾸며줘야겠어요.

▼ 예제 파일 : 18강_예제.vox   ▼ 완성 파일 : 18강_완성.vox

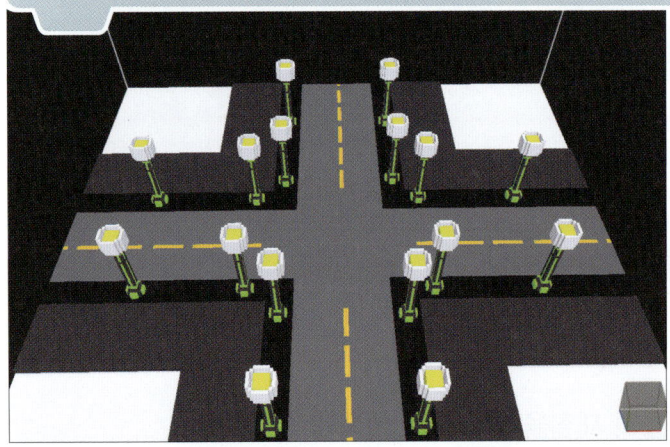
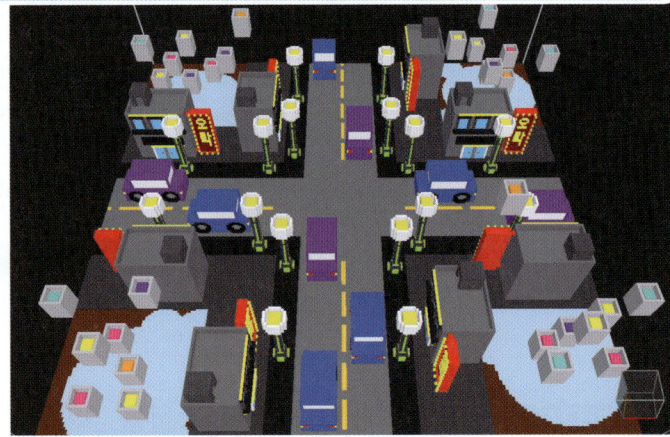
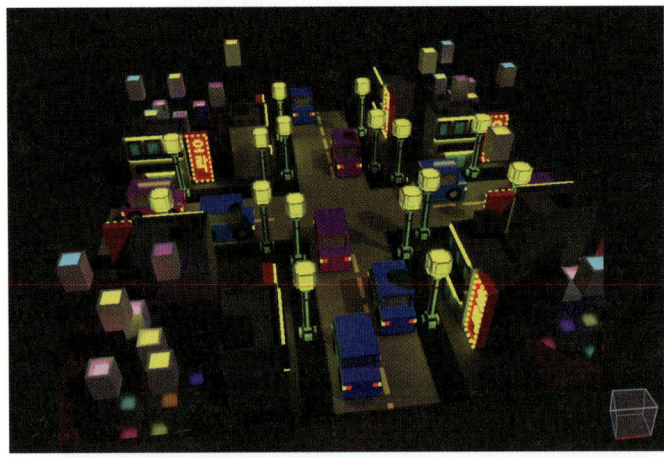

함께 배워볼까요?

- 완성한 작품을 패턴으로 불러올 수 있어요.
- 복셀의 재질을 변경하고 png 파일로 저장할 수 있어요.

Step 01 네온 거리 완성하기

>>> 지금까지 만들었던 작품을 패턴으로 불러와 네온 거리를 완성해 봐요.

❶ 매지카복셀(MagicaVoxel)을 실행한 후 [열기(📁)]를 클릭하여 '18강_예제.vox' 파일을 불러옵니다.

❷ [Project] 탭에서 'Pattern(⭐)'을 클릭하고 'Library'에서 '열기(📁)'를 클릭한 후 '18강 예제 폴더'에서 '도로.vox' 파일을 불러옵니다.

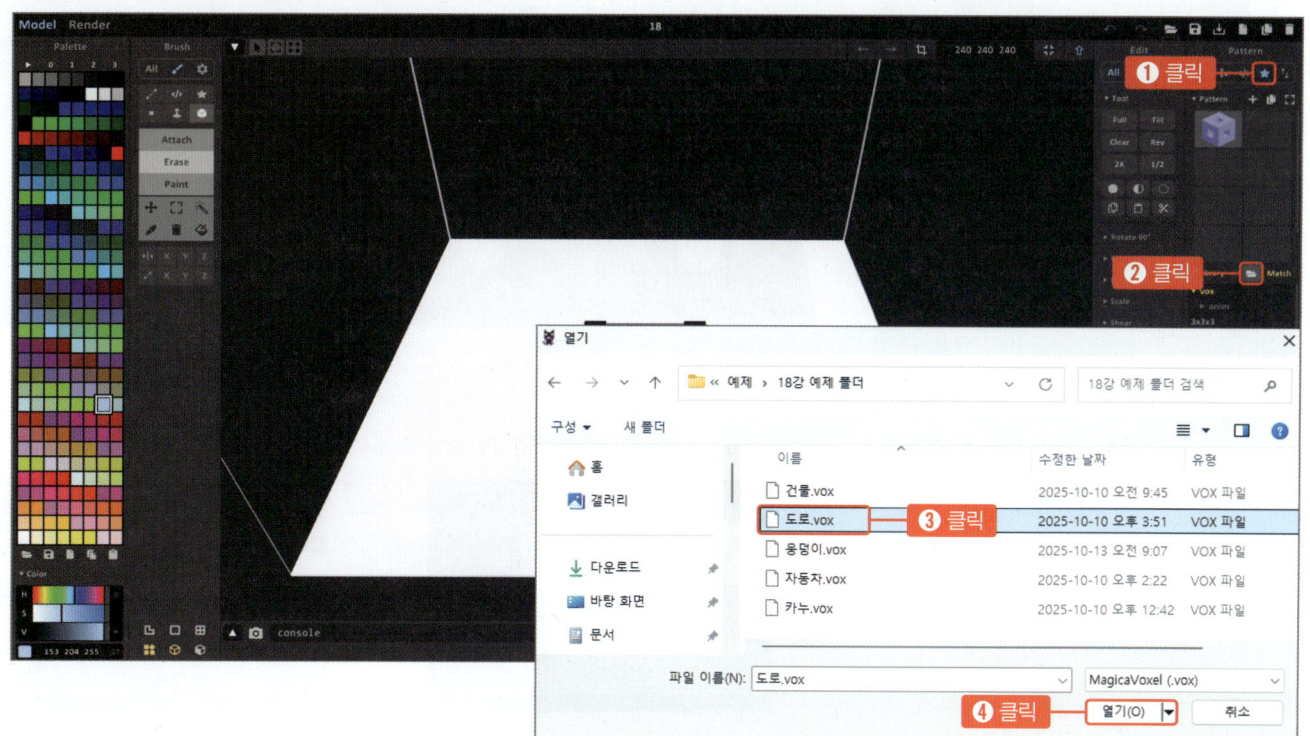

Chapter 18 네온 월드 꾸미기 • 137

❸ 이어서 [Brush] 탭-'패턴(★)'-'Attach'를 클릭한 후 '미러( )'에서 'X'축을 선택합니다. 이어서 가운데 교차로에 맞추어 도로를 추가합니다.

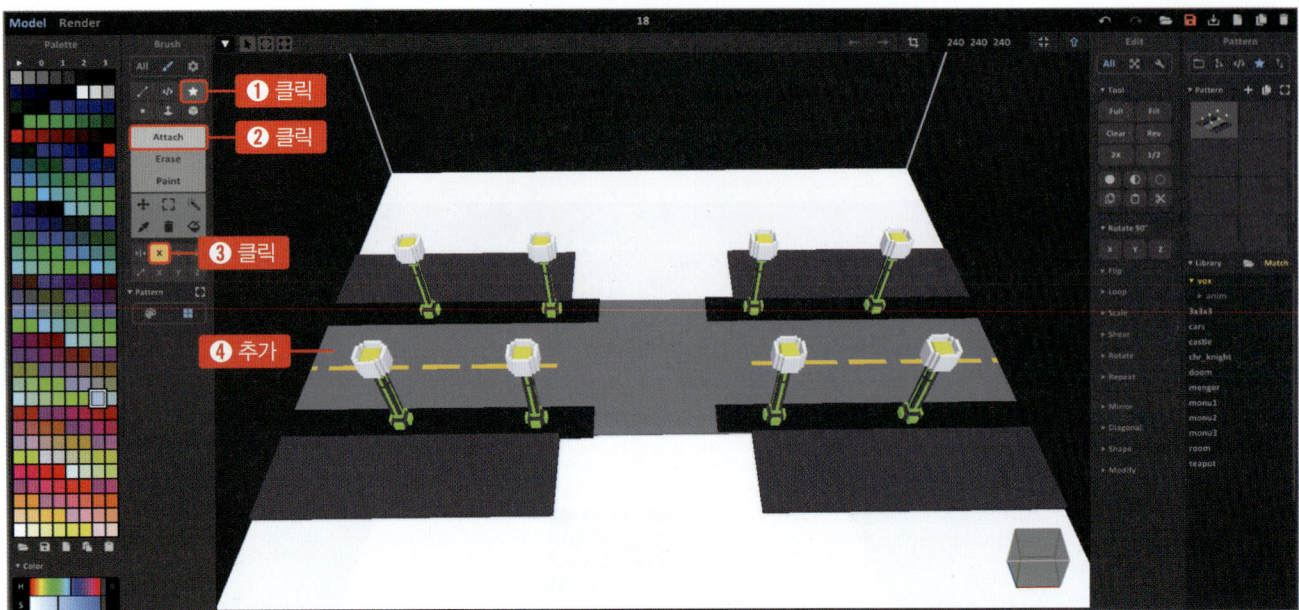

❹ [Edit] 탭-'Rotate 90°'에서 'Z'축을 클릭하여 작업 공간을 회전한 후 빈 공간에 도로를 추가합니다.

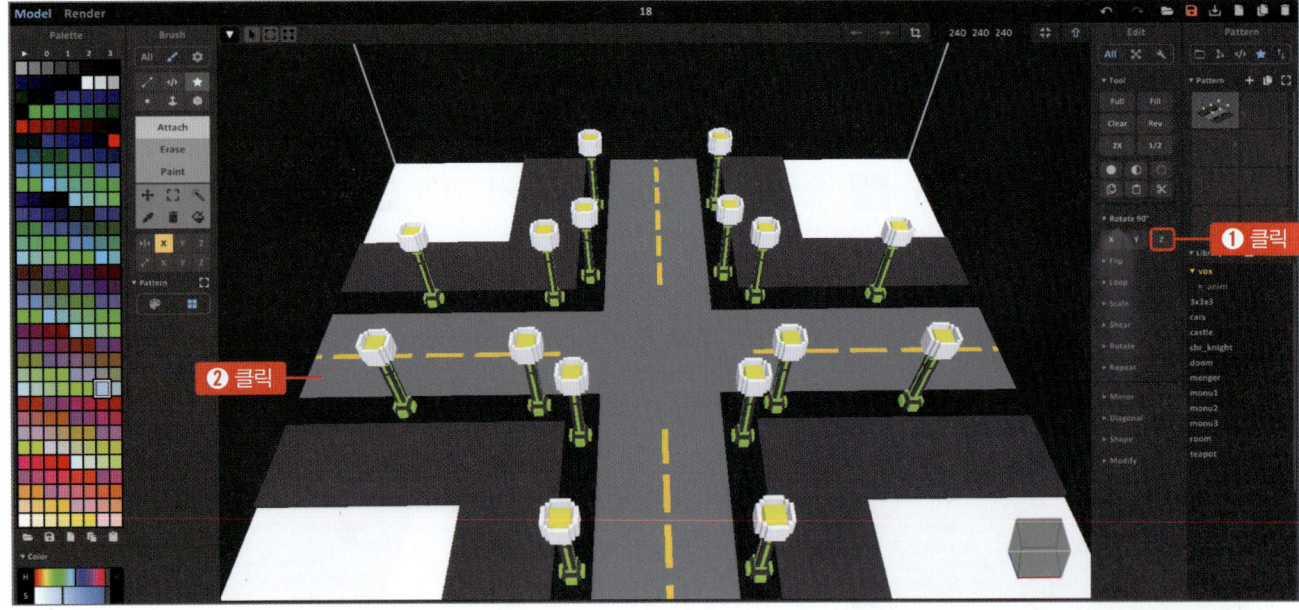

TIP 작업 공간에 도로를 추가할 때, 벽에 불필요한 복셀이 생겼다면 [Brush] 탭에서 'Erase' 기능으로 삭제해요.

138 • PART 3 번쩍번쩍 네온 월드

⑤ ❷와 같은 방법으로 '18강 예제 폴더'에서 '건물.vox' 파일을 불러온 후 [Brush] 탭-'패턴(★)'-'Attach'를 클릭합니다. 이어서 '미러( )'의 'X'축을 선택 해제한 후 건물을 추가해 봅니다.

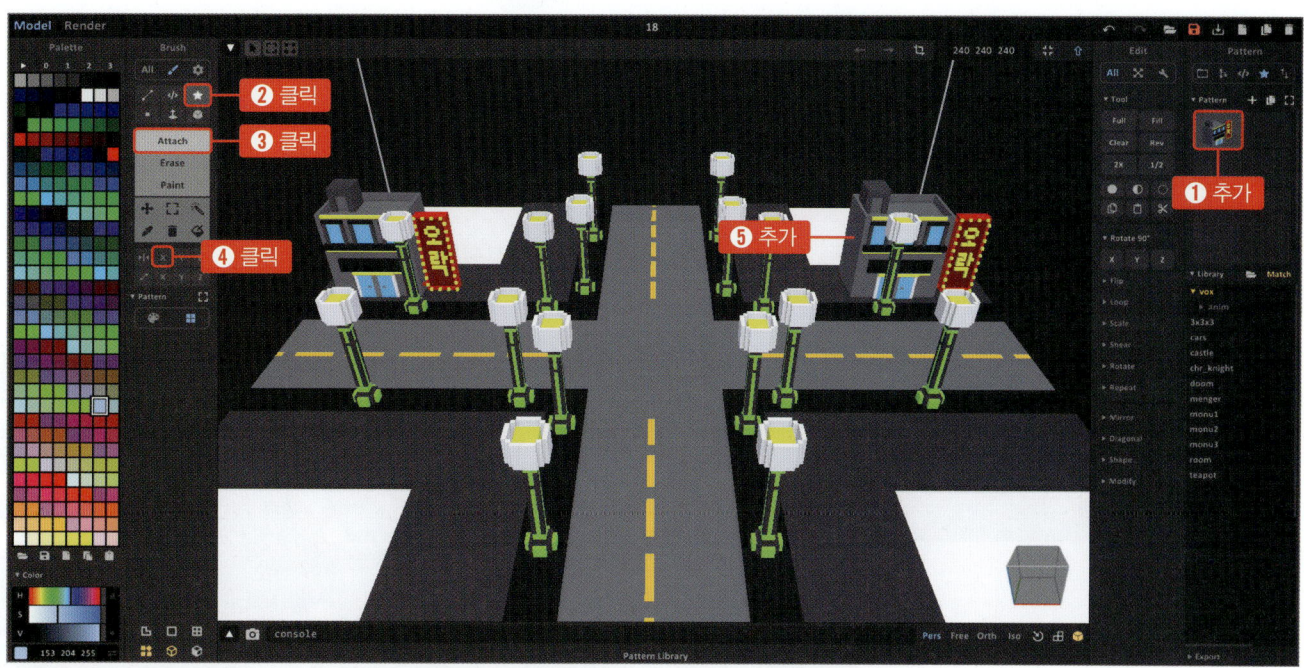

TIP 건물 간판의 글자가 뒤집히기 때문에 'X'축을 선택 해제해요.

⑥ [Edit] 탭-'Rotate 90°'에서 'Z'축을 클릭하여 작업 공간의 방향을 회전하고 건물을 추가한 후 반복하여 다른 방향으로 회전하며 건물을 추가합니다.

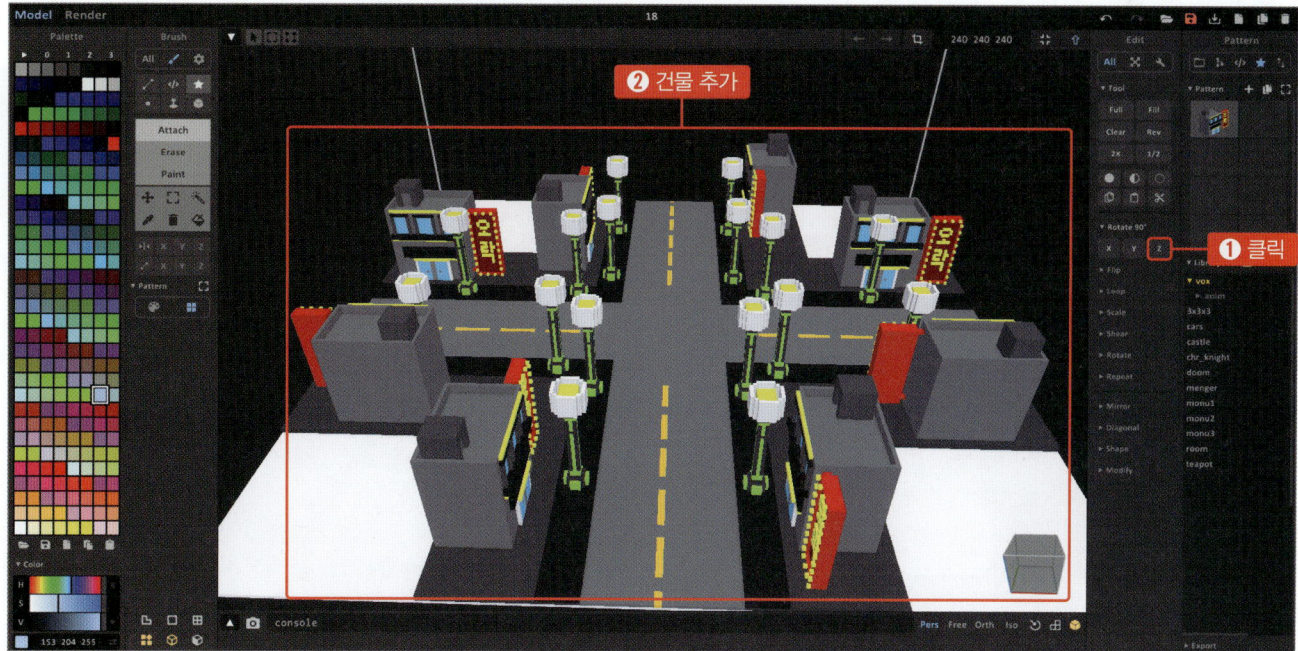

알아두기

'Rotate 90°'의 'X', 'Y', 'Z'축은 총 '4'번 클릭하면 처음 방향으로 돌아가요.

❼ ❷~❻과 같은 방법으로 '18강 예제 폴더'에서 '자동차.vox', '웅덩이.vox'를 불러와 작업 공간의 화면을 회전하며 추가해 봅니다.

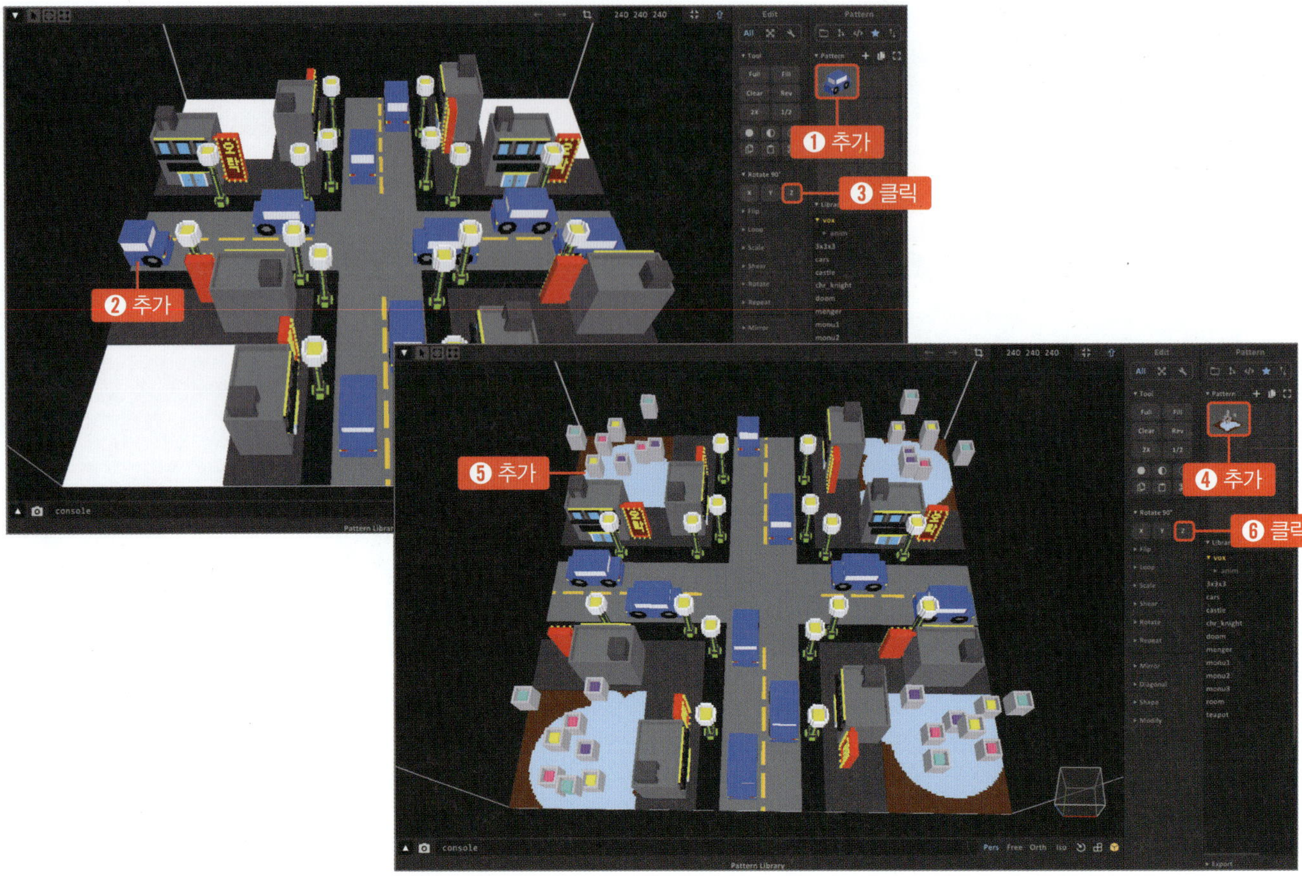

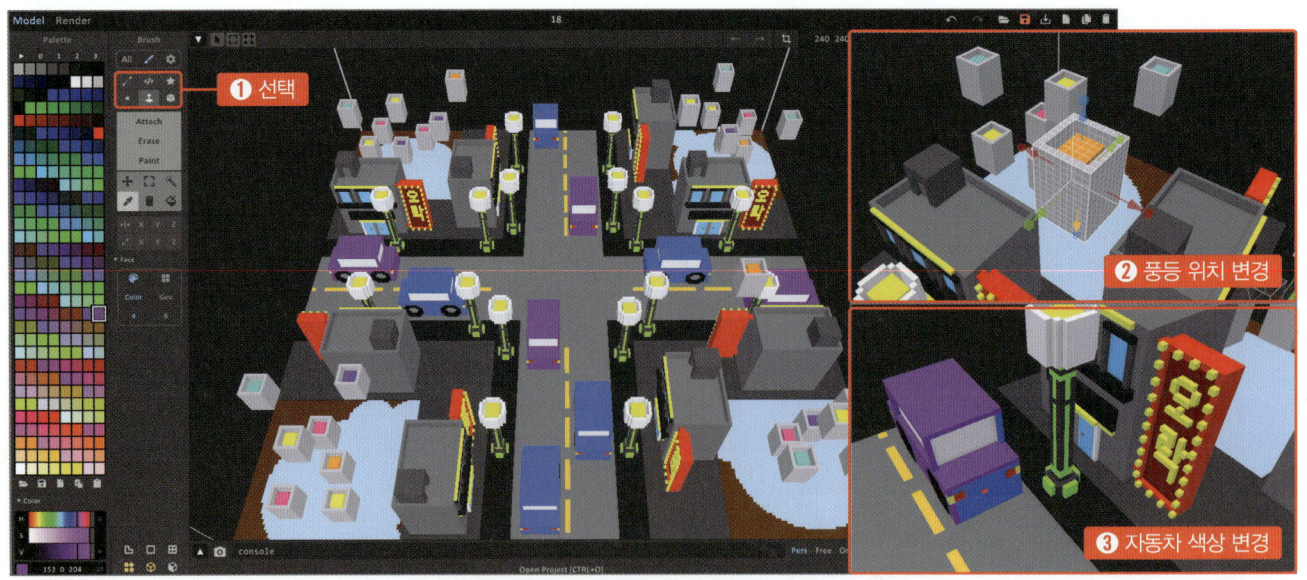

❽ 이어서 [Brush] 탭의 다양한 모드를 이용하여 네온 거리를 완성해 봅니다.

> **TIP**
> [Render] 탭에서 재질 효과는 색상에 따라 설정돼요. 만약 재질을 설정할 복셀(가로등, 웅덩이 등)과 재질을 설정하지 않을 복셀(도로, 건물 등)의 색상이 같다면 재질을 설정하지 않을 복셀의 색상을 다른 색상으로 바꿔요.

Step 02 PNG 파일로 저장하기

>>> 완성한 네온 거리 파일을 PNG 파일로 저장해요.

❶ [Render] 탭을 클릭한 후 [Palette] 탭에서 노란색(index:6)을 선택한 후 [Matter] 탭-'Material'-'Emit'을 클릭합니다. 이어서 'Emission'과 'Power'의 값을 자유롭게 설정합니다.

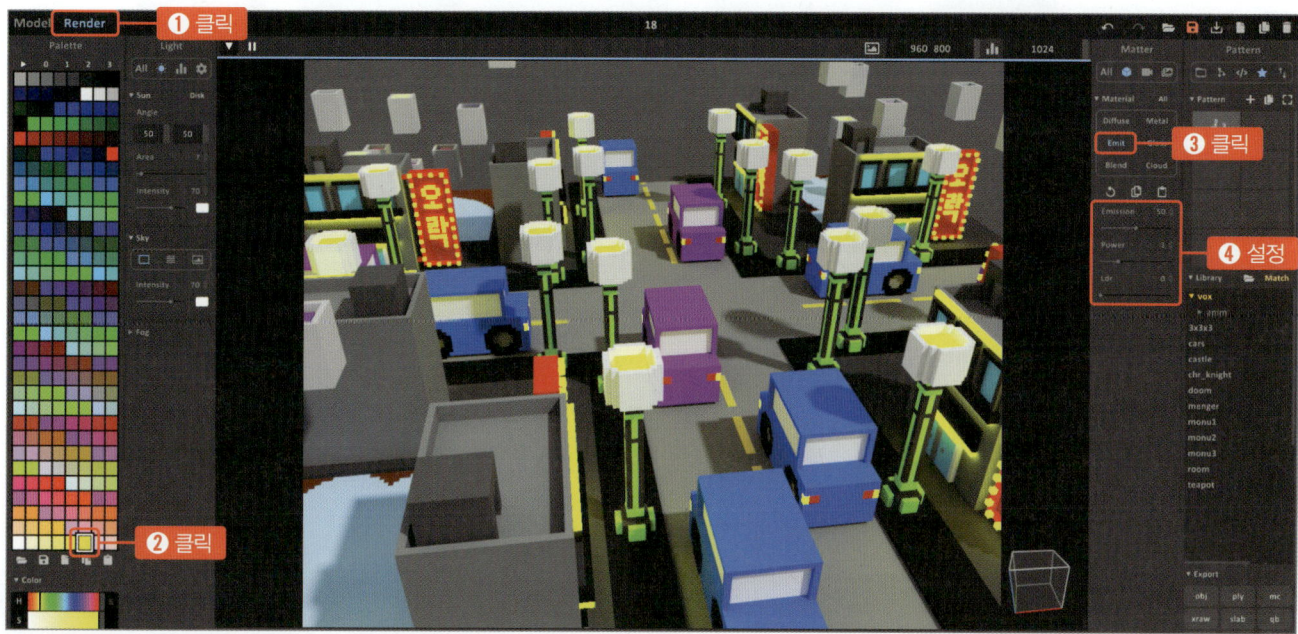

TIP 자신이 설정한 색상이 기억나지 않는다면 Alt 키를 누른 채 원하는 복셀을 클릭해요.

❷ [Render] 탭을 클릭한 후 흰색(index:246)을 클릭하고 [Matter] 탭-'Material'-'Glass'를 클릭합니다. 이어서 'Roughness'와 'IOR', 'Transparen'의 값을 자유롭게 설정합니다.

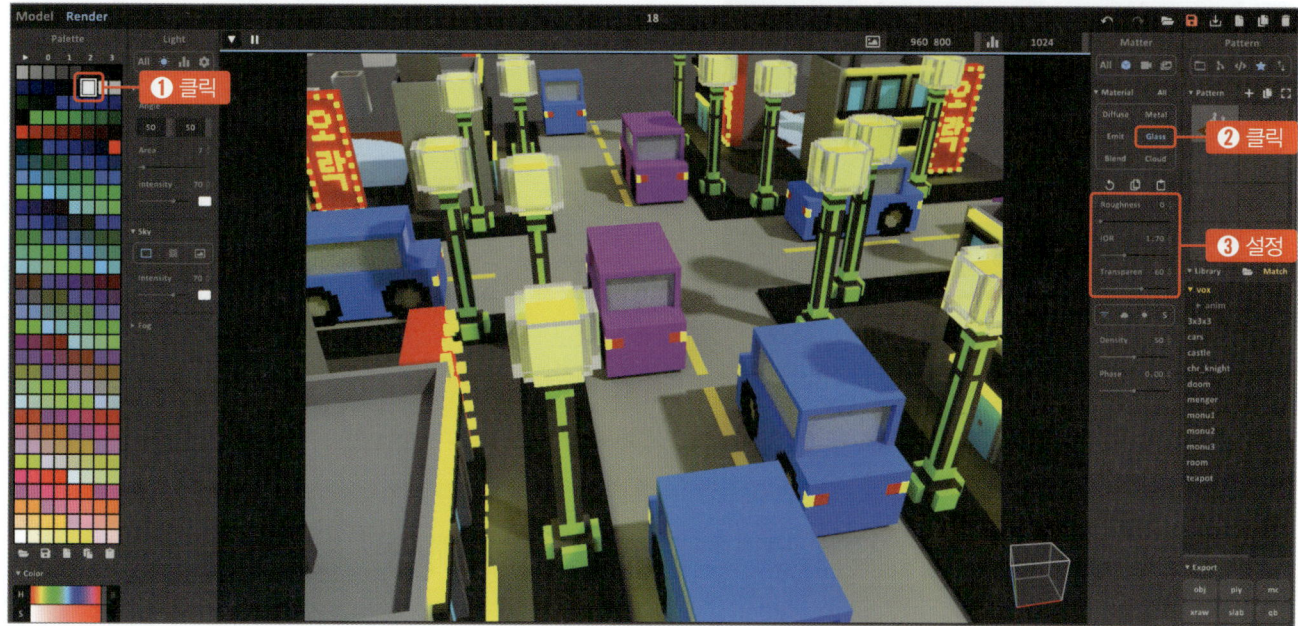

Chapter 18 네온 월드 꾸미기 • 141

❸ ❶~❷와 같은 방법으로 재질 변경이 필요한 복셀의 색상을 선택한 후 재질을 설정합니다.

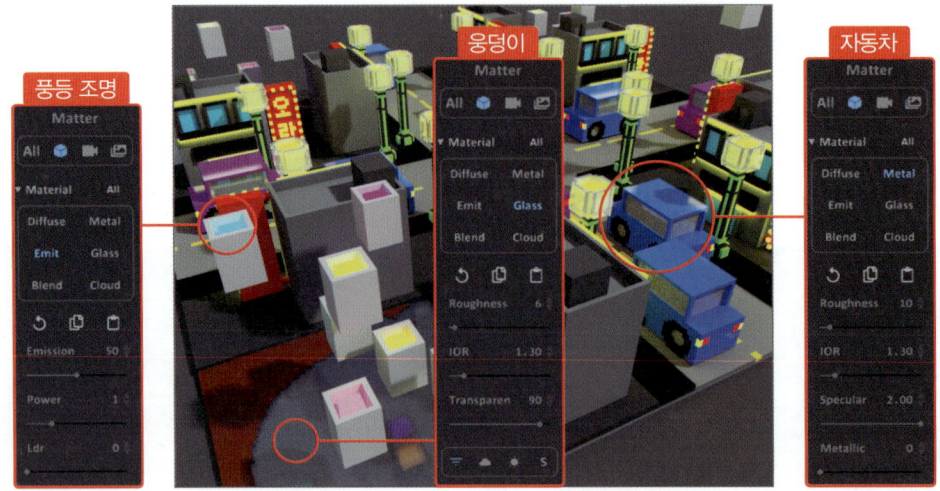

> TIP
> [Light] 탭에서 'Sun'-'Intensity'의 값을 '10'으로 설정하고 'Sky'에서 'Atmospheric Scattering (≋)'을 클릭하면 더욱 멋진 네온 거리를 만들 수 있어요.

❹ [작업] 탭 하단에 '카메라(📷)'를 클릭한 후 [다른 이름으로 저장] 창이 나타나면 저장할 위치와 파일 형식(png)을 지정하고 파일 이름을 입력하여 저장합니다.

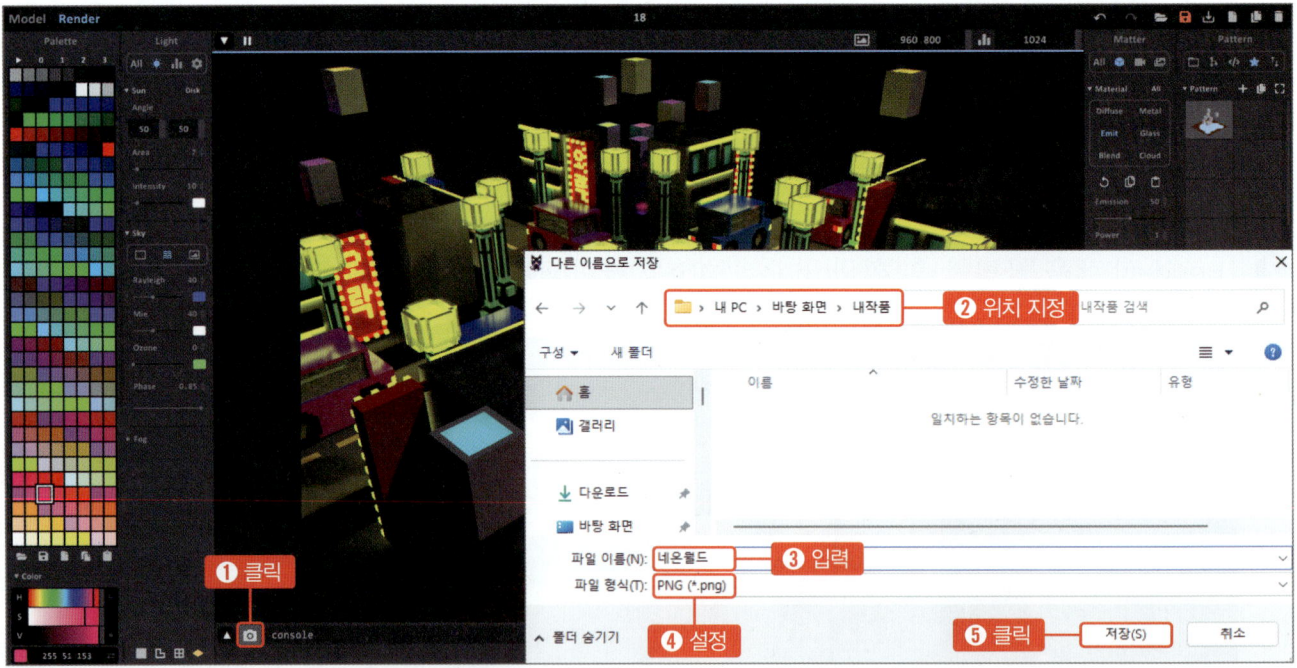

❺ ❹와 같은 방법으로 화면을 회전하여 원하는 모습의 네온 거리의 이미지를 저장한 후 [Project] 탭-'Export'-'vox' 파일로 저장합니다.

> 알아두기
> '카메라'를 클릭하여 저장한 PNG 파일은 따로 수정하거나 변경할 수 없기 때문에 반드시 'vox' 파일로 저장해요.

차곡차곡~ 3D 상상력 쌓기

▶ 예제 파일 : 18강_미션_예제.vox   ▶ 완성 파일 : 18강_미션_완성.vox

미션 01 '18강_미션_예제.vox' 파일을 불러온 후 패턴을 이용하여 호박과 카약을 추가해 봅니다.

미션 02 [Render] 탭에서 복셀의 재질을 변경하고 PNG 파일로 사진을 찍어봅니다.

이렇게 해보세요 'Sun'-'Intensity'의 값과 색상을 변경하여 어두운 하늘을 꾸며보세요.

Chapter 18 네온 월드 꾸미기 • **143**

CHAPTER 19 김밥 준비 중

탐험 월드 애니메이션 월드

애니메이션 월드 도착~! '애니메이션'은 쉽게 말해 그림들이 움직이듯 보이게 하는 거래요.... (꼬르륵~) 아이코, 배고파! 친구들과 나눠 먹을 음식으로 기다란 김밥을 준비해 볼까요?

▼ 예제 파일 : 19강_예제.vox ▼ 완성 파일 : 19강_완성.vox

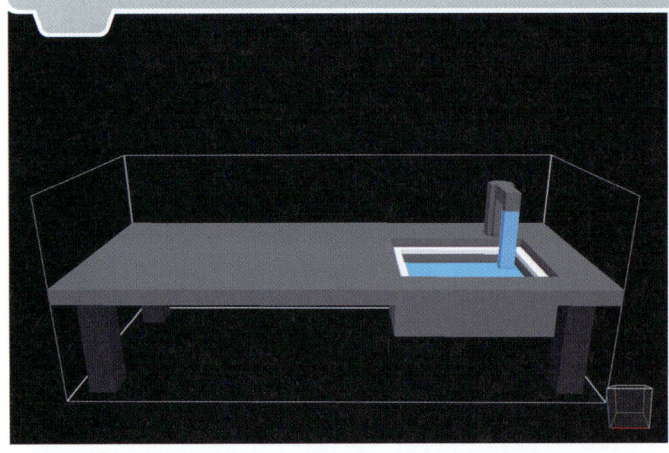
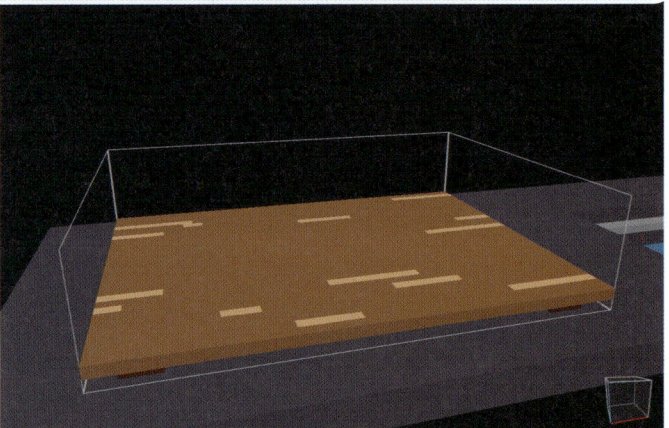
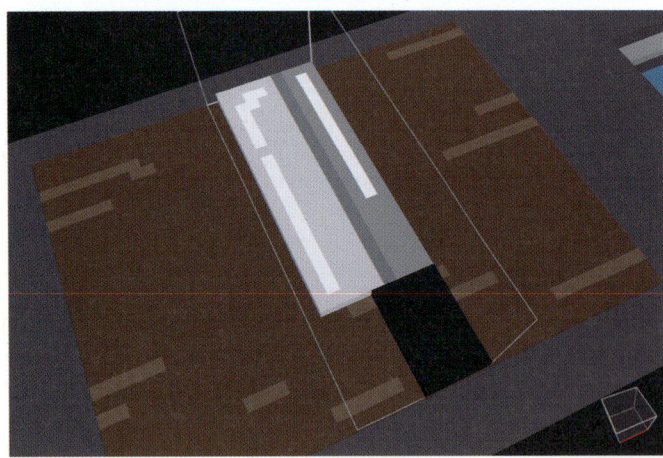
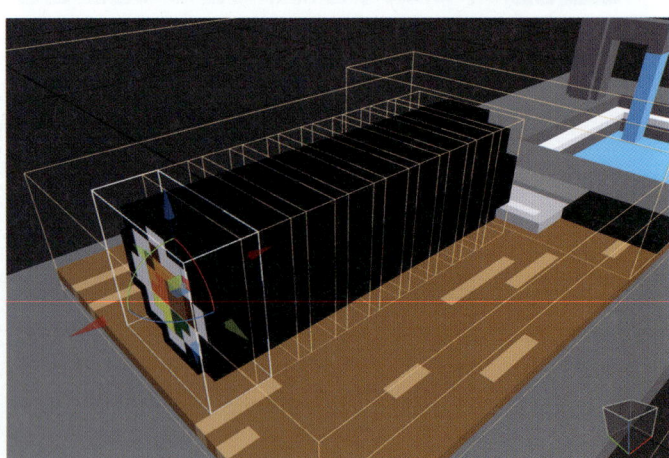

함께 배워볼까요?

- 편집과 World 상태를 구분하고 이동할 수 있어요.
- World 상태에서 오브젝트를 추가할 수 있어요.

Step 01 테이블 만들기

>>> 복셀을 추가하여 테이블을 만들어봐요.

❶ 매지카복셀(MagicaVoxel)을 실행한 후 [Edit] 탭에서 'Clear'를 클릭하여 복셀을 삭제하고 작업 공간의 크기(100, 40, 40)를 변경합니다.

❷ [Brush] 탭의 모드, [Palette] 탭의 색상, [Edit] 탭의 속성을 이용하여 김밥을 만들 조리 테이블을 완성합니다.

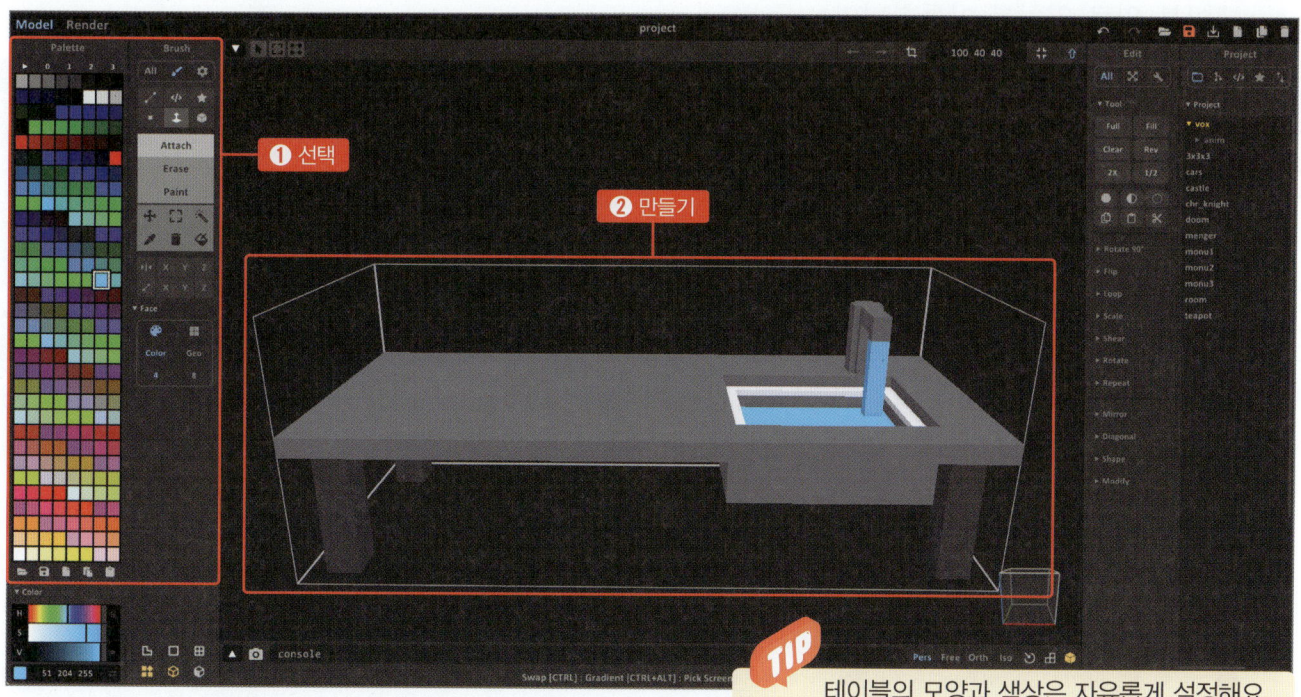

TIP 테이블의 모양과 색상은 자유롭게 설정해요.

도마 만들기

>>> World 상태에서 오브젝트를 추가하여 테이블 위에 도마를 만들어봐요.

❶ 작업 공간 상단에 'Switch World(⇧)'를 클릭하거나 ⇆ (Tab)키를 눌러 상태를 'World'로 변경합니다.

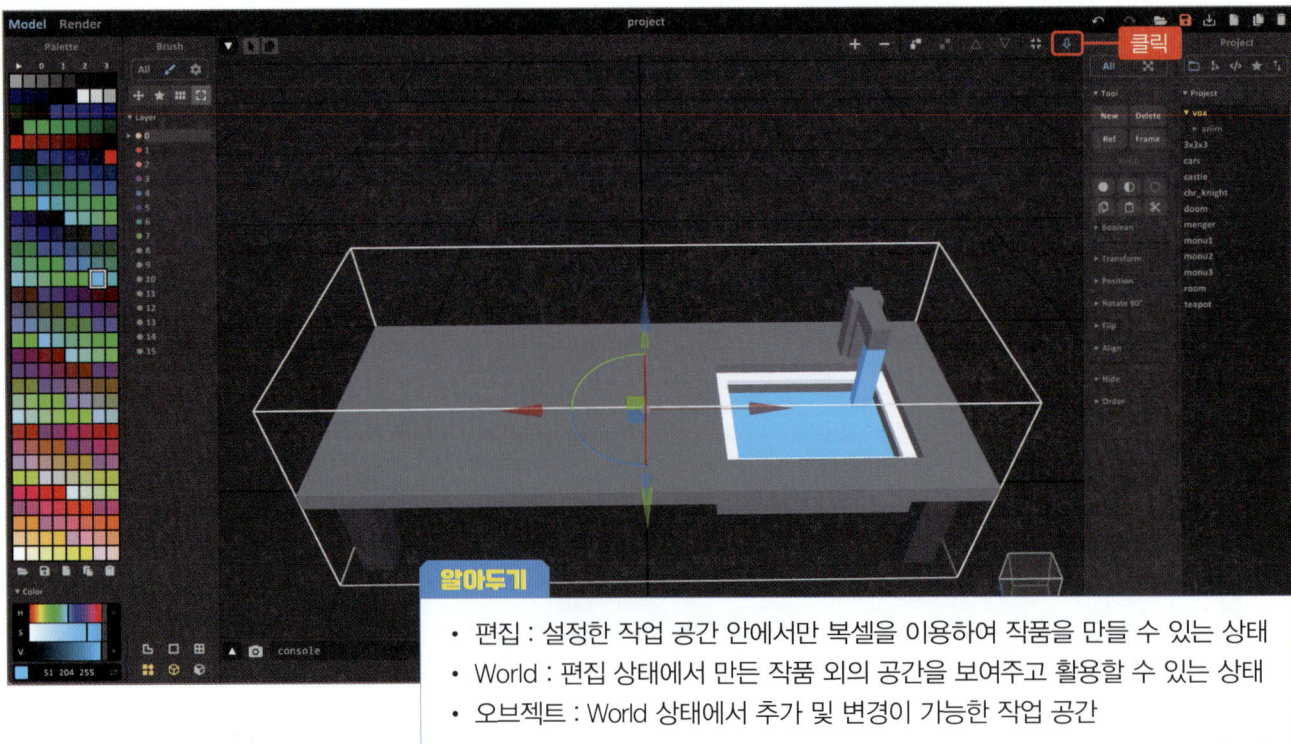

알아두기
- 편집 : 설정한 작업 공간 안에서만 복셀을 이용하여 작품을 만들 수 있는 상태
- World : 편집 상태에서 만든 작품 외의 공간을 보여주고 활용할 수 있는 상태
- 오브젝트 : World 상태에서 추가 및 변경이 가능한 작업 공간

❷ 'New Object(+)'를 클릭하여 새로운 오브젝트를 추가한 후 오브젝트에 있는 화살표를 드래그하여 테이블 위로 위치를 이동합니다.

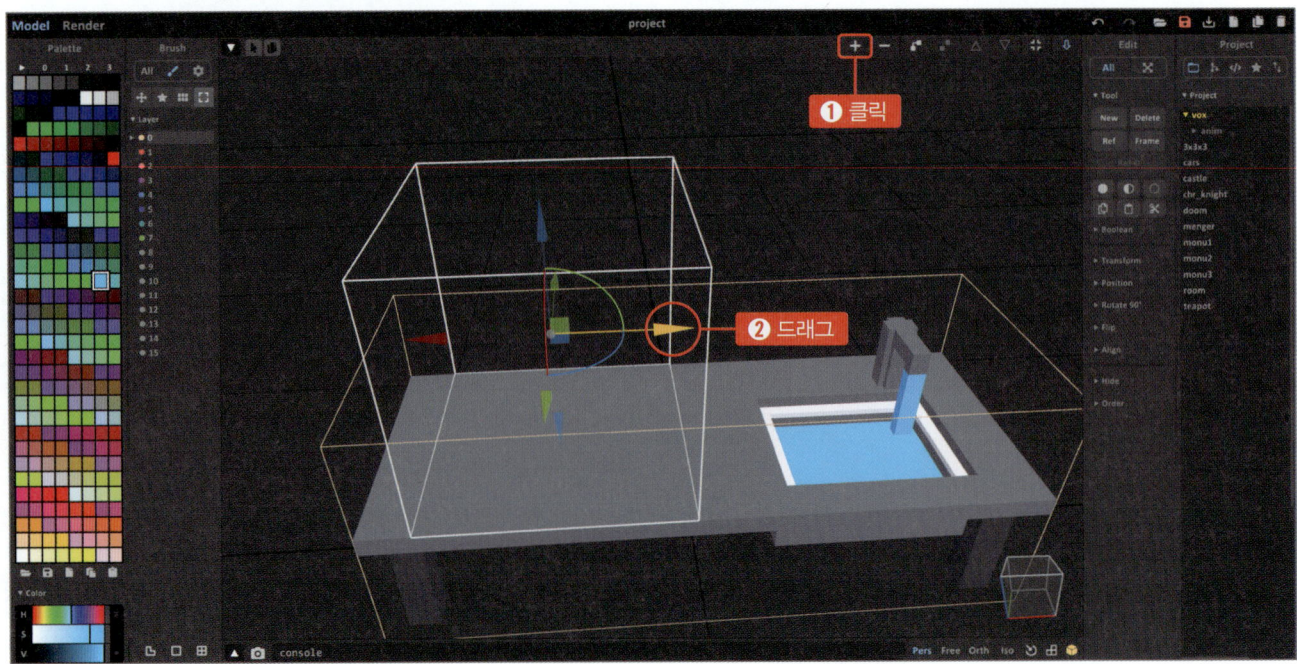

❸ 도마를 만들기 위해 키보드에서 ⇥(Tab)키를 눌러 '편집' 상태로 변경한 후 작업 공간의 크기 (40, 30, 10)를 변경합니다.

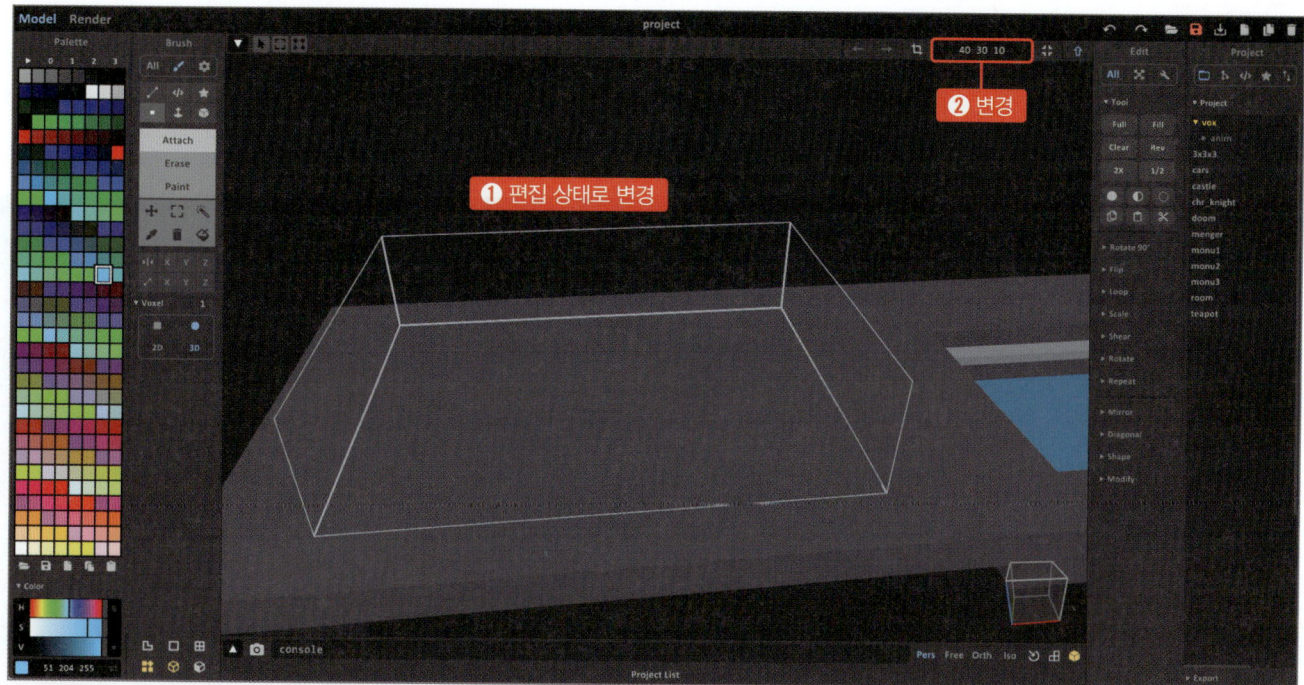

 화면의 상태가 변경되면 [Brush] 탭과 [Edit] 탭의 기능도 함께 바뀌어요.

❹ [Brush] 탭의 모드, [Palette] 탭의 색상, [Edit] 탭의 속성을 이용하여 도마를 완성합니다.

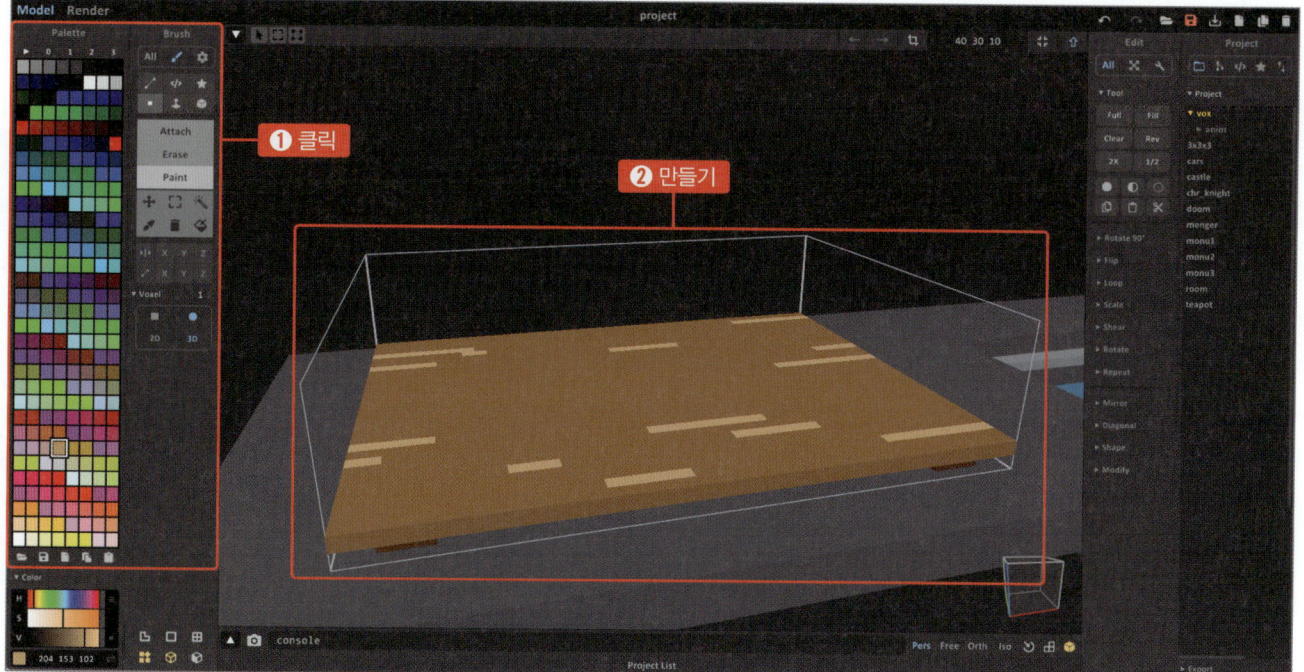

 도마의 위치를 이동하려면 'World' 상태로 변경한 후 오브젝트를 선택하여 화살표를 드래그해요.

Chapter 19 김밥 준비 중 • **147**

Step 03 칼 만들기

>>> 오브젝트를 추가하여 김밥을 자를 칼을 만들어봐요.

❶ 키보드에서 ⇄(Tab)키를 눌러 'World'로 상태를 변경한 후 'New Object(➕)'를 클릭하여 새로운 오브젝트를 추가하고, 도마 위로 이동합니다.

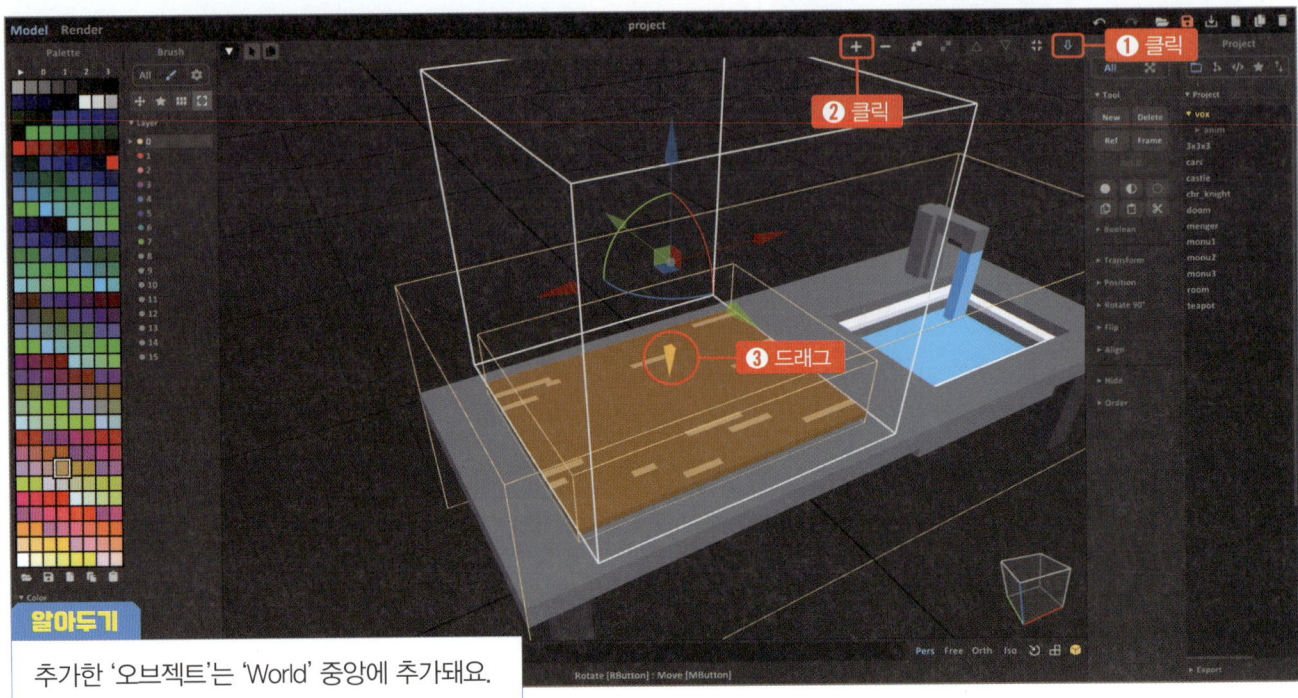

알아두기
추가한 '오브젝트'는 'World' 중앙에 추가돼요.

❷ 칼을 그리기 위해 키보드에서 ⇄(Tab)키를 눌러 '편집'으로 상태를 변경한 후 작업 공간의 크기 (10, 30, 10)를 변경합니다.

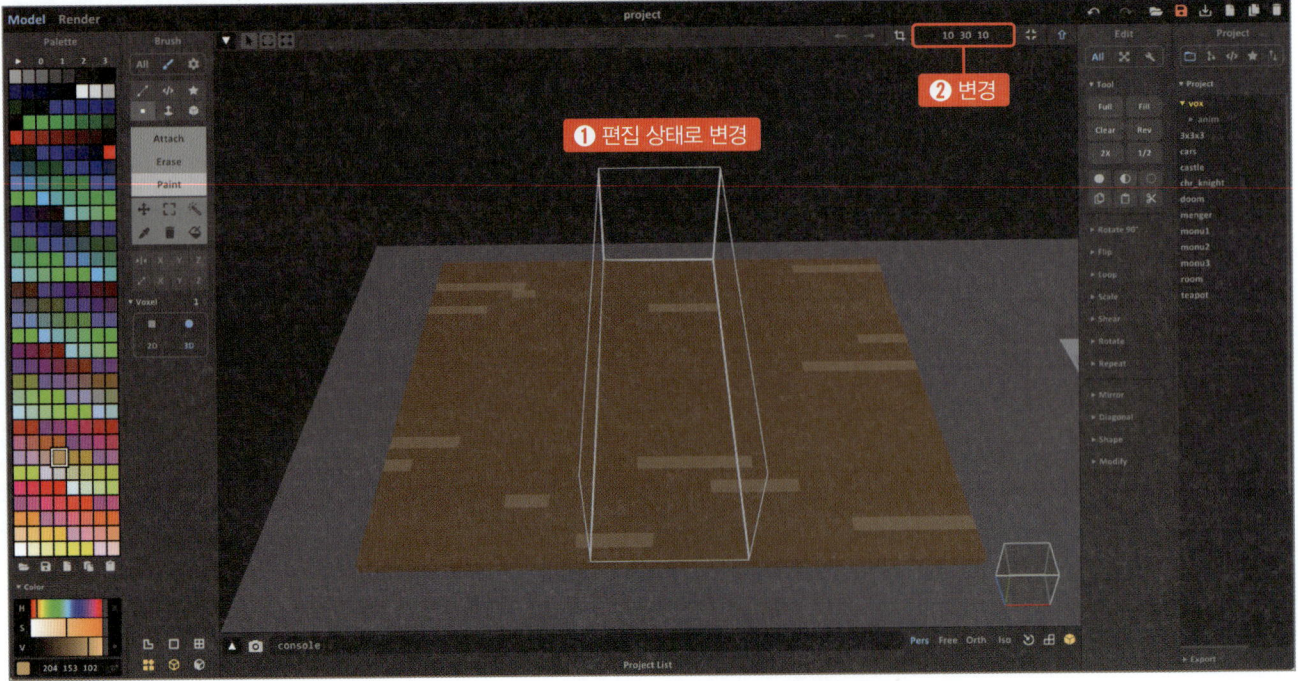

❸ [Brush] 탭의 모드와 [Palette] 탭의 색상, [Edit] 탭의 속성을 이용하여 김밥을 자를 수 있는 칼을 완성합니다.

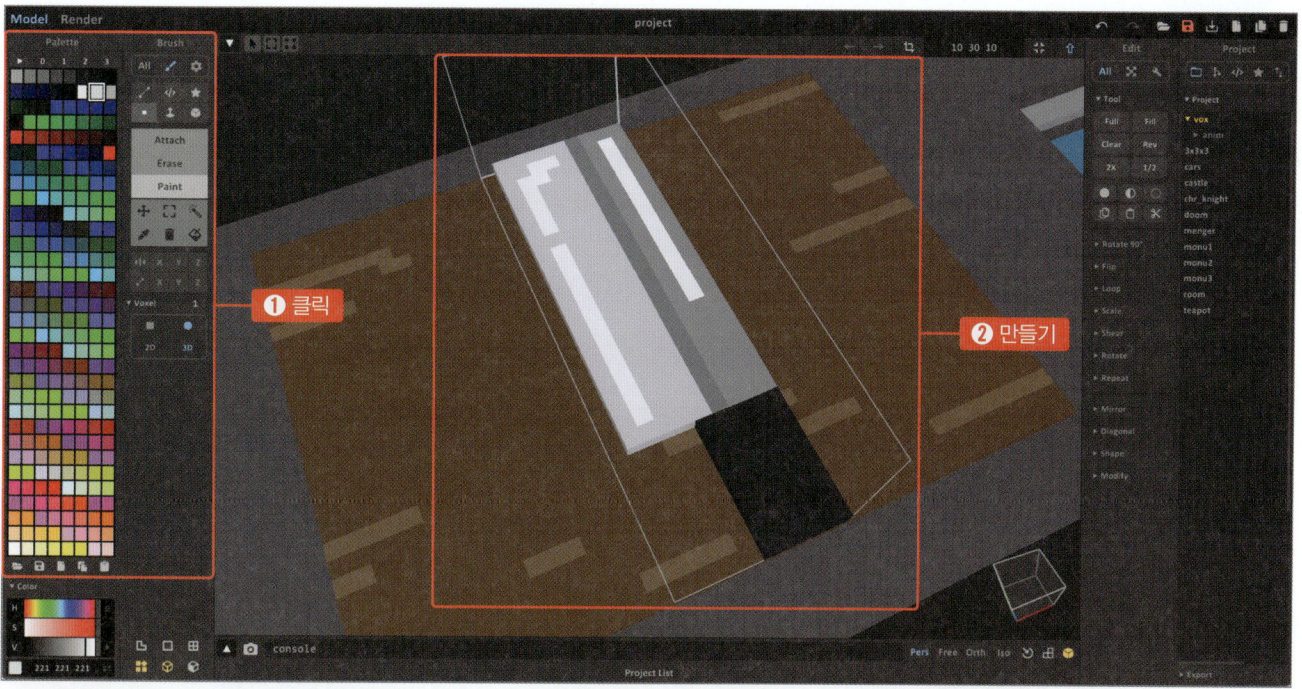

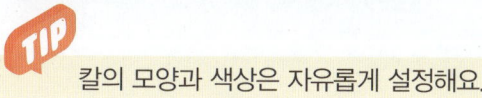

칼의 모양과 색상은 자유롭게 설정해요.

❹ 키보드에서 ⇥(Tab)키를 눌러 'World' 상태로 변경한 후 칼의 위치를 도마 끝으로 이동합니다.

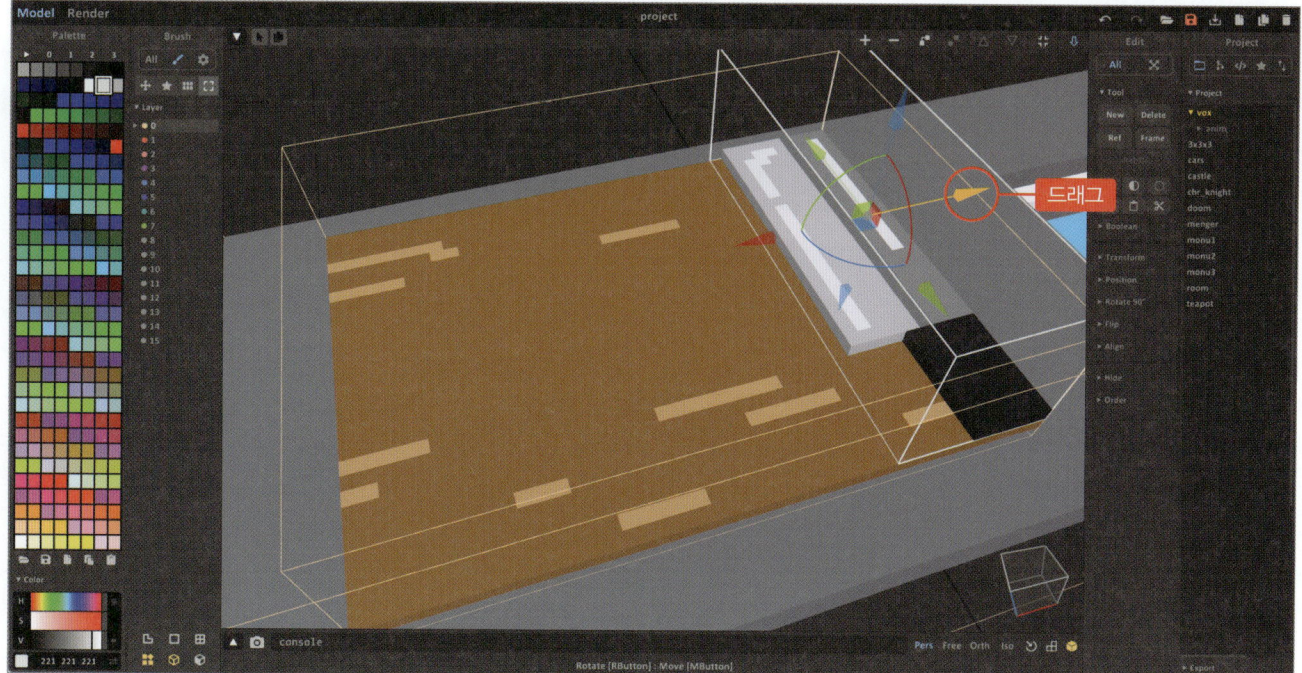

Step 04 김밥 만들기

>>> 오브젝트를 추가하여 다함께 나눠 먹을 김밥을 만들어봐요.

❶ 'World'에서 'New Object()'를 클릭하여 오브젝트를 추가한 후 도마 위로 이동합니다.

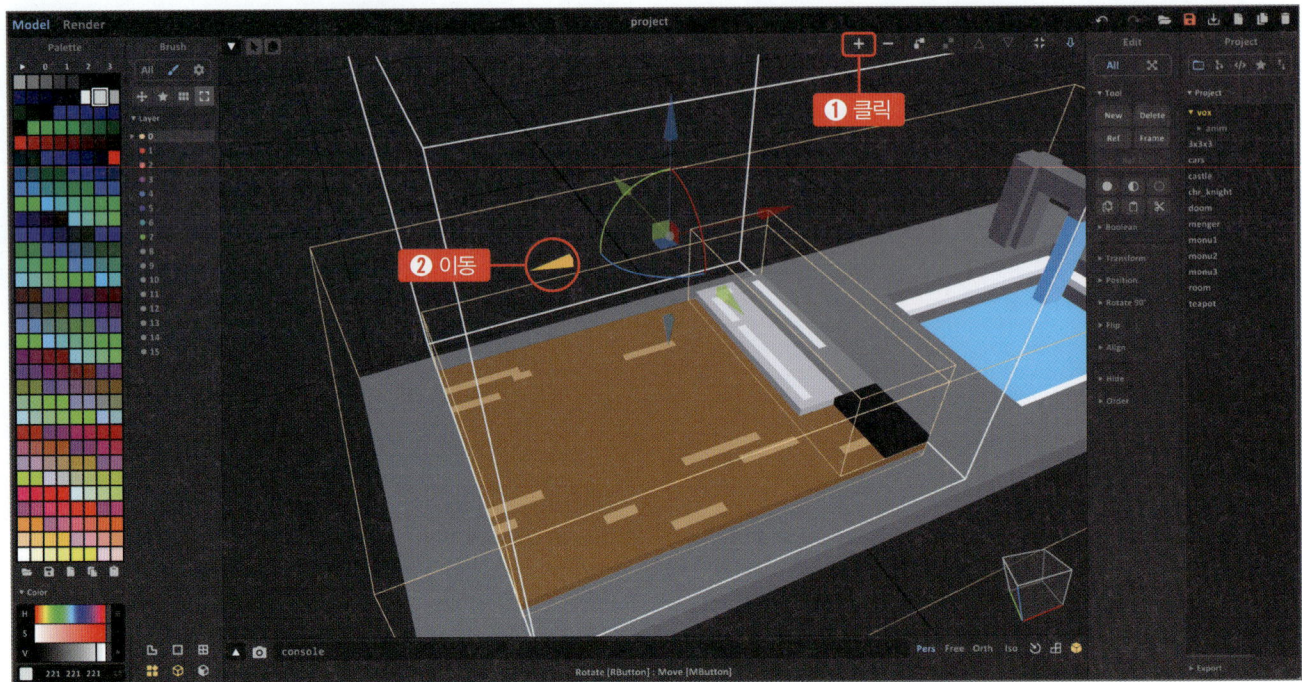

❷ 김밥을 만들기 위해 ⇄(Tab)키를 눌러 '편집' 상태로 돌아온 후 작업 공간의 크기(4, 10, 10)를 변경합니다.

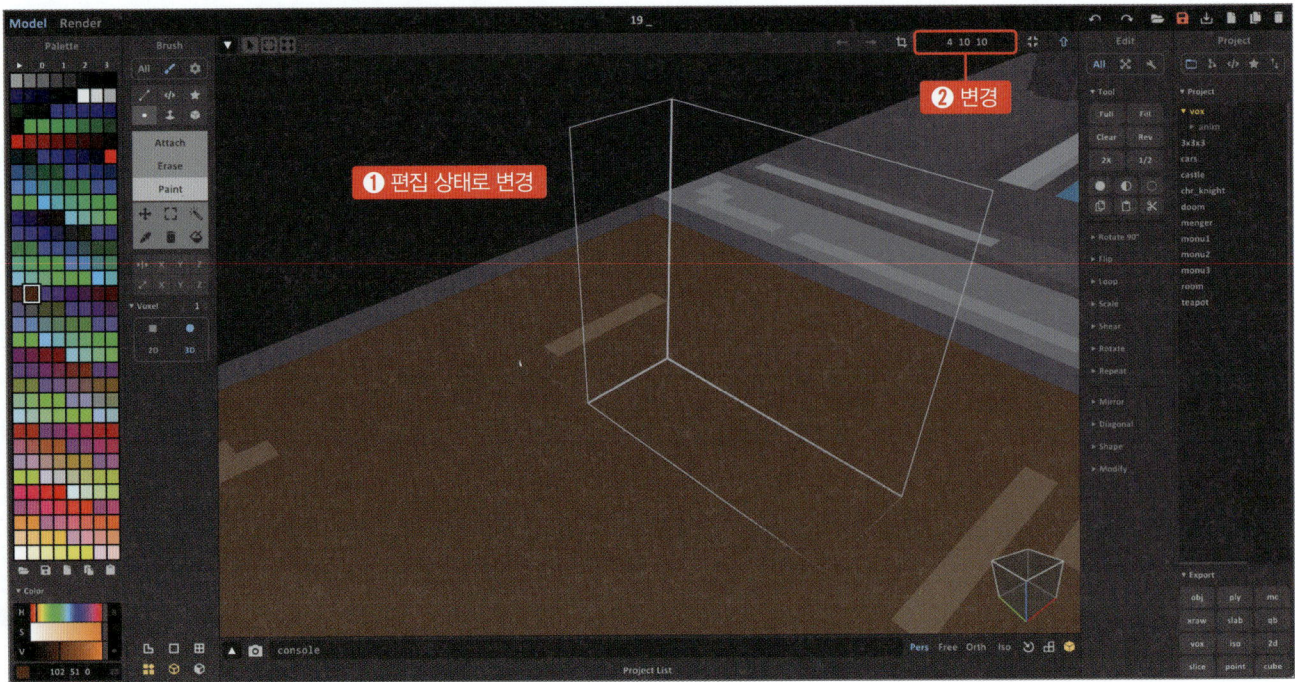

❸ [Brush] 탭의 모드와 [Palette] 탭의 색상, [Edit] 탭의 속성을 이용하여 김밥 한 조각을 완성합니다.

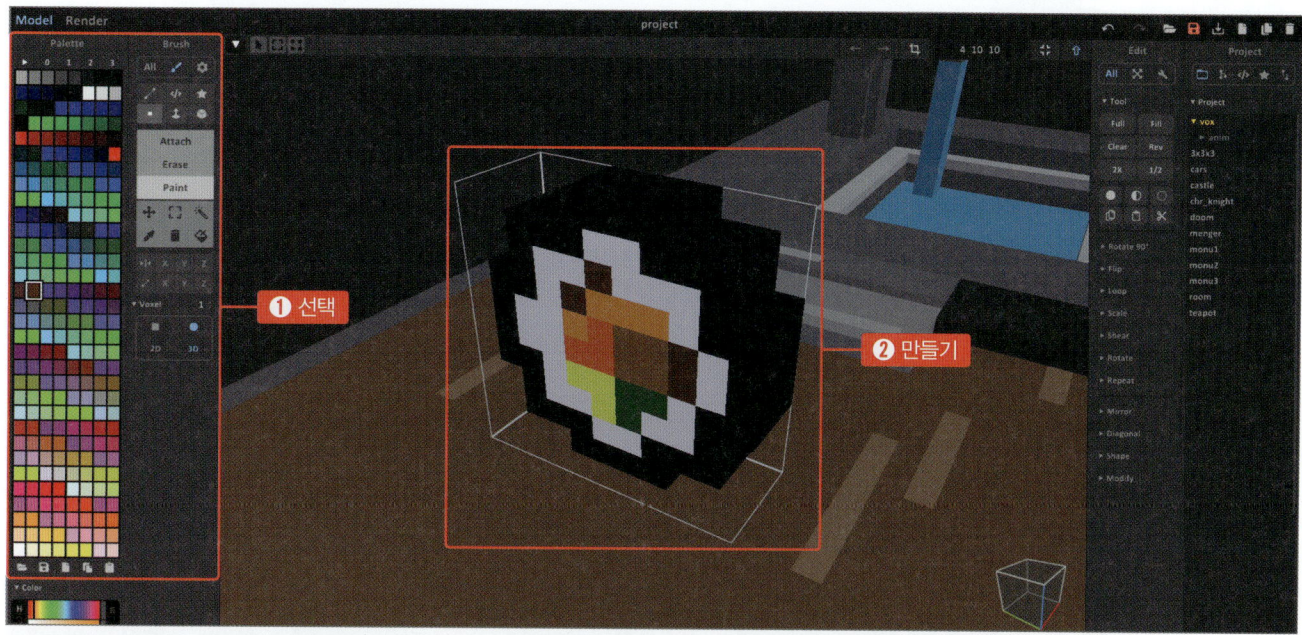

❹ ⇥(Tab)키를 눌러 'World' 상태로 변경한 후 Ctrl+C, Ctrl+V 키를 반복해 눌러 '김밥' 오브젝트를 복제합니다. 오브젝트 각각의 위치를 이동하여 김밥 한 줄을 표현합니다.

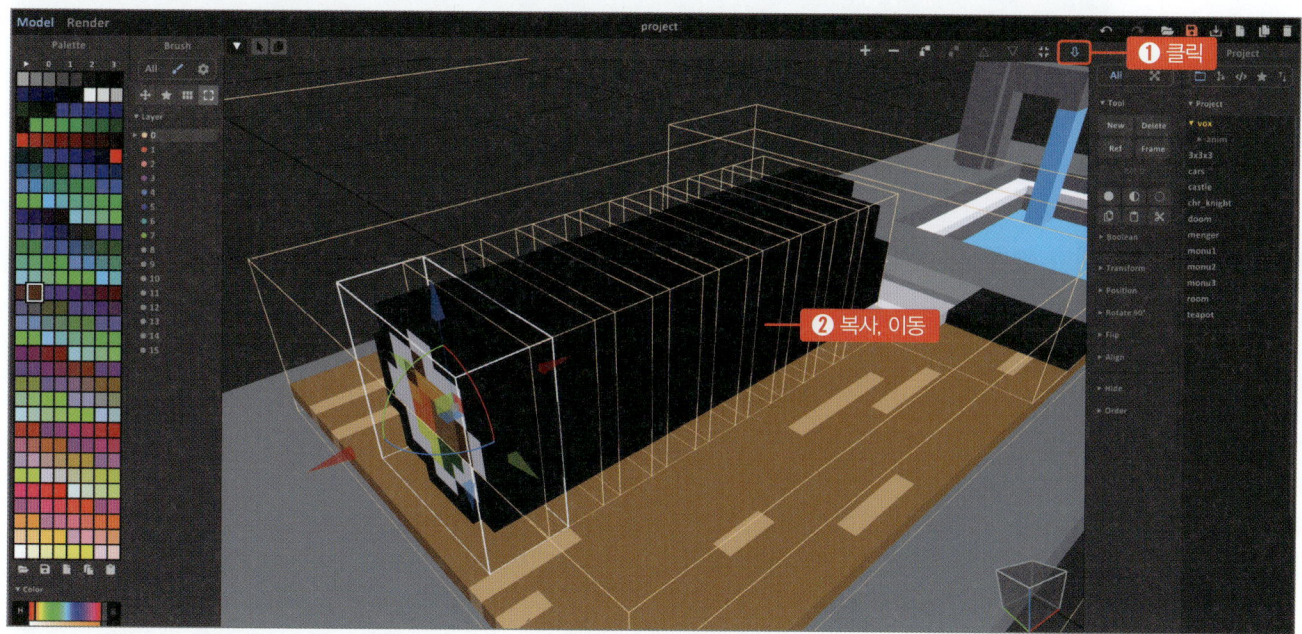

❺ 김밥이 완성되면 오브젝트 전체를 하나의 파일로 저장하기 위해 상단 메뉴 중 '저장(🖫)' 버튼을 클릭하여 'vox' 파일로 저장합니다.

> **알아두기**
>
> [Project] 탭–'Export'–'vox' 파일로 저장하면 오브젝트마다 파일로 저장되기 때문에 반드시 상단의 '저장' 버튼을 사용하도록 해요.

차곡차곡~ 3D 상상력 쌓기

▶ 예제 파일 : 19강_미션_예제.vox   ▶ 완성 파일 : 19강_미션_완성.vox

미션 01 '19강_미션_예제.vox' 파일을 불러와 'World' 상태에서 오브젝트를 추가하고 '레고 블록'을 만들어 봅니다.

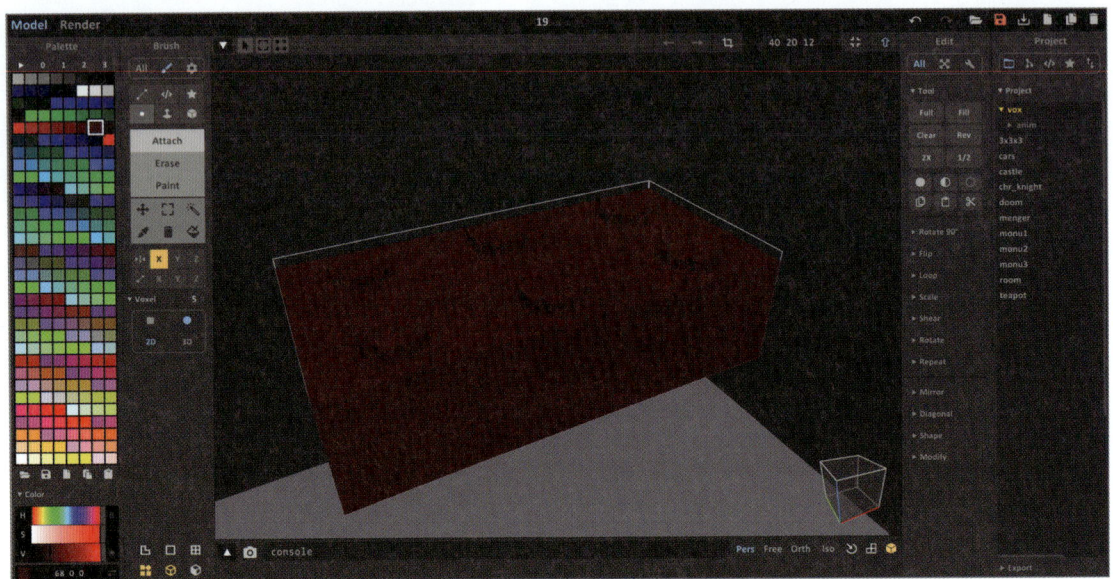

 작업 공간의 크기는 자유롭게 지정해요.

미션 02 '레고 블록' 오브젝트를 복제하여 다양한 크기의 '레고 블록'을 만들어 쌓아봅니다.

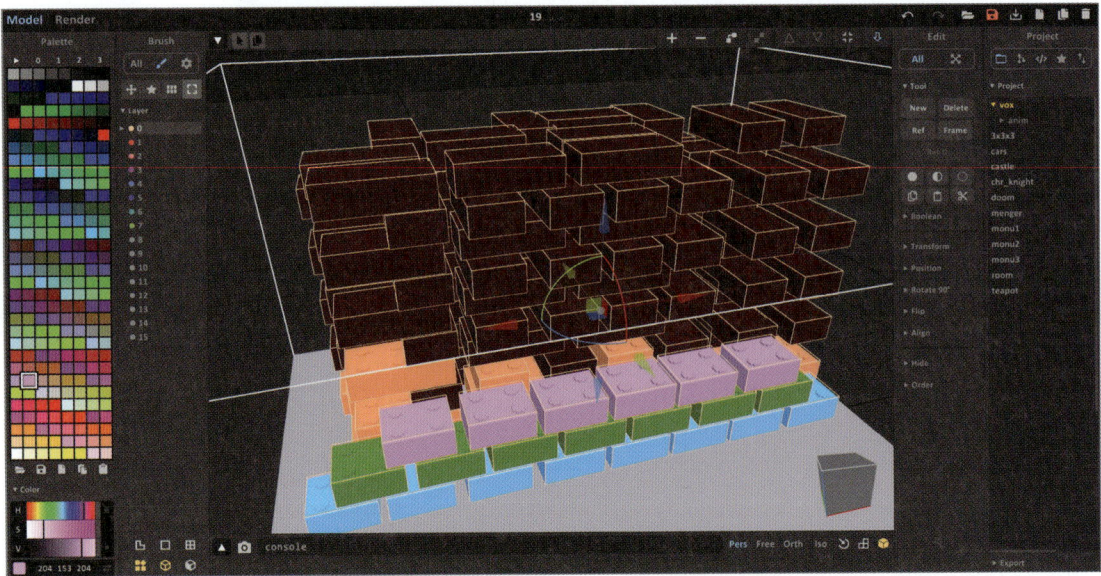

CHAPTER 20 김밥을 썰어보자

탐험 월드 애니메이션 월드

오늘은 기다란 김밥을 먹기 좋게 썰어볼까요? 아차차! 애니메이션 월드답게 나의 멋진 칼솜씨를 한 장면, 한 장면 기록해야지~ 다들 칼은 위험하니깐 조심~조심~ 잊지 말아요! 그럼 김밥 썰러 출발~!

▽ 예제 파일 : 20강_예제.vox ▽ 완성 파일 : 20강_완성.vox

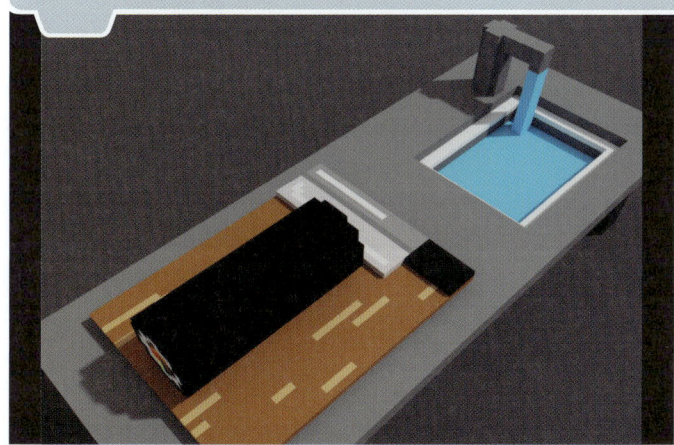
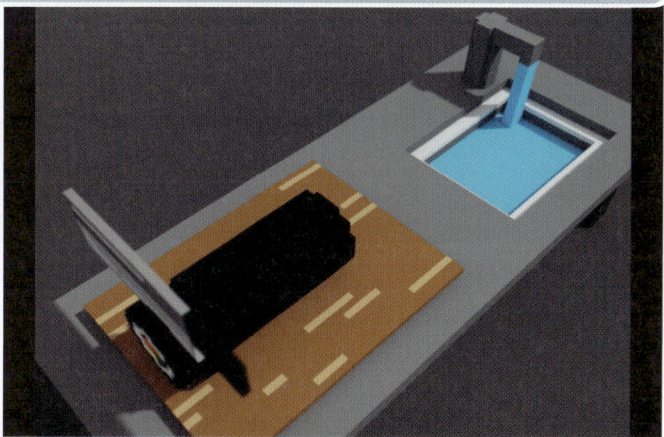

함께 배워볼까요?

- 프레임 활용 방법을 이해할 수 있어요.
- 오브젝트를 움직인 후 키 프레임을 적용할 수 있어요.
- 렌더링한 이미지를 다운로드하여 GIF 파일을 만들 수 있어요.

Step 01 애니메이션 적용하기

>>> 각각의 장면을 저장하여 김밥을 자르는 모습을 표현해 봐요.

❶ 매지카복셀(MagicaVoxel)을 실행한 후 [열기(📂)]를 클릭하여 '20강_예제.vox' 파일을 불러옵니다.

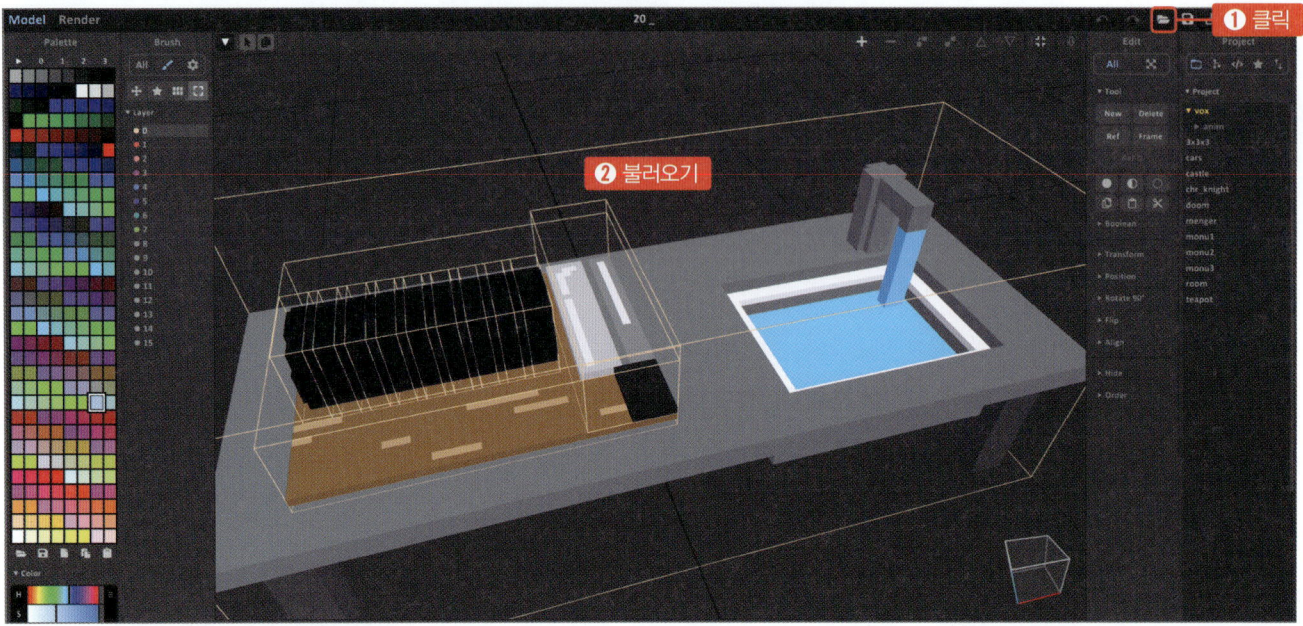

❷ 작업 공간 왼쪽 상단의 [▼]를 클릭하여 화면 위쪽에 추가된 'Animation Control' 창을 확인합니다.

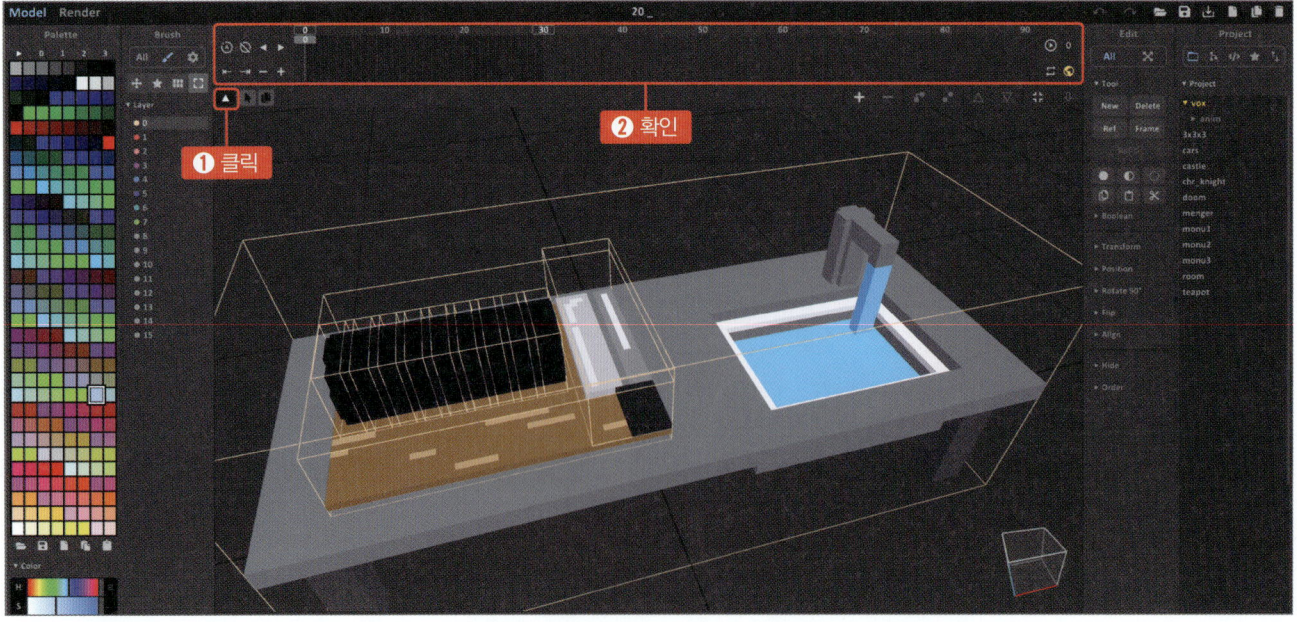

> **알아두기**
>
> - Animation Control : 애니메이션을 만들기 위해 프레임을 재생하거나 추가, 편집할 수 있는 기능
> - 프레임 : 한 장의 정지된 장면(이미지)

❸ 현재 모습을 프레임 '0'에 기록하기 위해 '칼'을 선택한 후 'Animation Control' 창의 [+] 버튼을 클릭하여 키 프레임을 추가합니다.

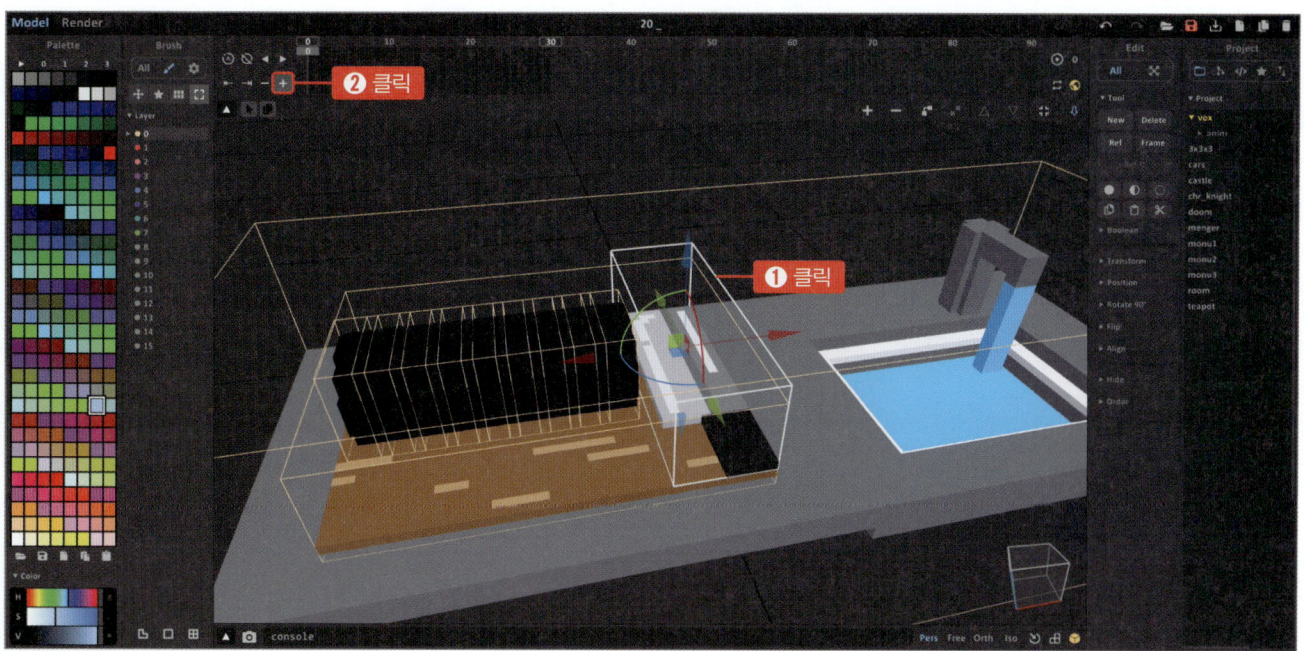

알아두기

오브젝트를 키 프레임에 추가하면 현재 위치와 형태로 프레임(장면)에 남아요.

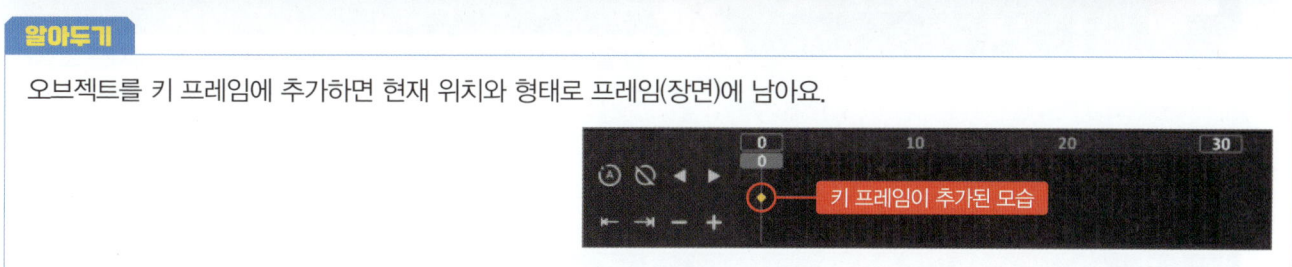

❹ 계속해서 프레임 '0'의 위치에서 '김밥' 중 하나를 선택한 후 [+] 버튼을 클릭하여 키 프레임을 추가합니다. 이어서 모든 '김밥'에 동일한 방법으로 키 프레임을 추가합니다.

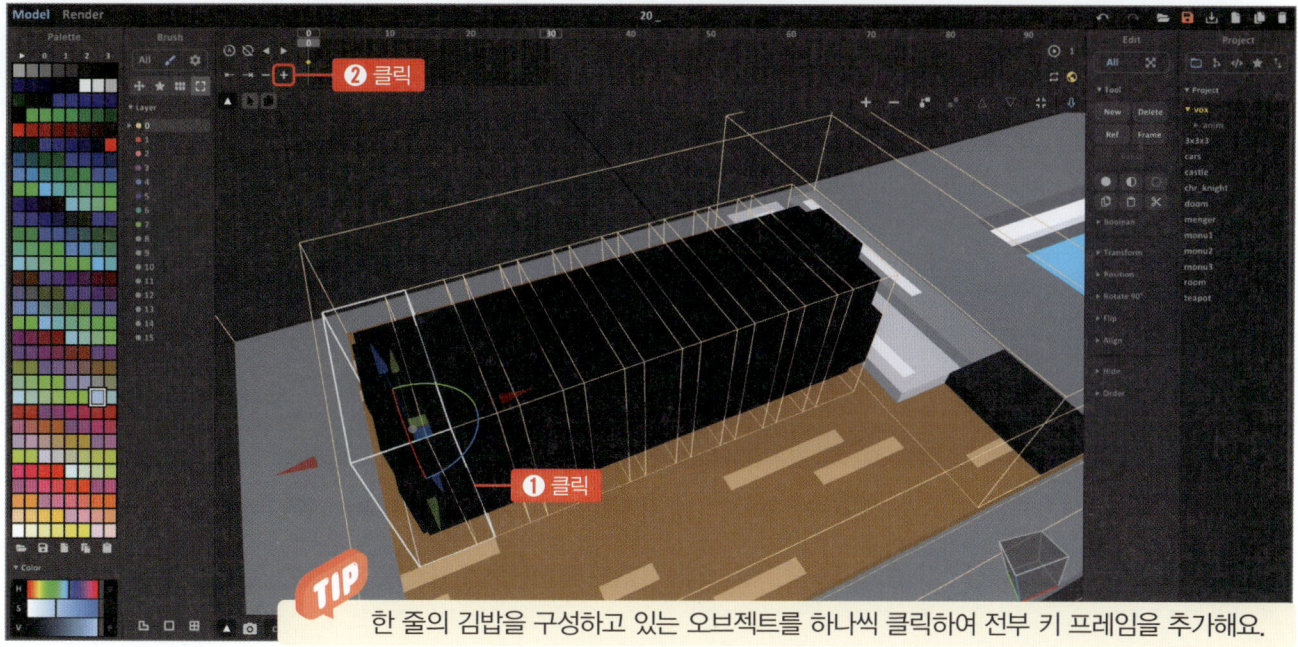

5 '칼'을 선택한 후 'Animation Control' 창에서 'Next Frame(▶)'을 클릭하고, [Edit] 탭-'Rotate 90°'-'Y'축을 '3'번 클릭하여 회전합니다. 이어서 [+]를 클릭하여 프레임 '1'에 키 프레임을 추가합니다.

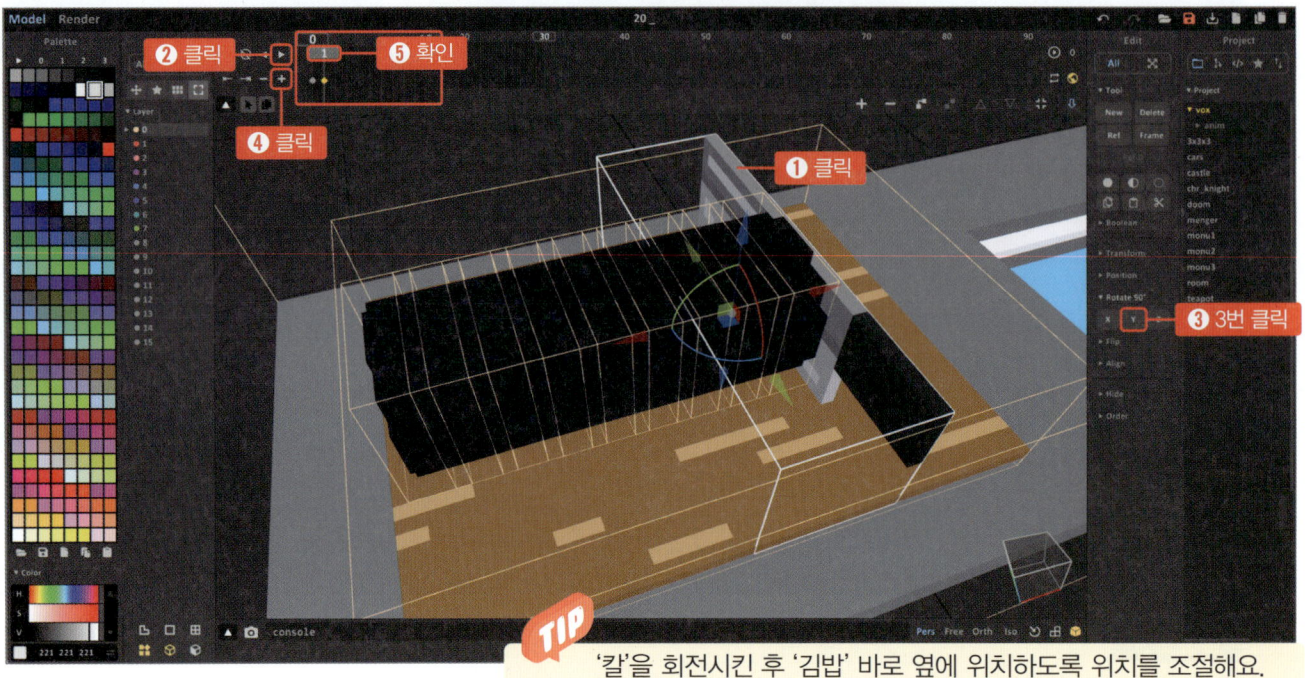

TIP '칼'을 회전시킨 후 '김밥' 바로 옆에 위치하도록 위치를 조절해요.

6 이어서 'Next Frame(▶)'을 클릭하고, [Edit] 탭-'Position'에서 'Z' 값을 변경하여 '칼'을 '김밥' 위치보다 높게 설정한 뒤 [+]를 클릭하여 프레임 '2'에 키 프레임을 추가합니다.

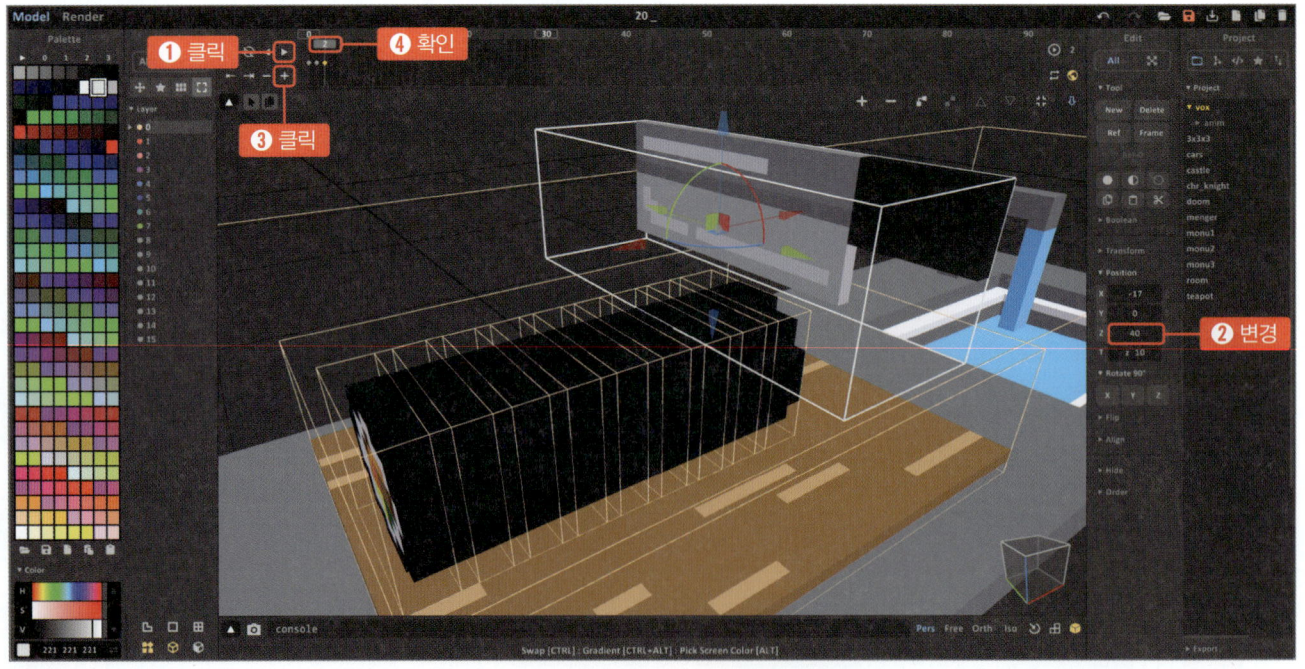

TIP [Edit] 탭에서 변경하지 않고, 오브젝트에 나타난 화살표를 이용하여 위치를 조절해도 돼요.

❼ ❺~❻과 같은 방법으로 'Next Frame(▶)'으로 프레임을 이동한 후 '칼'과 '김밥'의 위치를 이동시키고, '김밥'을 써는 모습을 프레임마다 키 프레임으로 추가해 봅니다.

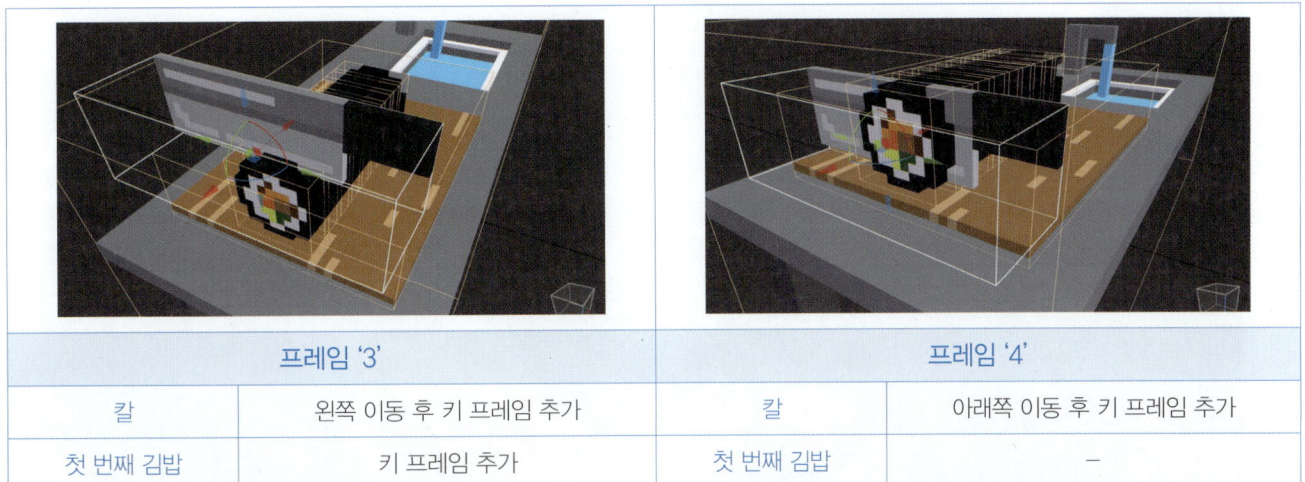

프레임 '3'		프레임 '4'	
칼	왼쪽 이동 후 키 프레임 추가	칼	아래쪽 이동 후 키 프레임 추가
첫 번째 김밥	키 프레임 추가	첫 번째 김밥	-

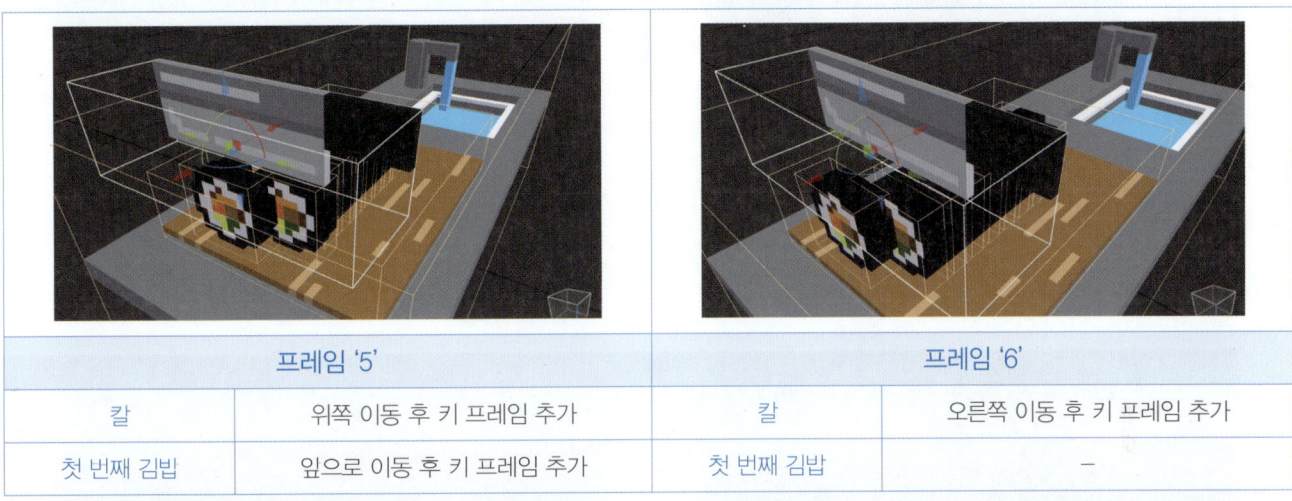

프레임 '5'		프레임 '6'	
칼	위쪽 이동 후 키 프레임 추가	칼	오른쪽 이동 후 키 프레임 추가
첫 번째 김밥	앞으로 이동 후 키 프레임 추가	첫 번째 김밥	-

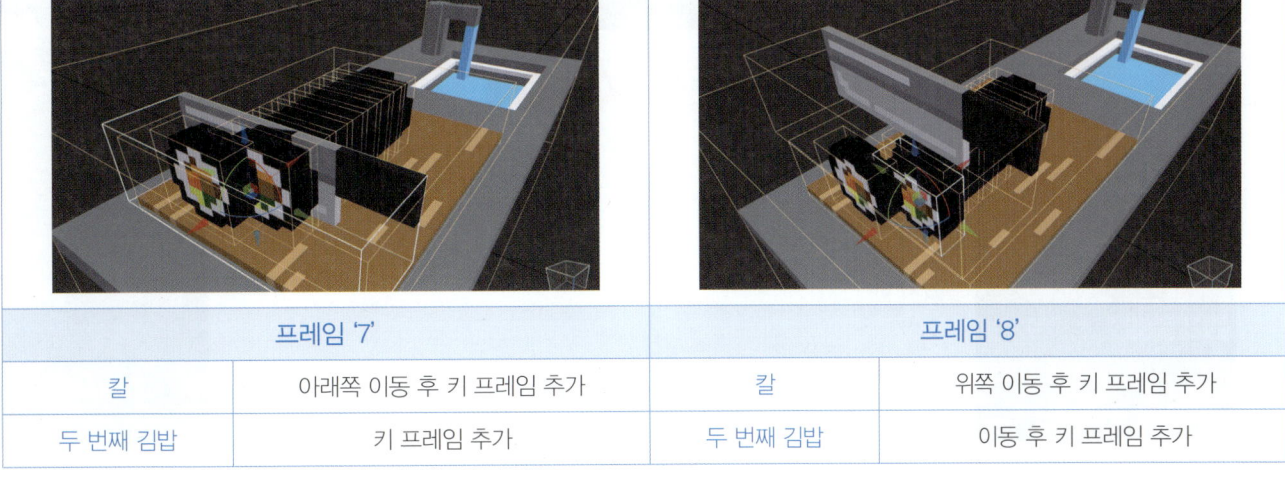

프레임 '7'		프레임 '8'	
칼	아래쪽 이동 후 키 프레임 추가	칼	위쪽 이동 후 키 프레임 추가
두 번째 김밥	키 프레임 추가	두 번째 김밥	이동 후 키 프레임 추가

> **알아두기**
>
> - 오브젝트의 위치를 변경하기 전에 반드시 'Next Frame(▶)'을 클릭해 프레임을 이동해요.
> - 오브젝트의 위치 변화를 기록하려면 키 프레임을 추가해요.
> - 프레임의 위치에서 다른 오브젝트를 클릭하면 같은 프레임 위치에 키 프레임을 추가할 수 있어요.

❽ [Render] 탭으로 이동한 후 [Matter] 탭에서 'Show Image Settings( )'를 클릭합니다. 이어서 'Image'–'Anim'을 클릭하여 'End'의 값을 '10'으로 입력합니다.

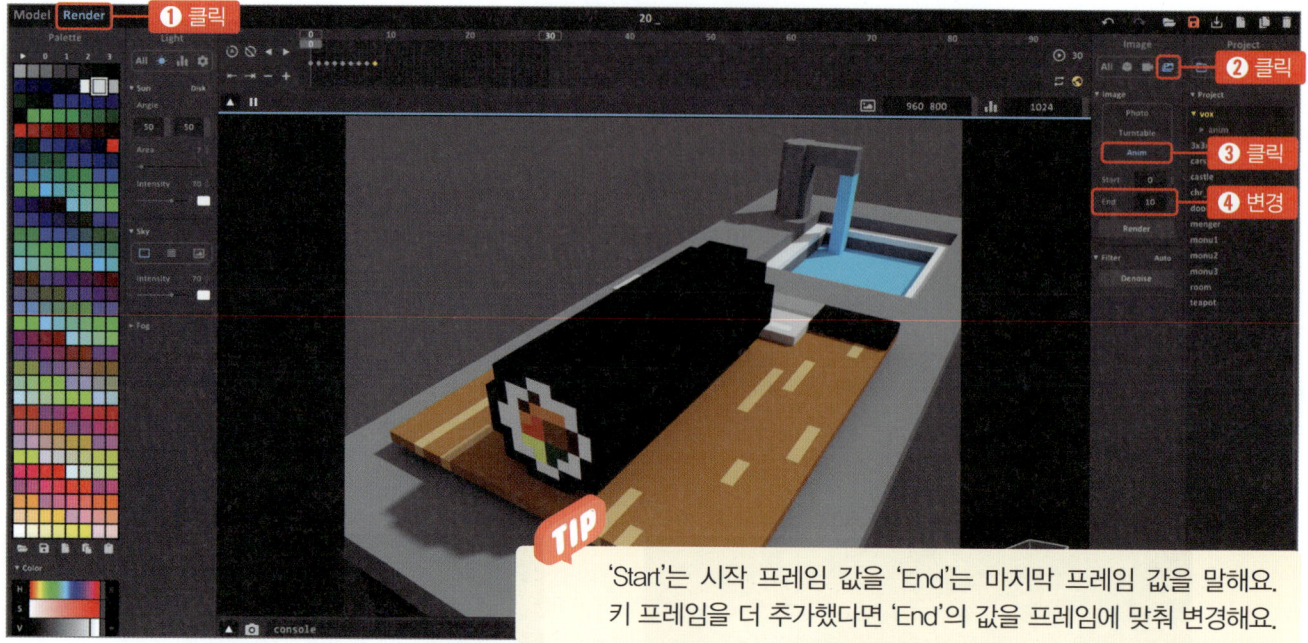

TIP 'Start'는 시작 프레임 값을 'End'는 마지막 프레임 값을 말해요. 키 프레임을 더 추가했다면 'End'의 값을 프레임에 맞춰 변경해요.

❾ 애니메이션으로 표현하고 싶은 화면의 위치와 각도로 이동한 후 [Render]를 클릭합니다. 이어서 [다른 이름으로 저장] 창이 나타나면 각 프레임을 PNG 파일로 저장할 위치를 선택한 후 [저장]을 클릭합니다.

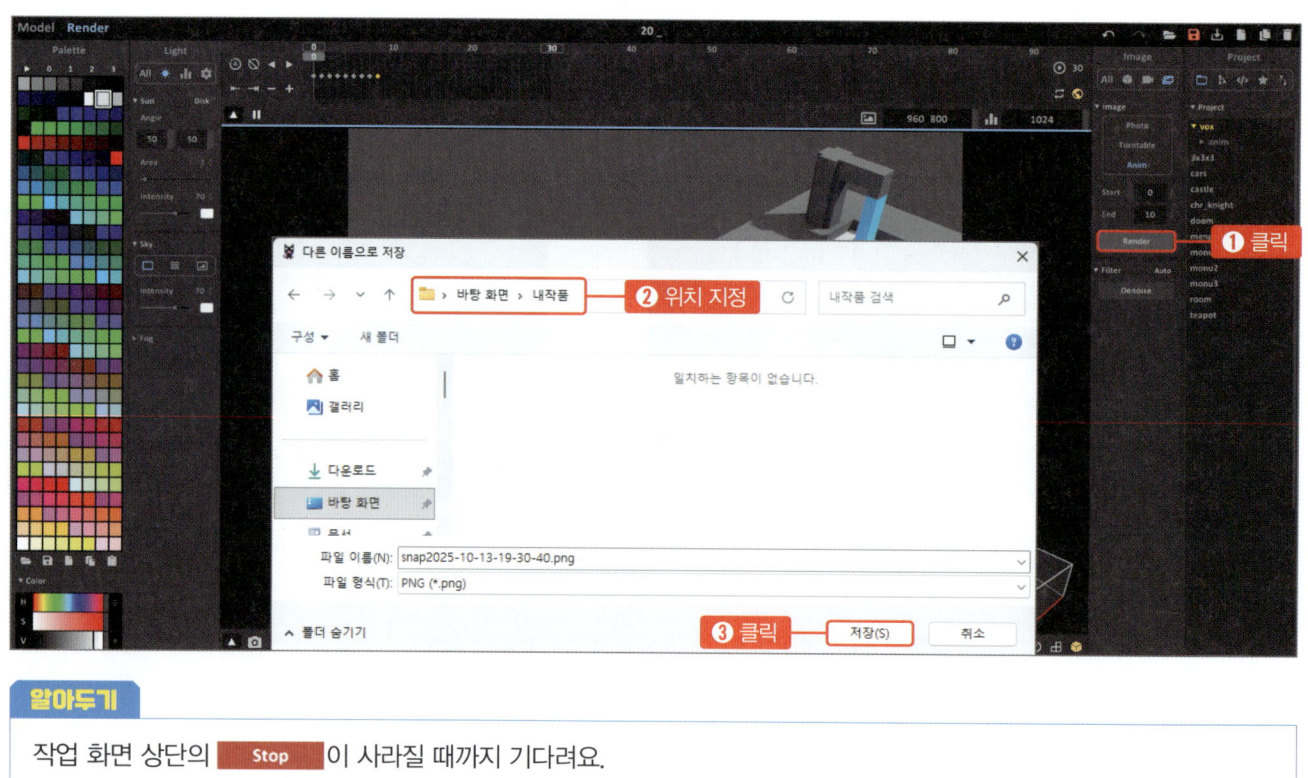

알아두기

작업 화면 상단의 Stop 이 사라질 때까지 기다려요.

❿ 상단 메뉴 중 '저장( )' 버튼을 클릭하여 'VOX' 파일로 저장한 후 프로그램을 종료합니다.

Step 02 GIF 파일 만들기

>>> 렌더링한 이미지를 이용하여 GIF 파일을 만들어봐요.

❶ 인터넷 브라우저를 실행한 후 Ezgif('https://ezgif.com/') 사이트에 접속하여 [GIF 메이커]를 클릭합니다.

알아두기

페이지에서 마우스 오른쪽 버튼을 클릭하여 '한국어(으)로 번역'을 클릭하면 한국어로 변환할 수 있어요.

❷ 이어서 [파일 선택]을 클릭하여 [열기] 창이 나타나면 렌더링한 이미지 파일이 있는 위치로 이동한 후 키보드에서 Ctrl + A 키를 눌러 파일을 전부 선택하고 [열기]를 클릭합니다.

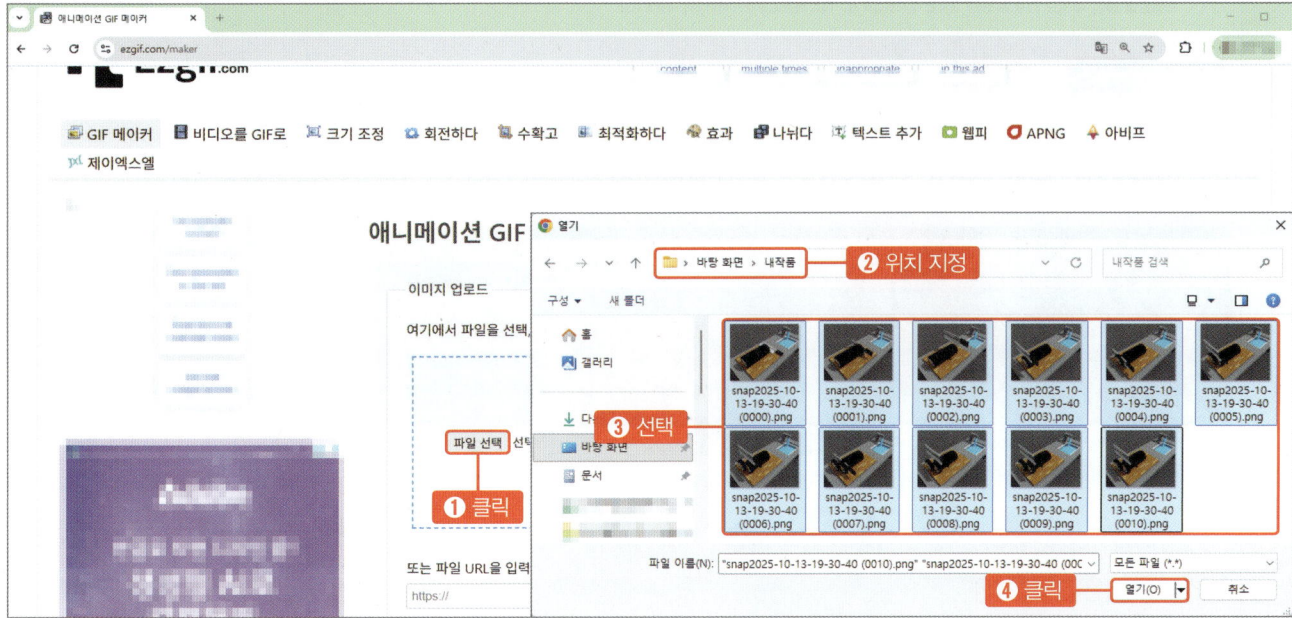

Chapter 20 김밥을 썰어보자 • 159

❸ 업로드된 파일 개수를 확인한 후 [파일을 업로드하세요!]를 클릭합니다.

❹ 스크롤을 내려 GIF 옵션 중 지연 시간을 '0'초로 설정하고, [GIF를 만들어 보세요!] 버튼을 클릭합니다.

❺ 버튼 아래 애니메이션이 생성되면 '구하다(save)'를 클릭하여 GIF 파일을 저장합니다.

차곡차곡~ 3D 상상력 쌓기

▶ 예제 파일 : 20강_미션_예제.vox   ▶ 완성 파일 : 20강_미션_완성.vox

미션 01 '20강_미션_예제.vox' 파일을 불러와 '프레임'에 '키 프레임'을 추가하며 '블록'을 쌓아 집을 만들어 봅니다.

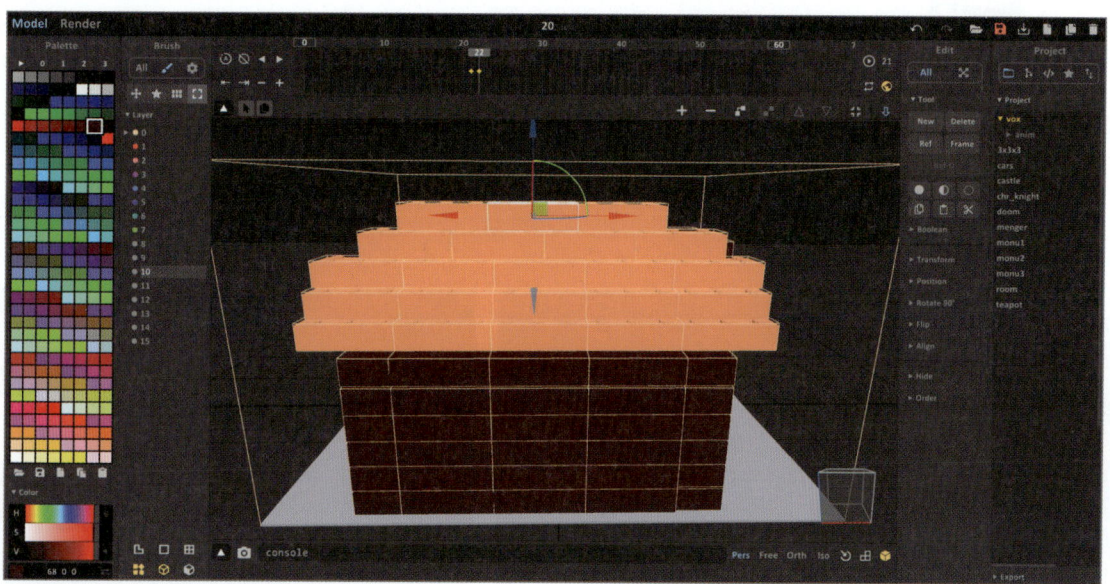

미션 02 각 프레임을 PNG 파일로 저장한 후 Ezgif('https://ezgif.com/') 사이트에서 GIF 파일로 저장해 봅니다.

Chapter 20 김밥을 썰어보자 • 161

CHAPTER 21 장난감 팩토리

탐험 월드 애니메이션 월드

이번엔 또 무엇을 움직이게 만들어볼까요~ 날 닮은 로봇은 어떨까요? 장난감 공장 장이 되어 로봇의 머리, 몸, 팔과 다리 부품을 만들고 조립해서 나만의 로봇을 완성해요.

▼ 예제 파일 : 없음   ▼ 완성 파일 : 21강_완성.vox

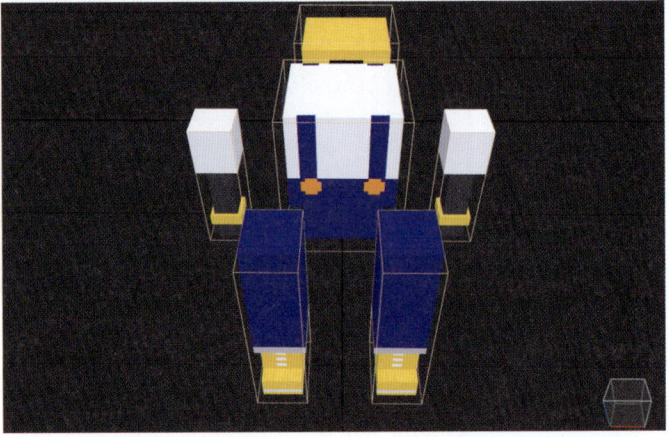
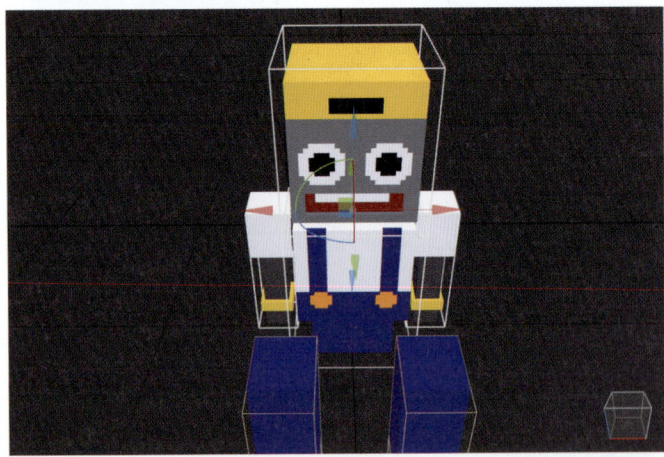

함께 배워볼까요?

- World 상태에서 오브젝트를 추가하여 필요한 부품을 만들수 있어요.
- World에서 오브젝트를 이동하여 로봇을 조립할 수 있어요.

Step 01 필요한 부품 만들기

>>> 작업 상태를 변경하며 로봇을 만들기 위해 필요한 부품들을 만들어봐요.

❶ 매지카복셀(MagicaVoxel)을 실행한 후 [Edit] 탭에서 'Clear'를 클릭하고 작업 공간의 크기(30, 30, 35)를 변경합니다.

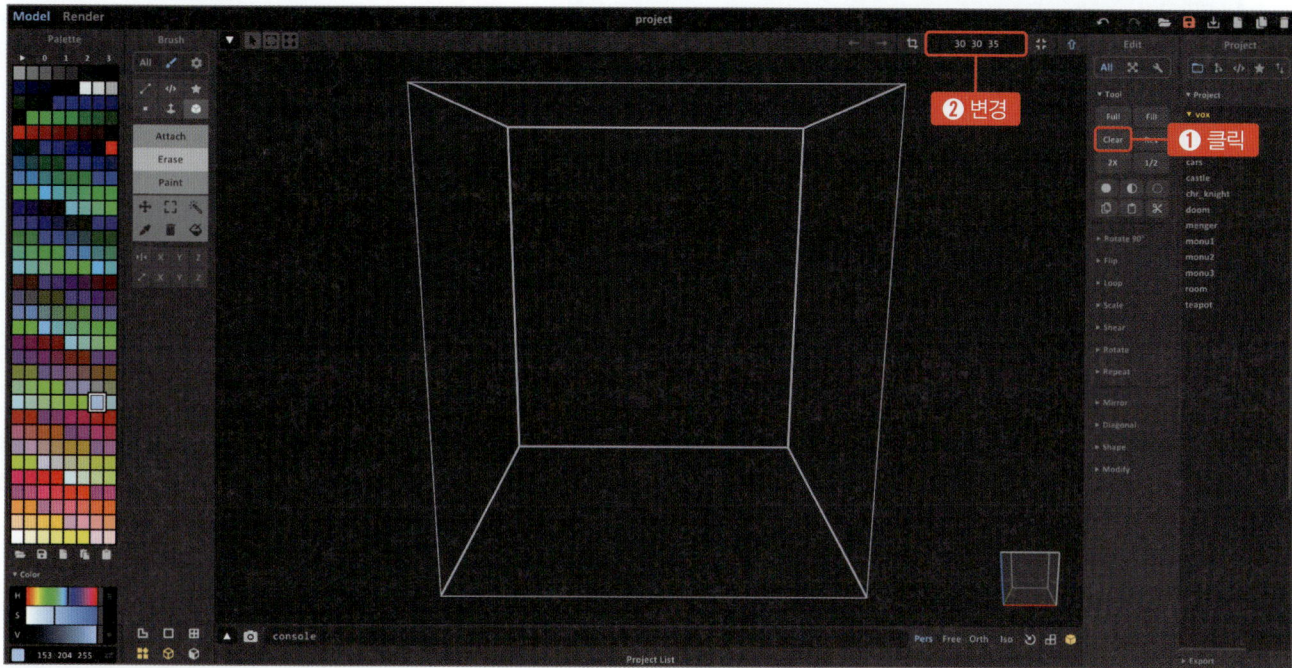

❷ [Brush] 탭의 모드와 [Palette] 탭의 색상, [Edit] 탭의 속성을 이용하여 로봇의 '머리'를 만들어 봅니다.

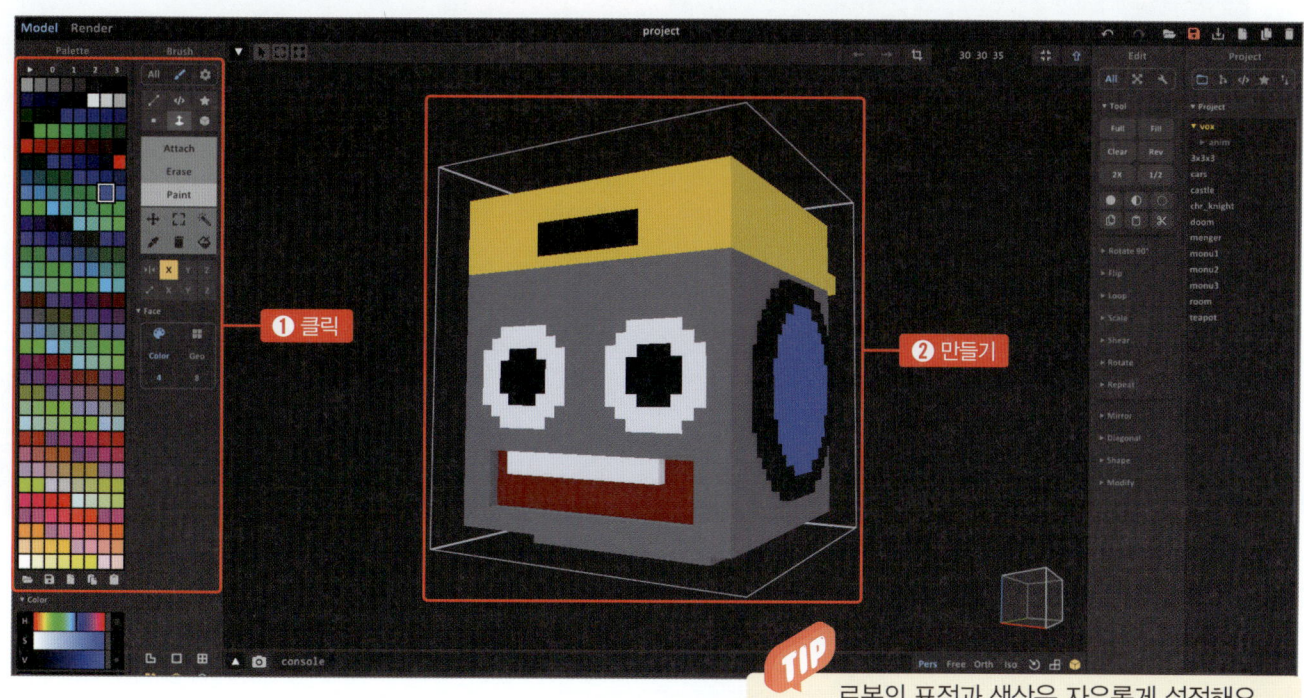

TIP 로봇의 표정과 색상은 자유롭게 설정해요.

Chapter 21 장난감 팩토리 • **163**

❸ ⇥(Tab)키를 눌러 'World' 상태로 변경한 후 'New Object(＋)'를 클릭하여 새로운 오브젝트를 추가하고 로봇의 머리와 겹치지 않도록 이동합니다.

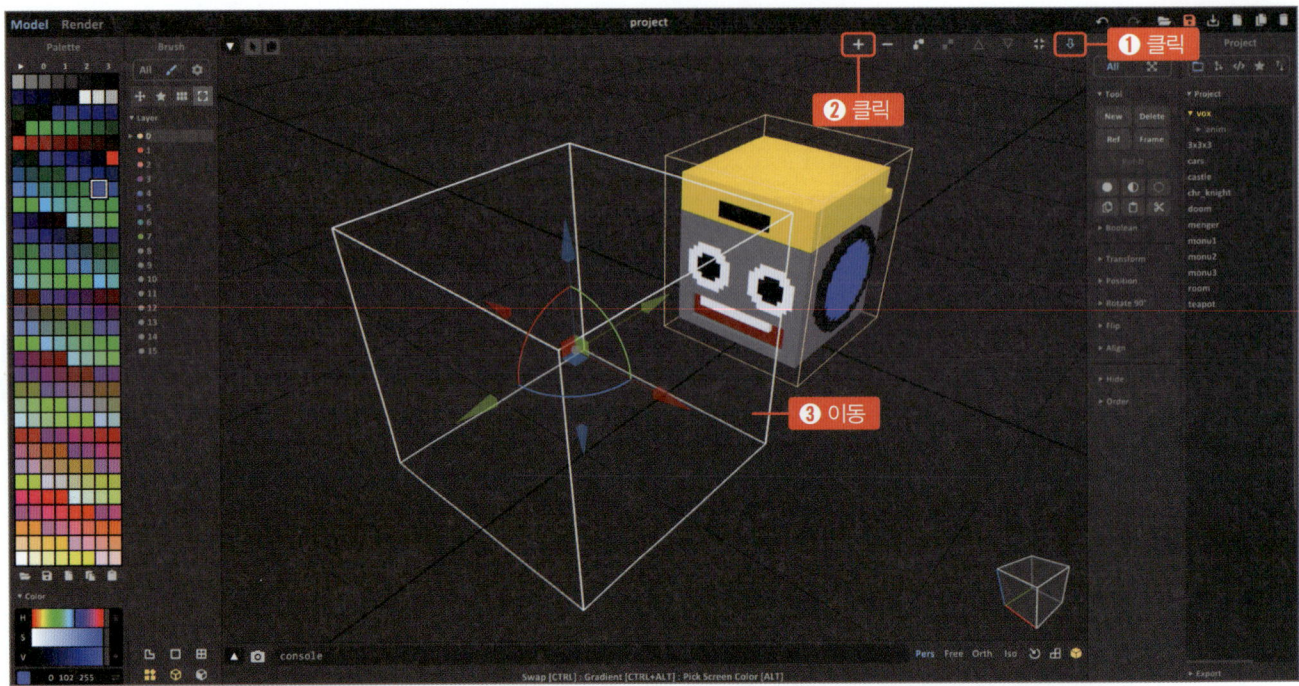

❹ 다시 ⇥(Tab)키를 눌러 '편집' 상태로 상태를 변경한 후 작업 공간의 크기(30, 30, 40)를 변경합니다.

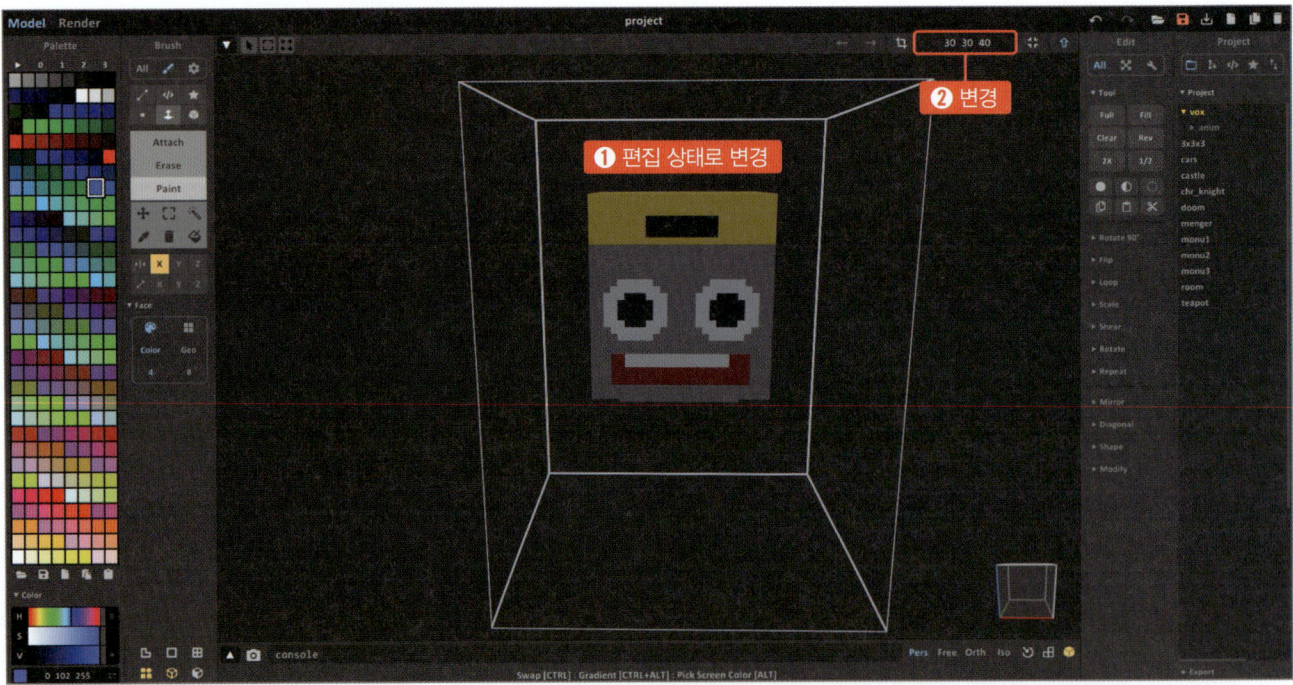

로봇의 몸을 만드는 작업 공간의 크기는 자유롭게 설정해요.

❺ [Brush] 탭의 모드와 [Palette] 탭의 색상, [Edit] 탭의 속성을 이용하여 로봇의 '몸'을 만들어 봅니다.

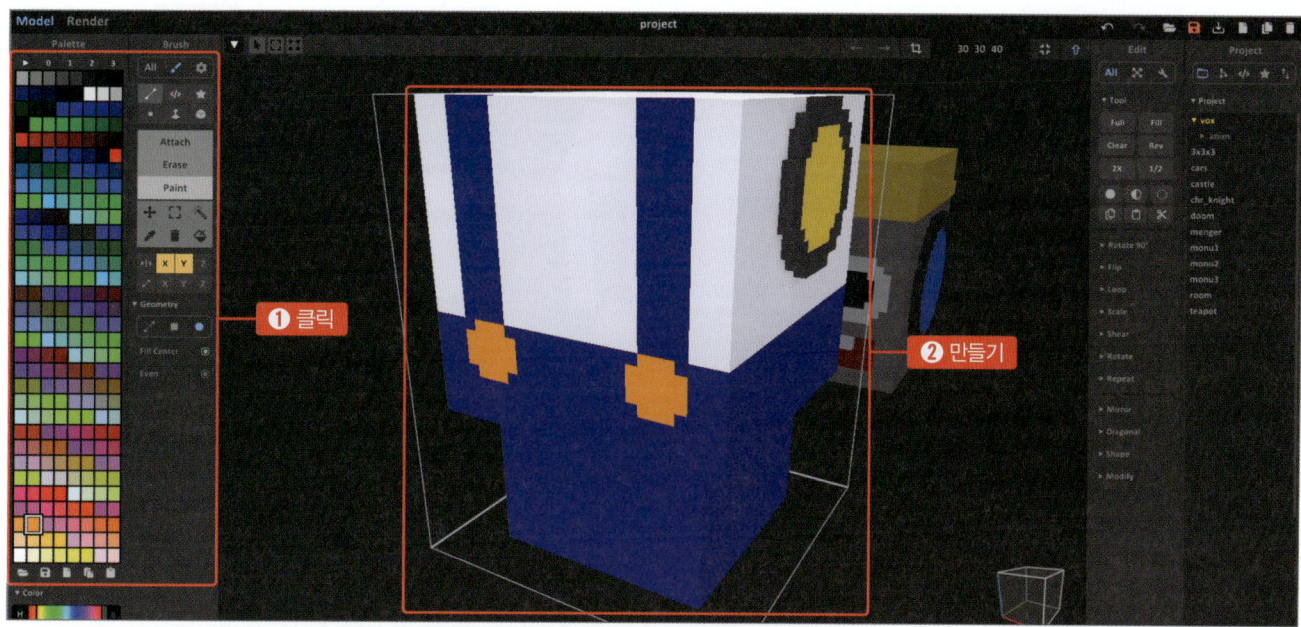

❻ ❸과 같은 방법으로 'World' 상태에서 오브젝트를 추가하고 위치를 이동한 후 '편집' 상태로 돌아가 작업 공간의 크기(10, 10, 35)를 변경하여 '오른쪽 팔'을 만들어 봅니다.

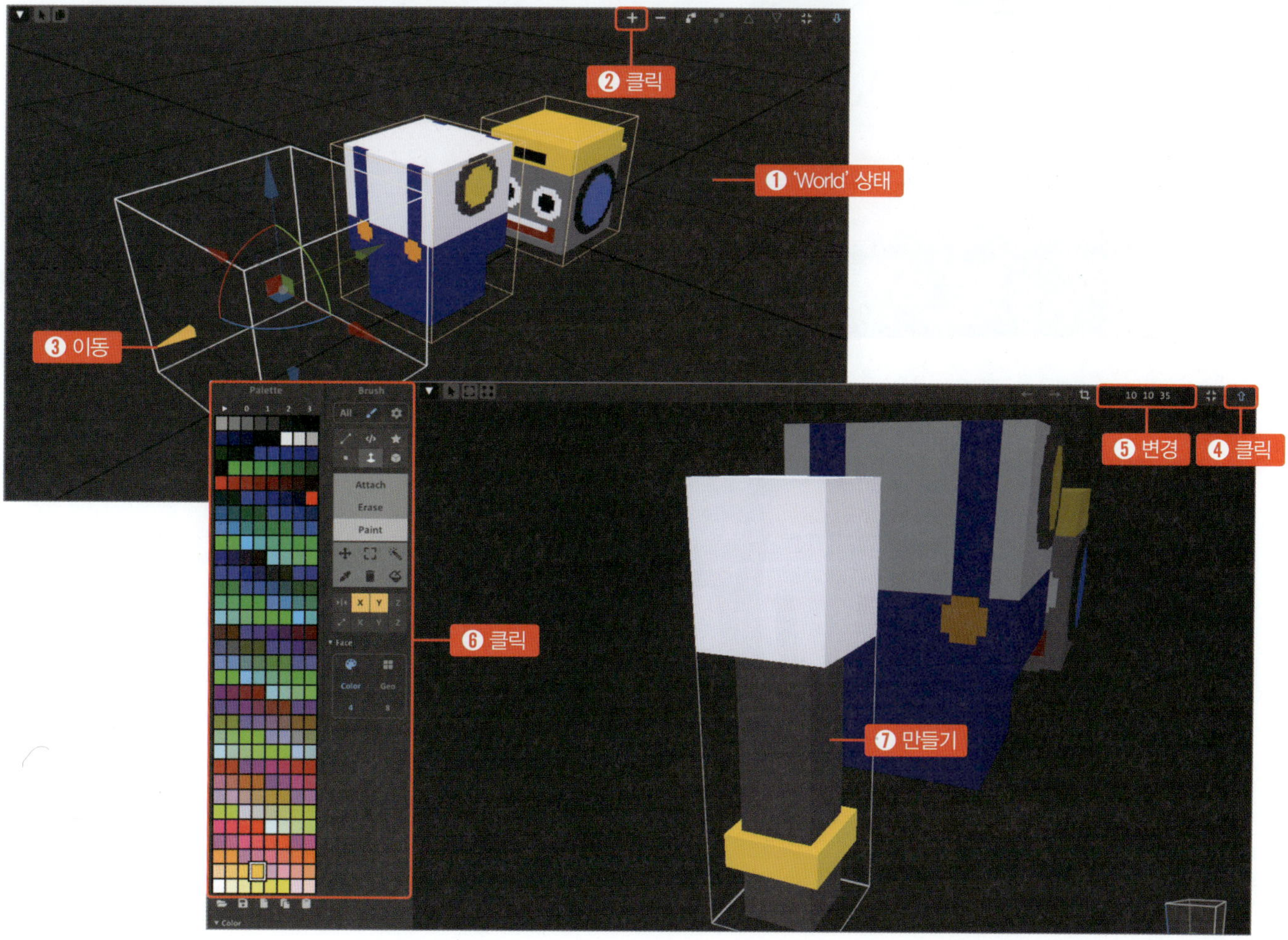

Chapter 21 장난감 팩토리

7 ⇥(Tab)키를 눌러 'World' 상태로 변경한 후 Ctrl+C, Ctrl+V 키를 눌러 로봇의 '팔'을 복제하고 두 팔을 '몸' 양 옆으로 이동합니다.

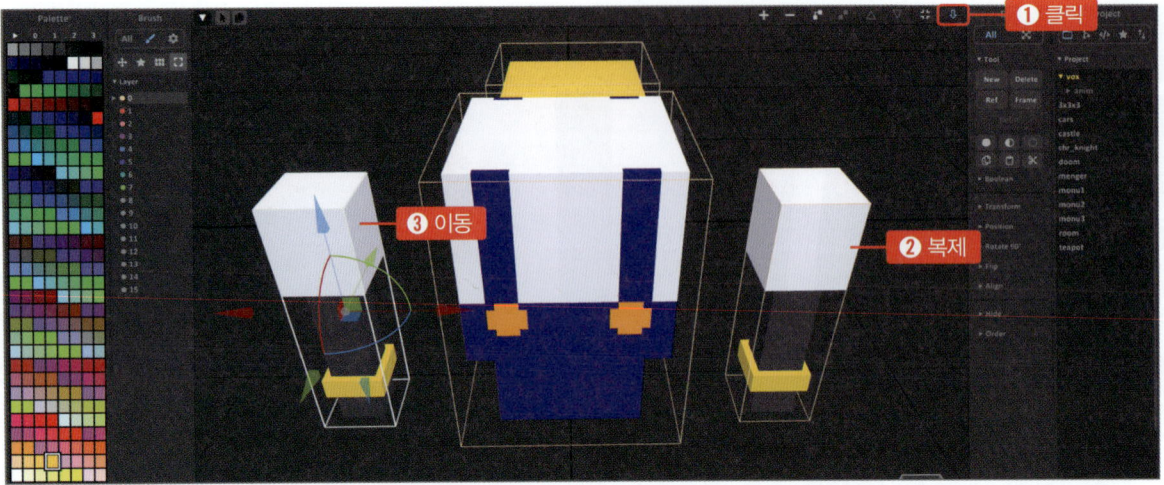

8 ❸과 같은 방법으로 'World' 상태에서 오브젝트를 추가하고 위치를 이동한 후 '편집' 상태로 돌아와 작업 공간의 크기(10, 15, 40)를 변경하고 '오른쪽 다리'를 만들어 봅니다.

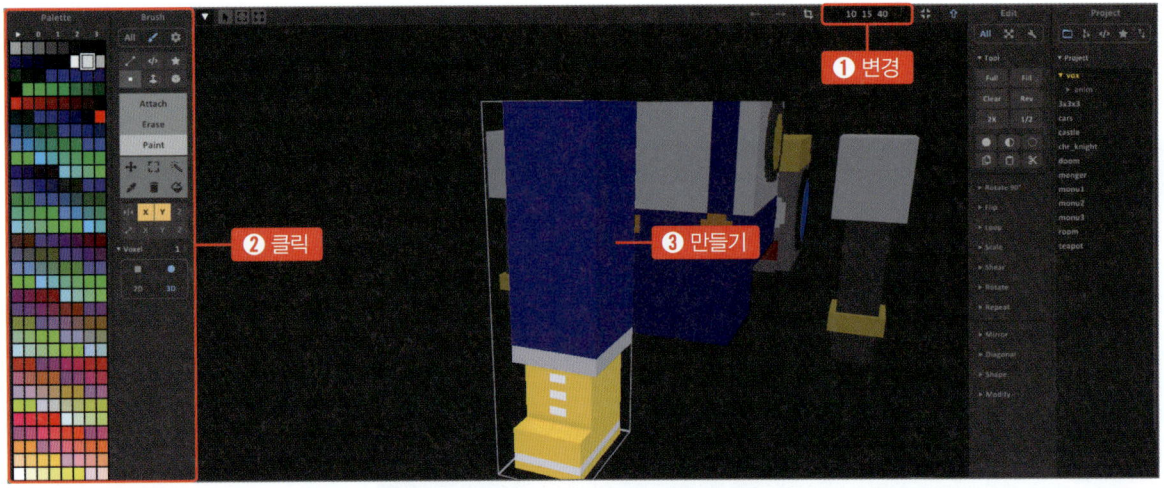

9 ❼과 같은 방법으로 'World' 상태에서 로봇의 '다리'를 복제한 후 '몸' 앞에 나란히 배치합니다.

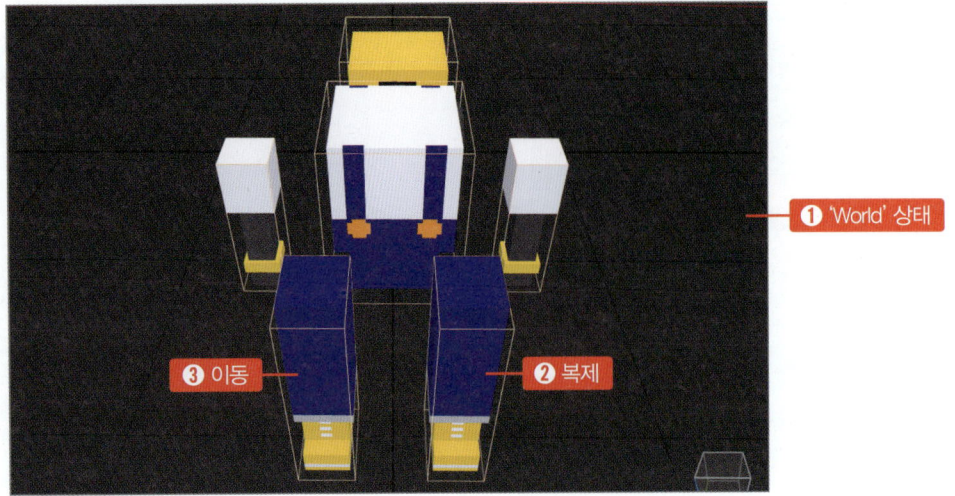

로봇 조립하기

>>> 부품을 조립하여 로봇의 모습을 표현해 봐요.

❶ 'World' 상태에서 로봇의 '머리'를 선택한 후 화살표를 드래그하여 '몸'과 조립합니다.

❷ 이어서 로봇의 '몸'에 양쪽 '팔'을 이동하여 조립합니다.

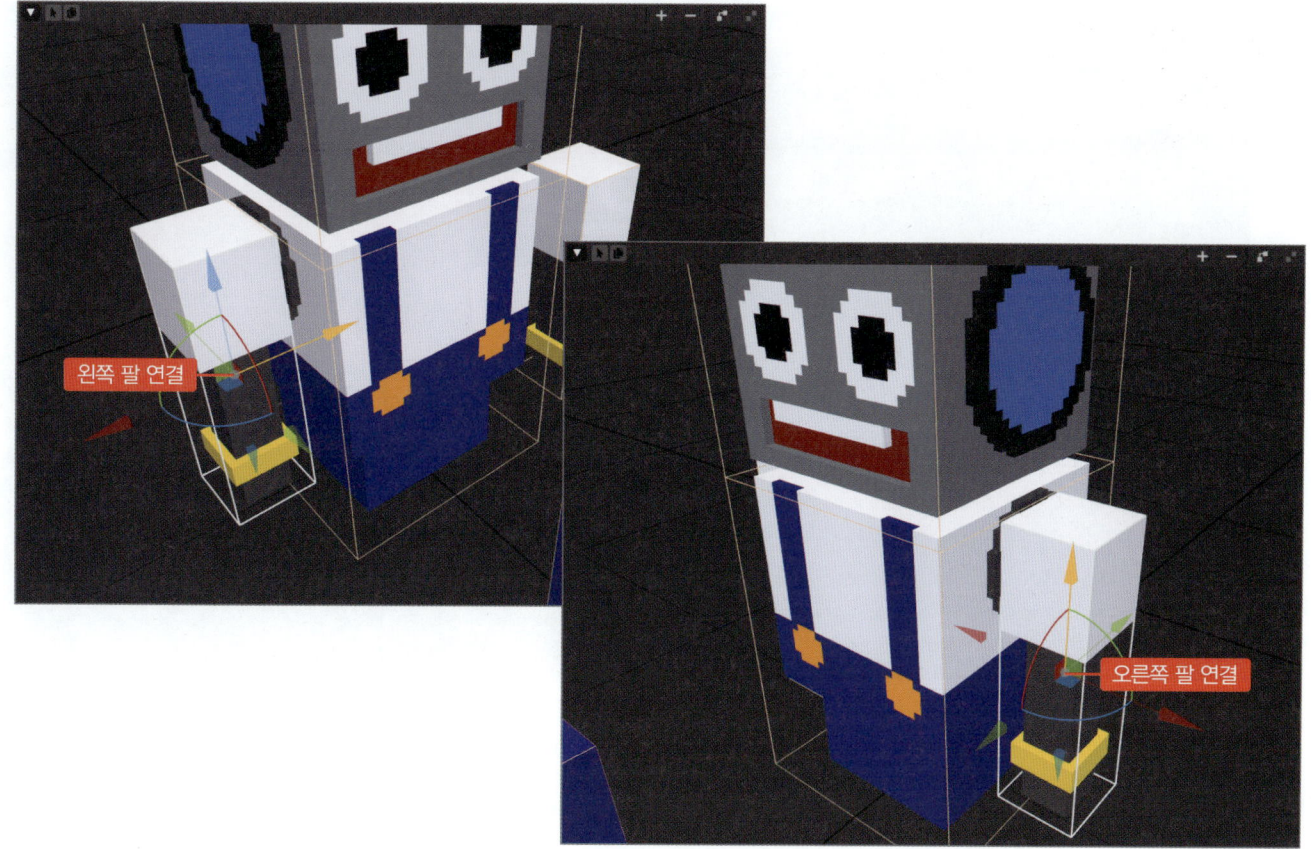

Chapter 21 장난감 팩토리 • **167**

3 Shift 키를 누른 채 '머리', '몸', 양쪽 '팔'을 차례대로 선택한 후 선택된 모든 부품을 '다리' 위로 이동하여 조립합니다.

> TIP
> Shift 키를 누른 채로 오브젝트를 클릭하면 클릭한 오브젝트들이 모두 선택돼요.

4 화면을 회전하며 부품들의 위치를 다시 확인한 후 상단 메뉴 중 '저장(🖫)' 버튼을 클릭하여 'vox' 파일로 저장합니다.

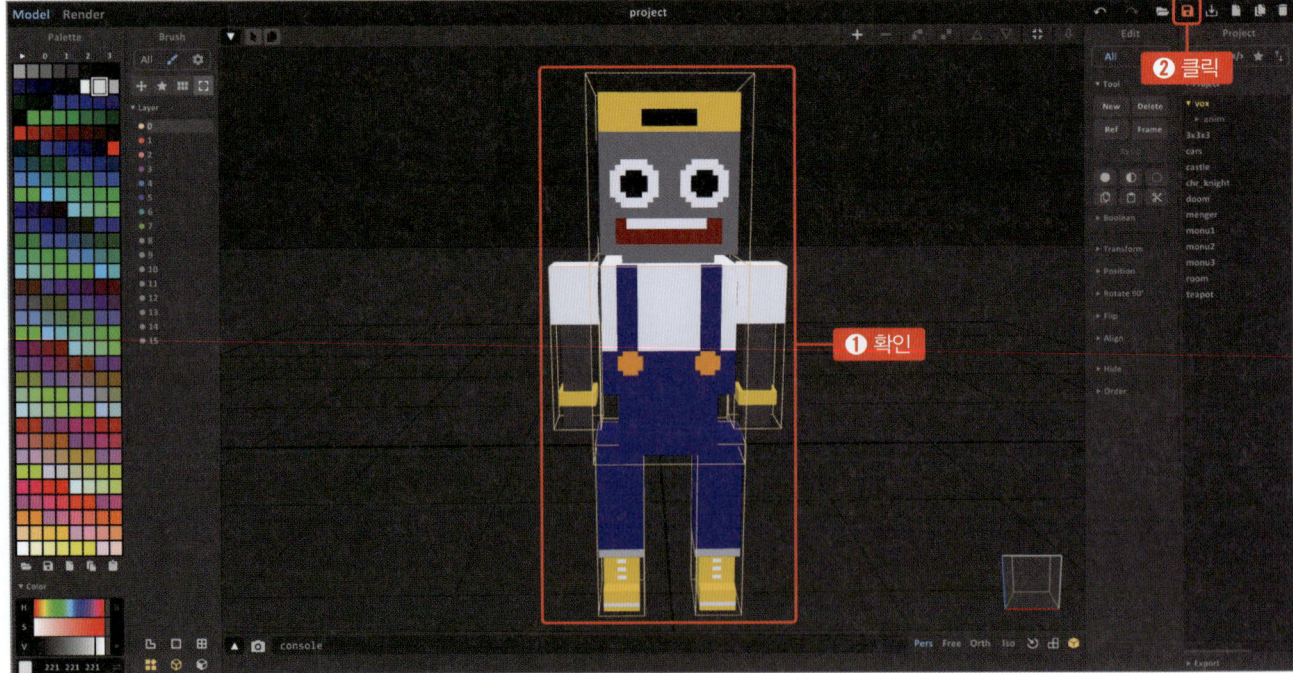

차곡차곡~ 3D 상상력 쌓기

▶ 예제 파일 : 21강_미션_예제.vox ▶ 완성 파일 : 21강_미션_완성.vox

미션 01 '21강_미션_예제.vox' 파일을 불러와 돼지의 '머리', '몸', '다리', '꼬리' 오브젝트를 만들어 봅니다.

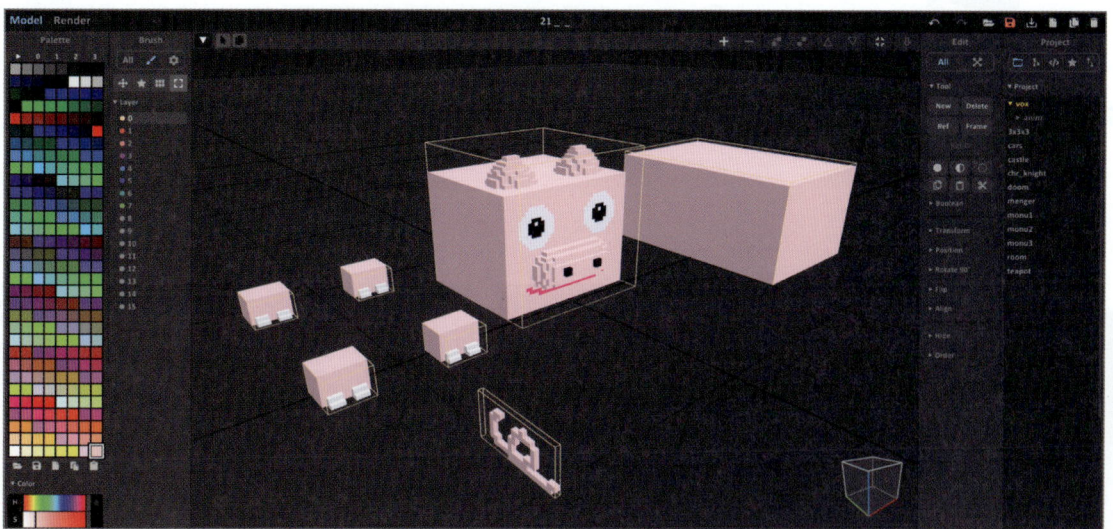

이렇게 해봐요 예제 파일에 오브젝트가 추가되어 있어요. 각 오브젝트를 선택하고 '편집' 상태에서 돼지의 '머리', '몸', '다리', '꼬리'를 만들어 보세요.

미션 02 'World' 상태에서 돼지의 '머리', '몸', '다리', '꼬리' 오브젝트를 조립해 봅니다.

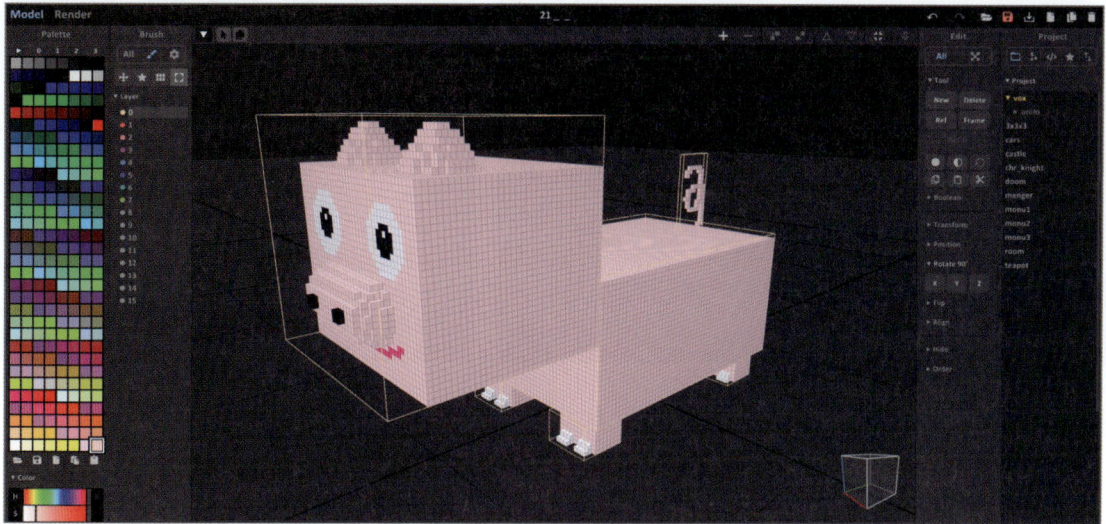

이렇게 해봐요 '꼬리'는 'Rotate 90°'의 'X'축을 클릭하여 세워보세요.

CHAPTER 22
꾸벅~ 인사하는 로봇

탐험 월드 애니메이션 월드

흐음~ 누굴 닮은 로봇인지 참 잘생겼군~! 애니메이션 월드에 놀러온 손님들을 맞이하면 좋겠어요. 손님 맞이의 첫 번째는 역시 인사겠죠? 허리 숙여 공손하게 인사하는 인사 로봇을 만들어봐요.

- 예제 파일 : 22강_예제.vox
- 완성 파일 : 22강_완성.vox

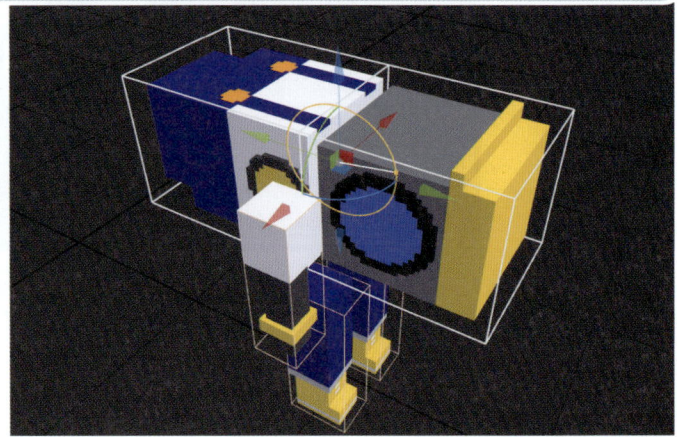

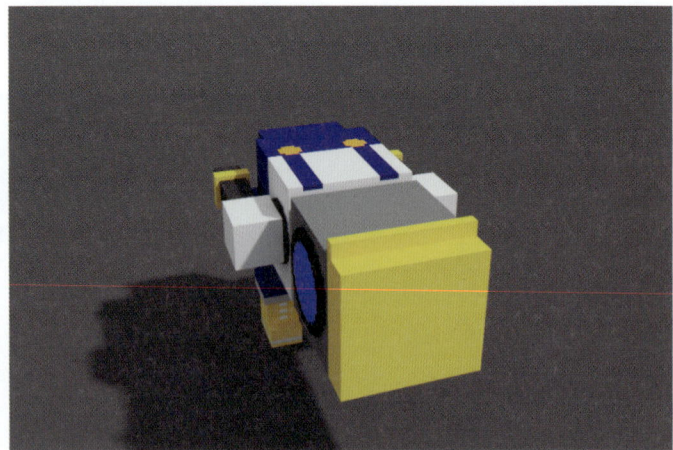

함께 배워볼까요?

- 키 프레임을 추가하여 애니메이션 장면을 저장할 수 있어요.
- 렌더링한 이미지를 다운로드하여 GIF 파일을 만들 수 있어요.

Step 01 로봇 움직임 설정하기
>>> 키 프레임을 추가하여 로봇이 움직이는 모습을 표현해 봐요.

❶ 매지카복셀(MagicaVoxel)을 실행한 후 [열기( )]를 클릭하여 '22강_예제.vox' 파일을 불러옵니다.

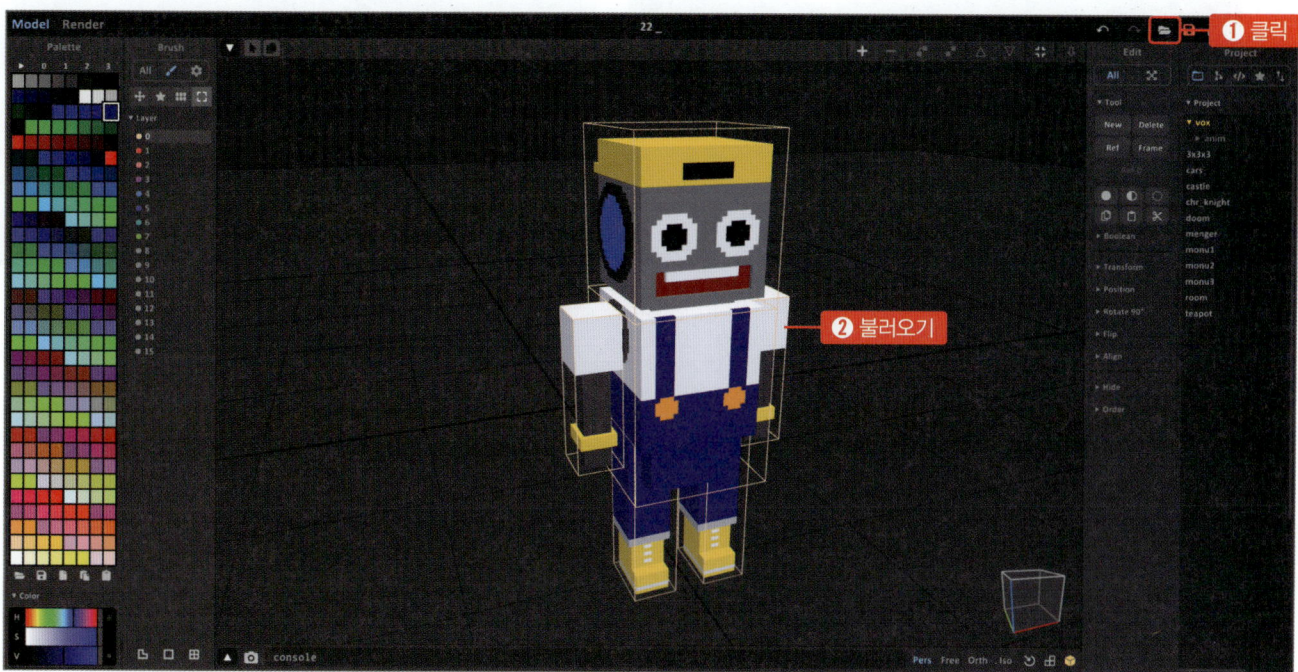

❷ 작업 공간 왼쪽 상단의 [▼]를 클릭하여 'Animation Control' 창을 엽니다. 이어서 프레임 '0'에 현재 모습을 기록하기 위해 로봇의 '머리', '몸' 그리고 양쪽 '팔', '다리'를 각각 선택하고 '+'를 클릭하여 키 프레임을 추가합니다.

Chapter 22 꾸벅~ 인사하는 로봇 ● 171

❸ 로봇이 인사하는 모습을 표현하기 위해 'Next Frame(▶)'을 클릭한 후 Shift 키를 누른 채 '머리'와 '몸'을 클릭합니다. 이어서 빨간색 회전축을 선택하고 원하는 방향으로 드래그합니다.

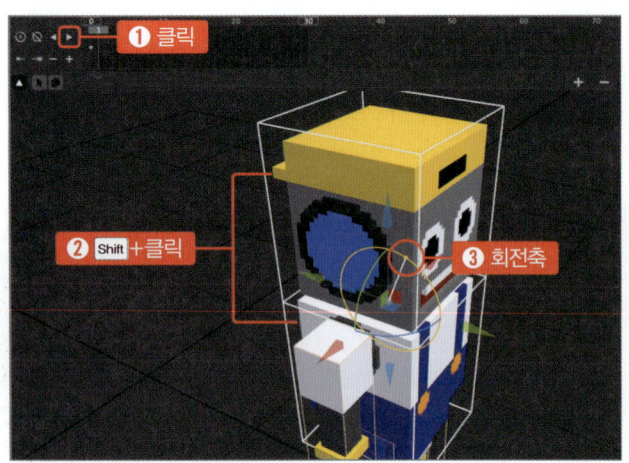 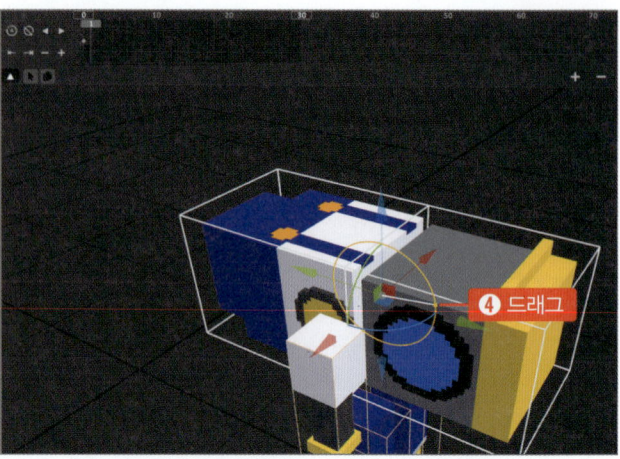

❹ 이어서 '다리' 위치에 맞춰 '머리'와 '몸'의 위치를 수정한 후 '머리'와 '몸' 모두 프레임 '1'에 키 프레임을 추가합니다.

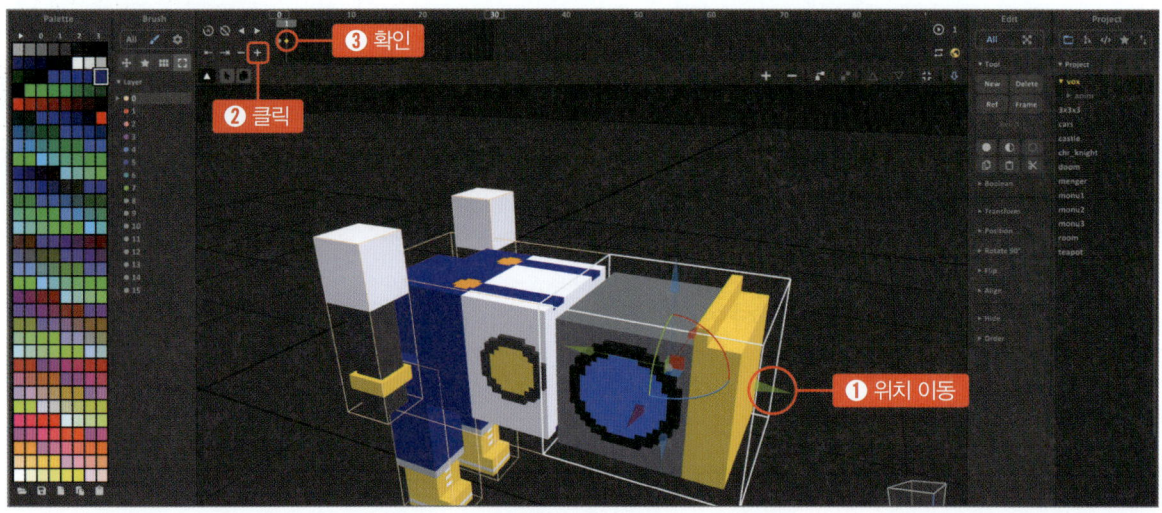

❺ ❸~❹와 같은 방법으로 양쪽 '팔'의 위치와 각도를 변경한 후 프레임 '1'에 키 프레임을 추가합니다.

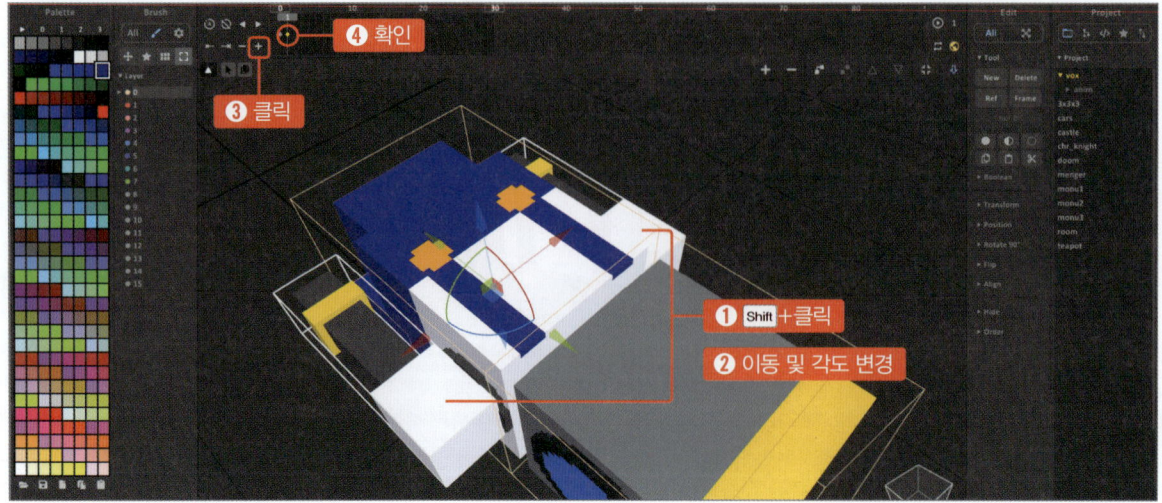

❻ 로봇이 여러 번 인사하도록 'Next Frame(▶)'을 2번 클릭하여 프레임 '3'으로 이동한 후 '머리', '몸', '팔'마다 각각 [+]를 클릭하여 키 프레임을 추가합니다.

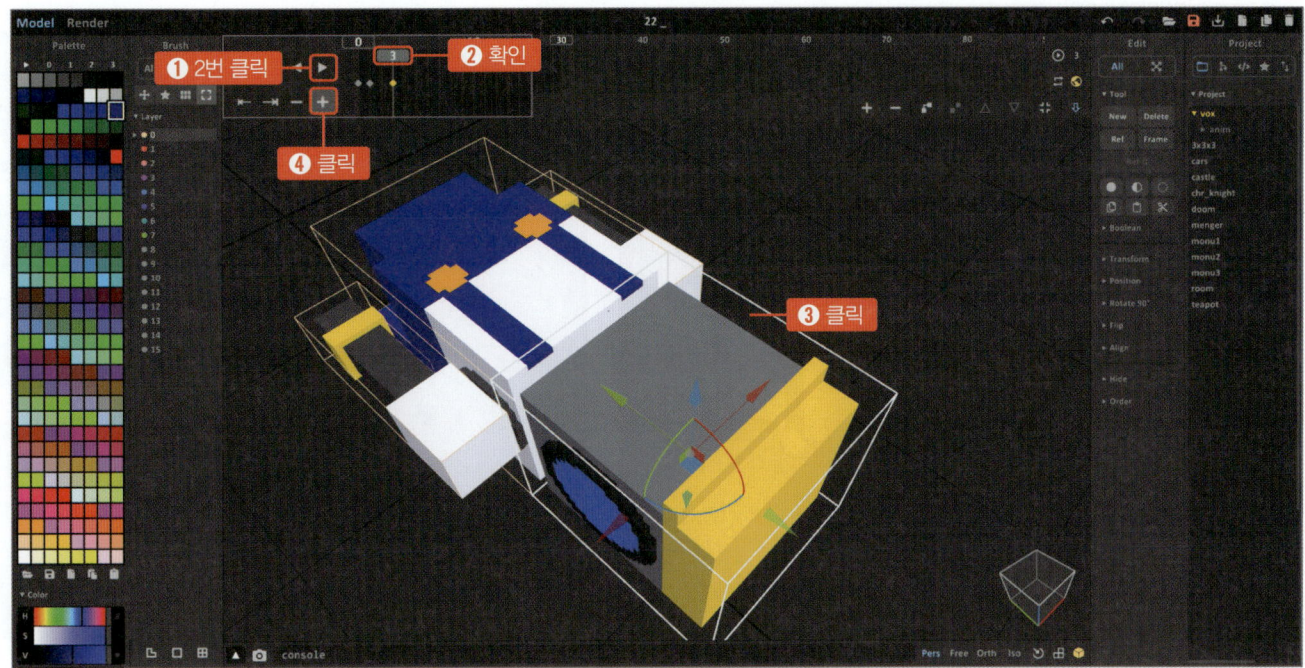

> **알아두기**
> 반복되는 움직임을 표현할 때, 프레임마다 오브젝트를 움직이지 않고 'Next Frame'을 클릭하여 원하는 프레임 위치로 이동한 후 키 프레임을 저장하면 작업 시간을 줄여줘요.

❼ 'Animation Control' 창의 타임라인에서 프레임 '0'의 위치를 클릭하여 이동합니다. 이어서 '머리'를 클릭한 후 Shift + Ctrl 키를 누른 채 프레임 '0'에 있는 키 프레임을 프레임 '2'로 드래그하여 복제합니다.

> **알아두기**
> 타임라인 위 키 프레임을 클릭하면 선택한 위치의 키 프레임이 노란색으로 바뀌어요.

Chapter 22 꾸벅~ 인사하는 로봇 • **173**

⑧ ❼과 같은 방법으로 '몸'과 양쪽 '팔'을 각각 선택하고 프레임 '0'의 키 프레임을 프레임 '2'로 복제합니다.

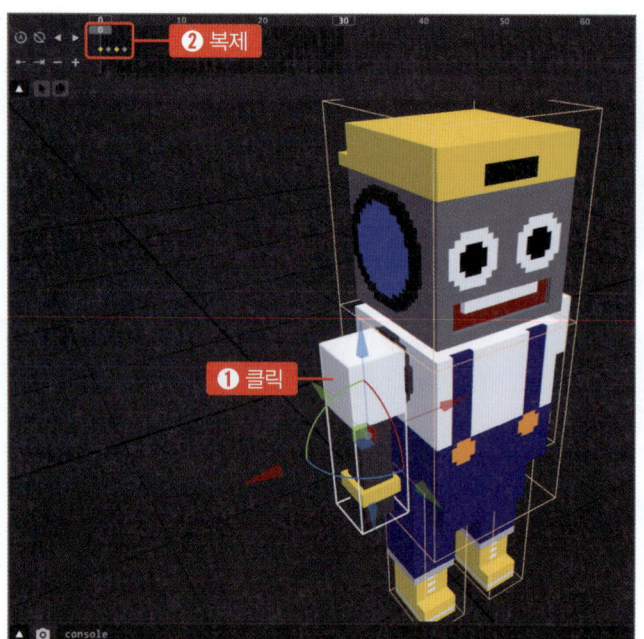

⑨ 반복해서 인사하는 모습을 만들기 위해 '머리', '몸', '팔' 마다 각각 Shift 키를 누른 채 프레임 '0'과 '1'에 있는 키 프레임을 선택합니다. 이어서 Shift + Ctrl 키를 누른 채 프레임 '4', '5' 위치로 드래그하여 복제합니다.

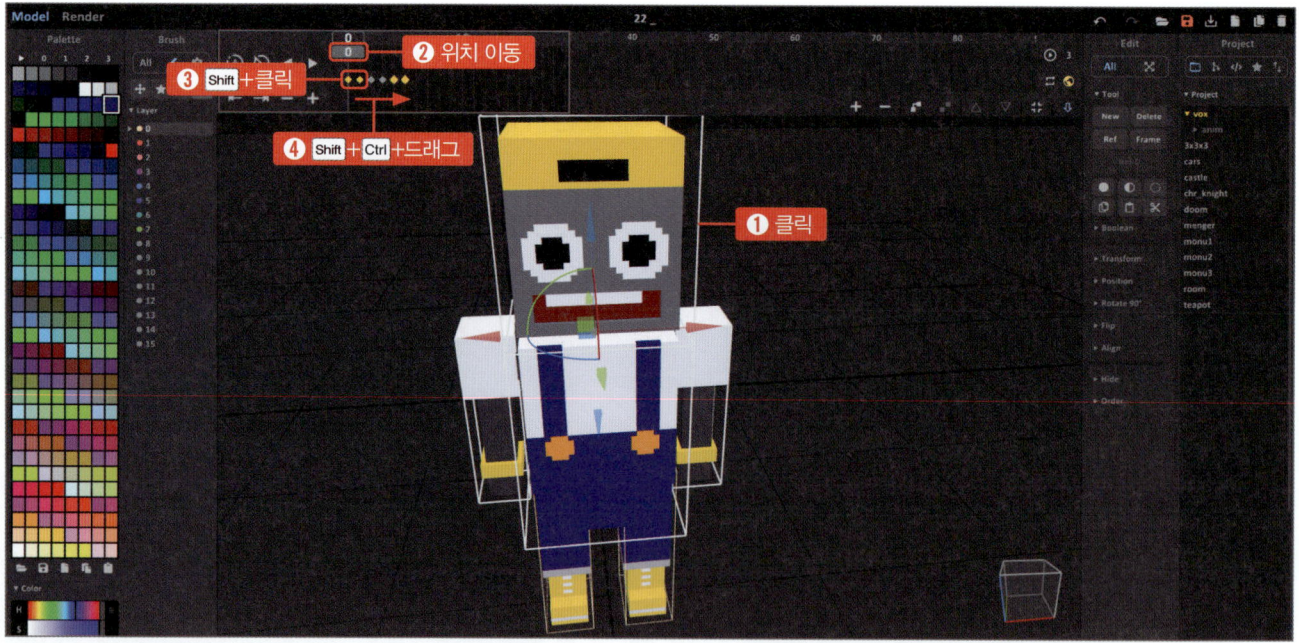

⑩ ❾와 같은 방법으로 프레임 '12'까지 반복해서 인사하는 키 프레임을 추가합니다.

> **TIP** 프레임 '0'의 키 프레임을 '12'로 복제해요.

이미지로 저장하기

>>> 완성한 프레임을 이미지로 저장해 봐요.

❶ [Render] 탭으로 이동한 후 [Image] 탭에서 'Show Image Settings( )'를 클릭합니다. 이어서 'Image'-'Anim'을 클릭하고 'End'의 값을 '12'로 입력합니다.

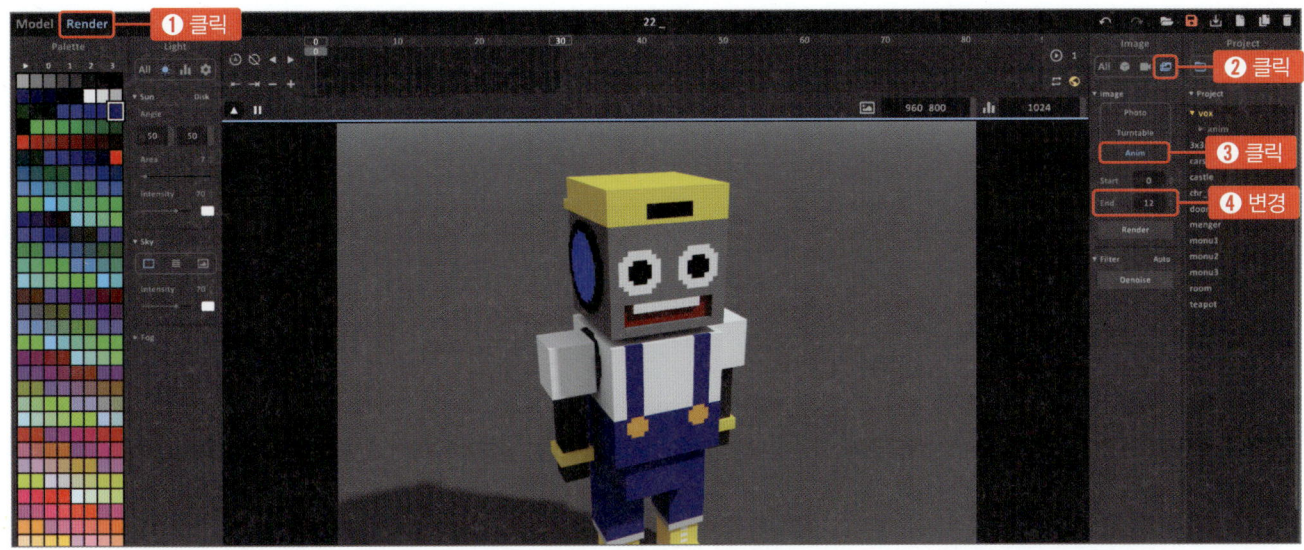

❷ 애니메이션으로 표현하고 싶은 화면의 위치와 각도로 이동한 후 [Render]를 클릭합니다. 이어서 [다른 이름으로 저장] 창이 나타나면 각 프레임을 PNG 파일로 저장할 위치를 선택한 후 [저장]을 클릭합니다.

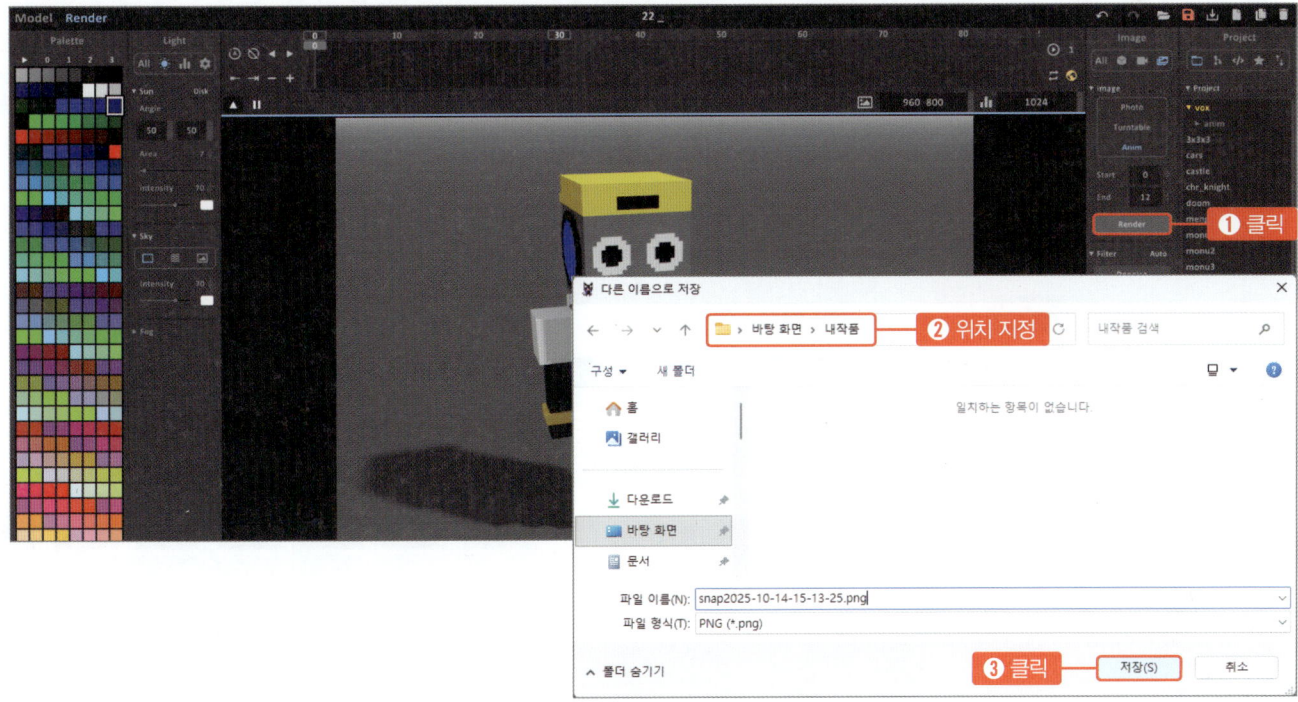

❸ 상단 메뉴 중 '저장( )' 버튼을 클릭하여 'VOX' 파일로 저장한 후 프로그램을 종료합니다.

GIF 파일 만들기

>>> 렌더링한 이미지를 이용하여 GIF 파일을 만들어봐요.

❶ 인터넷 브라우저를 실행한 후 Ezgif('https://ezgif.com/') 사이트에 접속하여 [GIF 메이커]를 클릭합니다.

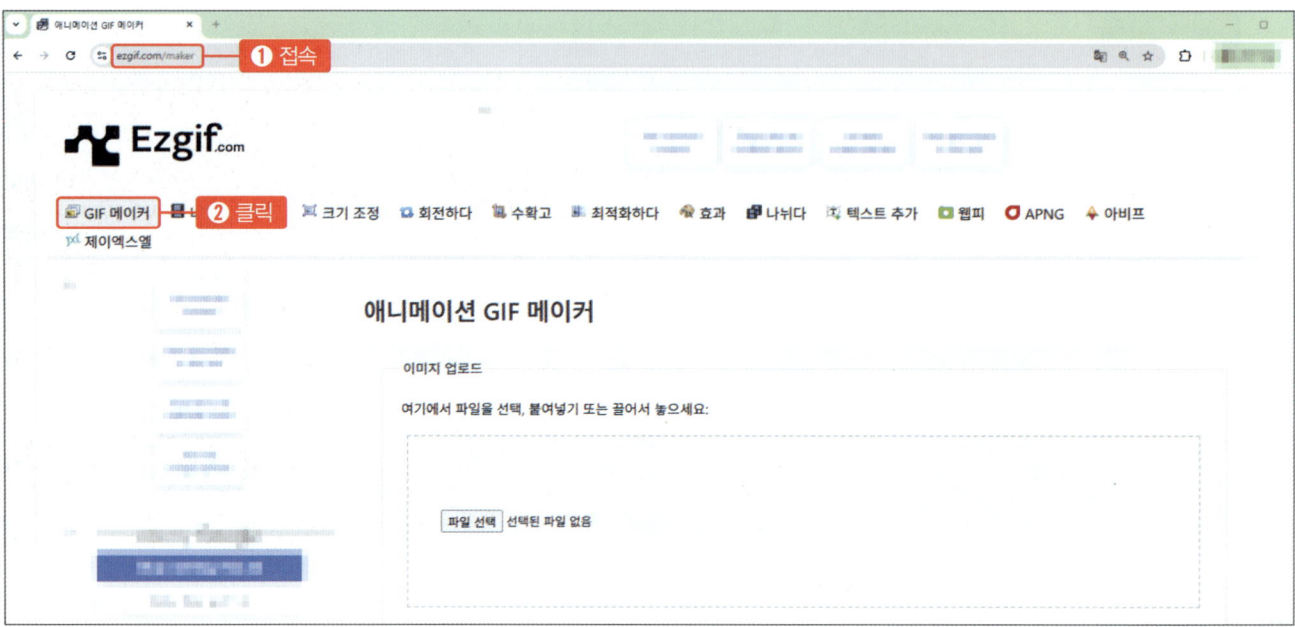

❷ 이어서 [파일 선택]을 클릭하여 [열기] 창이 나타나면 렌더링한 이미지 파일이 있는 위치로 이동한 후 키보드에서 Ctrl + A 키를 눌러 파일을 전부 선택하고 [열기]를 클릭합니다.

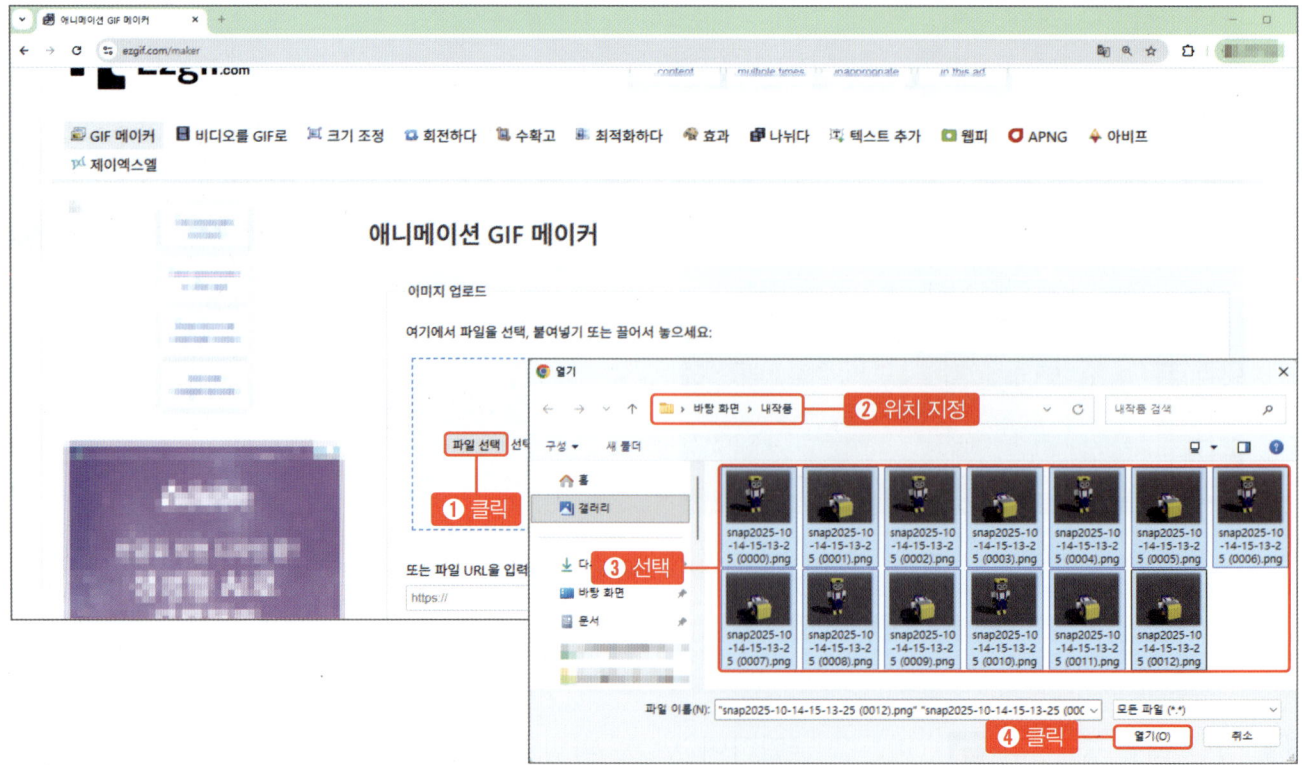

176 • PART 4 애니메이션 월드

❸ 업로드된 파일 개수를 확인한 후 [파일을 업로드하세요!]를 클릭합니다.

❹ 스크롤을 내려 GIF 옵션 중 지연 시간을 '0'초로 설정하고, [GIF를 만들어 보세요!] 버튼을 클릭합니다.

> **TIP** 지연 시간은 이미지가 다음 이미지로 이동하는 사이의 시간이에요. 재생 속도를 늦추려면 지연 시간 값을 높이면 돼요.

❺ 버튼 아래 애니메이션이 생성되면 '구하다(save)'를 클릭하여 GIF 파일을 저장합니다.

Chapter 22 꾸벅~ 인사하는 로봇 • **177**

▶ 예제 파일 : 22강_미션_예제.vox ▶ 완성 파일 : 22강_미션_완성.vox

미션 01 '22강_미션_예제.vox' 파일을 불러와 '프레임'에 '키 프레임'을 추가하며 '돼지'가 달리는 모습을 표현해 봅니다.

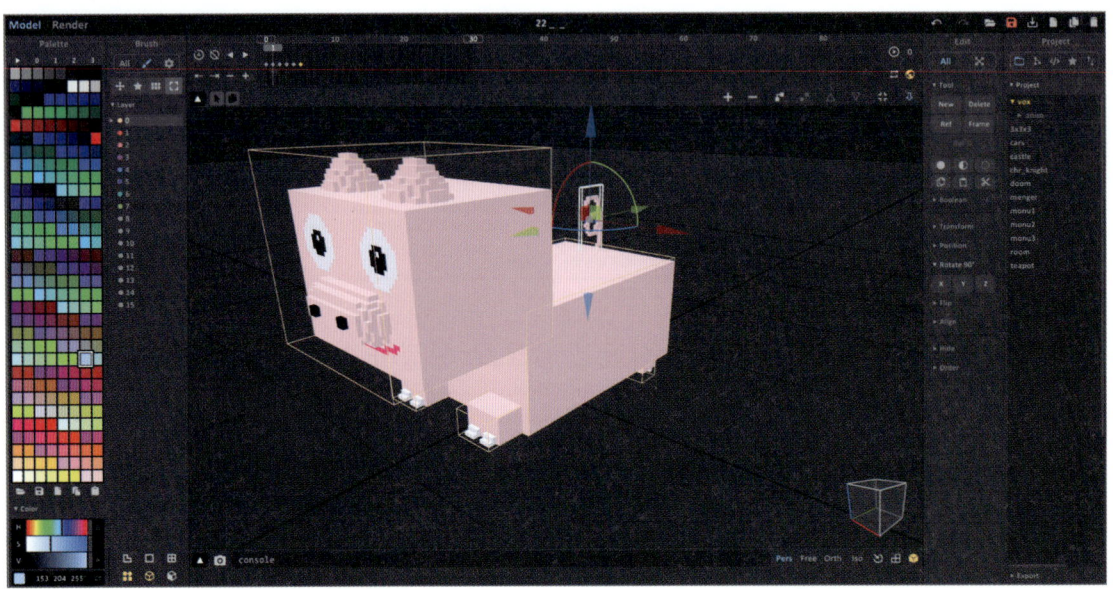

이렇게해봐요 반복되는 움직임을 만든 후 키 프레임을 복제해 보세요.

미션 02 각 프레임을 PNG 파일로 저장한 후 Ezgif('https://ezgif.com/') 사이트에서 GIF 파일로 저장해 봅니다.

CHAPTER 23
매콤 달달 떡볶이

탐험 월드 애니메이션 월드

애니메이션 월드의 요리 시간! 매콤달콤 떡볶이가 먹고 싶어요. 빨간 고추장 한 스푼에 쫄깃쫄깃 가래떡과 네모난 어묵 그리고 송송 썬 파까지 넣고 끓이면~ 기다리는 시간마저 즐거워질 것 같아요. 같이 떡볶이 재료를 준비해봐요!

▼ 예제 파일 : 23강_예제.vox ▼ 완성 파일 : 23강_완성.vox

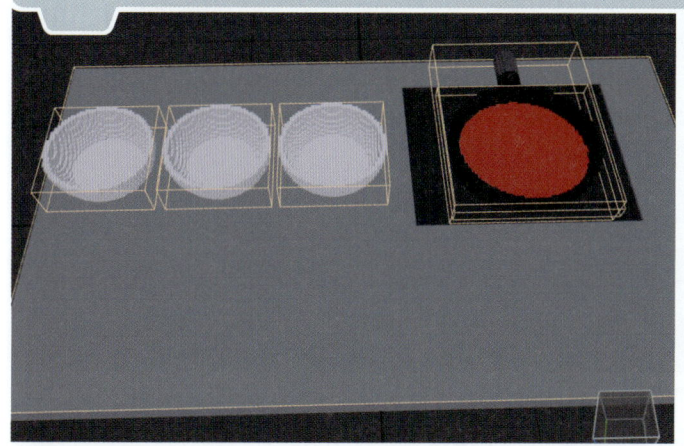
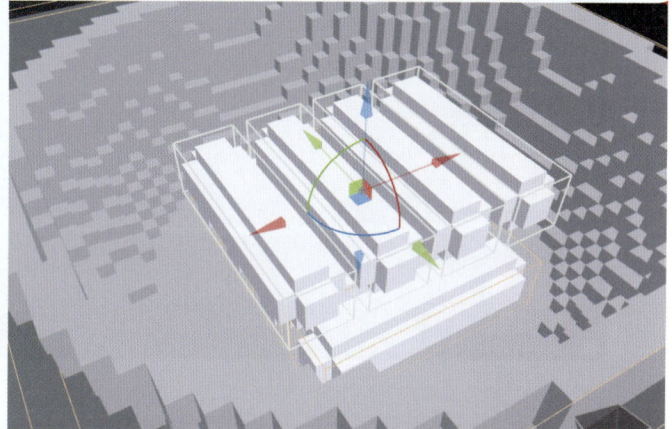
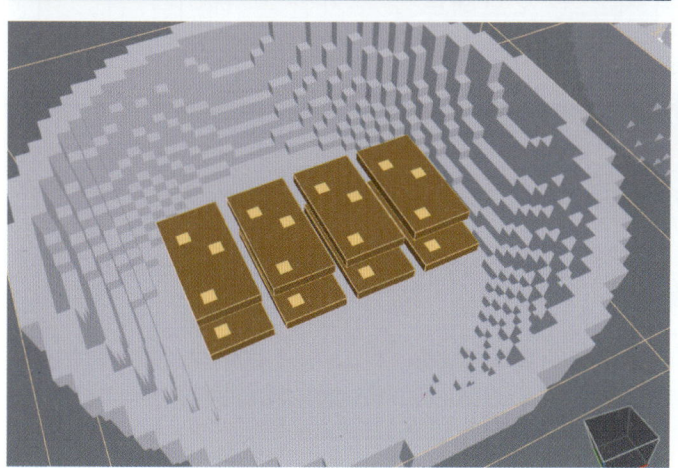
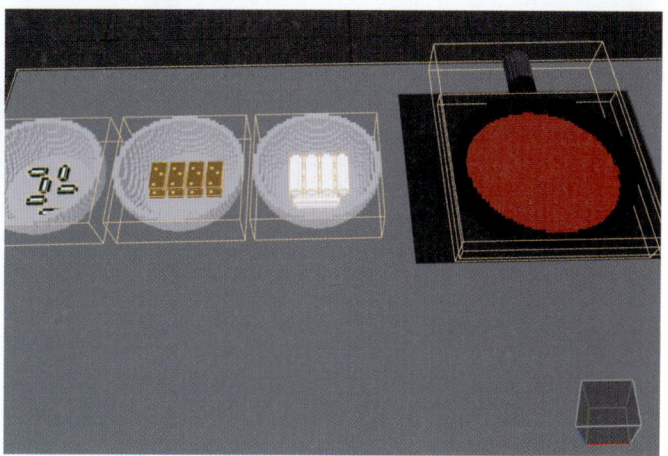

함께 배워볼까요?

- 복셀을 이용하여 요리 재료를 만들 수 있어요.
- World에서 오브젝트를 복제 및 이동할 수 있어요.

Step 01 떡 준비하기

>>> 복셀을 이용하여 떡을 표현해봐요.

① 매지카복셀(MagicaVoxel)을 실행한 후 [열기( )]를 클릭하여 '23강_예제.vox'파일을 불러옵니다.

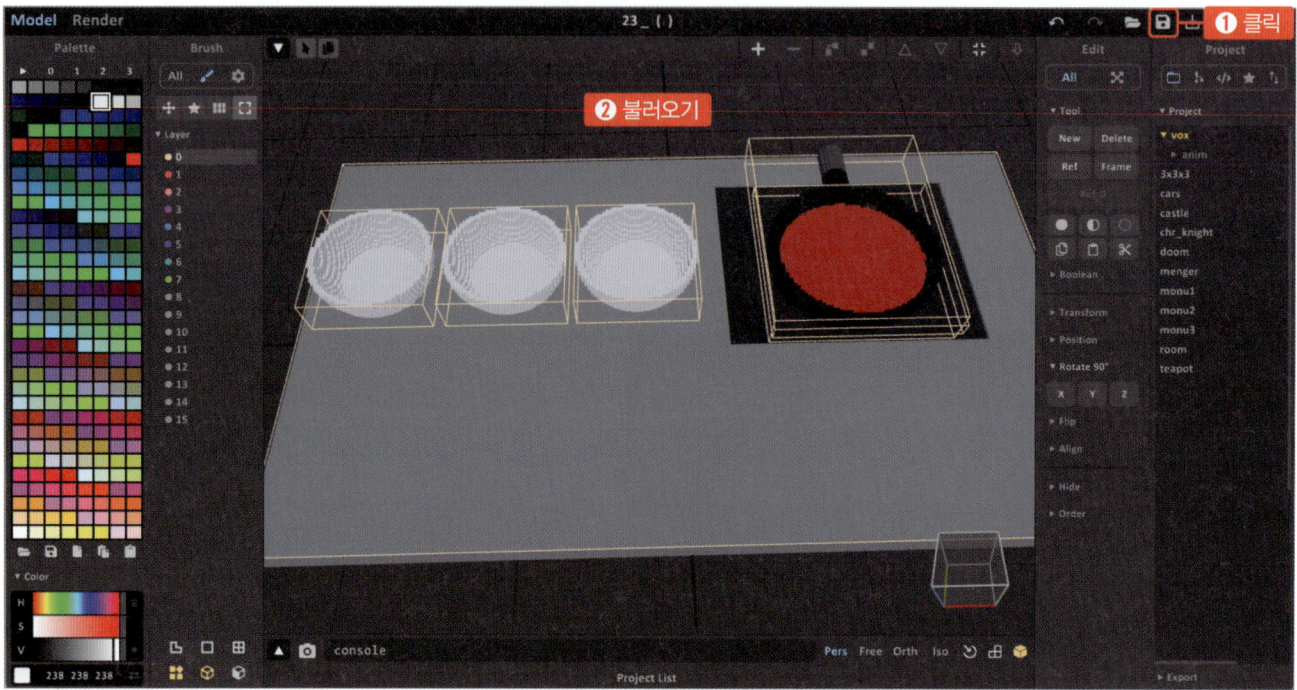

② 'World' 상태에서 'New Object( )'를 클릭하여 새로운 오브젝트를 추가한 후 테이블 위로 이동합니다.

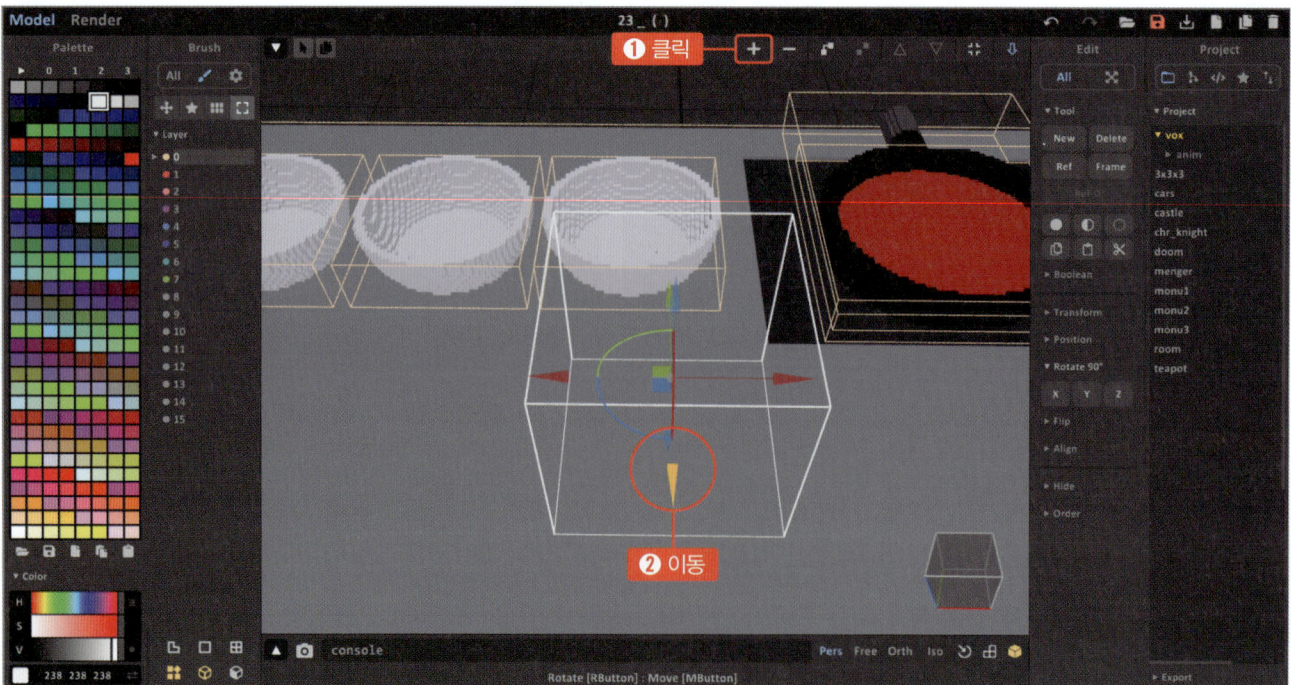

❸ 키보드에서 ⇥(Tab)키를 눌러 '편집'으로 돌아온 뒤 작업 공간의 크기(15, 4, 4)를 변경합니다.

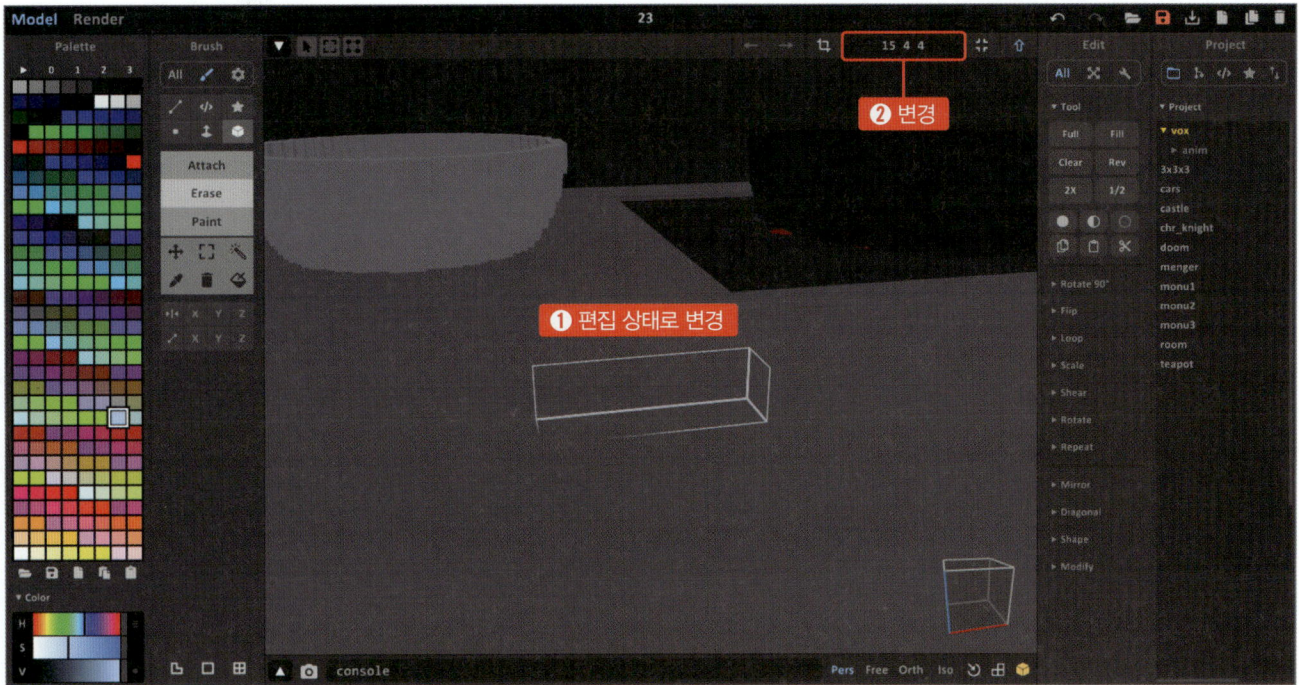

❹ [Brush] 탭의 도구와 [Palette] 탭의 색상, [Edit] 탭의 속성을 이용하여 떡볶이에 넣을 떡을 완성해 봅니다.

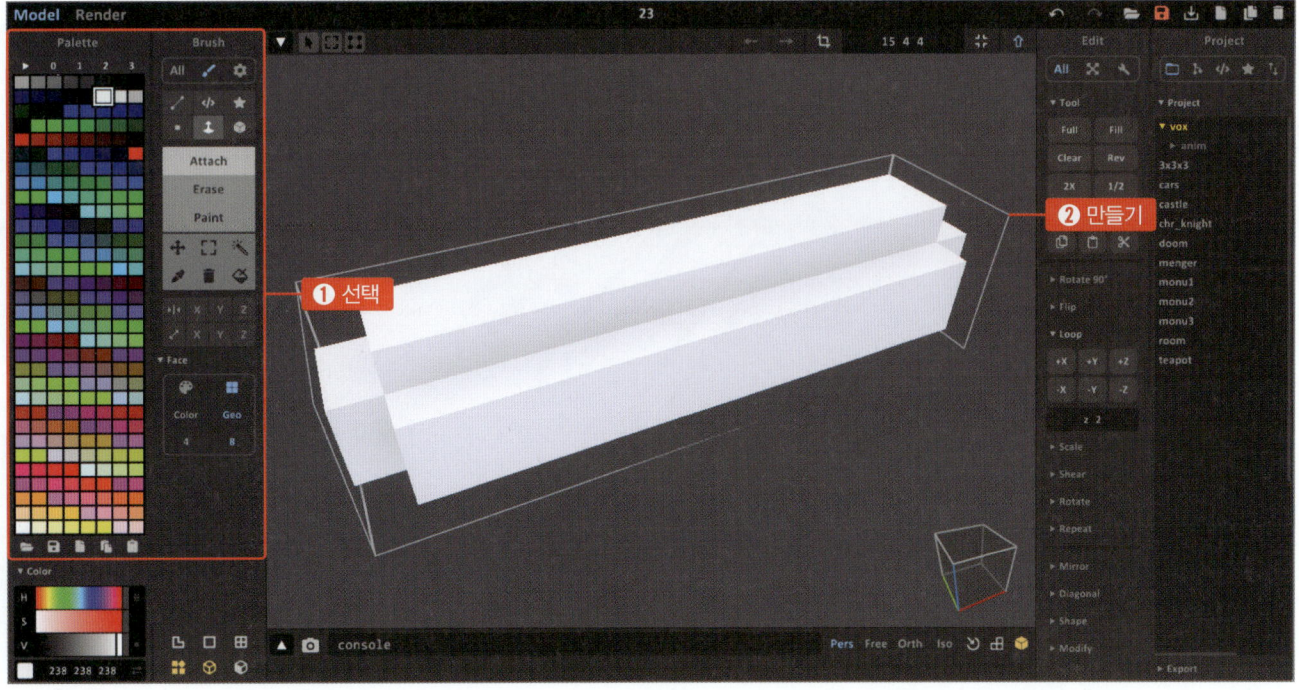

TIP 복셀의 크기를 '4'로 설정하고, 모양을 '원', '3D'로 설정하면 떡의 끝 부분을 표현할 수 있어요.

Chapter 23 매콤 달달 떡볶이 • **181**

❺ 키보드에서 ⇥(Tab)키를 눌러 'World'로 변경한 뒤 '떡'을 접시 안으로 옮깁니다.

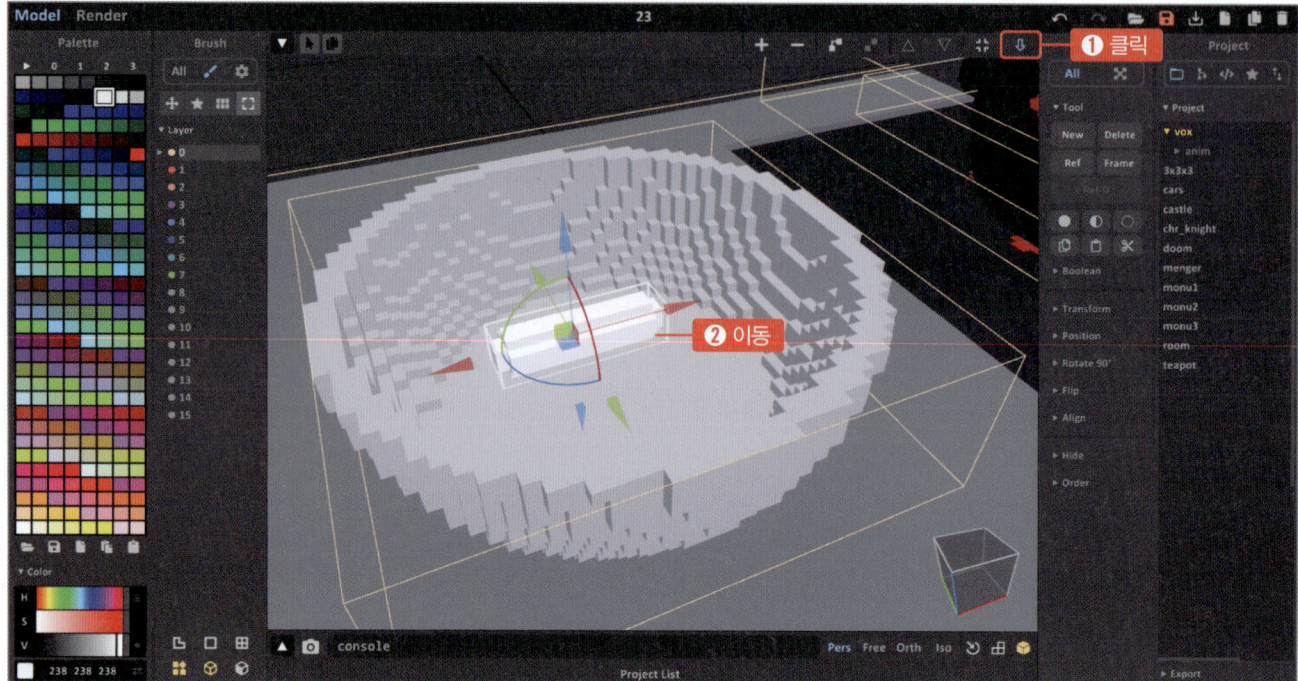

❻ 이어서 키보드에서 Ctrl+C, Ctrl+V키를 여러 번 반복해 눌러 '떡'을 복제한 후 다양한 방향으로 회전시켜 접시 안으로 이동합니다.

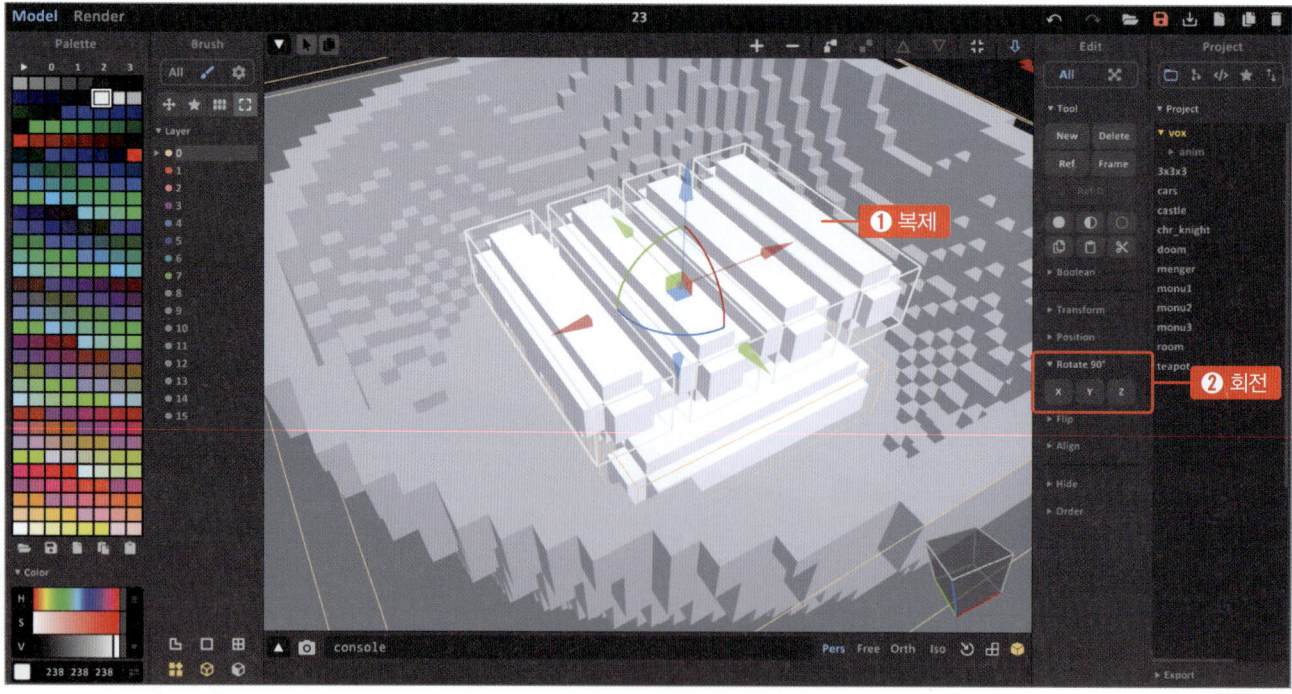

TIP 오브젝트가 많으면 애니메이션과 렌더링이 오래 걸릴 수 있으니 절반정도 채우도록 해요.

남은 재료 준비하기

>>> 복셀을 이용하여 나머지 재료를 준비해봐요.

❶ 'World' 상태에서 새로운 오브젝트를 추가한 후 테이블 위로 이동합니다. 이어서 키보드에서 ⇆(Tab)키를 눌러 '편집' 상태에서 작업 공간의 크기(5, 10, 1)를 변경합니다.

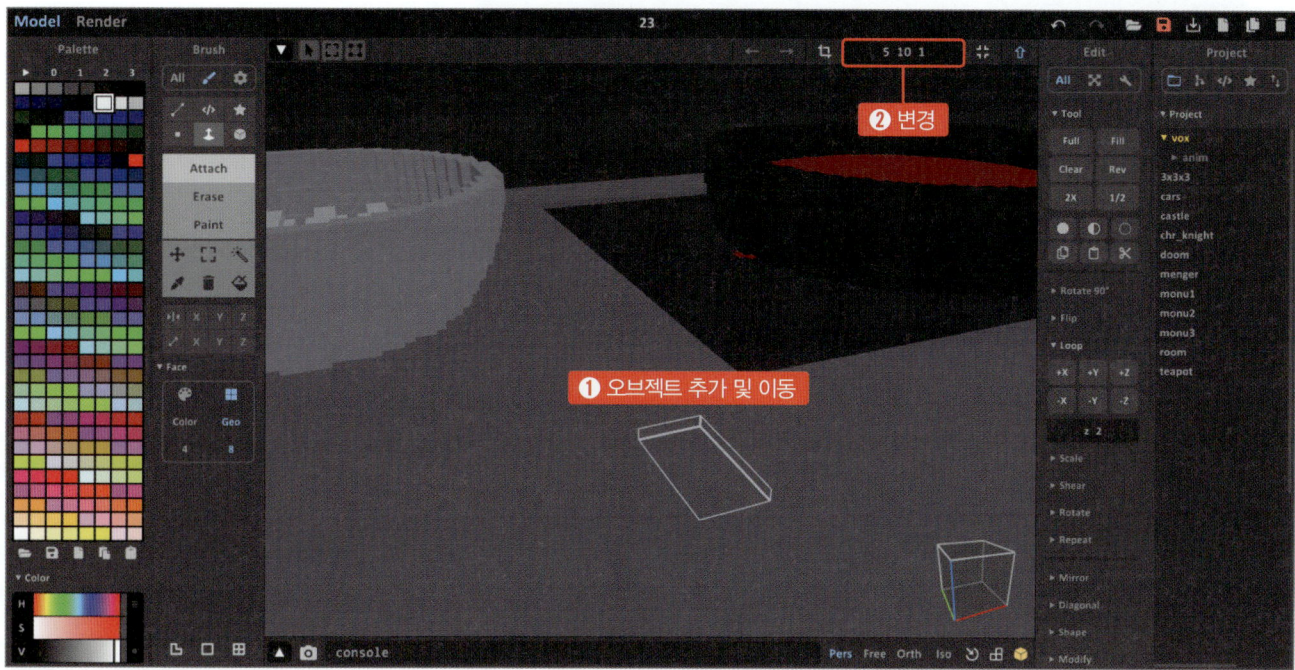

❷ 복셀을 이용하여 어묵을 완성하고 ⇆(Tab)키를 눌러 'World'로 변경한 후 '어묵'을 접시 안으로 이동시킵니다. 이어서 Ctrl+C, Ctrl+V키를 여러번 반복해 눌러 복제한 '어묵'으로 접시를 채워 봅니다.

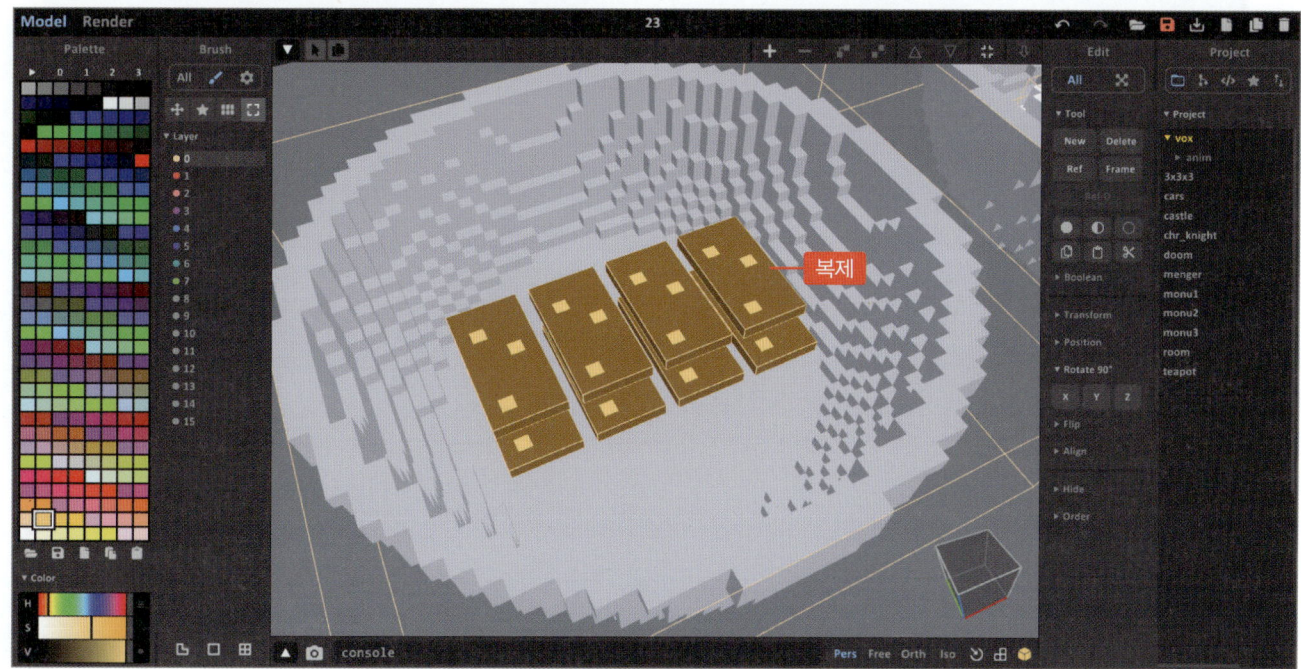

❸ ❶~❷와 같은 방법으로 '파'를 만든 후 접시를 채워 봅니다.

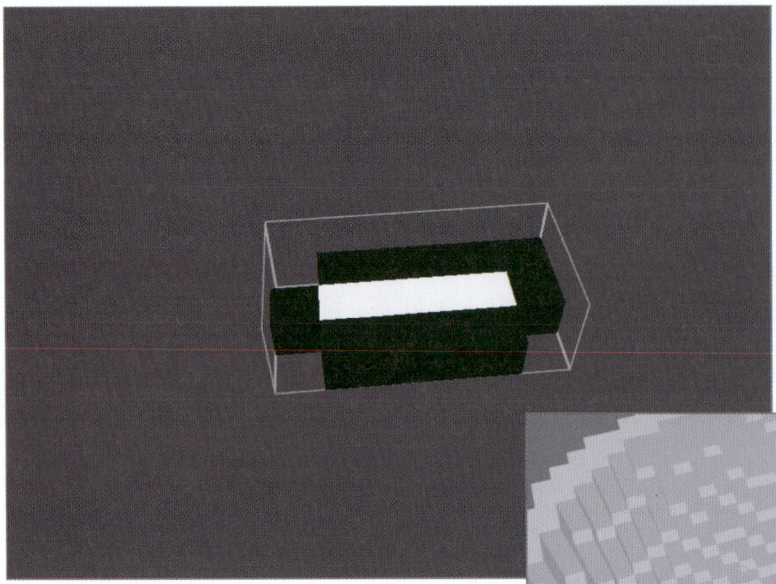

TIP 작업 공간 크기 : 6, 3, 2

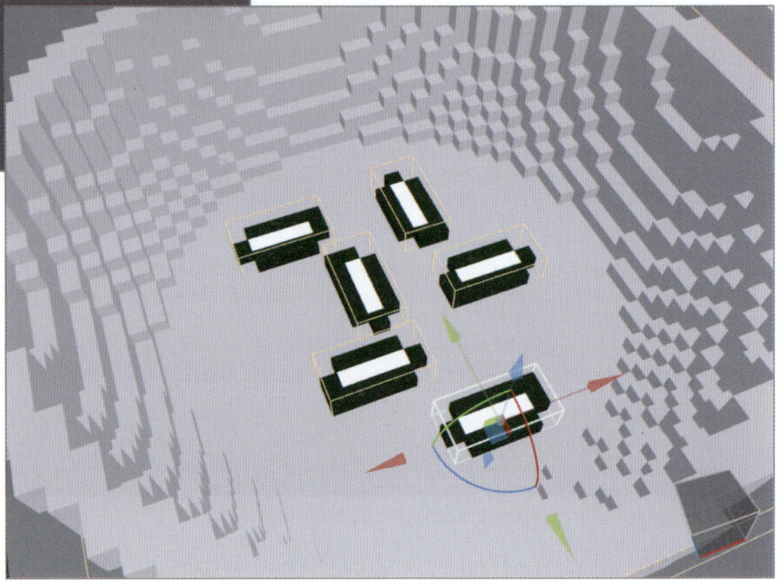

TIP 내가 넣고 싶은 재료를 표현해요.

❹ 재료가 완성되면 상단 메뉴 중 '저장(💾)' 버튼을 클릭하여 'VOX' 파일로 저장합니다.

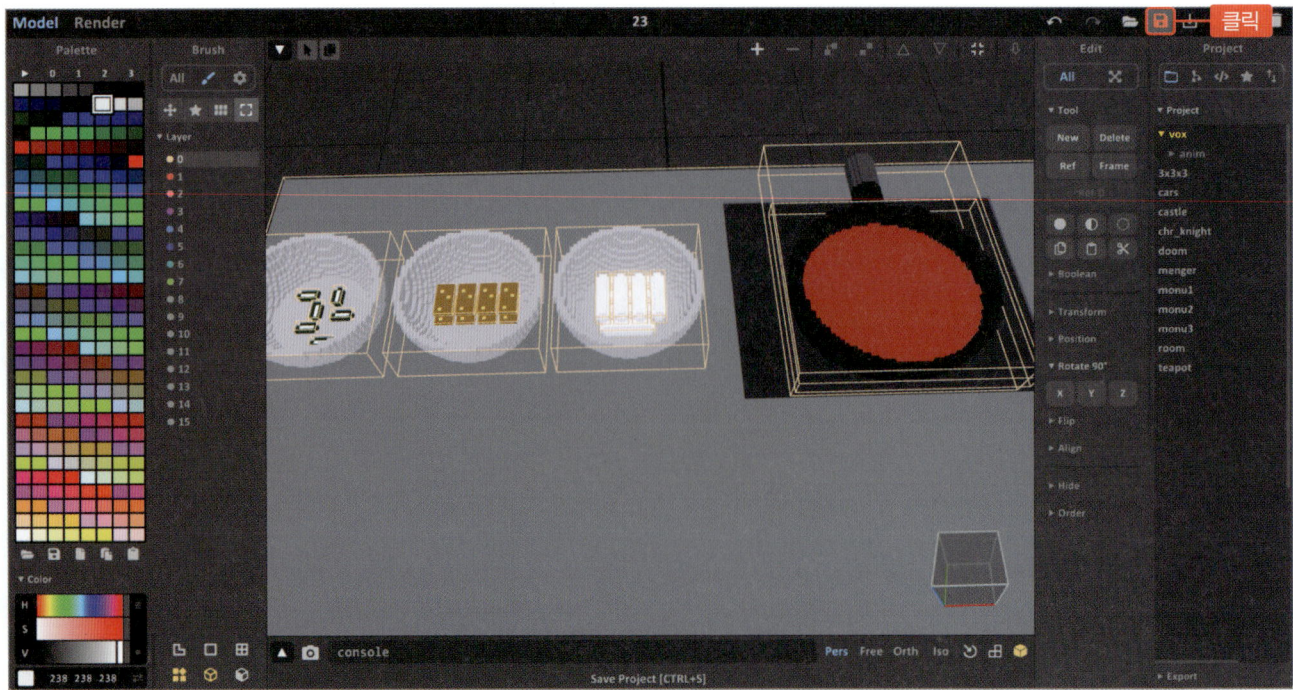

차곡차곡~ 3D 상상력 쌓기

▶ 예제 파일 : 23강_미션_예제.vox   ▶ 완성 파일 : 23강_미션_완성.vox

미션 01 '23강_미션_예제.vox' 파일을 불러와 오브젝트를 추가하여 '애호박'과 '감자'를 만들어 봅니다.

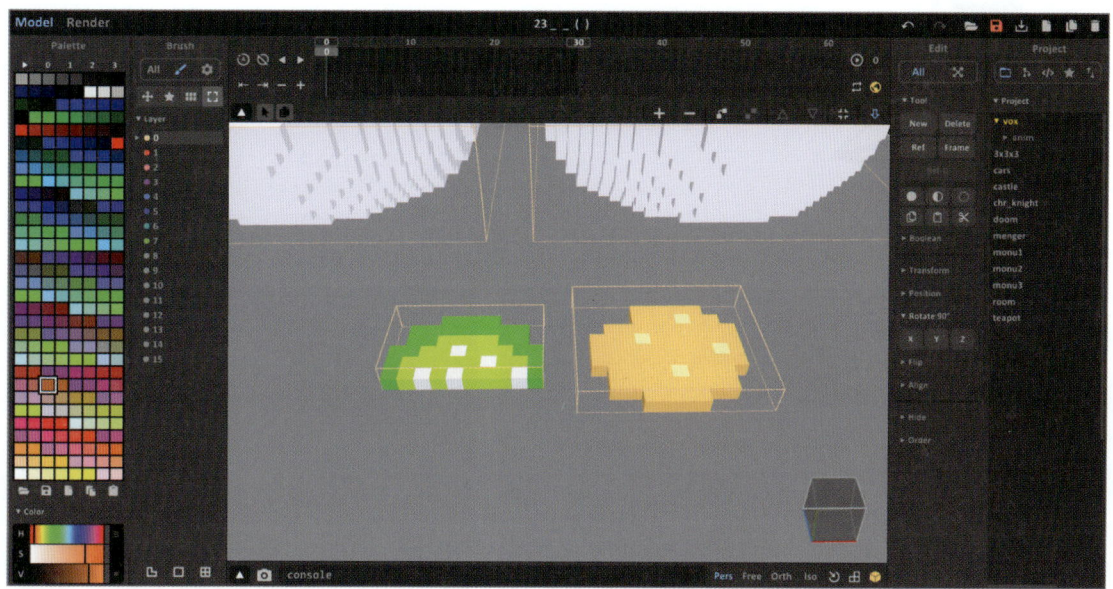

> **이렇게 해봐요** '애호박'의 작업 공간 크기(10, 6, 2)와 '감자'의 작업 공간 크기(12, 10, 2)는 자유롭게 만들어요.

미션 02 '애호박'과 '감자' 오브젝트를 복제하여 그릇에 담아 봅니다.

CHAPTER 24 보글보글 떡볶이

탐험 월드 애니메이션 월드

이제 정들었던 애니메이션 월드와도 헤어질 시간이에요. 그 전에 나만의 재료로 만드는 떡볶이 한 입 먹고 가야죠! 보글보글~ 매콤하고 맛있는 떡볶이 요리를 3D 애니메이션으로 남겨요~

▽ 예제 파일 : 24강_예제.vox ▽ 완성 파일 : 24강_완성.vox

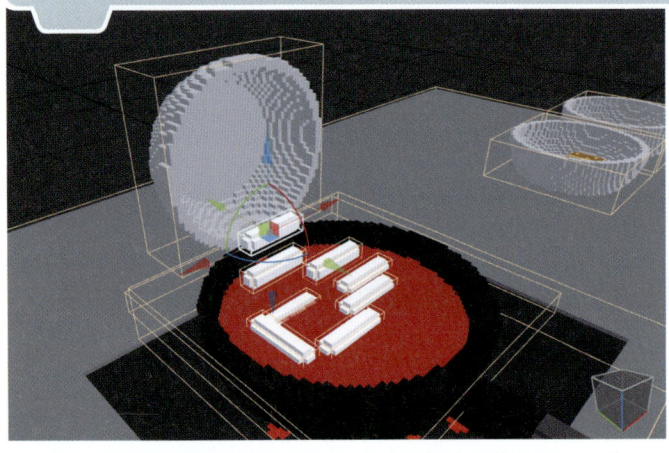
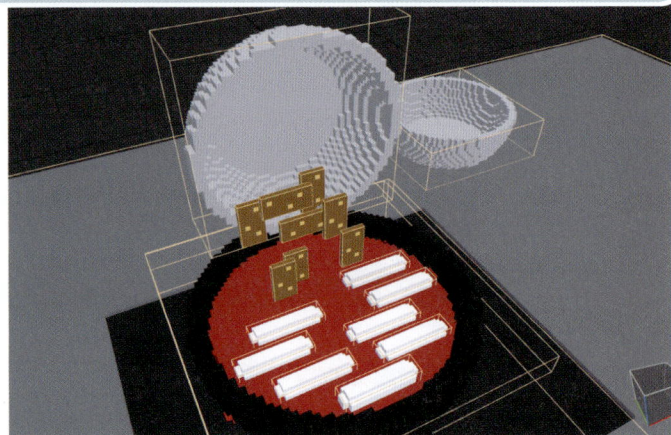
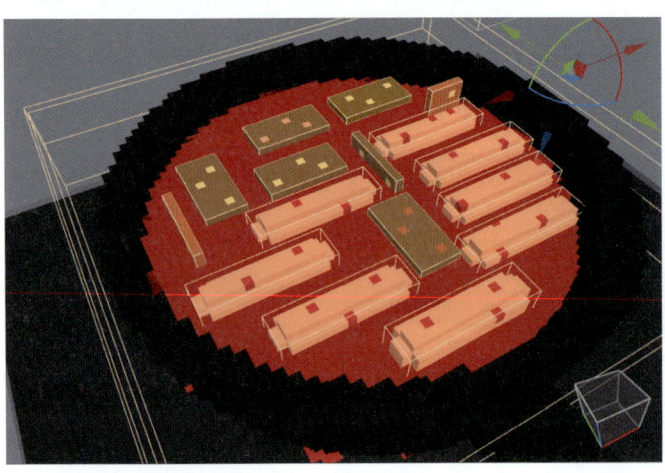

함께 배워볼까요?

- 재료를 넣는 모습을 프레임에 기록할 수 있어요.
- 오브젝트의 색이 변하는 것을 프레임에 기록할 수 있어요.

Step 01 냄비에 재료 넣기
>>> 준비한 재료를 냄비에 넣는 모습을 프레임에 추가해봐요.

❶ 매지카복셀(MagicaVoxel)을 실행한 후 [열기(📁)]를 클릭하여 '24강_예제.vox' 파일을 불러옵니다.

❷ 작업 화면 왼쪽 위 [▼]를 클릭하여 'Animation Control' 창을 실행한 후 '떡'과 '접시' 각각 프레임 '0'에서 [+]를 클릭하여 키 프레임을 추가합니다.

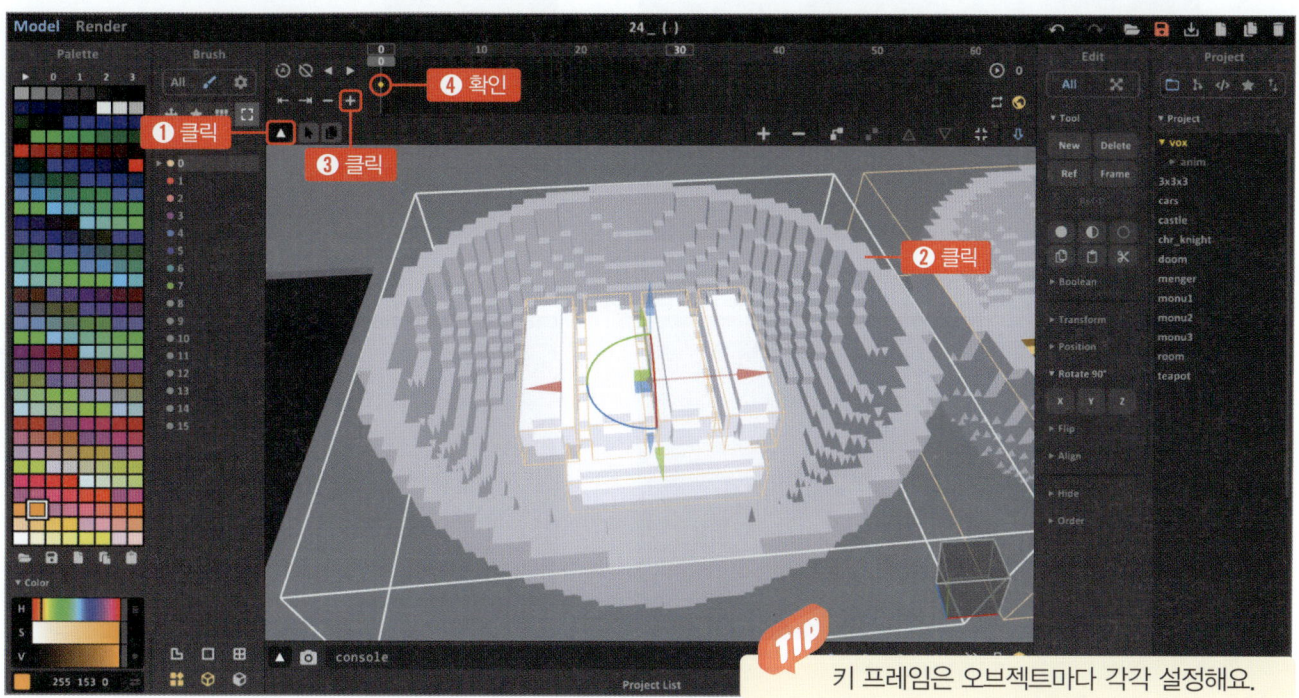

TIP 키 프레임은 오브젝트마다 각각 설정해요.

❸ 'Next Frame(▶)'을 클릭한 뒤 '떡'과 '접시'의 위치를 함께 변경하고 오브젝트를 각각 클릭한 후 프레임 '1'에 키 프레임을 추가합니다.

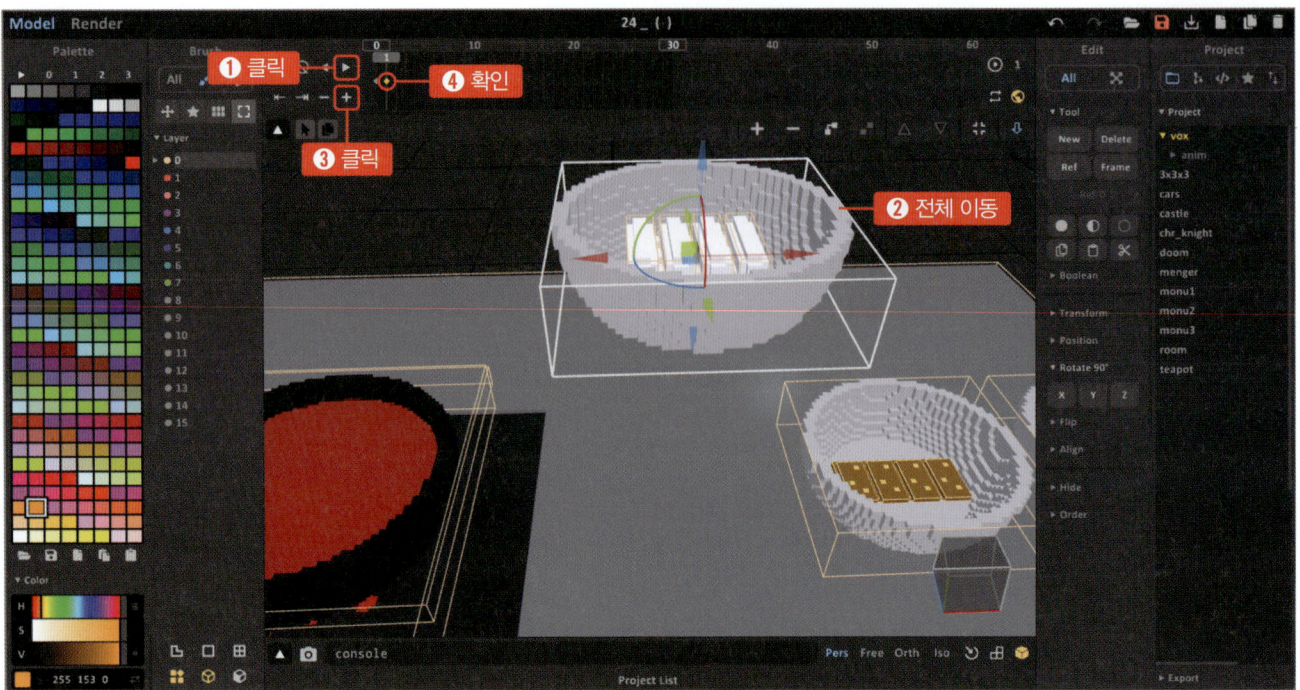

> **TIP** 화면에서 마우스 왼쪽 버튼을 누른 채 드래그하면 '떡'과 '접시'를 전부 선택할 수 있어요.

❹ ❸과 같은 방법으로 프레임을 이동하며 '떡'을 '냄비'에 넣는 모습을 키 프레임으로 추가해봅니다.

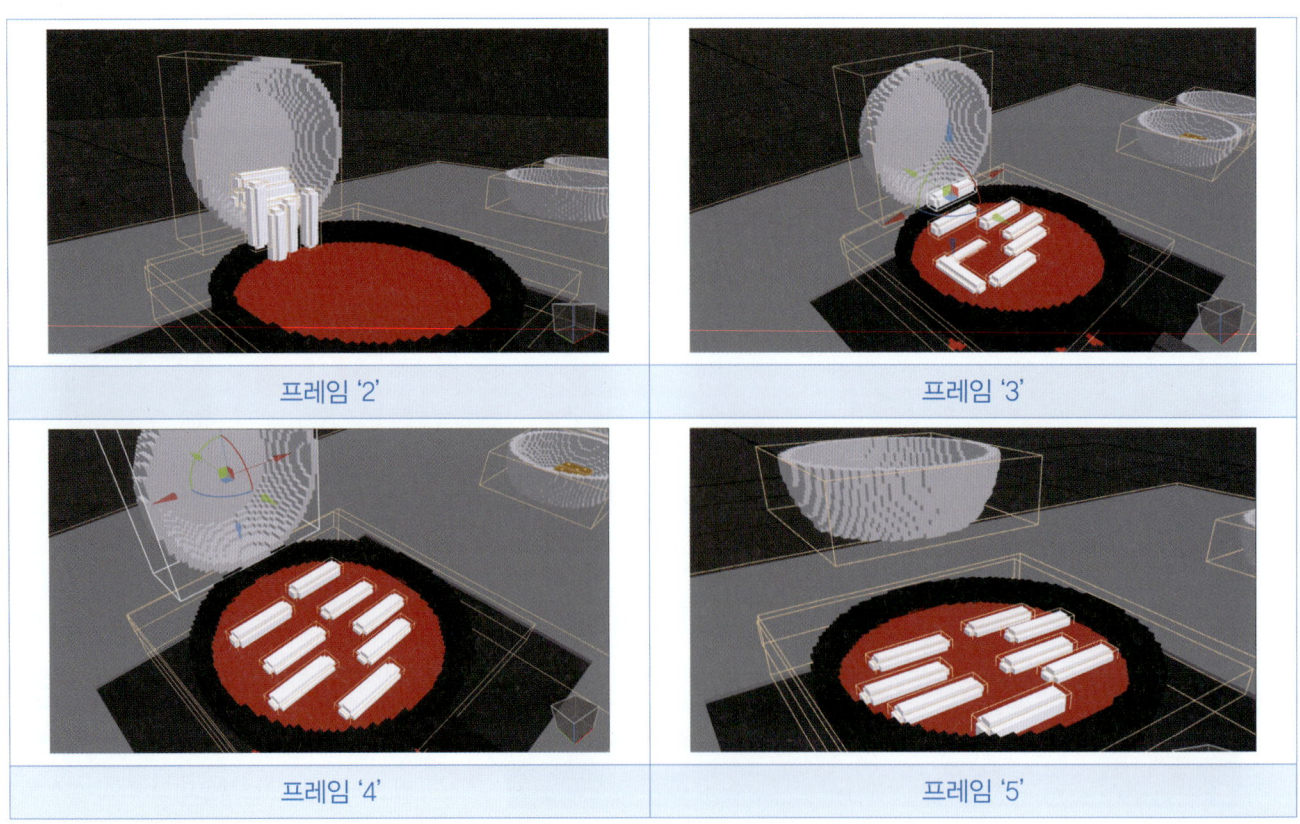

프레임 '2' | 프레임 '3'
프레임 '4' | 프레임 '5'

❺ ❸~❹와 같은 방법으로 '어묵'을 냄비에 넣는 모습을 차례로 키 프레임에 추가해 봅니다.

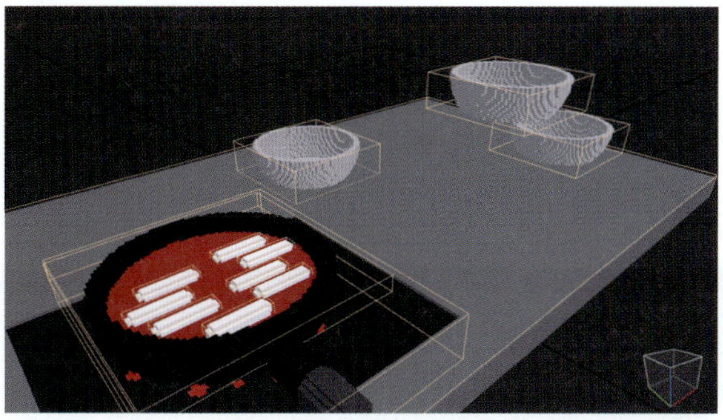

프레임 '6'	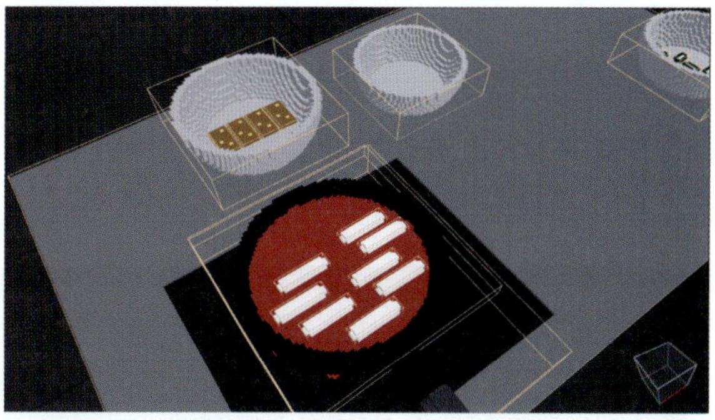 프레임 '7'
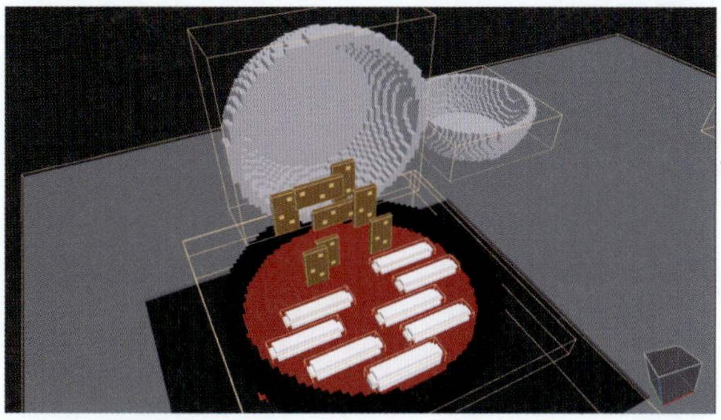 프레임 '8'	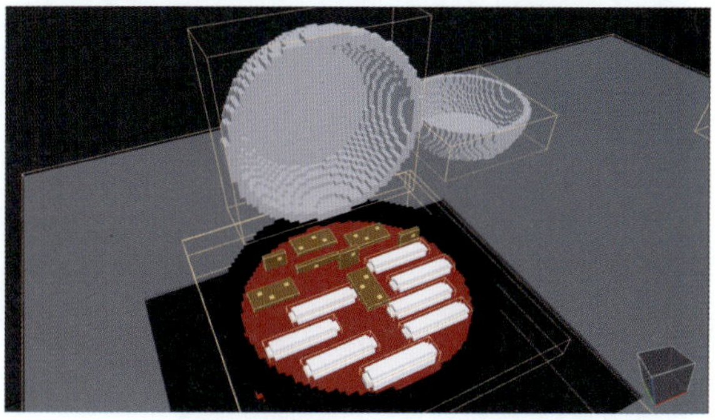 프레임 '9'
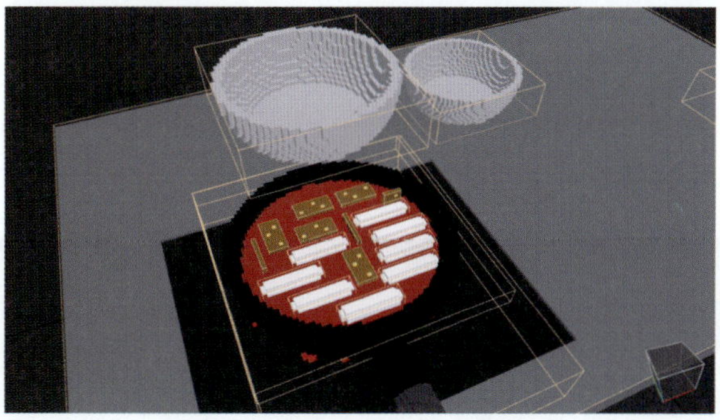 프레임 '10'	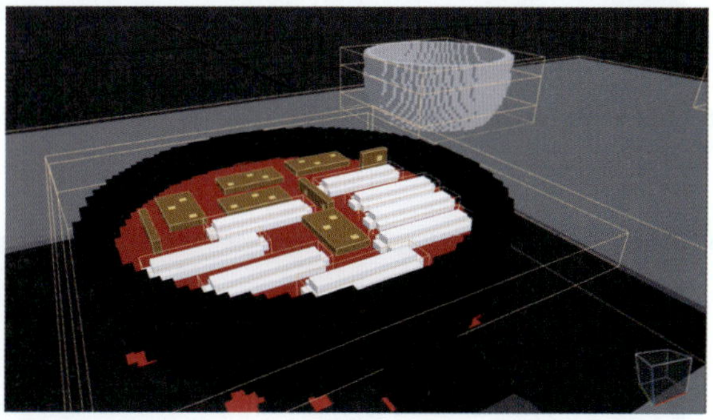 프레임 '11'

> **TIP**
> 재료를 추가하는 프레임은 자유롭게 설정하고, 프레임이 부족하다면 타임라인의 숫자 부분을 드래그하여 원하는 위치로 늘릴 수 있어요.
>
>

❻ 더 넣고 싶은 재료가 있다면 원하는 재료를 '냄비'에 넣는 모습을 차례로 키 프레임을 추가해 봅니다.

Step 02 재료 익히기
>>> 냄비에 넣은 재료가 익어가는 모습을 표현해 봐요.

❶ '냄비'에 있는 '떡' 하나를 선택한 후 '편집'으로 상태를 변경하고 '떡'의 색을 변경하고 싶은 프레임으로 이동한 후 [+]를 클릭하여 키 프레임을 추가합니다.

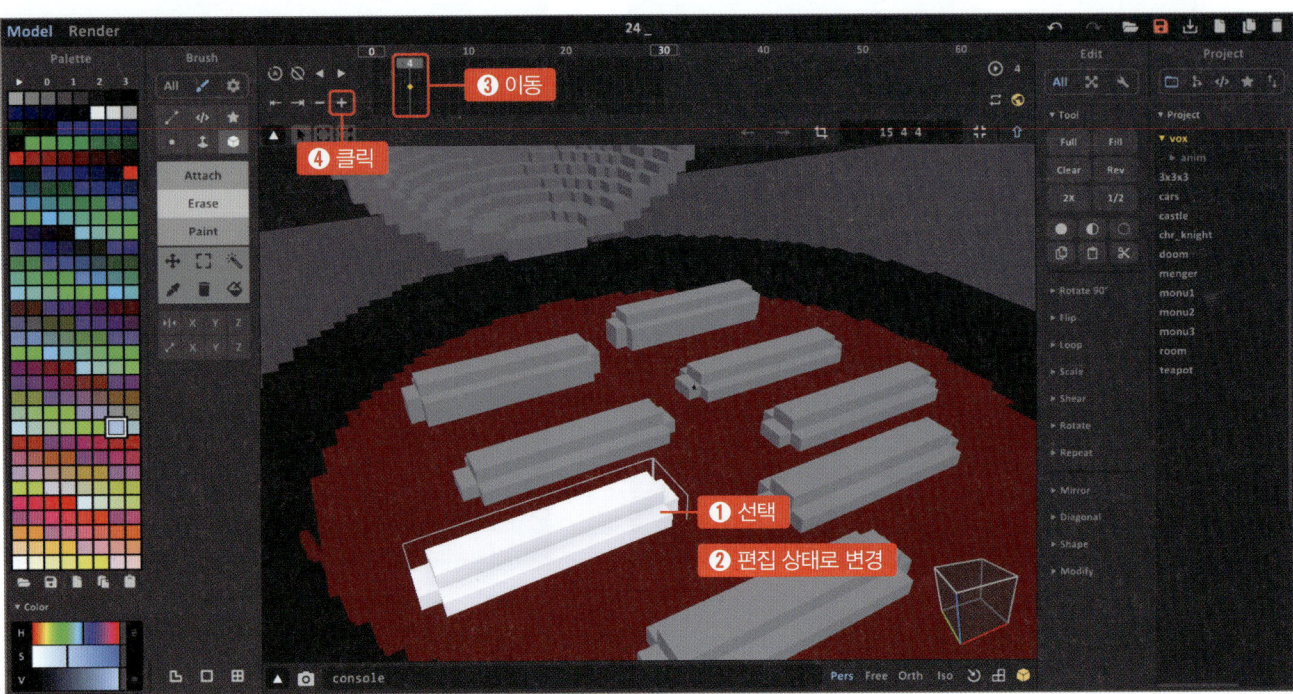

❷ 'Next Frame(▶)'을 클릭한 뒤 [Brush] 탭의 도구와 [Palette] 탭의 색상을 이용하여 익어가는 재료의 모습을 표현한 후 [+]를 클릭하여 키 프레임을 추가합니다.

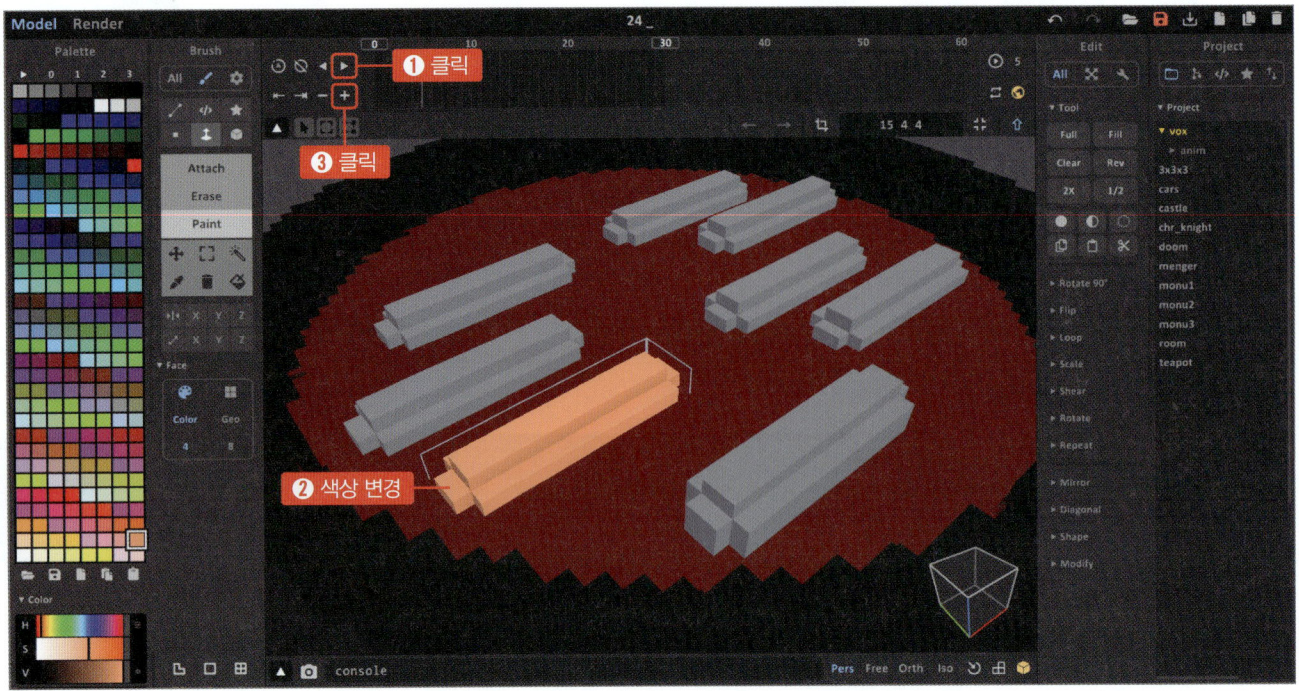

❸ ❶~❷와 같은 방법으로 '떡'들이 익어가는 모습을 표현해 봅니다.

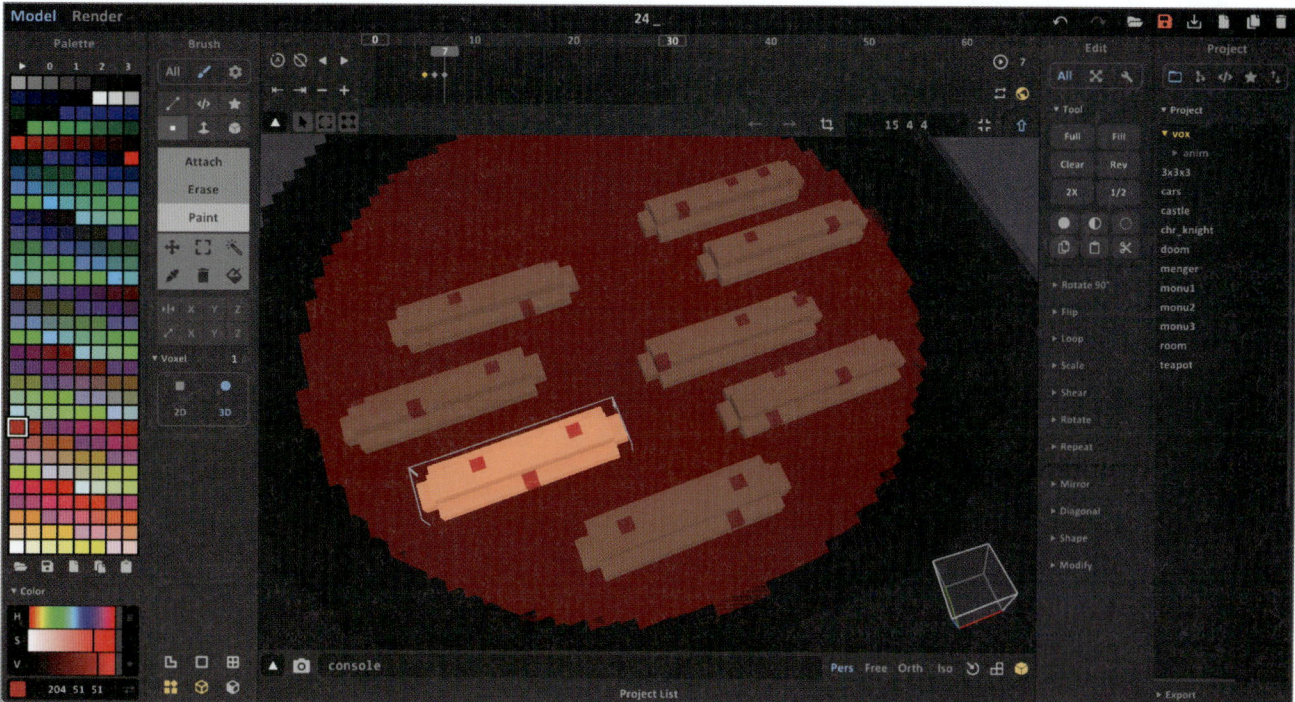

❹ ❶~❸과 같은 방법으로 재료들이 색을 바꿔 익어가는 모습을 표현해 봅니다.

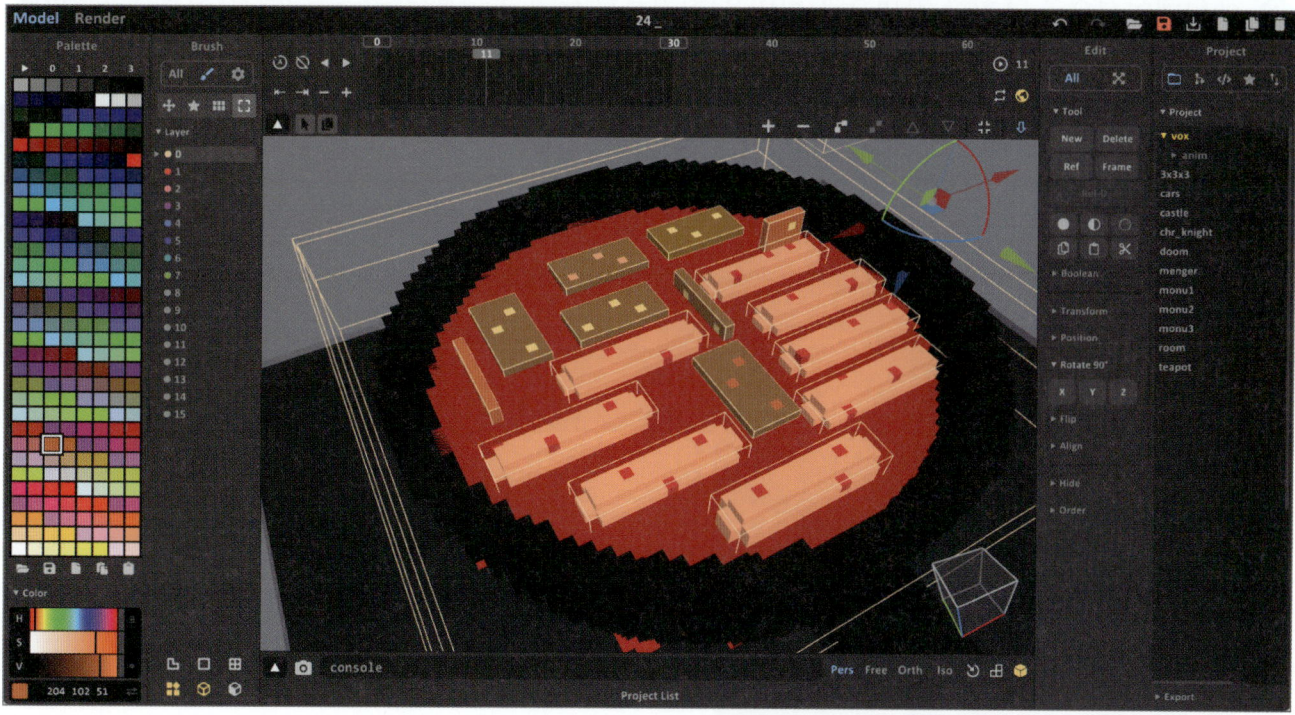

TIP 색을 변경하고 싶은 재료나 위치는 자유롭게 정해요.

❺ 렌더링된 모습을 저장하기 위해 [Render] 탭을 클릭하고 [Edit] 탭에서 'Show Image Settings (　)'–'Anim'을 클릭합니다. 이어서 End를 '12'로 입력합니다.

TIP 'End'의 값은 설정한 프레임에 따라 달라요.

❻ 애니메이션으로 표현할 장면으로 화면을 회전하고 [Render]를 클릭하여 [다른 이름으로 저장] 창이 나타나면 각 프레임을 PNG 파일로 저장할 위치를 선택하여 [저장]을 클릭합니다.

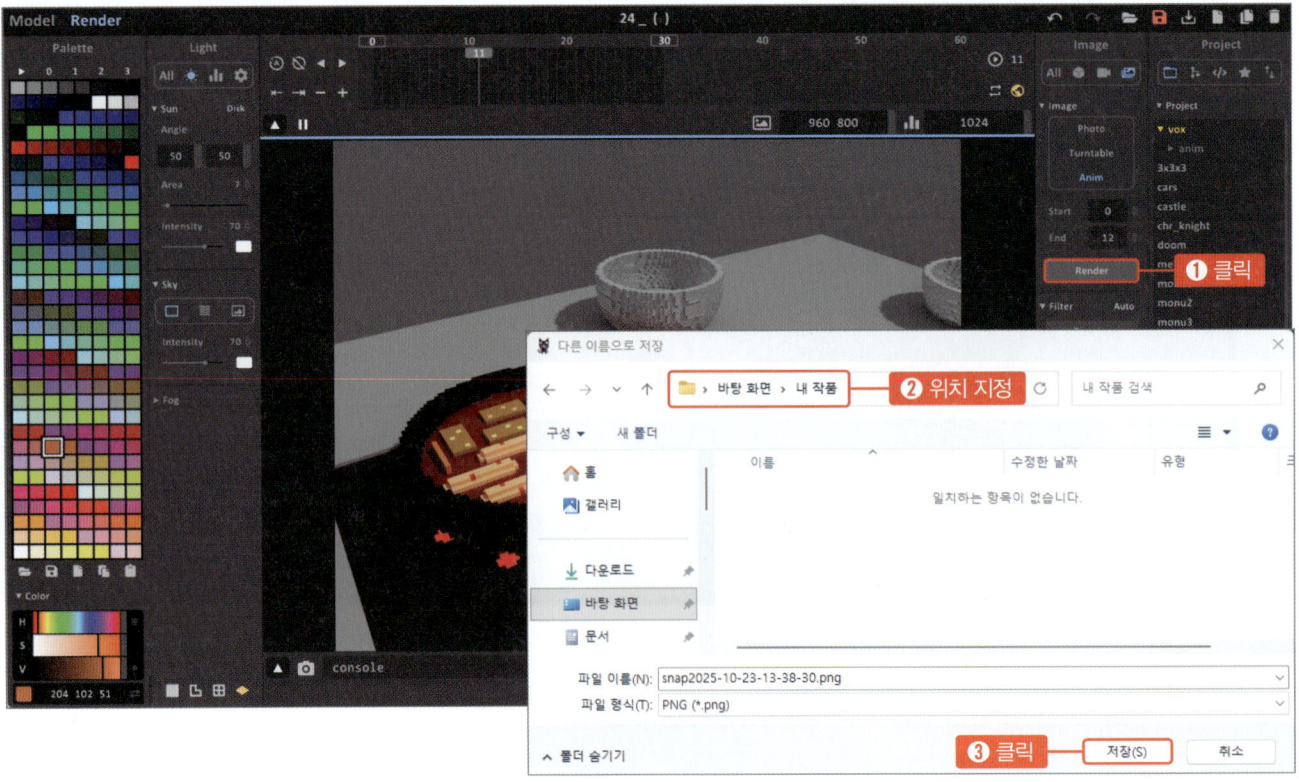

❼ 상단 메뉴 중 '저장(　)' 버튼을 눌러 'VOX' 파일로 저장한 후 프로그램을 종료합니다.

Step 03 GIF 파일 만들기

>>> 렌더링된 이미지를 이용하여 GIF파일을 만들어 보세요.

❶ 인터넷 브라우저를 실행한 후 Ezgif('https://ezgif.com/') 사이트에 접속하여 [Gif 메이커]를 클릭합니다.

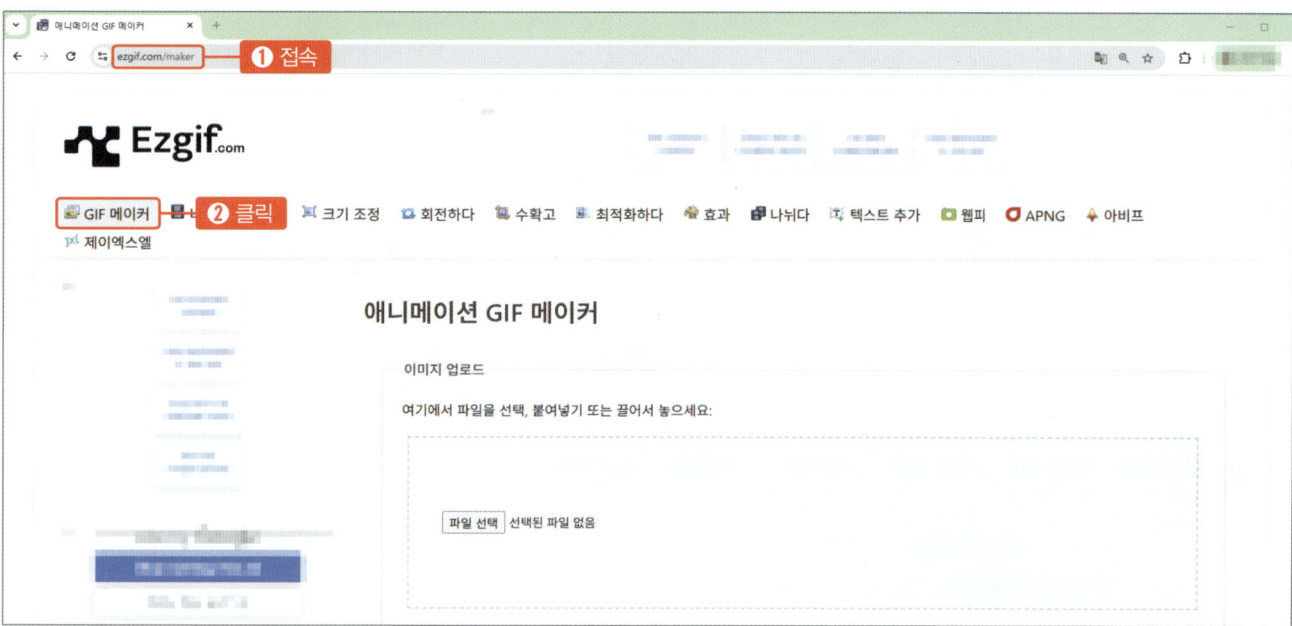

❷ 이어서 [파일 선택]을 클릭하여 [열기] 창이 나타나면 PNG 파일이 있는 위치로 이동한 후 키보드에서 Ctrl + A 키를 눌러 저장한 PNG 파일을 전부 선택한 뒤 [열기]를 클릭합니다.

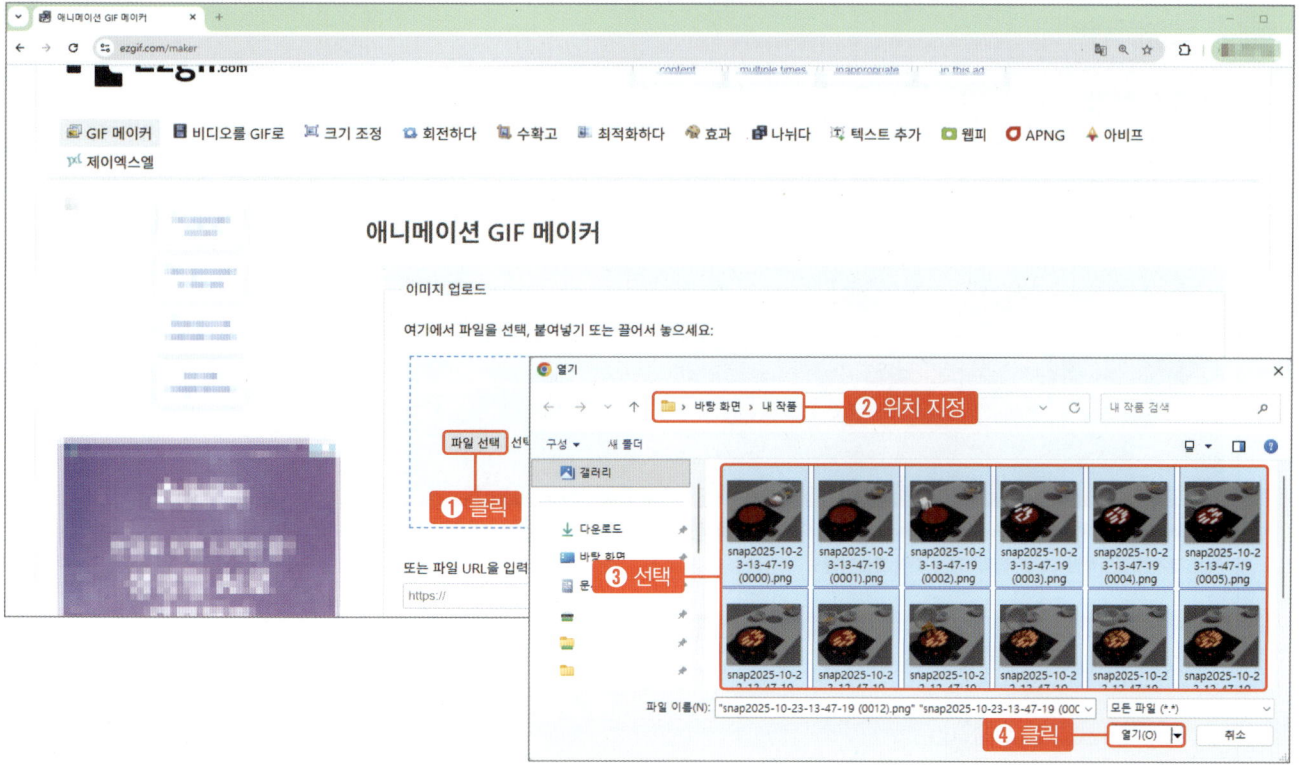

Chapter 24 보글보글 떡볶이 • 193

❸ 업로드된 파일 개수를 확인한 후 [파일을 업로드하세요!]를 클릭합니다.

❹ 스크롤을 내려 GIF 옵션 중 지연 시간을 '1'초로 설정하고, [GIF를 만들어 보세요!] 버튼을 클릭합니다.

❺ 버튼 아래 애니메이션이 생성되면 '구하다(save)'을 클릭하여 GIF 파일을 저장합니다.

194 • PART 4 애니메이션 월드

▶ 예제 파일 : 24강_미션_예제.vox ▶ 완성 파일 : 24강_미션_완성.vox

미션 01 '24강_미션_예제.vox' 파일을 불러와 '프레임'에 '애호박'과 '감자'를 냄비에 넣는 모습을 표현해 봅니다.

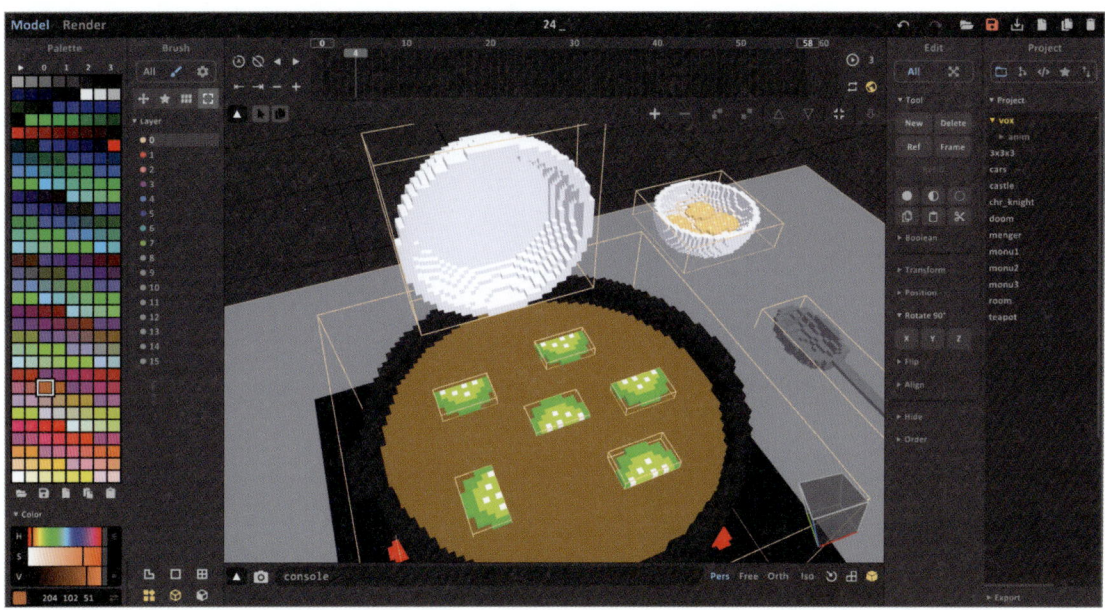

미션 02 재료가 익어가는 모습을 키 프레임으로 추가한 후 각 프레임을 PNG파일로 저장하여 Ezgif ('https://ezgif.com/') 사이트에서 Gif파일로 저장해 봅니다.